JN437412

독일의
역사화해와
역사교육

독일의 역사화해와 역사교육

2008년 10월 25일 초판1쇄 인쇄
2008년 10월 30일 초판1쇄 발행

지은이 ▪ 한운석

펴낸이 ▪ 임성렬

펴낸곳 ▪ 도서출판 신서원

서울시 종로구 교남동 47-2 협신빌딩 209호
전화 : 02)739-0222·3 팩스 : (02)739-0224
등록 : 제300-1994-183호(1994.11.9)

ISBN ▪ 978-89-7940-078-6

독일의 역사화해와 역사교육

한운석 지음

도서출판 신서원

책머리에

유학을 마치고 귀국한 이후 필자가 관심을 각별히 가졌던 연구분야는 통일과 역사화해의 문제였다. 역사를 전공한 필자가 보기에 한반도와 동북아 주변의 상황을 이해하는 데 독일로부터 우리가 교훈을 얻을 수 있다면 바로 이 두 분야가 아닐까 생각해서였다. 5년 전에 책을 냈을 때는 통일문제를 다룬 글들이 지배적이었다면 이 책은 역사화해와 연관된 글을 더 많이 싣고 있다. 5년 전에는 민족 및 통일문제와 관련하여 보다 낙관적인 기대를 가지고 책을 출간했었는데 이제 보수정당으로의 정권교체 이후 남북관계가 냉각되면서 미래에 대한 전망이 다시 어두워졌다. 다만 미국 대선에서 민주당 후보 오바마 대통령의 당선이 북미관계의 근본적인 개선과 한반도를 둘러싼 주변환경의 점진적 개선에 대한 희망을 가질 수 있게 해주었다. 역사화해와 관련해서는 문제의 근원으로서의 일본정부의 태도에 별 변화가 없는 가운데 정부간 공식채널보다는 NGO 차원의 교류들이 지난 수년간 여러 종의 공동 부교재 발간이라는 주목할 만한 성과를 낸 바 있다.

이 책에 실린 글들은 필자가 지난 5년간 한반도 문제와 동아시아 지역의 역사화해를 인식관심으로 하여 독일로부터 교훈을 얻고자 쓴 글들이다. 두 문제는 상호 밀접히 연관된 문제이기도 하다. 통일문제는 동북아 지역의 평화정착 문제와 긴밀하게 맞물려 있는 문제이고, 후자는 또한 한·중·일 간의 역사화해 없이 달성하기가 어렵기 때문이다. 역사화해는 국가간에서 뿐만 아니라 국가 내부에서도 혁명이나 내전 식민지배 혹은 극심한 사회적 갈등을 겪은 후 사회적 평화를 위해 해결되어야 할 중대한 과제이기도 하다. 여기 실린 글들은 대부분 학술진흥재단의 연구 프로젝트로서 수행되거나 학술회의에서 발표된 글들이다.

앞에 실린 두 논문은 전후 두 차례의 사회변혁기에 서로 다른 양상으로 전개된 독일의 과거청산을 다루고 있다. 첫번째 논문은 1945년 종전 직후부터 최근까지 독일의 나치 과거청산을 살펴보았다. 여기서는 분석적인 목적에서 정치적 청산으로서의 탈나치화 작업, 주요전범들과 반인도적 행위에 대한 재판들을 통한 사법적 청산, 나치 불법과 전쟁 피해자들에 대한 보상, 그리고 나치지배와 전쟁과 그 희생자들에 대한 기억문화의 네 분야로 나누어 독일의 과거청산을 분석하였다. 필자는 이 글에서 특히 전후 초기의 과거청산이 불철저했던 원인들, 각 점령지역들 사이의 탈나치화 작업의 차이, 사회 각 집단들과 정치세력들 사이의 과거청산 작업에 대한 태도에서의 차이들, 과거청산에 대한 여론의 동향, 과거청산에 대한 여론의 변화를 가져온 역사적 계기들, 동서독일의 분단이 어떻게 역사적 기억을 상이하게 각인했는지, 그리고 통일 후 나치 과거청산과 독일인의 기억문화에 어떤 변화가 일어났는지에 대해 규명하고자 시도하였다.

두번째 글에서 필자는 독일통일 후 특히 사통당(SED: Sozialistische Ein- heitspartei Deutschlands, 독일사회주의통일당) 독재 하에서 자행된 정치범들에 대한 정치적·사법적 탄압에 대해 어떤 형사적 청산이 이루어졌는지를 살펴보고자 했다. 필자는 특히 다음의 문제들에 초점을 맞추어 서술하였다: 구동독 과거청산에 대한 사회적 담론은 어떻게 변해갔나? 과거에 대한 기억을 둘러싼 다양한 집단들 간의 갈등과 대립은 어떠했나? 구동독 사통당 독재에 대한 사법적 청산이 우리에게 주는 시사점은 무엇인가? 그것이 한반도 통일 후 북한의 독재에 대한 과거청산에 주는 시사점은 무엇인가? 필자는 특히 북한이 갑작스럽게 붕괴함으로써 혼란 속에서 졸속한 흡수통일이 실현되는 불행한 시나리오의 경우 독일의 사법청산 모델이 우리에게는 부적합하다고 생각한다. 우리는 한국전쟁의 상흔, 장기간의 냉전체제의 영향, 북한의 체제와 문화에 대한 이해의 결여, 보수·냉전적인 사법 및 정치문화의 온존 등으로 인하여 합리적인 사법적 청산을 기대하기가 힘들 것이기 때문이다. 필자는 남아프리카공화국의 '진실과 화해 위원회'를 통한 과거청산의 길이 더 바람직한 대안이 아닌가 생각한다.

다음에 실린 다섯 편의 글은 동서독 관계와 통일정책, 민족문제에 대한 인식과 그에 대한 역사교육의 문제들을 다루고 있으며 그 중 두 편은 동독과 북한의 비교를 시도하고 있다. 2000년 남북정상회담과 6·15공동선언을 통해 획기적인 전기가 마련되었지만 많은 장애물들로 인하여 남북관계는 여전히 초보적인 수준에 머물러 있다. 독일과 한국분단사의 이러한 차이는 어디에서 오는가? 이러한 의문을 화두로 제3장의 글에서는 우리 분단사의 비교준거로서 동서독의 독일정책, 곧 독일의 통일과 분단의 문제에 대한 정책의 변천사를 개괄적으로 고찰해 보았다. 야당과 재야시민운동의 독일정책에 대한 입장에 대해서도 부분적으로 다루었다.

네번째 글은 동독과 북한 당 지도부의 민족정책을 비교한다. 유럽에서의 공산주의 비교연구는 현실사회주의가 붕괴하고 헤게모니 국가인 소련이 해체된 후인 1990년대에 들어서야 활성화되기 시작하여 아직 개척단계에 있다. 이 비교연구는 특히 독일에서 활발하게 수행되기 시작했다. 독일과 한국은 역사적 원인은 판이하게 다르지만 제2차 세계대전 후 냉전이 심화되어 가는 상황에서 각각 민족분단의 비극을 겪었다. 서로 다른 군사동맹 관계, 자본주의와 사회주의라는 체제의 차이 속에서의 적대관계 혹은 적대적 의존관계는 양국의 정치, 경제와 사회, 문화 전반에 심대한 영향을 미치고 정상적인 발전을 왜곡하였다. 양 지역의 정치문화에서 반공주의·반제국주의는 다른 인접국가들에서보다 더 깊게 각인될 수밖에 없었다. 구동독 연구와 북한연구의 접목은 양측 모두에 학문적으로 큰 자극을 줄 수 있을 것으로 믿는다. 이글은 거칠지만 의미있는 첫 걸음마 시도이다.

독일에서 유학을 하면서 통일문제에 각별한 관심을 가지고 공부했던 필자는 가끔 독일의 시민단체들의 통일운동은 어떠했는가 하는 질문을 받는다. 언뜻 보기에는 적어도 빌리 브란트의 신동방정책 이후 서독정부가 독일정책에서 현실적으로 할 수 있는 일을 충분히 해주었기 때문에 시민단체들의 통일운동이라 할 만한 것이 별로 없었던 것으로 보인다. 그러나 자세히 들여다보면 1980년대 초의 광범위한 평화운동에서 통일정책에 대한 활발한 논의와 요구가 있었음을 알 수 있다. 그리고 비동맹 중립화통일론, 국가연합론, 반미주의 등 그 주장들은 한국의 진보적인 통일운동권의 주장들과 상통하는 점들이 상당히 많음을 알 수 있다. 다섯번째 글은 독일의 평화운동에 대한 연구를 통해서 우리의 평화운동과 통일운동의 관계를 재평가하고 새로운 방향을 모색하는 데 새로운 시각을 열어줄 수 있으리라는 기대에서 쓴 글이다.

여섯번째 글은 북한과 구동독 역사학의 민족사 인식을 비교한다. 북한과 1945년 일본의 식민지 지배와 나치즘의 지배로부터 각각 해방된 후 북한과 동독은 소련의 점령 하에 소련식 모델을 따라 사회주의 체제를 건설해 나간다. 초기 역사학 발전의 몇 가지 기본적인 공통점에도 불구하고 한국과 독일 공산주의의 해방 전 역사적 경험의 차이, 전후 사회주의 국가건설과 내전의 경험의 차이, 사회주의 헤게모니 국가와의 관계의 차이, 동아시아와 유럽의 국제적 냉전구조의 차이 등으로 인하여 양국 역사학의 민족에 대한 인식은 큰 편차를 이루고 있다. 이 글은 1960년대와 80년대 사이 동독 역사학, 그리고 이 두 시기와 90년대 사이의 북한 역사학의 변화를 추적함으로써 양자의 차이와 그 성격을 보다 분명하게 드러내고자 시도한다.

일곱번째 글은 독일 통일 후 역사교육 통합의 문제를 연구하기 위한 기초작업으로 1970년대와 80년대 구동독 역사교육을 분석한다. 동독의 역사학에서는 1970년대 초 사통당 지도부가 '사회주의 민족'을 선언한 후 70년대 후반에 이를 뒷받침하기 위해 전체 민족사로의 전환이 일어났다. 이러한 역사인식 전환은 80년대 동독 역사학에서의 '유산과 전통'을 둘러싼 논쟁에서 이론적으로 표현되었다. 역사학의 이러한 변화는 역사과목 교육과정 개혁논의에 영향을 주었다. 무엇보다 노동운동사와 혁명적 전통에 대한 지나친 강조, 과거 지배계급들의 진보적 역할에 대한 무시로 인한 협소화된 역사, 동독국가와 사통당의 역사에 대한 과도한 집중, 동독사에 대한 너무 매끄러운 서술, 학생지향적인 수업이나 문제지향적인 수업의 부재 등에 대한 비판이 제기되었다. 그러나 역사가들, 역사교수방법론 학자들, 교사들의 개혁에 대한 요구는 인민교육부, 특히 그 수장인 마고트 호네커의 반대에 부딪쳐 무위로 끝나고 말았다. 그 결과 통일과정에서 동독 교사들은 한동안 과거의 유산과 힘겹게 씨름하지 않으면 안되었다.

여덟번째 글은 한일간의 사회문화적 교류와 협력관계의 현주소를 점검하고 그 나아갈 방향을 제시하고자 한다. 독일과 폴란드 간의 사회문화적 교류협력과 비교함으로써 우리는 한일관계의 문제점을 보다 정확히 이해할 수 있으며 그것을 어떻게 개선해 나가야할지에 대해 귀중한 시사를 얻을 수 있으리라는 기대에서 쓴 글이다. 한일간의 사회문화적 교류는 양적으로나 질적으로 모두 매우 낙후되어 있어 시급히 개선되어야 한다는 인식에서 출발하여 우선 문화교류의 필요성에 대한 인식이 계몽활동을 통해서 확산되어야 하며, 문화교류를 지원하는 제도와 재정지원체계가 정비되고 확충되어야 한다고 제언하였다. 청소년교류의 경우 독-폴청소년교류원처럼 한일 청소년교류를 전담하여 재정지원과 자매결연 학교 중개 및 프로그램 안내, 전문가 양성 등을 총괄하는 기구를 설치하는 것이 바람직하다는 견해도 밝혔다.

아홉번째 글은 독일과 프랑스의 공동교과서 제작에서 자극을 받고 근래에 독일 피추방자 단체의 추방반대 센터 건립운동과 프로이센 신탁협회의 활동으로 나빠진 독일과 폴란드 양 국민의 관계를 개선하는 데 기여하고자 양국 공동의 중학교용 역사교과서를 만드는 프로젝트를 소개한다. 한동안 서먹한 관계에 있던 양국정부는 2011년까지 중학교용 공동역사교과서를 만들기로 합의했다. 그 배경은 1차적으로 폴란드의 정권교체에서 찾을 수 있을 것이다. 그러나 오랜 동안의 교과서협력의 경험과 시민사회의 다양한 차원에서의 사회문화적 교류의 지속, 그리고 이를 바탕으로 화해화 협력의 길을 복원하려는 의지가 국민들 사이에 강하지 않았더라면 이러한 반전이 쉽지는 않았을 것이다.

열번째 글에서는 독일의 지리 및 역사교과서에서 한국에 대해 어떻게 기술하고 있는지를 살펴보았다. 독일의 역사교과서에서는 오랫동안 단지 한국전쟁에 관련해서만 한국이 다루어졌다. 지리교과서에서는 80년대 말까지만 해도 한국에 대한 서술은 거의 찾아보기 힘들었다. 그러나 90년대에 여러 지리교과서들에서 아시아의 '작은 호랑이들' 혹은 '문지방국가'의 대표적인 사례로서 한국의 경제발전에 6~10쪽이나 지면이 할애되는 획기적인 진전이 있었다. 거기에 비해 역사교과서에서는 예외적인 경우에만 아시아의 다른 신흥공업국들과 함께 한국의 '경제기적'에 대해 소개하고 있다. 반면에 한국의 민주주의와 남북관계의 발전에 대해서는 아무런 언급을 찾을 수 없다. 독일의 지리교과서와 역사교과서는 사실관계에서 다소의 오류를 포함하고 있다. 한국이 19세기말까지 중국의 속국과 비슷했다고 보는 시각, 한국전쟁 후에 남북 간의 분계선이 원래대로 돌아갔다는 기술, 지도에서 동해를 일본해로 표기한 것 등이 그러한 오류의 일부이다. 이러한 오류들을 시정하기 위해 우리가 어떤 노력을 기울여야 할지에 대해서도 조언을 하였다.

지난 5년간 발표한 글들을 모아 이 책을 내면서 많은 아쉬움이 남는다. 시간적인 제약으로 인하여 다섯번째 글을 좀더 보완하지 못하고 싣게 된 것이 마음에 걸린다. 이후 좀더 학술적으로 보완하고 증보하여 학술지에 게재할 계획이다. 네번째와 여섯번째 글에서 구동독과 북한의 역사를 비교하려는 초보적인 시도를 해보았으나 부족함이 많아 부끄럽다. 양자 모두에 대한 연구를 심화시켜 본격적인 한독 비교사 연구를 개척해 보고싶다. 다행스럽게도 역사문제연구소 내에 한독비교사연구회가 만들어져 매달 세미나를 갖게 된 것은 한국사와 독일사 연구자들 모두에게 큰 자극이 될 것으로 믿는다.

이 책을 꼼꼼하게 읽고 교정해 준 서울대학교 박종석 군의 노고에 고마움을 표한다. 출판업계 모두 어려운 상황인데도 이 책이 나올 수 있도록 지원해 준 도서출판 신서원에 감사드린다.

2008년 10월

지은이

차 례

II. 분단과 갈등으로부터 화해로

I. 독일의 과거청산

1. 독일의 나치 과거청산(1945~2000)

한계와 성과

1. 머리말

우리가 독일의 과거청산에 관심을 갖게 되는 1차적 이유는 제2차 세계대전의 같은 전범국으로서 일본의 불충분한 과거청산과 그것이 분명한 대조를 이루기 때문이다.[1] 독일사회의 역사문화와 역사정책, 곧 독일사회가 과거 역사를 대면하는 방식은 일본의 그것과는 분명히 다른 모습을 보여주고 있다. 독일의 정치인이 공식석상에서 나치시대를 미화하거나 독일의 역사적 책임을 부정하는 발언을 한다면 그것은 곧

---

1) 이미 국내에도 독일의 과거청산을 다룬 많은 논문들이 발표되었다: 장수한, 「뉘른베르크 전범재판과 서독의 자본주의」, 『역사비평』 1994년 가을호, pp.257~277 ; 송충기, 「뉘른베르크 재판과 동경재판의 비교」, 『역사학회 창립 50주년 기념 역사학 국제회의 발표문』(2000, 8), pp.776~785 ; 노명환, 「서독의 탈나치화와 새로운 독일의 방향」, 『외대사학』 1998년 8집, pp.187~200 ; 송충기, 「미군정정책과 '탈나치화작업'」, 『대구사학』 2002년 69집 ; 이진모, 「전후 서독의 과거극복과정(1945~1999)」, 『동서문화연구』 7집, 2002, pp.213~226 ; 최승완, 「소련점령지역/동독지역에서의 나치과거청산 작업에 대한 비판적 검토」, 『역사학보』 169집, 2001, pp.269~303 ; 김승렬, 「나치의 인종말살 전쟁과 '평범한' 독일군인의 역할: '나치군부범죄 전시회'를 둘러싼 독일의 논쟁」, 『역사비평』 2001년 가을 56호, pp.251~271 ; 이진모, 「나치의 유태인 학살과 '평범한 독일인들의 역할-골드하겐 테제를 둘러싼 논쟁-」, 『역사비평』 1998년 봄 42호, pp.249~267 ; 이진모, 「독일의 과거청산과 시민사회」, 일본교과서 바로잡기 운동본부 편, 『일본역사교과서 역사왜곡』, 역사비평사, 2001, pp.155~163.

큰 정치적 추문이 되어 그는 곧바로 공직을 떠나지 않을 수 없게 될 것이다. 그러나 일본에서는 내각총리대신이 A급 전범들의 위패가 안치된 야스쿠니신사를 공공연히 참배하고, 고위공직자들이 과거사 관련 망언으로 한국과 중국 등 과거 피해자 국민들의 공분을 사더라도 아무런 사임압력을 받지 않는다.

독일(서독)은 종전 직후부터 주변국가들과의 쌍무적 교과서 협력을 통해 역사적 화해를 위해 주도적인 역할을 해왔지만 일본은 근래에 정부가 오히려 역사교과서의 국수주의적 왜곡을 은근히 조장하고 있다. 일본정부는 과거 전쟁피해자들에 대한 배상문제에서도 여전히 피해자 국민들로부터 많은 비난을 듣고 있지만 독일은 최근에도 강제노동자들에 대한 거액의 배상을 지불하기로 결정한 바 있다. 그래서 독일은 피해자 국민들로부터도 과거청산과 관련하여 비교적 좋은 평가를 받고 있다.[2)]

그러나 전후 독일사회가 처음부터 이렇게 과거청산의 모범생(?)[3)]으로 인정을 받았던 것은 결코 아니었다. 이 논문은 전쟁 직후부터 최근까지 독일의 나치 과거청산을 살펴보고자 한다.

독일에서의 나치 과거청산은 분석적인 목적에서 정치적 청산으로서의 탈나치화 작업, 주요전범들과 반인도적 행위에 대한 재판들을 통

---

2) 독일과 일본의 과거청산에 대한 비교를 위해서는 타나카 히로시 외, 『기억과 망각. 독일과 일본, 그 두 개의 전후』, 삼인, 2002 ; 이안 부루마, 『아우슈비츠와 히로시마』, 한겨레신문사, 2002.

3) 독일 내에서는 나치 과거청산과 관련하여 아직 서로 상반된 평가가 존재한다. 긍정적 평가를 위해서는 K.-D. Henke, "Die Grenzen der politischen Säuberung in Deutschland nach 1945", L. Herbst ed., Westdeutschland 1945~1955. Unterwerfung, Kontrolle, Integration, München 1986, p.127 이하 ; C. Vollnhals ed., Entnazifizierung, München 1991, p.55 이하 ; K. D. Henke, 1991, "Die Trennung vom Nationalsozialismus. Selbstzerstoerung, politischen Säuberung, Entnazifizierung, Strafverfolgung", K.-D. Henke/H. Woller ed. Politische Säuberung in Europa, München 1991 참고.

한 사법적 청산, 나치의 불법행위와 전쟁피해자들에 대한 배상, 그리고 나치지배와 전쟁과 그 희생자들에 대한 기억문화의 네 분야로 나누어 고찰할 수 있을 것이다. 이 논문에서는 특히 전후 초기의 과거청산이 불철저했던 원인들, 각 점령지역들 사이의 탈나치화 작업의 차이, 사회 각 집단들과 정치세력들 사이의 과거청산 작업에 대한 태도에서의 차이들, 과거청산에 대한 여론의 동향, 과거청산에 대한 여론의 변화를 가져온 역사적 계기들, 그리고 동·서 독일의 분단이 어떻게 역사적 기억을 상이하게 각인했는지와 통일 후 나치 과거청산과 독일인의 기억문화에 어떤 변화가 일어났는지에 대해 규명하고자 시도할 것이다.

독일과 일본의 과거청산의 차이와 그 원인을 밝히는 것은 앞으로 한·일 사이의 역사전쟁을 해소하고 평화를 향한 공동의 역사적 기억을 만들어가는 데 중요한 기여를 할 것이다. 하지만 이에 대한 연구는 별로 없기 때문에 이 논문에서 정리하여 소개할 수 없음을 아쉽게 생각한다. 이 과제는 앞으로 별도의 연구를 필요로 할 것이다. 또한 근래 사회적으로 큰 쟁점이 되고 있는 우리의 과거사 청산과 관련해 독일의 나치 과거청산의 역사가 주는 교훈은 무엇인지도 성찰해 볼 필요가 있을 것이다.

2. 정치적 숙청시도로서의 탈나치화

2-1 서방 점령지역

1942년 2월 초 '3거두'인 처칠과 루스벨트와 스탈린이 알타회담에서

만났을 때 그들은 전후질서에 대해 서로 상이한 견해를 가지고 있었다. 그러나 그들은 "독일의 군국주의와 나치즘을 파괴하고 독일이 다시는 세계평화를 깨뜨리지 못하게 하려는" 의지에 있어서는 의기가 투합하였다. 그들은 두 가지 방식으로 이 목적을 실현하고자 했다. 한편으로는 국제군사법정에서 전범을 기소·판결하고 나치즘의 조직과 법률과 상징들을 금지하려고 하였다. 다른 한편으로는 "독일국민의 공공기관들과 문화 및 경제생활로부터 모든 나치와 군국주의적 영향들을" 제거하고자 하였다.4)

독일의 나치 반대자들도 물론 나치에 대한 승리 이후의 계획을 가지고 있었다. 1944년 7월 20일의 반히틀러 봉기를 주도했던 세력들은 구조적인 이유나 일상적인 기회주의로 인해 나치에 협력했던 다수의 대중을 훨씬 더 적은 수의 정치적 야만행위자들과 구분하여 대처하려 했다. 망명생활을 했던 사회주의 좌파들은 당과 테러수행기관의 수뇌부뿐만 아니라 '나치지배의 배후인물들과 부차적 조력자들(Helfershelfer)'까지 포함하는 보다 광범위한 청산을 염두에 두었다. 그들은 이를 통해 대부르주아 상류층을 거세하고 경제와 사회를 장차 변혁하기 위한 기반을 마련하고자 했다. 가장 중요한 망명집단인 '재영在英 독일사회주의 조직연합'은 "법제도 외부에서 정치적 조치를 수행하기 위한" 도구로서 강력한 조사권을 가진 '정치적 인민법정'을 계획했다.5)

나치정권의 몰락은 내부적 혁명을 통해서가 아니라 연합군의 승리를

4) P. Reichel, 2001, Vergangenheitsbewältigung in Deutschland, München 2001, p.30 ; A. Fischer ed., Teheran-Jalta-Potsdam. Die sowjetischen Protokolle von den Kriegskonferenzen der 'Grossen Drei', Köln 3rd. ed. 1985, p.184 이하.

5) K.-D. Henke/H. Woller ed., Politische Saeuberung in Europa, München 1991. 이 연합의 나치 과거청산에 관한 노선을 담은 선언서를 위해서는 C. Vollnhals ed., Entnazifizierung, München 1991, pp.75~81 참고.

통해서 왔다. 따라서 탈나치화 작업은 처음에 연합국에 의해서 주도될 수밖에 없었다. 연합국 탈나치화 작업의 기본방향은 미국훈령 JCS1067에 처음으로 확정되었다. 이것은 특히 나치당과 그에 결속된 모든 조직과 기구들의 해체, 나치당의 고위간부들의 체포, 나치즘과 군국주의를 능동적으로 지지했던 나치당원들의 공직과 국영기업 및 사기업·교육·언론 및 출판계의 주요직위로부터의 제거를 계획했다.[6]

처음에는 '자동적 체포'를 통해 약 20만 명의 나치활동가들이 체포되어 수용소로 수감되었다. 1946년 말까지 이 숫자는 절반으로 줄었다. 뉘른베르크 군사법정으로부터 '범죄조직'이라 판결받은 조직들인 친위대(SS)·게슈타포와 나치당의 정치지도자 집단의 구성원들은 계속해서 수감자로 남았다. 전후 1년간 약 15만 명의 공무원들과 경제분야 인사들 약 7만 3천 명이 이전의 지위로부터 해고되었다. 특히 미군점령지역의 탈나치화 작업이 가장 도식적이고 엄격했다. 이것은 미국 내 여론의 압력 때문이었다.

탈나치화를 확장하는 다음 단계는 1945년 9월 미군정 법령 8조와 함께 시작되었다. 이 법은 131개의 문항을 가진 설문지를 가지고 심사하여 나치당원들이 경제의 주요기능으로 복귀하는 것을 금지하였다.[7] 1946년 1월의 연합군통제위원회의 훈령 24호는 개별심사를 할 필요없이 해고해야 할 나치당원과 협력자를 99개의 범주로 상세히 나누어 명기하였다.[8] 하지만 지나친 도식주의와 탈나치화 훈령의 과다한 확장은

---

6) Vollnhals ed., Entnazifizierung, p.99.

7) ibid., pp.100~101 : P. Reichel., Vergangenheitsbewaeltigung in Deutschland, München 2001, pp.31~32.

8) Vollnhals ed., Entnazifizierung, pp.107~118. 이 훈령은 미국의 이니셔티브로 만들어졌으며 서방 연합군들에게 거의 3년간 철저한 탈나치화의 실질적인 추동력으로 간주되었다.(K.D. Henke, Die Trennung, 34)

곧 혼란과 불만을 야기했다. 그것은 공공업무와 경제의 원활한 작동에 큰 장애를 초래했다. 따라서 미국은 독일인을 재판에 참여시키지 않을 수 없게 되었다.[9)]

1946년 3월 5일 나치즘과 군국주의로부터의 해방을 위한 법령 104호가 공표되고 이른바 심사청(Spruchkammer)이 도입되었다. 이전까지의 재판과는 달리 '개별적 책임과 사실적인 전체적 태도'가 숙고되었다. 18세 이상인 모든 독일인은 설문지(Fragebogen)를 기입해야 했고 심사청의 검사는 이것을 죄의 과중에 따라 다음 5가지로 분류하였다:

① 주요책임자(Hauptschuldige): 일반적으로 국제군사법정으로부터 범죄집단으로 낙인찍힌 친위대 · 게슈타포 · 나치당 정치지도자 그룹.

② 적극참여자(Belastete): 나치활동가(NS-Aktivisten) · 군국주의자(Militaristen) · 나치범죄 수혜자(Nutzniesser).

③ 소극참여자(Minderbelastete)

④ 단순가담자(Mitlaeufer)

⑤ 무혐의자(Entlastete)

미군 점령지역(바이에른·브레멘·헤쎈·뷔르템베르크-바덴)에서만 1천3백만 이상의 설문지가 작성되었다. 그 가운데 340만이 해방법의 적용대상이었지만 실제로 구두재판을 치른 것은 1백만에 지나지 않았다. 그러나 이들 중 '주요책임자'로 판결을 받은 사람은 약 1천6백 명이었다. 적극참여자로 판정된 2만 2천 명 중 다수는 다시 낮은 등급으로 판정이 완화되었다. 독일사회로부터 나치요소들을 섬세하게 분류하여 제거하고

---

9) Reichel., Vergangenheitsbewältigung, p.32.

처벌하려는 의도에서 시작한 탈나치화 작업은 이렇게 '단순가담자'를 양산하는 포괄적인 복권조치로 끝나고 말았다.

심사청은 우선적으로 사소한 사건들에 매달려 미군정이 내린 해고 결정을 철회하는 데 집중하였다. 초기의 도식적이고 너무 엄격한 판정으로 부당하게 해고되었다고 느낀 관리들과 사무관리직 그리고 자유업 종사자들이 수많은 탄원서를 냈기 때문이었다. 1948년 탈나치화가 중단되었을 때 뒤로 미뤄져 미결상태에 있던 큰 사건 피고들은 이득을 보았다. 따라서 사람들은 "피라미는 잡고 월척은 놓아준다"고 불만을 털어놓았다.

탈나치화에 대한 동시대인들의 평가는 당시 미군정이 실시한 여론조사결과를 통해서도 잘 확인할 수 있다. 전쟁 직후 설문조사에 응한 사람들의 절반이 연합군의 엄격한 탈나치화에 대한 지지를 표명하였으며 이 비율은 처음 몇 개월간 증가하기까지 했다. 그러나 해방법의 발효와 함께 탈나치화가 '유령재판(Monsterverfahren)'이 되면서 1946년 말에는 그 비율이 34%로, 1949년 5월에는 심지어 17%로 추락하였다.[10]

탈나치화에 대한 지지도가 이렇게 시간이 지나면서 현저히 낮아진 것은 여러 가지 원인이 결합된 때문이었다. 4개국 점령지역마다 탈나치화의 평가기준과 처벌기준이 달랐고, 같은 점령지역 내에서도 시기에 따라 정책이 바뀌어 일관성을 결여하였다. 또한 전후 독일사회의 공공행정뿐만 아니라 주민복지를 담당하는 기관이나, 경찰·사법·교육·보건 등 모든 분야들에서 전문인력이 부족하여 군정당국과 심사청은 탈나치화의 수위를 대폭 낮추고 구금된 사람들

10) 송충기, 「나치청산과 독일인(1948-1952): 노르트라인-베스트팔렌 지역의 탈나치화를 중심으로」(『서양사론』 제80호, 2004), p.103 ; Reichel., Vergangenheitsbewältigung, p.34.

은 사면하고 해고된 사람들은 복권시키지 않을 수 없었다. 냉전이 심화되어 가고 과거의 적이었던 서독인이 우방이 되면서 이러한 경향은 더욱 촉진되었다.

사회구조적이고 심성적인 측면에서도 포괄적인 탈나치화에 큰 제약이 가해졌다. 심사청과 탈나치화위원회에서 이웃이나 친척 혹은 동료의 죄과를 추궁해야 하는 경우가 적지 않았다. 다수의 경우 이러한 인간관계의 고리를 끊고 이웃이나 동료의 죄를 낱낱이 밝히는 것이 어려웠다. 그것은 밀고자로 낙인찍혀 직장이나 지역공동체로부터의 고립을 자초할 것이었기 때문이었다.[11] 따라서 심사청은 나치범죄자의 유죄를 입증하는 법정으로서보다는 그들에게 무혐의증서를 발급하는 기관으로 바뀌었다. 루츠 니타머(Lutz Niethammer)는 이러한 사실로 인해 미국점령지역의 탈나치화를 '단순가담자제조공장(Mitläuferfabrik)'이라고 일컬었다.

1945년의 상황에서 정치적 숙청은 불가피했지만 그 실패 또한 예정되어 있었다고 볼 수 있을 것이다. 전후 수십 년간 많은 사람들이 탈나치화 작업의 실패를 비난하였다. 재판은 특히 너무 많은 사람들을 상대로 너무 도식적으로 적용되었던 데 문제가 있었다. 가장 적극적으로 나치범죄에 가담한 가해자들을 집중적으로 제거하고 처벌하는 데 초점이 맞추어졌어야 했다. 그러나 개별심사로 인해서 과도한 행정력이 낭비되었고 대규모 방면을 통해서 정치적으로도 불만족스러운 결과를 초래했다. 1945년 나치의 적극적 협력자로 판정을 받아 직위해제 되고 형을

11) Reichel., Vergangenheitsbewältigung, pp.34~35. 이 때문에 시간이 갈수록 탈나치화위원회의 위원을 구하기가 어려워졌다. 또한 나치범죄 혐의자의 무죄를 증언할 증인은 쉽게 구할 수 있었지만 유죄를 입증할 증인을 구하기는 훨씬 더 어려웠다.[송충기, 2004]

선고받았던 사람들까지도 곧 석방되고 옛 직책으로 복귀함으로써 사회와 공공업무의 '재나치화(Renazifizierung)' 논란을 낳기까지 했다.

그러나 근자에는 독일에서 단기적 탈나치화 목표가 실패했지만 장기적으로는 긍정적 영향을 미쳤다는 평가가 나오고 있다. 물론 서독이 처음부터 나치반대자들, 나치로부터 박해받은 사람들과 망명자들이 주도하는 공화국으로 출범한 것은 아니었다. 이것은 내부로부터의 자기해방을 통해서만 가능했을 것이다.

그러나 저항세력은 너무 약했으며 나치 순응세력의 힘과 '민족공동체적' 항전의지는 마지막 순간까지 매우 컸었다. 따라서 전쟁 직후 나치의 적극적 협력자는 물론이거니와 수천만 명의 순응세력과 단순가담자들을 민주주의자로 만드는 일은 지난한 과제였다. 국민 대다수가 나치를 지지하거나 나치와 타협하고 용인했던 사회에서 패전 직후 나치의 과거를 급진적으로 청산하는 것은 불가능한 일이었다. '단순가담자 공장'으로서의 탈나치화 과정이 문제는 많았지만 패전의 경험과 그 후의 탈나치화 과정에서 겪은 나치의 만행에 대한 인식, 개인적인 수모와 자격박탈이나 수용소에서의 경험 등은 이들이 새로운 민주주의 질서에 적응하려는 자세를 높여주었다.

또한 1950년대 초부터 수많은 정치적 추문들은 서독인들로 하여금 미지근한 과거청산의 결과들과 재삼재사 씨름하게 만들었다. 이를 통해 사람들은 나치의 만행을 초래한 구조적 원인들과 그 속에서 각 개인들이 어떤 책임을 져야 할지에 대하여 보다 반성적인 태도를 갖게 되었다.[12)]

12) Reichel, Vergangenheitsbewältigung, 2001, pp.36~37.

2-2 소련 점령지역

소련 점령지역의 탈나치화는 일반적으로 서방 점령지역과의 비교에서 더 좋은 평가를 받는다. 그것은 더 짧고 단호했으며 그 목표를 더 일관되게 추구했고 독일인 관리들이 처음부터 나치 청산작업에 가담했기 때문이다.13) 동독 공산당 지도부는 탈나치화를 처음부터 사회의 구조적 개혁을 위한 수단으로 간주하였다. 그들은 모든 중요 직책으로부터 과거 나치당원을 제거함으로써 나치를 청산할 뿐만 아니라 '반파시스트-민주주의적 변혁'과정에서 공산주의의 지배권을 관철시키고자 했다. 처음에 정치적 숙청은 지방에 따라 상이한 방식으로 비체계적으로 수행되었으며 대부분 각 관청 지도부의 임시적 탈나치화와 열성적인 나치간부들과 게슈타포 밀고자들의 체포에 국한되었다. 미국인들과는 반대로 소련군정청은 많은 지역들에서 자발적으로 만들어진 반파시스트 위원회들에 처음에는 중요한 역할을 부여하였고 행정기구들을 정화시키는 데 지역사정에 밝은 그들을 활용하였다. 이 위원회들의 장은 거의 대부분 히틀러 독재 하에서 가장 탄압을 받았으며 따라서 그들이 증오했던 구정권의 지지자들을 척결하려는 의지가 가장 컸던 공산당원이나 사민당원이 차지했다.14)

---

13) Reichel, Vergangenheitsbewältigung, pp.37~38 : H.A. Welsh, "'Antifaschistisch- demokratische Umwaelzung' und politische Säuberung in der sowjetischen Besatzungszone Deutschlands", K.-D. Henke/H. Woller ed., Politische Säuberung in Europa, München 1991, p.86. 동독에서 탈나치화가 공식적으로 종식된 것은 1948년 3월이었다.

14) C. Vollnhals ed., Entnazifizierung, p.43 : Welsh, 'Antifaschistisch-demokratische Umwälzung', p.86. 소련점령지역에서의 반파시스트 위원회들의 활동에 대해서는 G. Benser, "Antifa-Ausschuesse- Staatsorgane-Parteiorganisationen", Zeitschrift für Geschichts- wissenschaft 26, 1978,

1945년 여름 새로 구성된 지방행정기관들을 통해 최초의 탈나치화 지침들이 공표되었다. 이것은 개별 주들 사이에 정치적 숙청에서 큰 차이를 빚어냈다. 메클렌부르크와 브란덴부르크에서는 명목상의 나치당원들까지 모두 관직에서 쫓겨났지만 튀링엔에서는 정치적 숙청이 특히 과거 열성적인 나치들을 겨냥하였다. 7월에 허용된 4개 정당(공산당KPD·사민당SPD·자민당LDPD·기민련CDU)으로 구성된 '반파시스트-민주주의적 정당들의 블록'은 정치적 숙청의 일관성을 목표로 하는 최초의 지침[15]을 마련했다. 그것은 법정에서 처벌을 받아야 할 전범과 속죄활동을 수행해야 할 나치활동가들을, 과거로부터 결별하고 새 국가의 건설에 동참할 경우 처벌과 사회적 지위하락을 받지 않을, 단지 명목상의 당원들로부터 구분했다. 그러나 이 지침은 아직 법률적 효력을 가지고 있지 않았기 때문에 아직 지역 사이의 차이가 존재했다.[16]

탈나치화를 새로이 조직하고 1946년 1월에 발효된 연합국 통제위원회 지령 24호[17]에 따라 통합시키기로 한 소련군정청(SMAD)의 결정(1946. 12)은 숙청의 강화를 초래했다. 약 1백만 명의 구-나치당원들이 다시 한번 심사를 받았는데 그 아주 적은 일부만이 처벌을 받았지만 수만 명의 기술인력들이 해고됨으로써 경제와 행정이 심각한 장애를 받았다.

블록정당(Blockparteien)의 대표들은 단순가담자들을 관대하게 다룰 것을 소련군정청에 청원하였다. 사통당 의장인 빌헬름 피크(Wilhelm Pieck)는 이러한 압력에 부응하여 명목상으로만 나치당원이었던 사람들을 재건을 위해 활용해야 한다고 주장하였다[18].

---

p.785 이하 참고.

15) Vollnhals ed., Entnazifizierung, pp.186~189.

16) Reichel, Vergangenheitsbewaeltigung, p.38.

17) 그 일부를 발췌한 자료가 Vollnhals ed., Entnazifizierung, pp.107~118에 게재되어 있다.

소련군정청은 1947년 8월 명령 201호[19]를 공표함으로써 이러한 요청을 받아들였다. 단순한 명목상의 나치당원들은 시민권들을 되돌려 받았다. 동시에 연합국통제위원회 지령 10호와 38호에 따른 나치 및 전쟁 범죄자들에 대한 형사적 처벌은 독일법정에 이관되었다. 약 1만 2천 명이 특별법정에서 '파시스트적 전쟁범죄와 반인도적 범죄' 때문에 실형을 선고받았다. 1950년에만 4천 건 이상의 재판이 있었는데 소련군정청이 10개의 이른바 '특별수용소' 중 마지막 두 개(부헨발트와 작센하우젠)를 이 해에 해체했기 때문이었다. 소련의 기록에 따르면 이 수용소들에 약 12만 명의 수감자가 비참한 조건 하에서 수용되어 있었다.

서방측은 수감자의 수가 적어도 16만에서 26만에 이를 것이라고 추정했다. 수감자들 중 약 1/3이 수용소로부터 살아나오지 못하고 추위·영양실조·역병과 질병으로 죽었다. 이들 가운데는 포악한 나치범죄자들과 나치당 간부들뿐만 아니라 나치국가에서 반파시스트 활동을 했고 소련군정청에 반대했던 사람들, 재산을 몰수당한 지주들과 기업가들, 공산당(KPD)과의 강제통합에 반대했던 사민당원들도 있었다.[20] 이 수감자들 중 1/3은 후에 아무런 재판이 없이 석방되었는데 수감생활에 대해 엄격히 침묵을 지키도록 강요받았다. 7천 명이 전쟁포로 수용소에 이감되었고 1만 3천 명은 소련으로 이송되었고 1만 4천 명은 동독법정을 통해 선고를 받도록 내무부로 넘겨졌다.

이들 속에는 발트하임수용소(작센)의 3천4백 명의 수감자들도 있었

18) Reichel, Vergangenheitsbewaeltigung, pp.38~39 : Welsh, 'Antifaschistischdemokratische Umwälzung', pp.91~92.

19) Vollnhals ed., Entnazifizierung, pp.206~209.

20) Reichel, Vergangenheitsbewältigung, pp.38~39 : Welsh, 'Antifaschistisch- demokratische Umwälzung', pp.92~96.

다. 이들은 어떤 범죄행위도 입증할 수 없었음에도 불구하고 변호사나 무죄를 입증할 증인도 없이 1950년 여름 피고들은 사통당노선을 충실히 따르는 인민법정 판사들과 배심원들에 의해 속결재판에서 불법적으로 예외없이 오랜 자유형을 선고받았다. 많은 사람들이 무기징역을 선고받았으며 32명의 사형선고를 받은 사람들 중 24명에게는 형이 집행되었다. 이 악명 높은 발트하임재판은 서독에서뿐만 아니라 동독 내에서도 항의를 불러일으켰다.21)

3. 나치범죄자들에 대한 사법적 청산

3-1 뉘른베르크재판

연합국은 이미 전쟁 중에 '주요전범들'을 법정에 세우리라는 것을 분명히 밝혔다. 한때는 그들의 범죄가 법정에서 다룰 수 없을 정도로 무거웠던 주요책임자들을 즉결군사재판을 통해 처형할 것이 고려되기도 했었다. 그러나 연합국은 승자의 재판이라는 비난을 받기를 원치 않았다. 국제군사법정을 뉘른베르크에 설치한 것은 그곳이 '인종법'이 선포되고 나치의 '제국 당대회'가 열린 곳이었기 때문이었다. 연합국, 특히 미국은 두 가지 목표를 추구했다.

한편으로 범죄행위의 수사와 광범위한 증거자료의 확보를 통해서

21) Reichel, Vergangenheitsbewältigung, pp.39~40 : F. Werkentin, Recht und Justiz im SED-Staat, Bonn, 1998, pp.12~17.

독일국민과 세계의 공론장을 계몽하려 했다. 이것은 3D정책, 곧 탈군사화(Demilitarisierung)·탈나치화(Denazifizierung)·민주화(Demokratisierung)를 통해서 독일을 정치적으로 변화시켜 다시는 세계평화를 위협하지 못하게 만들려는 포괄적인 계획의 일부였다. 그러기 위해서는 우선 전쟁도발과 전시범죄의 주요책임자들을 국제법정에 기소하고 구형을 해야 했다. 왜냐하면 미국의 관심은 우선적으로 침략전쟁을 강하게 규탄하는 데 있었기 때문이다.[22] 따라서 뉘른베르크법정은 전쟁수행과의 연관 속에 있는 범죄들만을 다루었고 독일인이 독일인에 대해 행한 범죄는 배제했다. 이러한 제한으로 인하여 전쟁시작 전까지의 유대인 박해뿐만 아니라 사회민주주의자·공산주의자와 신티(Sinti)와 로마(Roma: 이들은 흔히 '집시'라고 불렸다)·정신질환자 등에 대한 폭력범죄도 반인륜적 범죄추궁으로부터 배제되었다.[23]

종전 직후 뉘른베르크재판이 열리고 주요책임자들의 사죄와 처벌에 대한 요구가 제기된 것은 당연한 일이었지만 처음부터 재판에 대한 비판도 만만치 않았다. 재판의 합법성, 특히 소급입법의 문제점에 대한 이의가 많이 제기되었다. 연방고등법원(Gerichtshof)은 하지만 제2차 세계대전 이전의 국제법에 의거하여 판결을 내릴 수 있었으며 모든 법치국가들의 법률에서와 같이 반인도 범죄는 범죄행위로 간주되었다. 법정이 독일의 적국들로만 구성이 되고 중립국은 하나도 포함되지 않았다는 사실에 대해서도 불만이 제기되었다.

또한 연합군의 전쟁범죄는 재판에서 배제됨으로써 '점령국 법정'이라는 비난의 목소리를 더 크게 만들었다. 그러나 뉘른베르크재판은 후

22) Reichel, Vergangenheitsbewältigung, p.42.

23) Reichel, Vergangenheitsbewältigung, p.44.

에 독일의 법률가들이나 역사가들에 의해서도 긍정적으로 평가되었다. 이 법정이 밝혀낸 끔찍한 범죄 앞에서 법률적 이의제기는 퇴색되고 "법이 정당하게 집행되었다"는 시각이 더 지배적이게 되었다. 이 재판은 이미 오래 전부터 커다란 법률적 업적일 뿐만 아니라 역사학적 계몽작업으로서도 지속적인 가치를 가지고 있는 것으로 평가되고 있다.

주요재판의 218개 공판의 기록들만 1만 6천 쪽이 넘는 분량이다. 고발장과 변론을 합하여 5천 개의 증거자료가 존재하며 240명의 증인이 증언하였다. 신문과 방송은 계속해서 상세히 재판에 관해 보도하고 논평하였다. 그들은 재판이 진행되기 전부터 시청자들의 질문에 답하고자 노력했다. 그들은 이렇게 전범들과 전쟁범죄 문제들 그리고 개별 집단수용소들에 대한 정보를 제공하는 데 기여했다.

독일에서 적어도 초기 몇 달 동안은 재판에 대한 사람들의 관심이 높았다. 처음으로 재판과정에 영상자료, 특히 미군이 촬영한 기록영화인 『나치집단수용소』가 활용되었다. 그러나 시간이 지나면서 사람들의 관심이 식어갔다. 미군정의 여론조사 결과는 사람들이 재판에 대해 여전히 높은 관심을 표명한다고 보았다. 그러나 당시 독일인을 보다 가까이서 관찰했던 독일 국내외의 저널리스트나 작가들은 군사법정에 대한 무관심과 거부의 분위기가 널리 퍼져 있었다고 말한다.

주요재판은 1945년 11월 20일 시작하여 24명의 피고 중 21명을 상대로 1946년 10월 1일 종료되었다. 헤르만 괴링(Hermann Goering)과 리벤트로프(Joachim v. Ribbentrop) 등 12명이 사형을, 루돌프 헤쓰(Rudolf Hess) 등 3명이 종신형, 알베르트 슈페어 등 4명은 10년에서 20년 사이의 징역형을, 프란츠 폰 파펜 등 3명은 무죄를 선고받았으며, 한 명은 재판시작 전에 자살을 했고 나머지 한 명은 병환으로 인하여 법정에 나올 수 없었다.

연합국은 국제 군사법정을 위한 정관 제6조에서 3가지 상이한 범죄군을 구분했다: ① '평화에 반하는 범죄'(침략전쟁 혹은 국제조약을 위반한 전쟁의 계획과 시작 및 수행), ② '전쟁범죄'(전쟁법의 위반, 헤이그 육전규정과 제네바 전쟁포로협정 위반), ③ '반인도적 범죄'(정치적·인종적·종교적 이유로 인한 살인·절멸·노예화·추방·박해 그리고 전쟁전이나 전쟁 중 어떤 민간인 집단에 행해진 비인도적 행위들)가 그것이었다. 피고들은 그들이 범한 죄의 정도에 따라서뿐만 아니라 그들의 사회적 지위에 의해서도 선별되었다. 나치국가의 지도적 대표들이 어떤 범죄를 저질렀는지에 대해 세계인들로 하여금 선명하면서도 분별있는 그림을 그려볼 수 있게 하기 위함이었다. 연합국은 또한 국제 군사법정에 대한 비판의 목소리를 진지하게 받아들이고 법치국가적인 재판절차를 준수하는 것에 큰 의미를 부여하였다.[24]

3-2 뉘른베르크 후속재판과 여타 군사법정의 재판들

연합국은 뉘른베르크 후속재판들을 통해 독일인들과 세계에 나치지배, 특히 기술관료들이 어떻게 폭력범죄에 연루되었는가의 문제와 씨름할 또 다른 기회를 제공하고자 했다. 그러나 전범재판에 대한 공중의 관심은 1940년대 말까지 현저히 감소하였다. 재판은 이제 미국의 단독책임 하에 진행되었다. 수석검사와 판사들도 바뀌었다. 3개의 재판이 기업가와 경영인에 대해, 3개의 재판이 독일군 장성들에 대해, 3개의 재판이 고위 친위대 장교들에 대해, 그리고 의사들·판사들 그리고 외교관에 대해 각각 한 개의 재판이 수행되었다.

24) Reichel, Vergangenheitsbewältigung, pp.48~49.

첫번째 재판인 의사에 대한 재판은 반인도적 범죄의 복합성에 대해 주목을 끌게 만들었다. 이 재판은 집단수용소에서의 인간에 대한 끔찍한 의학적 실험들과 '생존할 가치가 없는 생명'을 죽이는 이른바 안락사 집행을 집중적으로 다루었다. 공식적 안락사 집행의 시기인 1939년부터 1941년까지 7만 명 이상의 정신적으로나 신체적으로 장애인 아동, 여성과 남성들이 의사들에 의해서 살해되었다. 재판은 안락사와 '최종해결' 사이에 긴밀한 인적 및 조직적 연결이 존재했다는 사실을 입증했다. 안락사 집행으로부터 1백 명 이상의 의학적 살인전문가들이 이관되었다. 절멸수용소(Vernichtungslager)인 베우제츠·소비부르·트레블린카의 최초의 수용소장들도 그곳 출신들이었다. 피고는 23명이었는데 그 가운데 19명은 남자 의사, 한 명은 여의사, 3명은 의사가 아닌 사람들이었다. 7명의 피고에게 교수형이 선고되었다.

콘체른인 이게파르벤(I.G. Farben)재판에서는 유대인 문제의 '최종해결' 수행과정에서 경제적 착취가 얼마나 중요한 이해관계가 걸린 문제인지 분명히 밝혀졌다. 재판에서 이 콘체른이 전쟁과 강제노동, 전쟁포로의 학살에 공동책임이 있다는 사실이 명백하게 드러났다. 미국인 주임검사는 너무 낮은 형량에 대해 닭도둑이라도 그 형량에 기뻐했을 것이라고 비웃었다. 모든 경영인들이 곧 석방되었고 그 다수가 후계 기업들(바이어·BASF·획스트)의 총수로 복귀했다.

가장 많은 사형선고가 내려진 것은 24명의 특수임무부대(Einsatztruppe) 소속 친위대 고위 지도자들에 대한 재판에서였다. 이들은 모두 높은 학력을 소유한 엘리트층이었다. 특수임무부대는 소련과의 전쟁 초기에 전진하는 독일군의 배후에서 특히 '유대-볼셰비키적 지식인'을 검거하고 50만 명 이상을 학살한 동원된 살인부대였다. 피고 중 14명이 사형선고를 받았다. 법정은 처음에 범죄의 잔인성에 대해 말을 잃었다. 그러나 판사들의 처벌의지는 곧 '사면열정(Gnadenfieber)' 속에서 그리고 냉전과 이데올로기적 대립이 심화되어가는 가운데 그 반대로 바뀌고 말았다.

나치의 사법부와 당과 국가의 '종족적 법률쇄신'의 최고대변자들은 이미 죽거나 자살을 했기 때문에 법률가재판에서는 법무부의 차관인 프란츠 슐레겔베르거(Franz Schlegelberger)와 15명의 사법담당 고위판사들이 피고석에 섰다. 이들은 개별사건들에서의 오판 때문이 아니라 전쟁범죄와 반인도적 범죄에 참여하고 법치국가 자체에 끼친 해악으로 인하여 책임을 추궁받았다.

히틀러의 시녀로서의 나치법정의 희생자 수는 수만 명에 달하였다. '민족의 적(Volksschädlinge)' · '흑색선전자들' · '군대분열자들' 그리고 '내부전선'의 '배신자들'에 대한 투쟁에서 희생된 사람들의 수는 민간 형사법정에서 사형을 선고받은 1만 6천 명(그 3/4에게 형이 집행되었다)과 군사법정에서 사형을 선고받은 2만 5천 명이었다. 이러한 범죄들에 대해 뉘른베르크 법정은 슐레겔베르거 외 3명에게 종신형을 선고하고 다른 5명에게는 보다 짧은 징역형을 선고하고 나머지는 석방했다. 모든 피고들이 이미 1950년대 초에 다시 풀려났다.

독일공군의 감찰감(Generalinspektuer)이었던 에르하르트 밀히(Erhard Milch)에 대한 재판에서는 강제노동자들의 투입과 다하우 집단수용소에서의 민간인과 전쟁포로에 대한 의학적 실험을 수행한 죄에 대한 책임이 추궁되었다. 그는 종신형을 선고받았지만 후에 감형되어 이미 1954년에 석방되었다. '동남부방면군 장군들'에 대한 재판에서는 전쟁포로의 학대, 특히 수만 명의 희생을 가져온 세르비아 민간인(그 중 다수가 공산주의자들 · 유대인 · 신티와 로마였다) 학살이 문제였다.[25]

1946년 10월부터 1949년 4월까지 계속된 12개의 후속재판에서 총 177명이 재판을 받았으며 그 가운데 24명이 사형선고를 받았고 12명에게는 집행되었다. 20명이 종신형을, 98명은 유기징역을 선고받았으며 35명에게는 무죄가 선고되었다.[26)]

정치적·사회적 영향력이 더 낮은 수준에서 파괴적인 인간성과 커다란 범죄에너지를 가지고 자행된 사형집행인들과 그 주구들의 비인도적 만행에 대한 재판은 1945년 11월과 1947년 10월 사이에 미군의 군사법정(다카우에서 대부분, 일부는 다름슈타트와 루드비히스부르크에서)에서 열렸다. 이 재판들에서 특히 부헨발트와 다하우 등 집단수용소의 간수들과 안락사 시설들의 협력자들, 1천2백여 명의 비상착륙 조종사들의 살인자들, 말메디 학살에 참여한 친위대원들을 포함하여 총 1,517명이 재판을 받았고 그 가운데 324명이 사형을, 247명은 무기징역을 선고받았다. 영국의 군사법정에서는 총 1,085명에 대한 재판에서 240명이 사형을 선고받았다. 프랑스 점령군의 법정에서는 2,107명에 대한 재판에서 104명이 사형을 선고받았다.[27)]

4. 나치 및 전쟁피해자들에 대한 배상

4-1 유대인 나치희생자들에 대한 보상

이미 전쟁과 종족학살의 초기에 독일망명자 및 저항집단들은 피해

25) Reichel, Vergangenheitsbewältigung, pp.59~65.

26) Henke, 1991, Die Trennung, p.73.

27) ibid., p.74.

자의 이름으로 배상을 요구했다. 유대인 세계대회는 1941년 11월 발티모어에서 열린 국제회의에서 처음으로 유대인 희생자들을 위한 배상을 요구했다. 그 후로도 유대인들의 희생을 계산하고 유대민족의 집단적 배상요구를 제기한 책들이 출간되었다. 또한 여러 차례 국제회의가 개최되었는데 그 정점은 1944년 11월 말 40국의 유대인 조직 대표들이 참석한 가운데 미국 뉴저지주의 애틀랜틱시티에서 개최된 세계유대인 회의의 전시비상회의였다. 그들은 결의문에서 "유대민족, 그 시설들, 스스로 혹은 그 상속자들이 배상청구를 제기할 수 없는 유대인 개인들이 당한 물질적 및 도덕적 손실"에 대한 보상과 배상을 강력히 요구하였다. 그들은 그뿐만 아니라 건강과 생명 · 교육과 직업적 경력에서 받은 피해에 대한 배상도 요구했다. 그들은 확보한 재정을 유대인의 고향으로서 팔레스티나를 건설하는 데 쓰려고 했다.28)

전후 미군정은 처음부터 특히 소위 '아리안화'를 통해 강탈당한 재산가치를 반환하는 규정을 만들기 위해 노력했으며 이것은 결국 1947년 11월 미국-몰수재산반환법(US-Rueckerstattungsgesetz)으로 결실을 맺었다. 그러나 미국의 이러한 시도는 전후 독일사회의 집요한 저항에 부딪쳤으며 반유대적인 감정을 다시금 강화시키는 부정적 영향을 미쳤다. 언론이나 의회의 논의들에서는 항상 실제보다 과장되어 선전되었지만 1960년대 말에는 대부분 종료된 개별적 반환은 30~35억 마르크(DM)의 규모에 지나지 않았다. 그밖에 1957년 7월 19일의 연방반환법에 따른 독일제국에 대한 반환요구로 인해 지불된 금액은 1980년대 중반까지 약 40억 마르크에 달하였다.29)

28) C. Goschler, Wiedergutmachung. Westdeutschland und die Verfolgten des Nationalsozialismus 1945~1954, München 1992, p.46 ; Reichel, Vergangenheits- bewältigung, p.75

서독정부는 나치의 범죄에 대한 배상을 위해 국가가 지원해 줄 책임이 있다는 것을 분명히 하였다. 우선 '해방법'에 의해 유죄판결을 받은 사람들은 배상을 위한 재정에 그들의 재산을 바쳐야 했다. 반환법에서 규정하지 않은 모든 것, 즉 건강·생명·재산 및 직업상의 승진에 손해를 끼친 것을 배상법이 수용해야 한다는 데 대해서는 모두가 공감했다. 그러나 피배상자격의 범위에 대해서는 논란이 있었다. 유대인과 사회민주주의자 등 인종적·종교적·정치적 이유로 인해 박해받은 사람들은 배상받을 자격이 인정되었다. 반면에 안락사를 당한 안락사 희생자, 강제단종수술자, '반사회적인 사람들'과 탈영병, 즉 뒤에 '잊혀진 희생자들'이라고 불린 사람들은 배제되었다. 배상법은 독일내부적인 법률로서 서독 혹은 독일제국과의 공간적 관계를 입증할 수 있는 사람에게만 배상받을 자격을 인정하였다. 따라서 모든 외국인 나치희생자들은 이러한 속지주의원칙에 따라 수십 년간 보상으로부터 배제되었다.

서독연방과 이스라엘 국가의 건설과 함께 정치적 이니셔티브와 책임은 점점더 두 국가로 넘어갔다. 물질적 보상은 연방 주의 소관이었다. 그러나 경쟁적인 입법으로 인하여 연방기구들의 역할이 증대했다. 연방정부와 독일 전후사회는 그럼에도 불구하고 미국반환법의 선례에 따라 배상법을 통합하고 피보상자격자의 처지를 개선하기 위해 결코 서두르지 않았다. 그것 말고도 긴급한 해결을 요하는 내정적 및 외정적 문제들이 압박하고 있었기 때문이다. 서독정부의 초대 수상 아데나워는 1949년 9월 21일의 정부선언에서 긴요한 공업시설들의 철거를 비판하고 탈나치화를 '불행'이라고 일컬었다. 그는 '배제된' 관료와 직업군인

29) Reichel, Vergangenheitsbewältigung, pp.77~81.

들의 복권을 요구하고 전쟁피해자들과 전사자 유족들을 위한 입법을 요구했다. 그는 또한 전쟁포로들과 강제연행자들과 피추방자들의 가혹한 운명에 대해 주의를 환기시켰다. 반면에 그는 유대인 살해에 대해서는 당시의 '반유대주의 활동들'과의 연관 속에서 주변적으로 다루었을 뿐이다.30)

야당인 사회민주당 당수인 쿠르트슈마허는 아데나워의 소극적 언급을 비판하고 유대인들에 대한 박해를 사죄하고 그들의 희생에 대해 보상하는 것이 독일인의 당연한 의무임을 주장했다:

> 독일과 유럽 유대인의 상황을 우선시하고 필요한 도움을 제공하는 것은 국제 사회주의자들의 의무일 뿐만 아니라 … 모든 독일 애국자들의 의무이기도 하다. 히틀러의 만행은 6백만 유대인의 생명을 절멸시킴으로써 독일 민족의 명예를 더럽혔다. 우리는 기약하기 어려운 기간 동안 이 불명예의 멍에를 져야 할 것이다.31)

1950년대 초에 행정부와 의회, 시민사회 모두 강하게 반대를 제기했지만 첫번째 국제협약과 국내보상법에 이르게 된 것은 특히 사민당의 열성과 미국 및 독일내 유대인 조직과 국제 유대인 조직의 압력 덕분이었다. 공식적으로는 연합국을 향하였지만 실질적으로는 채무국인 독일을 겨냥하였던 한 각서에서 이스라엘은 1951년 3월 생존자들의 정신적 및 신체적 회복과 재건중인 이스라엘 사회로의 통합을 위해 처음으로 15억 달러의 총괄배상을 요구했다. 그 가운데 서독은 10억 달러

30) Deutscher Bundestag. 1949, Verhandlungen des Deutschen Bundestages, 1. Wahlperiode, 5. Sitzung vom 20. 9. 1949, Stenographische Berichte Bd. 1, p.27.

31) ibid., p.36.

를, 동독은 5억 달러를 부담해야 할 것이었다. 1951년 말 아데나워는 이스라엘에게 공식적으로 배상문제에 대한 협상을 제안했다. 독일과 이스라엘 내부에서 적지 않은 반발이 있었지만 양측은 결국 1952년 3월 헤이그 근처에서 협상을 시작할 수 있었다. 이스라엘과 유대인 측은 두 가지 목표를 전면에 세웠다: 하나는 기존 배상법의 개선과 배상범위를 독일의 유대인 나치희생자 이외의 사람들에게도 확장하는 것이었다. 다른 하나는 '최종해결'의 유대인 생존자 50만 명을 편입시키기 위한 총괄배상이었다. 이를 위해 독일대표단은 약 45억 마르크(당시 1달러는 4.2마르크에 해당)를 계산했다. 그 가운데 서독이 2/3를, 동독이 1/3을 부담해야 할 것이었다.

서독이 이스라엘을 경제적으로 지원하는 것에 대해 아랍국가들이 거세게 항의를 제기했지만 아데나워, 이스라엘 외무장관 모셰 샤레트(Moshe Sharett)와 유대인청구회의(Claims Conference)의 대변인 나움 골드만(Nahum Goldmann)은 룩셈부르크에서 1952년 9월 세 협약들에 서명할 수 있었다: 그것은 30억 마르크의 총괄보상에 대한 이스라엘과의 조약 그리고 청구회의와의 두 개의 의정서였다. 이른바 헤이그의정서 중 첫번째 것은 기존 배상법의 개정을 다루었고 두번째 의정서는 각국에 분산되어 살고 있는 유대인 나치피해자들을 위해 4.5억 마르크의 총괄배상을 규정하였다.

룩셈부르크조약은 1953년 3월 서독연방의회에서 비준받았는데 야당인 사민당의 동의가 없었으면 불가능했을 것이다. 서독정부는 룩셈부르크조약에 따라 여러 개의 재산권반환법과 배상법을 제정하고 배상을 위해 많은 재정을 지원하였다. 당시 독일의 정치인들은 예상되는 배상액을 50억~1백억 마르크로 추산하였다.

그러나 실제로 연방정부는 1990년대 말까지 배상을 위해 총 1천억 마르크 이상을 지출하였다. 그 가운데 약 80%가 연방배상법에 따라 개별적 재산권과 연금지불을 위해 지출되었고, 마찬가지로 약 80%가 유대인 홀로코스트 생존자들에게 지불되었는데 그들 중 절반은 이스라엘에 살고 있었다. 국제사회가 유대인 나치희생자들에 대한 독일의 배상을 높이 평가하는 이유는 재정규모보다는 국내정치적으로 반대의 목소리가 컸고 아랍세계와 공산권 국가들로부터의 반대가 거셌음에도 불구하고 조약을 협상해내고 비준했다는 사실 때문이다.[32]

그러면 나치희생자들의 배상에 대한 동독의 견해는 어떠했는가? 1948년에 비로소 건설된 이스라엘 국가는 독일에 대해 배상금을 요구할 자격이 없다는 것이 동독의 공식적인 주장이었다. 사통당의 기관지인 『노이에스 도이칠란트(Neues Deutschland)』는 잘 알려진 이데올로기적 전형에 따라 '이스라엘의 대자본가들'과 그 배후에 서 있는 '미제국주의자들'을 신랄하게 비난하고 그들이 '전쟁에 중요한 산업들을' 건설하는데 서독의 배상금을 이용할 것이라고 주장했다. 동독은 서독과 아랍국가들 사이의 갈등으로부터 이익을 얻고자 시도했으며 서독의 단독대표권에 대한 투쟁에서 유리한 기반을 확보하려고 했다.

1945년 여름 소련 점령지역에 무수하게 세워진 파시즘 희생자 위원회들에는 당연히 '뉘른베르크 법률들의 희생자들'도 가담하였다. 그러나 소련군정청의 지시로 식품을 배급할 때 특히 히틀러정권에 맞서 열심히 싸웠던 사람들을 우대하는 것이 일반적이었다. 반면에 "유대인·혼혈인·성경연구자와 군사력을 약화시키는 사람, 불평불만자 등은 … 파시즘 희생자의 좁은 범주 안에 포함되지 않았다."

---

32) Reichel, Vergangenheitsbewältigung, pp.81~89.

1946년 노동과 사회복지담당 중앙행정청은 약 1만 5천5백 명의 '파시즘 반대투사들'과 약 4만 2천 명의 파시즘 희생자들을 구분하여 물질적 및 명예 보상에서 차등을 두었다. 동독이 룩셈부르크조약에 명시된 보상의무를 무시한 후 이스라엘은 여러 차례 비공식 접촉을 통해서 혹은 4점령국들을 통해 공식적으로 사통당정권이 보상을 하도록 움직이게 하려 시도하였다. 1955년 말 소련 주재 이스라엘 대사에게 전달한 답장에서 동독은 1970년대까지 지속된 완고한 입장을 분명하게 표현하였다:

> 동독정부는 독일 파시즘을 근절하고 타민족-그리고 유대민족의-안정과 존재가 다시금 위협받지 않는 조건들을 창출하기 위해서 할 수 있는 모든 것을 다했다. 동독 영토에 살고 있는 파시즘 희생자들에게는 넉넉한 지원이 제공되었다. 동독정부는 4점령국들이 결의한 원상회복(Wiedergutmachung)을 위한 배상을 충족시켰다.[33]

4-2 나치의 강제노역자들에 대한 보상

소련과 폴란드는 1953년 동독에 대해 더 이상의 배상을 요구하지 않기로 했는데 서독은 이로부터 유럽이 독일 전체에 대해 배상요구를 포기한 것으로 인정하였다. 게다가 런던 배상조약(1953.2)은 외국의 나치피해자들의 위협적 배상요구들과 과거 강제노동자들의 임금 추가 청구들을 막아주었다. 1952년 5월의 이관조약(Überleitungsvertrag)과 파

33) A. Timm, Hammer, Zirkel, Davidstern. Das gestoerte Verhältnis der DDR zu Zionismus und Staat Israel, Bonn 1997, p.137.

리배상조약의 해당규정들이 논리적 근거였다. 이에 따르면 독일과 교전중이었거나 독일의 점령을 당했던 국가들이나 그 국민들의 보상요구들은 배상요구로서 보아야 하며 '배상문제의 최종적 처리'는 독일과의 강화조약 시기까지 미뤄야 했다. 기업에 직접 요구한 임금추가청구들은 기업들은 '제국의 하수인으로서' 행동했다는 주장을 가지고 거부되었다. 기업은 강제노역자들의 요구들을 정부에 미루고 정부는 다시금 런던조약의 강화조약 조항을 근거로 이를 거부하였다.

이러한 관행의 배후에는 당시 모든 당사자들의 정치적 이해관계가 얽혀 있었다. 연합국은 1950년대 초에 아직 경제적으로 불안정한 서독의 신생 연방공화국을 지나치게 경제적으로 부담을 주어 내정의 안정을 해칠 뿐만 아니라 채무자의 지불능력을 위태롭게 만들고 싶지 않았던 것이다. 본은 다시금 바이마르의 전철을 밟아서는 안될 것이었다.[34)]

그러나 독일의 경제와 통화를 보호하려는 이러한 조치들에도 불구하고 이미 1953년 말 서방국가들의 나치피해자들이 보상대상으로 인정되지 않은 데 대해 항의가 제기되었다. 강제노동자와 집단수용소 피구금자였던 피해자들이 있는 프랑스를 필두로 서유럽 8개국의 항의는 3년 후 더욱 분명해졌다. 결국 여러 차례의 협상들을 거쳐 서독은 서유럽 11개국과 총 10억 마르크 이상을 지불하기로 한 포괄적 보상협정을 체결하였다. 동유럽 국가들이 동독에 대해 배상포기를 선언했지만 거기에는 개별적인 배상요구는 포함되어 있지 않았다. 따라서 이제 그들

34) U. Herbert, "Nicht entschädigungsfähig? Die Wiedergutmachungsansprueche der Ausländer", L. Herbst/C. Goschler ed., Wiedergutmachung in der Bundesrepublik Deutschland, München 1989, pp.273~302 : 타나카 히로시 외, 『기억과 망각. 독일과 일본, 그 두 개의 전후』, 삼인, 2002, pp.183~184.

이 그리고 특히 폴란드가 서독으로부터 배상을 요구하리라는 것은 분명한 사실이었다. 바르샤바조약(1970)이 체결되고 폴란드인들과 서독인들이 관계정상화와 화해를 희망했기 때문에 이제 배상문제가 현안이 되었다.

결국 서독총리 헬무트 슈미트(Helmut Schmidt)와 폴란드 통합노동자당 제1서기 에드바르트 기에레크(Edward Gierek)는 1975년 여름 헬싱키의 유럽안보협력회의(CSCE) 기간 중 두 가지 보상조치들에 합의하였다. 그것은 10억 마르크 규모의 낮은 이자율의 차관과 13억 마르크 이상의 연금보상 협정이었다. 폴란드는 4년 이내에 폴란드 거주 독일인 약 12만 명을 서독으로 이주시킬 것을 약속하였다. 과거 기민당 정부들처럼 슈미트정부도 그 이상의 개별적인 보상요구들은 런던배상조약을 근거로 거부하였다.[35]

40년간의 보상활동에 대한 잠정적 결산을 위한 시기가 온 것으로 보였다. 그러나 예상과는 달리 이 중간결산은 비판적이고 논쟁적으로 전개되었다. 녹색당의 영향 하에서 나치피해자들에 대한 독일의 도덕적 및 물질적 책임에 대한 담론의 새로운 시기가 시작되었다. 서독정부의 공식적 평가는 매우 긍정적인 것이었다. 연방 재무장관과 공동으로 여러 권으로 구성된 배상의 역사를 출간한 발터 슈바르츠(Walter Schwarz)는 배상은 '인상 깊은 성취'이며 "독일인은 그것에 자부심을 가질 권리가 있다"고 주장했다.[36] 서독정부 역시 1986년 10월 그때까지의 보상작업에 대한 광범위한 결산에서 '국내외의 피해자 단체들의 인정을 받은 역

35) Reichel, Vergangenheitsbewältigung, p.92.

36) W. Schwarz, Schlussbetrachtung. Beilage zu: Die Wiedergutmachung, Vol. VI., München 1987, p.28.

사적으로 유일한 성취'에 대한 자부심을 표현하였다. 그러나 1년 뒤 연방의회는 여러 조직들의 의견을 듣고 그때까지 무시되거나 소홀히 되었던 '잊혀진 희생자들'을 위해 '최종적 처리'로서 3억 마르크의 구제기금(Härtefonds)을 설치하기로 결정했다.

녹색당의 이니셔티브로 유럽의회는 1986년 처음으로 강제노동자 문제를 다루었다. 결의문에서는 독일기업들에게 보상기금을 설치하라는 요구를 제기하였다. 녹색당과 함께 이제 새로운 세대가 정치무대에 등장했으며 나치불법에 대한 인식이 확장되었다는 것이 분명해졌다. 수십 년간 나치불법은 '인종적·종교적·정치적 박해'로 정의되었으며 독일의 나치피해자들에게 국한되었다. 수십 년간 강제노동은 연방행정관청의 규정에 따라 단지 '전쟁으로 인한 노동력 부족의 제거'로 간주되었다. 그러나 이제 녹색당의 이니셔티브 하에서 그것은 불법으로서 인정받게 된 것이다.

독일통일과 함께 보상논의가 새롭게 활성화되었다. 1990년 2+4협상들에서 런던배상조약의 강화조약 조항이 파기되었으며 국경·재산 및 배상문제들에서 4점령국들의 기존권리들이 모두 포기되었다. 이에 따라 독일연방정부는 1991년과 1993년 사이에 폴란드·러시아·우크라이나·벨로루시에 그 나치피해자들을 위해 총 15억 마르크를 이른바 화해기금을 통해 지불했다. 에스토니아·리투아니아·체코의 재단들이 후에 설치되어 동유럽 나치희생자들을 위한 보상은 약 18억 마르크로 증가하였다.

수년간의 강제노동과 수용소 수감에 대한 일시불은 하지만 겨우 550마르크에 지나지 않았다. 따라서 기대했던 독일기업들의 자발적 참여가 실현되지 않은 것은 매우 유감스러운 일이다. 단지 다이믈러-벤츠와 폴크스바겐만이 그 과거 강제노동자들에게 보상금으로 1인당 1만 마르크를 지불했을 뿐이다.

속지주의원칙은 배상대상을 양적으로 제한하고 배상을 근본적으로 독일의 유대인 나치피해자들로 제한함으로써 서독의 전후 보상실태에 큰 영향을 미쳤다. 동맹90/녹색당은 1995년에 '나치불법을 위한 보상' 이라는 연방재단을 결의할 것을 연방의회에 요구했다. 그것은 그때까지 연방보상법으로도 구제기금으로도 보상을 받지 못한 무시당한 나치피해자들, 즉 '반사회적인 사람들'·탈영병·안락사 희생자·동성애자·공산주의자·신티와 로마·강제노동자·강제단종시술자들이었다. 동맹90/녹색당의 법안은 속지주의 원칙을 분명히 배제했다. 반면에 여러 가지 점에서 유사한 사민당의 법안은 이 원칙을 확고히 견지했다.

1999년 말 사민당의 게르하르트 슈뢰더(Gerhard Schröder) 총리가 이끄는 독일정부와 독일기업들, 미국정부의 대표들은 강제노동자들의 보상을 위해 총 1백억 마르크의 재정을 마련하되 독일경제계와 연방정부가 각각 그 절반씩을 부담하기로 합의했다. 2000년 7월 연방의회는 '기억·책임·미래재단'에 대한 법안을 가결하였다. 이를 통해 약 120만 명의 생존 강제노동자들이 보상받게 되었다. 강제수용소의 수감자로서 강제노동을 행한 사람은 1인당 1만 5천 마르크를, 기업체에서 노동을 착취당한 사람은 5천 마르크를 받게 되는 것이다.[37] 이것으로 나치불법 피해자들이 받은 고통에 대한 충분한 '원상회복(Wiedergutmachung)'이 될 수는 없지만 종전 50년 이상이 지난 뒤에 독일정부와 사회가 이러한 거액의 보상을 실현할 수 있다는 것에 우리는 경의를 표하게 된다.

---

37) Reichel, Vergangenheitsbewältigung, pp.94~96.

5. 나치독재와 전쟁에 대한 기억

연합국의 탈나치화정책과 전범재판들이 끝나고 서독정부가 수립된 뒤 나치의 폭력범죄들에 대한 사법적 처벌에서 침체국면이 시작되었다. 1950년대 초에 나치 단순가담자들과 여타 가해자들이 대규모로 사면되어 사회에 통합되었다. 냉전상황에 직면하여 서독은 나치범죄에 대한 철저한 반성과 심판보다는 빠른 민주화와 사회적 통합을 선택했다. 서독의 과거사(Vergangenheitspolitik)정책은 일부 개별적인 항의들에도 불구하고 거의 모든 정치세력들의 대규모 연대에 기초하고 있었으며 연합국의 탈나치화정책에 마침내 종지부를 찍으려는 서독인들에게 광범하게 공유된 심리적 욕구에 부응하였다.

연합군 점령기간에 해고된 관리들이 아주 관대하게 재임용되었으며 그 가운데는 상당한 과오가 있는 수만 명도 포함되어 있었다. 나치의 수뇌부는 정치에 복귀하지 못했지만 중견간부들은 새 국가에서 다시 일자리를 찾았다. 뉘른베르크의 인종법의 주석자인 한스 글롭케(Hans Globke)가 아데나워에 의해 수상청 차관으로 임명됨으로써 새 공화국에 흠집을 냈다.[38]

서방통합의 과정에서 연합군에 의해 전범으로 실형을 선고받은 사람들이 다시 석방되었으며 독일군도 복권되었다. 독일군이 '정상적인 전쟁'을 수행했다는 사실에 대해서는 아무도 공개적으로 의심치 않았다. 냉전상황 하에서 제2차 세계대전은 한때 반공적-서유럽적 통합에

38) N. Frei, Vergangenheitspolitik, München, 1996.

독일이 기여한 것으로 해석될 수 있었다. 역사적 기억은 특히 스탈린그라드에 집중되었다. 스탈린그라드에서 서유럽을 볼셰비즘으로부터 구하려는 시도가 이루어졌으며 역사적인 유럽의 사명이 문제가 되었다는, 제3제국 신화의 일부가 부활했다. 반면에 동독의 역사적 기억은 스탈린그라드의 파국에서 동독-소련 우호관계의 기원을 보았다. 스탈린그라드는 파시스트 정복자에 대한 '정의로운 전쟁의 승리'이며 '위대한 교훈'을 의미했다.39)

1950년대 말까지는 사람들이 홀로코스트를 거의 언급하지 않았다. 서독사회는 '제3제국'에 대해 침묵하였다. 과거의 죄를 인정하기를 거부하고 자기행위를 정당화하는 방어적 태도가 지배적이었다. 이 시기의 역사상(Geschichtsbild)에서 나치즘은 사탄적 지도자의 화신이자 설명할 수 없는 비이성적인 것의 갑작스런 출현으로서 재앙을 의미했다. 독일인들은 이에 따라 스스로를 가해자가 아니라 희생자로 인식하였다. 이러한 희생자로서의 의식은 고통스러운 전쟁경험과 전쟁 직후의 고생스러운 삶을 통해 더 강화되었다.40)

인기를 끈 전체주의 이론은 갈색의 나치독재와 적색 사통당 독재의 차이를 무시하고 같은 범주로 설정하였다. 흔히 반공주의의 또 다른 이름에 지나지 않았던 반전체주의적 동의는 갓 출범한 서독 민주주의를 안정화시키는 데 기여했다. 나치즘의 희생자들에 대한 보상작업(Wiedergutmachung)은 마지못한 것이었으며 이스라엘에 대한 보상금 지불에는 서방 점령국들의 압력도 크게 작용했다.

39) M. Kumpfmüller, Die Schlacht von Stalingrad. Metamorphosen eines deutschen Mythos, München 1995, p.175 ; E. Wolfrum, "Die beiden Deutschland", V. Knigge/N. Frei ed., Verbrechen erinnern. Die Auseinandersetzung mit Holocaust und Völkermord, München 2002, p.135.

40) Reichel, Vergangenheitsbewältigung, p.203.

보상작업에는 도덕적 확신보다는 지나치게 외교적 계산이 깔려 있었다. 특히 서독의 국제적 평판이 문제가 될 때 보상이 이루어졌다. 서방 국가들에 살고 있는 사람들은 보상받을 가능성이 컸던 반면 동유럽에 살고 있는 사람들은 일반적으로 보상금을 못 받았다. 그러나 일반국민들의 거센 반발을 무릅쓰고 서독정부에 의해 보상이 이루어졌다는 사실을 간과해서는 안된다.

1958년 이래 시대적 분위기가 변하였고 그에 따라 기억문화도 바뀌었다. 서독의 광범위한 지역에서 1950년대 말에 유대인들의 교회당과 묘지가 반유대주의자들에게 손상을 당했고 나치의 상징인 하켄크로이츠를 벽에 그려대는 행위들이 동시다발적으로 일어났다. 이것은 정치인들에게 큰 충격을 주었다.

이제는 학교와 정치교육 분야에서의 결함이 분명하게 드러났다. 그 결과 1960년대 중엽에 문화부장관들은(독일에서는 문화부가 교육업무를 관장한다) 역사교육을 위한 새로운 지침을 발표하였고 연방정치교육원은 새로운 총서발간과 행사들을 통해 국민들을 계몽하는 일을 강화했다. 입법부는 1960년에 '대중선동'이라는 죄목을 신설하였다. 다하우의 구 집단수용소나 베를린의 나치본부 등 쇠락해 가던 나치지배의 공포스러운 장소들이 주목받는 기억의 장소로 격상되었다. 혐오스런 장소들을 보존하는 것이 수치스러운 것이 아니라 교훈적이라는 것이 인식이 성숙하였으며 기념공원정책이 도덕적이고 정치교육적인 과제로서 발전하였다.41)

현실참여적인 지식인들의 글이 점점더 독자들의 관심을 끌었다. 귄터 그라스(Günter Grass)의 『양철북』과 아도르노(Theodor W. Adorno)의 방송강

41) Wolfrum, "Die beiden Deutschland", p.137.

연 『과거극복(Aufarbeitung der Vergangenheit)은 무엇인가?』는 1950년대 말 큰 반향을 불러일으켰다. 1958년에는 '나치범죄 규명을 위한 주 사법부 중앙집결소'가 루드비히스부르크에 세워졌다. 이 기구는 나치범죄자들을 체포하기 위해서뿐만 아니라 시민들의 나치시대에 대한 비판적 계몽을 위해서도 큰 영향을 미치기 위해 마련되었다. 1961년 예루살렘에서 있은 아이히만재판은 서독시청자들의 깊은 관심을 불러일으켰다. 1965년의 프랑크푸르트의 아우슈비츠재판은 더욱 큰 반향을 불러일으켰으며 서독의 역사가들도 이제는 홀로코스트에 대한 연구에 착수하였다.42)

1965년과 1969년 사이에 연방의회에서 전개된 공소시효에 대한 논란들은 결국 인종학살의 범죄에 대한 공소시효의 폐지를 가져왔으며 사람들로 하여금 이 주제와 씨름하게 만들었다. 서독정치인들의 과거 나치행적에 대한 사통당의 선전공세는 서독정부의 정치적 정당성을 무너뜨리려는 동독 지도부의 뜻대로 되지는 않았지만 사람들로 하여금 불철저한 과거청산의 문제점을 인식케 하는 계기를 만들어 주었다.

1960년대가 지나면서 서독인들은 서독을 이제는 자신들의 공화국으로서 느끼게 되었으며 전후 경제기적과 사회국가 및 법치국가에 대한 자부심은 그들에게 서독국가에 대한 일종의 정서적 결속을 느끼게 했다. 이러한 정서는 나치 과거에 대한 거부를 포함하고 있었다. 세대 사이의 대립 또한 나치과거와 새롭게 대결하는 데 강한 추동력을 제공했다.

68세대는 그들의 부모의 불철저한 과거청산을 정면으로 비판하였다. 미철리히 부부(Alexander und Margarete Mitscherlich)는 애도할 능력이 없는

42) ibid., p.138.

독일인의 내면(Unfähigkeit zu trauern)을 예리하게 분석하여 큰 반향을 불러일으켰다.43)

1969년 정권교체 이후 나치즘과 제2차 세계대전에 대한 기억은 정치화 되고 양극화되었다. 빌리 브란트의 신동방정책은 계속하여 나치즘에 대한 기억을 되새겼다는 점에서 분명한 역사정책적 지향을 지니고 있었다. 연방정부는 1970년 5월 8일 연방의회에서 처음으로 제2차 세계대전 종전에 대한 견해를 표명하고 동유럽 희생자들과의 화해를 위해 노력했다. 기민당·기사당연합(CDU/CSU)은 이렇게 항복을 기념하는 것에 반대했다. 브란트가 바르샤바 게토의 희생자들을 기리는 기념비 앞에서 무릎을 꿇는 장면은 전세계를 감동시켰다.

경제위기로 인한 불안감이 커지면서 서독의 보수적인 정치인들과 지식인들은 1970년대 중반부터 '독일의 정체성 위기'에 대해 말하기 시작했다. 그들은 서독이 확고한 역사의식의 기반이 없이는 위기상황에서 혼란에 빠질 것을 두려워하였으며 '경향전환(Tendenzwende)'의 필요성을 역설했다. 그들이 보기에 '좌파적인' 과거청산은 '최종적인' 과거청산을 방해하고 긍정적 역사상에 기초한 정체성을 불가능하게 만들므로 파괴적이었다. 독일역사는 새로운 애국심에 자리를 내주기 위하여 '탈범죄화' 해야 한다는 것이다. 이러한 견해제기는 1980년대의 '역사가논쟁'이 이미 10년 전에 전초전을 치렀다는 것을 보여준다.

한편 1979년에는 미국의 텔레비전 연작드라마 《홀로코스트》가 ARD에서 방영되면서 수백만 명의 시청자들에게 계몽적인 영향을 미쳤다. 한 여론조사에 응답한 시청자들 중 65%는 깊은 충격을 느꼈으며

43) E. Wolfrum, Geschichtspolitik in der Bundesrepublik Deutschland, Darmstadt, 1999 ; A. u. M. Mitscherlich, Die Unfähigkeit zu trauern, Leipzig, 1990.

45%는 수치감을 느꼈고 81%는 드라마를 본 뒤 그것에 대해 토론을 벌였다고 답했다.

1982/83년 기민련(CDU)의 헬무트 콜로 정권이 넘어간 뒤 기념일·기념연설·박물관건립 등을 둘러싼 논쟁이 뜨겁게 전개되었다. 이 갈등들은 이전보다 더 강하게 문화적 헤게모니를 둘러싼 투쟁으로 되었다. 그것은 이른바 '역사가논쟁'에서 더욱 뚜렷한 모습으로 표출되었다. 보수주의자들은 좌파자유주의자들〔혹은 68세대〕에게 지배적인 '과거청산-정체성'을 집중공격하였다. 그들은 끊임없이 히틀러의 '제3제국'의 범죄성을 시사하는 것은 긍정적인 민족적 정체성을 확립하려면 극복해야 할 장애요인이라고 보았다. 자신들의 민족사를 계속하여 재앙의 역사로 보는 '자학적인 죄의식'은 극복해야 하며 대신 긍정적인 역사상(Geschichtsbild)을 강화시켜야 한다는 것이다. 좌파자유주의적 비평가들은 보수주의자들이 국민들로부터 아우슈비츠에 대한 수치심과 도덕적 책임감을 쫓아내려 한다고 보았다. 그러나 이 '역사가 논쟁'에도 불구하고 나치즘에 대한 기억은 여전히 서독인의 새로운 정치문화와 민족적 정체성의 근간을 형성하고 있다.44)

서독과의 정당성 경쟁에서 동독은 항상 자기들만이 나치 파국으로부터 바른 결론을 이끌어냈다고 주장했다. 동독의 탈나치화〔특히 정치적으로 중요한 사법·행정·교육에서〕는 분명히 서독에서보다 더 급진적이었다. 동독의 정치적 숙청은 나치정권의 협력자들에 대한 책임추궁과 사통당독재로의 체제전환을 위한 도구라는 이중의 성격을 가지고 있었다. 서독과는 달리 동독에서는 나치지배의 적극적 협력자들이 더 이상 중요한 역할을 맡지 못했다. 동독은 1949년 탈나치화를 끝났다고 선언했는

44) Wolfrum, "Die beiden Deutschland", pp.139~141.

데 그 후 나치즘은 동독의 역사가 아니라 자본주의적인 서독의 역사에 속하였다. 사통당은 1918년 독일에서 실패한 사회주의 혁명을 만회하였고 파시즘의 기반으로서의 자본주의를 척결했다는 것이다. 서독에서는 과거청산이 끊임없는 과정이었던 반면 동독에서는 그렇지가 못했다. '반파시스트-민주주의적 변혁'과 함께 과거청산은 종식한 것으로 선언했다.

사람들의 의식변화는 서독에서처럼 서서히 성장한 것이 아니라 단 한번에 이루어진 것으로 선포되었다. 반 파시즘은 내정적으로나 외정적으로나 동독정권의 유일한 정당성의 기반이었다. 그것은 바이마르공화국의 공산주의 속에서 사회화를 거친 사통당 엘리트의 경험자산의 핵심을 형성했다. 그들은 이 세대적 경험을 동독의 전체사회에 투사했으며 그런 한에서 반파시즘은 '위로부터 지시된(verordnet)' 것이었다. 반파시즘이라는 '고백이데올로기(Bekenntnisideologie)'는 많은 사람들을 개인적인 죄와 나치즘의 책임으로부터 벗어나게 해주었다. 그러나 나치독재에 실제로 항거했던 사람들은 소수였다는 사실은 분명하였다. 따라서 동독 사통당정권은 집단의식·기념비와 기념공원·문학작품·조형물 등을 통해서 집단적 반파시스트 기억을 각인하기 위하여 많은 노력을 기울였다.45)

반 파시즘은 많은 서독인들이 주장하는 것처럼, 사통당 지배의 도구적 기능만을 가지고 있었던 것이 아니라 많은 사람들의 태도를 실제로 지속하여 각인하였다. 이것은 통일 직후 동독인들에 대한 여론조사에서도 확인되었다. 그러나 반파시스트적 사회화와 반파시즘의 생활화는

45) M.R. Lepsius, Demokratie in Deutschland, Goettingen 1993, pp.229~245 : Welsh, Antifaschistisch-demokratische Umwälzung, 84~107 : Wolfrum, "Die beiden Deutschland", pp.141~144.

그러나 커다란 약점을 안고 있었다. 공산주의적인 파시즘 이론은 나치 독재의 인종주의적 성격을 설명할 수 없는 것으로 입증되었다. 동독에서 홀로코스트는 아무런 논의의 대상이 되지 못했다. 게다가 냉전의 상황은 반유대주의적 감정을 온존시켰다. 동유럽 전체에서 '서방제국주의'에 대한 맑스-레닌주의적 비판이 반서방적 감정을 강화시켰으며 유대인은 자본주의적 서방을 연상케 하였다. 반파시즘적 정당화가 반유대주의 정치를 낳았다는 것은 아이러니라 아니할 수 없다.

사통당 서기장 에리히 호네커(Erich Honecker)는 1980년대 말 미국방문을 통해 동독의 위상을 높이고자 했다. 미국이 내건 전제조건은 유대인 나치희생자들에 대한 보상이었는데 호네커는 이것까지 감수하려 했다. 이것은 동독의 역사적 자의식의 근간을 수정했다는 것을 의미했다. "동독은 역사의 승자의 말안장에서 내려와 서독처럼 나치제국의 계승국가가 된 것이다." 그러나 동독의 붕괴는 수정된 각본을 무대에 올리는 것을 허용치 않았다.[46]

6. 맺음말

전후 독일의 나치 과거청산은 서방 점령지역과 소련 점령지역에서 상호 연관적이면서도 서로 다른 발전을 보여주었다. 서방 점령지역 내

46) H. Muenkler, "Das kollektive Gedächtnis der DDR", D. Vorsteher ed., Parteiauftrag: Ein neues Deutschland. Bilder, Rituale und Symbole der frühen DDR, Berlin 1996, pp.456~468 ; P. Bender, Episode oder Epoche? Zur Geschichte des geteilten Deutschlands, München 1996 ; Wolfrum, "Die beiden Deutschland", pp.144~146.

에서도 미국·영국·프랑스 점령지역들 사이에 다시 적지 않은 차이들이 존재했다. 서방 점령지역들 중 미국 점령지역에서 초기에는 가장 강도 높은 탈나치화 작업이 전개되었다. 이것은 유대인 단체들의 압력과 전쟁책임자들의 강력한 처벌을 요구하는 미국 시민사회의 압력 때문이기도 했다.

그러나 시간이 지나면서 미군정의 처벌의지는 약해져 탈나치화는 '단순가담자'를 양산하는 과정으로 전락하였다. 냉전의 심화, 신속한 경제복구와 빠른 서방통합을 통한 정치적 안정의 필요성, 탈나치화에 대한 일반적 거부감이 작용하여 나치에의 적극적 참여자로 처벌받은 사람들까지도 곧 석방되어 옛 직위로 복귀하였다. 전쟁 직후의 이러한 불철저한 과거청산에도 불구하고 사람들은 탈나치화 과정에서 나치의 만행에 대해 인식하게 되고 개인적인 수모와 자격박탈, 수용소 경험들을 통해 과거를 반성하는 태도와 새로운 민주주의 질서에 적응하려는 자세를 갖게 되었다. 소련점령지역에서는 탈나치화가 서방점령지역에서보다 더 철저히 이루어졌다. 그러나 이곳에서 탈나치화는 과거청산뿐만 아니라 공산주의적 지배를 확립하기 위한 정지작업으로서의 사회구조 개혁을 위한 수단으로서도 기능하였다. 이곳에서도 구-나치당원들이 재기용되었지만 서독에서처럼 '적극협력자'까지가 아니라 '단지 명목상의 당원들'에 국한되었다.

뉘른베르크의 국제군사법정은 당시 독일에서 한편으로는 전쟁수행과 연관한 범죄들로 대상을 국한한 것에 대해서, 다른 한편으로는 소급입법의 문제점에 대한 지적과 함께 '승자의 법정'이라는 비난을 받기도 했었다. 그러나 연합국은 법치국가적 절차를 준수하여 나치지도부의 포악한 범죄들을 밝혀냈으며 이것은 역사학적 계몽작업으로서도 지속적인 의미를 가지고 있다. 뉘른베르크의 후속재판들은 기능엘리트들이 어떻게 나치의 반인도적 범죄행위들을 뒷받침해 주었는가를 밝히는 데 중요한 기여를 했다.

1950년대 초에 행정부와 의회・시민사회 모두 강하게 반대를 제기했지만 나치희생자들을 위한 첫번째 국제협약과 국내보상법에 이르게 된 것은 특히 사민당의 열성과 미국 및 독일 내 유대인 조직과 세계유대인회의의 압력덕분이었다. 서독정부는 1980년대 중반까지 강탈한 유대인 재산에 대한 배상액으로 약 40억 마르크를 지불했다. 독일연방정부는 1990년대 말까지 1천억 마르크(DM) 이상의 보상금을 지불했는데 이것은 1950년대에 처음 보상법이 제정되었을 때 전문가들이 예상했던 것의 10배가 훨씬 넘는 규모이다.[47]

동독 사통당정권은 반파시스트 투사들과 파시즘 희생자들을 차별하여 대우하였고 이스라엘의 배상요구에 대해 동독은 '반파시스트-민주주의적' 변혁을 통해 과거를 철저히 청산했기 때문에 배상할 의무가 없다고 거부하였다. 강제노동자들에 대한 서독의 보상은 1975년 폴란드에 약간의 보상을 한 이외에는 1970년대까지도 매우 미흡한 상태로 남아 해결을 요하였다. 여기에 결정적인 전기를 마련한 것은 녹색당의 영향과 독일통일로 인한 국제상황의 변화였다. 1999년 독일정부는 관련기업들과의 공동부담으로 1백억 마르크의 재정을 마련하여 '기억・책임・미래재단'을 만들고 생존한 강제노동자들에 대한 개별적 보상을

47) 참고로 일본이 발표한, 전쟁피해에 대한 대외지불 총액은 총 약 1조 엔 정도인데 이를 10조 원으로 환산하고 독일의 보상액 1천억 마르크를 원화로 약 50조 원이라 환산하면 수치상으로 독일이 일본의 5배를 보상한 셈이다. 그러나 독일과 달리 일본은 재외 재산을 포함했고 그것이 대외지불의 1/3을 차지하므로 차이는 더 커진다.[타나타 히로시 외, 『기억과 망각, 독일과 일본, 그 두 개의 전후』, pp.65~70]

하기로 한 것이다.

나치 과거청산에 대한 독일인의 태도는 특히 그들의 역사적 기억의 변화를 통해서 잘 추적해 볼 수 있다. 독일인 다수가 나치의 범죄에 대해 보다 반성하고 비판하는 태도를 갖게 된 데에는 여러 차례의 역사적 계기들이 작용했다. 이미 1950년대 후반에 반유대주의적 행위들의 동시다발적 출현으로 인한 경각심, 다소 저명한 지도층 인사들의 나치경력 노출, 귀환하는 전쟁포로들을 통한 전쟁 중 독일군의 동유럽 전선에서의 반인도적 행위들에 대한 폭로, 루드비히스부르크에 나치 범죄행위들에 대한 증거자료들을 수집하기 위한 센터가 건립된 것, 예루살렘에서의 아이히만재판과 프랑크푸르트의 아우슈비츠재판, 미국의 텔레비전 연작드라마 《홀로코스트》의 반향 등은 독일인의 역사의식을 높이는 데 중요한 기여를 했다.

동서독인의 과거에 대한 인식은 나치즘과의 관계와 분단경계선 너머 상대방의 체제에 대한 상반된 시각에 의해 교차되었다. 서독인들은 독일인이 폭압적 나치지도부의 희생자였으며, 독재와 민주주의의 이분법 속에서 전후 서독사회가 나치즘으로부터 결별하고 서방식 민주주의를 성공적으로 정착시킨 데 대해 자부심을 갖고 있다. 반면에 동독인은 여전히 폭압적 사통당정권의 희생자라는 것이다. 동독의 시각에서 독일인은 파시즘과 군국주의의 희생자였으며 이 체제는 비록 보다 완화된 형태이긴 하지만 서독에서 지속하고 있다고 보았다. 동독의 과거인식 구조는 성공적인 반파시스트 투쟁에 초점을 맞추고 있었으며 동독인은 희생자가 아니라 역사적 승리자로 인식되었다. 이렇게 나치과거에 대한 인식은 두 분단사회에서 체제를 정당화하고 미진한 과거청산에 대한 부담을 덜어주는 이데올로기적 도피기능을 수행하였다.

통일 후 한편으로는 독일사회에서 나치과거에 대한 기억과 반성에 매달리는 것을 이제는 끝내야 한다는 여론이 다소 확산되고 있다. 그러나 다른 한편으로는 동서대립의 부담으로부터 벗어나 독일인의 집단적 책임에 대한 골드하겐 논쟁, 독일국방군(Wehrmacht)의 전쟁 중의 역할에 대한 전시회를 둘러싼 논쟁, 기념비 건립이나 나치 강제동원 노동자들의 보상에 대한 논의들, 저명한 역사가들의 친나치 경력에 대한 논란 등 자기비판적인 담론이 활성화되는 긍정적인 변화도 엿볼 수 있다.

독일의 나치과거에 대한 청산작업과 일본의 전쟁과 식민지 지배에 대한 과거청산의 단순한 비교로도 우리는 전범들에 대한 정치적 숙청이나 사법적 청산, 전쟁피해자들에 대한 보상의 정도에서 양자가 분명한 차이를 보이고 있다는 것을 쉽게 알 수 있다. 여기에는 여러 가지 상이한 역사적 조건들과 계기들이 작용했을 것이다. 서독의 경우 미국 및 독일 내 유대인 조직과 '세계유대인대회'의 압력에 대한 서독 정치지도자들의 실용적인 대처, 사민당(1950·1960년대)과 녹색당(1980·1990년대) 등 진보정당들이 중요한 기여를 한 것으로 보인다. 우리가 보다 주목해야 될 것은 1950년대와 1960년대를 지나면서 형성된 나치범죄를 반성하고 비판하는 역사의식이 독일인 다수의 의식 속에 뿌리를 내렸고 이것이 통일 이후에도 유지되고 있다는 사실이다.

2.
구동독의 독재에 대한 사법적 청산

1. 머리말

구동독국가를 가리켜 흔히 '불법국가'라고 부르기도 한다. 정치범에 대한 약 20만 건에서 25만 건의 형사재판 판결들과 수많은 민법·가족법·노동법 상의 결정들에서 정치적인 이유로 시민들에게 법전에 보장된 권리들을 체계적으로 거부했다는 점에서 우리는 한편으로 이런 측면을 분명히 인식할 수 있다. 그러나 우리는 다른 한편으로 구동독 법정의 다수 판결들은 법전에 기초한 사법적 관행에 따라 내려졌다는 점에서 일반적인 법치국가의 성격도 부인할 수 없다.[1] 구동독의 법 현실이 가지는 이런 양면성을 고려할 때 에른스트 프랭켈(Ernst Fraenkel)이 나치독일의 국가성격을 규정하는 데 사용했던 '이중국가(Doppelstaat)'라는 개념을 구동독에도 적용할 수 있을 것이다.

프랭켈은 정치권력이 개입하지 않는 영역에서는 '법률국가(Gesetzes-

1) Udo Ebert, "Erfolge, Defizite und Möglichkeiten strafrechtlicher Aufarbeitung von SED-Unrecht in vorwiegend dogmatischer Hinsicht," Deutscher Bundestag ed., Materialien der Enquete-Kommission "Überwindung der Folgen der SED-Diktatur im Prozess der deutschen Einheit," II, 2, Frankfurt: Suhrkamp 1999, pp.1400~1401 참고.

staat)'가 정상적으로 작동하는 반면 정치적 필요에 의해 법률을 체계적으로 무시하는 테러적인 '강권국가(Maßnahmestaat)'가 나치시대에 병존하고 있다고 보았다. 이렇게 동일한 개념을 적용한다고 해서 두 독재정권에서 집권당의 위탁을 받아 법률적 형식의 배후에서 은밀히 자행된 범죄의 규모가 같았다고 말하는 것은 물론 아니다. 대량학살을 자행한 나치독재와 사회주의통일당(사통당:SED) 독재의 차이를 결코 간과해서는 안될 것이다. 나치독재의 13년간에, 강제수용소에서의 수백만 인명학살을 차치하고라도 4만에서 6만 건 사이의 사형선고가 내려졌던 데 반해 40년간의 사통당 독재기간에 내려진 사형선고는 약 2백 건에 지나지 않았다.

어떤 권력분립으로부터도 방해받지 않는 구동독 정치체제의 실질적 주권자는 사통당의 정치국과 중앙위원회(Zentralkommittee)의 제1서기(1953~1976), 서기장(1953~1976)이었다. 그들은 입헌국가의 배후에서 입법과 국가기구의 인적 구성에 대한 지배권을 행사했을 뿐만 아니라 정치적 필요가 있을 경우에는 체포·기소 및 사실구성 확정, 소송절차, 판결과 특별사면에 대해서도 마찬가지로 지배권을 행사했다. 바꾸어 말하면 당 수뇌부는 사법소송의 어떤 차원에도 개입할 수가 있었다.[2)]

이 글에서는 이러한 구동독의 사법적 현실에 대한 인식을 바탕으로 독일통일 후 특히 사통당 독재 하에서 자행된 정치범들에 대한 정치적·사법적 탄압에 어떤 형사적·사법적 청산이 이루어졌는지를 살펴보고자 한다. 여기서 정치범의 대다수는 동독을 떠나지 않고 사회주의 체제를 개혁하려던 반체제적 시민운동가들과 불법적인 방법으로이건 국가로부터의 합법적 승인을 받아서이건 동독을 떠나 서독으로 이주하

---

2) F. Werkentin, Recht und Justiz im SED-Staat(Bonn 1988), p.99.

려는 의지를 완강하게 실현하려던 사람들로 구성되어 있었다.

이 글에서 필자는 특히 다음의 문제들에 초점을 맞추고자 한다. 구동독 과거청산에 대한 사회적 담론은 어떻게 변화해 갔나? 문제를 바라보는 관심과 시각에 전반적 변화가 있었는가? 만약 그렇다면 그러한 변화는 어떻게 설명할 수 있나? 과거에 대한 기억을 둘러싼 다양한 집단들 사이의 갈등과 대립은 어떠했나? 거기에 어떤 대립적인 이해관계들이 개입했나? 즉 '과거정책(Vergangenheitspolitik)'의 양상은 어떠했나? 각 집단은 어떤 논리로 자기의 입장을 정당화했는가?

심각한 인권침해를 야기한 사통당 독재의 권력구조의 성격은 어떠했나? 인권침해의 진상은 어떠했나? 형사적·사법적 청산과정에서 소급처벌 금지규정 등 형사적·사법적 청산에 문제를 야기하는 법치국가적 원칙들을 어떻게 해결했나? 그밖에 법적용상의 문제점들에 대해 어떤 논란이 있었는가? 국제인권조약 등 국제법은 어떤 영향을 미쳤는가? 국제법과 국내법 사이의 모순은 없었는가? 전후 서독에서의 나치 독재에 대한 과거청산이 구동독 과거청산에 어떤 영향을 미쳤는가? 사통당 독재의 가해자들에 대한 형사적·사법적 처벌은 어떻게 평가할 수 있나? 전체적으로 성공적이었다고 평가할 수 있나? 아니면 실패로 봐야 하나? 잘못된 점은 무엇이고 대안은 무엇인가? 특히 긍정적으로 평가할 수 있는 것은 무엇인가?

마지막으로 구동독 사통당 독재에 대한 사법적 청산이 우리에게 주는 시사점은 무엇인가? 그것이 한반도 통일 후 북한의 독재에 대한 과거청산에 주는 시사점은 무엇인가? 우리도 그러한 방식의 사법적 청산을 실행할 수 있고 그것이 바람직한 것인가? 그렇지 않다면 다른 대안은 무엇인가? 한국에서는 과거 독재정권들에 의해 자행된 수많은 양민학살과 인권탄압의 범죄들이 아직도 청산되지 않고 있다. 독일의 경험은 우리의 과거 독재정권의 범죄들에 대한 사법적 청산을 하는 데도 시사점을 줄 수 있을 것인가?

2. 구동독의 과거를 둘러싼 사회적 담론

1989년 가을의 전환 이후 구동독의 과거를 둘러싼 사회적 논의의 중심주제는 가해자에 대한 사법적 처벌논의와 피해자에 대한 명예회복 및 배상, 사통당체제에 대한 연방의회 및 주 의회들에서의 논의와 그 결과를 청산하기 위한 법적 조치들, 사통당의 과거를 청산하기 위한 제도들의 설치와 그 활동[3]이었다. 구동독 과거에 대한 논의는 정치적 시대상황에 따라 변화하면서 전개되었다. 사통당체제가 붕괴되고 국가안전부에 의한 전체주의적 사회통제의 실상이 드러나면서, 개인적인 잘못만으로 치부할 수 없는 체계적으로 구조화된 인권침해를 중심으로 하는 체제의 부정적 측면에 논의의 초점이 모아진 것은 불가피한 일이었다. 시민운동의 일부, 독립적 역사가연맹, 동서독의 언론매체가 처음에 이 논의를 주도하였다.

---

3) 이것은 흔히 '가욱관청(Gauck-Behörde)'이라고 불린 연방 국가안전부 문서관리청, 독일통일 후 구동독의 과거에 대한 포괄적 성찰작업을 위해서 1992년에 설치된 '사통당 독재의 역사와 결과들에 대한 성찰작업'이라는 이름의 독일연방의회 청문회와 1995년에 설치된 '독일 통일 과정에서 사통당 독재 결과들의 극복'이라는 후속 청문회, 사통당독재 청산을 위한 재단, 포츠담의 현대사연구소나 드레스덴의 한나-아렌트연구소와 같은 학술연구소들, 주로 구동독 시민운동으로부터 출발한 역사이니셔티브들의 작업, 대중매체들과 출판계에서의 논의, 사료에 대한 접근을 통해 가능하게 되었으며 이제는 헤아리기 어려울 정도로 많아진 과거에 대한 학술연구들 등이다.

국가안전부 문제로 각인된 관점이 동서독에서 사통당체제와 구동독의 그림을 어둡게 채색하였다. 볼프강 슈누어(Wolfgang Söhnur) · 이브라힘 뵈메(Ibrahim Boehme) · 로타르 드 메지에르(Lothar de Maizière) 등 전환기 저명한 정치인들이 과거 국가안전부 비공식협력자(IM)였다는 사실이 폭로되면서 IM에 관심이 집중되고 과거에 대한 담론은 구조적 · 정치적인 문제보다는 개인적 · 도덕적 문제에 국한하여 전개되었다. 브란덴부르크의 주 총리인 만프레드 슈톨페(Manfred Stolpe)의 IM활동에 대한 지루한 논쟁은 이러한 도덕적 논의의 예봉을 무디게 했다.

1991~1992년 가을과 겨울의 논의에서 프리드리히 쇼를렘머(Friedrich Schorlemmer)와 볼프강 티어제(Wolfgang Thierse)가 구동독 과거에 대한 포괄적 성찰을 위해 법정을 설치할 것을 요구했지만 관철되지 못하고 마르쿠스 메켈(Markus Meckel)이 제안한 연방의회 청문회 안이 폭넓은 지지를 얻어 연방의회에서 가결되었다.[4] 청문회는 사통당체제에 대한 체계적이고 지속적인 성찰에 기여했다. 이 제1차 청문회의 조사와 논의에서 사통당체제의 지배구조, 이 체제의 책임문제, 가해자와 그 배후구조 및 희생자 문제, 체제에 대한 저항문제가 주요 성찰대상이었다.[5] 따라서 대다수 주민들의 평범한 처지, 구동독의 일상생활은 별로 조명받지 못하여 많은 사람들이 청문회의 작업에서 그들 자신의 경험을 찾기 어려웠다. 또한 동독인들은 청문회의 지나친 도덕적 기준에 따른 평가경향 때문에 청문회의 작업결과를 쉽게 받아들이기가 어려웠다.

---

4) P. Bock, "Von der Tribunal-Idee zur Enquete-Kommission," Deutschalnd Archiv (DA) 28: 6, Nov.~Dec. 1995, pp.1171~1183.

5) B. Faulenbach, "Acht Jahre deutsch-deutsche Vergangenheitsdebatte -Aspekt einer kritischen Bilanz," C. Kleßmann u.a. ed., *Deutsche Vergangenheiten-eine gemeinsame Herausforderung. Der schwierige Umgang mit der doppelten Nachkriegsgeschichte*, Berlin, 1999, pp.15~20.

우리는 구동독과 사통당체제의 역사에 대한 태도에서 대강 3가지의 입장차이를 발견할 수 있다. 첫째는 사통당체제와 그 권력자들을 결산하려는 태도인데 주로 스스로를 '신 연방공화국의 시민-사회적 양심'으로 인식한 시민운동에서 출발한 청산 이니셔티브들과 사통당 독재의 희생자단체들이 대변하였다. 이들의 관심은 항상 억압기구·억압실상, 그리고 피억압자들에 집중되었다. 1990년대가 지나면서 정치적 분위기가 변해가자 이들은 그들의 작업이 전체사회로부터 충분히 존중받지 못하고 있으며, 정치적으로 충분한 지원을 얻지 못하고 있고 사법적 청산에서 법치국가가 실패하고 있다고 강하게 불만을 제기하였다.

둘째는 사통당체제를 옹호하려는 변명적 태도를 민사당(PDS)과 그 지지자들이 대변되었다. 그들은 구동독의 역사를 전후 서독이 걸었던 길과 마찬가지로 정당한 또 하나의 독일적인 길로 평가하였으며, 그 근거로서 구동독 사회가 가지고 있던 긍정적 측면을 주로 강조하였다. 따라서 그들은 청문회의 과거성찰 작업에 대단히 회의적인 태도를 견지하였으며 청문회 보고서의 여러 사안들에서 그들의 별도의 견해를 소수의견으로 부기하였다.[6)]

셋째 태도는 비판적 거리를 두고 사통당체제를 보다 균형잡힌 시각으로 고찰하려는 노력으로 특징지어지며 청문회에 전문가로서 참가한 서독의 역사가들에 의해서 주로 대변되었다.[7)]

나치체제와 사통당 독재의 비교가능성에 대해서도 열띤 논쟁이 전

---

6) D. Keller/H. Modrow/H. Wolf ed., *ANsichten zur Geschichte der DDR*(Bonn·Berlin, 1993 이후 지금까지 총 11권이 출간됨) ; S. Bollinger·F. Vilmar eds., *Die DDR war anders: Eine kritische Würdigung ihrer sozialkulturellen Einrichtungen*, Berlin, 2002.

7) B. Faulenbach, Erfahrungen des 20. Jahrhunderts und politische Orientierung heute, Essen, 1996, pp.239~244 ; B. Faulenbach, op.cit., pp.16~21.

개되었다. 파울렌바하는 "나치범죄는 스탈린주의의 범죄로 상대화되어서는 안되고, 전후시대의 불법이 나치범죄와의 비교로 의미를 축소해서는 안된다"고 주장하였다. 하버마스 역시 청문회에서 1994년 "우파는 유사점을 강조하는 경향이 있는 반면 좌파는 차이점을 강조하려 한다. 좌파는 전체주의 정권들의 특별한 공통점들을 간과해서는 안되며 양측에 공동의 기준을 적용해야 하고, 우파는 차이를 부인하거나 과소평가해서는 안된다"고 적절하게 지적하였다. 여기서 우리는 독일의 일부 언론과 보수주의자들이 구동독 과거를 독일의 좌파에 대한 공격수단으로서 도구화하려 시도했다는 사실을 간과해서는 안된다. 그들은 과거에 좌파가 독일의 보수주의자들에 맞서 나치과거를 이용한다고 생각했었다. 그런데 이제는 거꾸로 정치적 우파의 좌파에 대한 과거정책적 반격이 전개되고 있는 것이다.[8)]

독일통일은 잘 알려져 있듯이 구동독이 구서독으로 합병됨으로써 성취되었다. 통일은 구서독의 제도들이 단기간에 구동독 지역에 이식된 매우 비대칭적 과정이었다. 일상적 경험에 이르기까지 모든 구동독의 성취들은 가치를 상실하였고 대량실업 등 통일 후의 현실은 깊은 불안감과 구동독 혹은 그 개별양상들을 점점더 긍정적으로 재평가하는 이른바 '구동독 향수(Ostalgie)'를 야기했다.

이러한 시각에는 자기정체성을 방어하려는 시도, 즉 '2등 독일인'이 아니라 특별한 자의식을 가진 집단으로서 인식하려는 동독인의 시도가 작용했다. 이것이 점점더 많은 동독인들이 사통당 과거청산에 대해 방어적 태도를 견지하게 된 배경이다. 평가에서 흔히 지나쳤던 엄격성, 많은 청산자들에게서 보이는 사통당체제에 대한 사후적 과잉살육(overkill)의 경

8) B. Faulenbach, *op.cit.*, pp.21~27.

향, 구동독 현실의 긍정적인 측면들을 배제하려는 시도로 이러한 방어적 태도는 강화되었다.9)

구서독과의 통일을 통해서 구동독의 체제이행은 대단히 용이해졌지만 그 때문에 특별한 문제들이 발생했다. 동·서독 사이의 비대칭적 권력관계는 과거와 씨름하는 데 심리적 부담을 안겨주었다. 서독인·언론매체·학계는 때로 충분한 전문지식이나 필요한 섬세한 고려없이 과거사 문제에 개입했다. 이 '간섭' 때문에 과거성찰 작업은 서독인들이 고안해내고 제도화한 것으로 혹평되고 사통당 독재의 청산문제를 외부로부터 강제로 부과되는 것으로 여기는 동독인들이 많아졌다.

그러나 구동독 국가안전부 문서를 관리한 가욱관청은 이미 독일통일 전에 과거 시민운동가들 출신의 동독의원들에 의해 시작되었고 그들의 압력에 의해 설립되었다는 것을 염두에 두어야 한다. 청문회에서도 사통당체제에 대한 가장 신랄한 비판은 이들에 의해서 제기되었다.

통일 후 4년이 지나면서 콜이 약속했던 장밋빛 번영의 미래가 실현되지 않고 '통일의 위기'가 운위되고 동독인의 '반발적 정체성'이 강화되면서 구동독의 정부범죄에 사면을 선포하고 구 국가안전부의 문서고를 폐쇄하여 구동독 과거의 청산에 종지부를 찍어야 한다는 목소리가 높아졌다. 심지어 옛 동독에 대한 냉전을 계속하는 대신 화해를 역설하는 담론에서는 과거청산 요구를 냉전적 사고의 표현으로 몰아붙이려하기까지 했다. 민사당과 그 지지자들 사이에서 구동독 독재에 대한 과거청산을 비판하고 그것을 종결지어야 한다는 논의를 가장 강하게 제기한 것은 당연한 일이었다. 구동독의 마지막 총리인 한스 모드로우(Hans Modrow)는 구 동독정부의 범죄에 대한 사법적 청산을 '승자의 재판(Siegerjustiz)' 혹은

9) 한운석, 「통일독일의 민족통합 문제와 그 원인들」, 『독일연구』 2, 2001, pp.75~116 참고.

'보복재판'으로 인식하였고 심지어 구동독인 모두를 '범죄자화' 하는 것으로 간주하여 강한 분노를 표현하였다.

그러나 과거청산을 종결하자는 주장을 민사당 진영에서만 제기한 것은 아니었다. 과거청산보다 민족통합을 더 중요시한 서독의 정치인들은 사법적 청산에 부정적인 견해를 표명하였다. 전직 헌법재판소 재판관 마렌홀츠(Ernst Gottfried Mahrenholz)는 '형법의 예리한 칼날'이 독일인의 융합을 방해할 것을 염려했다. 브란덴부르크주의 법무장관인 브로이티감(Hans Otto Bräutigam)은 사면을 지지하였다.[10] 구동독 시민운동가인 목사 쇼를렘머는 민족적 화해를 위해 심지어 국가안전부 문서를 소각하자고 주장한 적도 있었다. 그는 '체제에 대한 평가절하'와 함께 동독인의 과거의 삶에 대한 평가절하가 일어나지 않을까 두려워했다.[11]

동독의 시민운동가들은 이렇게 사회적 분위기가 바뀌고 구동독 독재의 과거청산에 대한 도전이 강해지는 것을 수용하기가 어려웠다. 구동독의 대표적 시민운동가이며 반체제 시민단체인 노이에스 포룸(Neues Forum)의 공동창립자였던 베르벨 볼라이(Bärbel Bohley)는 잘 조직화한 옛 가해자들과 그 협력자들이 분위기를 반전시키려고 한다고 보았다. 빨리 망각하기를 거부하는 사람들은 이제 '복수의 천사(Racheengel)'로 낙인 찍힌다는 것이다. 감옥에서 독재에 대한 지울 수 없는 인상을 각인한 사람들을 제외하고는 대부분의 사람들이 국가적인 탄압과 부자유에 대한 기억들을 쉬 잊어버리려 하는 것으로 보였다. 통일독일의 사회에서

---

10) A. Beyer, "Absage an die Schlußstrich-Debatte," *DA* 33: 6(Nov.-Dec. 2000), p.996. 이미 1990년 초에 헬무트 콜과 구동독 과도정부의 내무장관인 디스텔(Peter- Michael Diestel)이 청산작업의 종결을 주장한 바 있다.[K.W. Fricke, "Merkwürdige Sclußstrich-Diskussion," *DA* 28 :2, Feb. 1995, p.113]

11) Fricke, *op.cit.*, p.115 : E. Jesse, "DDR-Oppositionelle- zehn Jahre danach," *DA* 33: 5, Sep.-Okt. 2000, p.789.

과거를 잊을 수 없기 때문에 되새기는 사람들은 이제 몰이해의 벽에 부딪쳤다.

볼라이는 그 원인을 지난날 지배질서에 굴종하고, 자기검열을 내면화하거나 명백한 불법행위를 외면하고, 반체제 시민운동가나 이주신청자를 정치적·도덕적 측면에서 부정적으로 평가했던 불편한 기억을 다른 사람들에게 되살려 주기 때문이라고 보았다. 구동독 독재의 사법적 청산에서 동독 시민운동가들이 가장 불만스럽게 생각한 것은 법치국가적 원칙의 존중으로 인하여 심각한 인권침해의 책임자들에게 제대로 책임을 묻지 못한 사실이었다.

법치국가적 원칙을 둘러싼 논의의 핵심은 소급 형사처벌 금지규정의 적용문제였다. 사통당의 권력을 관철시키기 위하여 만든 구동독 헌법을 통일조약에서 궁여지책으로 구동독 불법을 처벌하기 위한 도구로서 인정한 것을 볼라이는 수용하기가 어려웠다. 이것은 서독의 법률가들이 사통당 불법과 씨름하기를 싫어하는 것을 분명히 말해 주는 것으로 보였다. 그녀는 1945년 이후 서독에서 나치불법에 대한 사법적 처벌이 불충분했던 사실을 과거 서독의 68세대 출신 법률가들이 사통당 불법의 가해자들을 감싸는 논거로 삼는 것을 매우 유감스럽게 생각했다. 우리는 여기서 나치에 대한 전후 서독의 불충분한 과거청산이 1990년대의 사통당 독재의 과거청산에 장애요인을 형성하고 있다는 사실을 확인할 수 있다.[12)]

구동독 국가안전부의 문서는 구동독 과거청산 작업에서 핵심적인 자료로서 중요한 역할을 했다. 이러한 청산작업에 여러 가지 비판이

---

12) B. Bohley, "Schwierigkeiten mit der Vergangenheit," B. Baule · R. Süssmuth ed., *Eine deutsche Zwischenbilanz*, München, 1997, pp.83~92.

제기되었다. 우선 청산작업이 동독인과 서독인을 분열시킨다는 비판이 있다. 그것이 또다시 동독인을 도덕적으로 비하하고 서독인에게 승자의 태도를 갖게 하기 때문에 독일인이 갈구하는 내적 통일을 어렵게 만든다는 것이다. 그러나 우리는 여기서 1990년 8월 동독 인민의회의 의원들이 국가안전부 문서관리법을 제정했고, 통일 후 문서공개를 통한 철저한 과거청산의 길을 가도록 연방정부에 압력을 준 것은 동독의 시민운동 세력의 힘이었다는 사실을 잊어서는 안된다. 국가안전부와 협력한 사람의 비율은 주민의 2%에 지나지 않았으며 국가안전부 문서는 시민적 용기와 저항의 수많은 사례들을 입증하고 있다는 사실도 염두에 둘 필요가 있다.[13)]

내적인 평화를 위해서 문서공개를 통한 청산작업에 종지부를 찍는 것이 현명하다는 주장도 제기되었다. 사실 그러한 결정을 내린 탈공산주의 국가들도 있다. 루마니아는 의회의 결정으로 비밀경찰(securitate)의 문서를 60년간 봉인하도록 결정했다. 그러나 그렇다고 기대했던 평화가 오는 것은 아니다. 신연방주의 많은 사람들, 시민운동가뿐만 아니라 사통당체제의 사법부로부터 박해받은 사람들도 사통당 독재의 책임자들에 대한 미흡한 사법적 처리에 대해 불만을 가지고 있다. 따라서 만약 '법적 평화를 촉진시키기 위해' 구동독 과거의 청산을 종결지으려는 시도는 오히려 반대결과를 나을 수도 있을 것이다.

아무튼 1994년 12월의 Forsa여론조사에서는 국가안전부 및 사통당 소속 가해자에 대한 사면에 반대하는 사람이 57%로서 찬성하는 사람(36%)보다 훨씬 더 많았다. 또한 비밀경찰의 문서고가 봉인될 경우 과거

13) J. Gauck, "Schlußstrich-nicht der Weisheit letzter Schluß," B. Baule · R. Süssmuth ed., *op.cit.*, pp.146~148.

의 비밀 정보를 가지고 있는 국가안전부 요원들이 그들의 정보를 협박 수단으로 이용하여 장난을 칠 위험성이 커진다는 부작용도 고려해야 할 것이다. 그리고 사법적 청산과 정치적 및 역사적 청산은 별개이며 국가안전부 문서는 후자에 필수적인 자료이다. 그밖에 그것은 형사적 소추에서뿐만 아니라 사통당 독재 희생자의 명예회복과 배상을 위한 증거자료로서도 필수불가결하다.[14]

3. 호네커시대의 국가안전부와 사법부를 통한 정치범 탄압과 정치재판

1970년대와 1980년대에도 사통당 수뇌부는 그들의 지배를 유지하는 데 정치적 비밀경찰인 국가안전부와 정치적 사법부의 도움에 의존해야만 했다. 호네커 지배시기(1971~1989)의 특징은 체포 이전단계에서의 억압이 더 중요한 역할을 차지하게 되었다는 사실이다. 이는 완전한 외교적 인정을 받으려는 동독정부의 노력이 1972년 서독과의 기본조약을 시작으로 1973년 유엔 동시가입, 1975년 헬싱키안보협력회의의 최종의정서에 서명함으로써 적어도 부분적으로 성공함으로써 달라진 상황에 기인한 변화이다.

이제 구동독은 국제적인 인권조약을 준수해야 할 의무를 갖게 되었으며 국제사회에서의 평판을 위해서도 정치범을 탄압한다는 인상을 주지 않으려는 노력을 다해야 했다. 구동독은 국제적 인정을 받기 위해 이

14) J. Gauck, *op.cit.*, p.147 ; Bohley, *op.cit.*, p.90 ; Fricke, *op.cit.*, pp.114~115.

미 1963년 이래로 1950년대에 자행되었던 사법적 수단을 통한 테러를 포기한 바 있었다.[15] 그 대신 호네커시대에 국가안전부가 빈번히 활용했던 정치범 억압방법은 이른바 '분해공작들(Zersetzungsmaßnahmen)'이었다. 그들은 구동독에서의 정치재판들에 대한 보도를 통해 현실사회주의를 국제적으로 음해하는 것을 막기 위해 그 숫자를 축소시키고 반체제 인사들을 분해공작들을 통해 제압하고자 했다.[16]

국가안전부는 해외정보 업무, 국내정보 업무, 군사적 첩보업무 외에도 형사소추 당국으로서의 권한도 갖고 있었다. 그밖에도 사통당 국가의 정치적 비밀경찰로서의 국가안전부는 반체제인사들의 감시와 제압을 책임지고 있었다. 국가안전부는 군대처럼 조직되어 있었으며 사실상 모든 직원들이 사통당 당원이었고 스스로를 충실한 당의 전사라고 여겼다. 이것은 국가안전부가 '당의 방패와 검'이라고 자칭했던 데서도 잘 알 수 있다. 여기서 당은 물론 구동독에서 독재적인 권력을 행사했던 사회주의통일당(SED:사통당)을 의미했다. 국가안전부는 사통당 독재의 반대자를 체포하고 재판이 이루어질 때까지 구치소에서 구금하고 수사할 수 있었다. 국가안전부는 사회 전체를 통제 하에 두려고 노력했다. 1957년부터 1989년 구동독 독제체제 붕괴까지 국가안전부의 장관으로서 비밀경찰 업무의 총책임자였던 에리히 밀케(Erich Mielke)는 1968년 5월 국가안전부의 중앙업무회의에서 정치적 반대자의 감시와 억압을 넘어서는 전체주의적 통제에 대한 비전을 다음과 같이 인상깊게 표현하였다.

---

15) J. Raschka, *Zwischen Überwachung und Repression-Politische Verfolgung in der DDR 1971 bis 1989*, Opladen 2001, p.11과 p.129.

16) Werkentin, *op.cit.*, p.67.

우리에게는 우리 사회주의 독일민주공화국(DDR)을 강화시키고 공고화 하는 데 도움이 되지 않는 모든 맥박, 모든 흥분과 모든 움직임을 통제하는 것이 중요하다.

밀케의 요구에 따르면 국가안전부는 예비적 방어의 차원에서 전체 사회를 확실하게 장악해야 한다는 것이었다. 국가안전부는 어느 정도 조기경보체계로서 기능해야 할 것이며 최적의 정보로써 사회를 조작적으로 조종하는 데 기여해야 할 것이었다. 구동독의 국가안전부는 동시에 첩보수집 및 방첩활동에서 세계적으로 성공한 정보부들 중의 하나였다. 시간이 지나면서 이 기구는 정부요인들의 경호나 국경검문소에서의 인적 통제 등 수많은 다른 과제까지 관장하는 거대 관료조직으로 발전하였다.[17)]

'프롤레타리아 독재의 실행기관'으로서의 국가안전부는 1950년에 창설되었으며 1953년에 이미 약 1만 7백 명의 직원을 고용하고 있었다. 지배권력을 유지하기 위한 사통당 지도부의 지속적인 고려로 인하여 1960년대에 장벽건설과 두 진영 사이의 긴장완화에도 불구하고 국가안전부의 인력과 권한은 계속 증가하였다.

1971년에 호네커가 사통당 제1서기가 되었을 때 국가안전부의 직원수는 약 4만 5천6백이었는데, 그 뒤로도 계속 증가하여 1980년에는 7만 5천1백, 1989년 가을에는 무려 9만 1천15명으로 증가하였다. 1989년의 예산은 36억〔동독〕마르크였으며 이것은 전체 동독 국

---

17) Werkentin, Ibid., p.5 : C. Vollnhals, "Denunziation und Strafverfolgung im Auftrag der 'Partei'. Das Ministerium für Staatssicherehit," C. Vollnhals·J. Weber ed., Der Schein der Normalität. Alltag und Herrschaft in der SED-Diktatur, München, 2002, p.113과 p.121 : J. Gieseke, Die DDR-Staatssicherheit. Schild und Schwert der Partei(Bonn, 2000), p.5.

가예산의 1.3%에 해당하였다. 인구당 비례로 보아서도 구동독의 국가안전부는 다른 사회주의 국가들의 규모를 훨씬 능가하였다. 구동독은 인구 1천 명당 국가안전부 직원 수가 5.5명이었던 데 비해 소련은 약 1.8명, 체코슬로바키아는 1.1명에 지나지 않았다. 이것은 분단상황과 동서대립의 최전선에서 동독정부가 체제에 대한 위기의식을 그만큼 심각하게 느꼈기 때문이었다.[18]

국가안전부는 스스로를 사회주의와 '제국주의' 사이의 전세계적 체제대립의 일부로서 보았으며 그러한 대립이 독일에서는 두 국가로 분단된 채 전개되고 있다고 인식했다. 따라서 그들은 구동독의 사회 내부적 대립들은 근본적으로 서독이나 다른 '제국주의적인' 정보부와 적대조직들의 조종을 받고 있는 것으로 인식하였다. 구동독의 시민운동가들은 단지 개선된 사회주의를 추구했으며 결코 자본주의의 재도입이나 서독과의 재통일을 요구하지 않았음에도 불구하고 국가안전부의 사찰문서에서 이들은 서독의 조종을 받는 '정치적·이데올로기적 전향'의 대변자요 '국가의 적'이라고 낙인찍혀 있다.[19]

어떤 비밀경찰이나 마찬가지로 국가안전부는 숨어서 예비작업을 수행하는 정보제공자들의 긴밀한 협력에 의존하였다. 국가안전부는 이들을 '비공식 협력자(IM: Inoffizieller Mitarbeiter)'라고 불렀다. IM은 문서로이건 구두로건 국가안전부에 비밀리에 협력할 의무가 있으며, 지도장교와 다소 정기적으로 만나서 대부분 스스로 선택한 가명 하에 보고를 수행하는 시민을 말한다. 1989년 국가안전부는 17만 4천 명의 비공식 협력자를 거느리고 있었다.

---

18) Vollnhals, *op.cit.*, pp.121, 126~127 : Gieseke, *op.cit.*, pp.7~8.

19) Gieseke, *op.cit.*, p.5 : Vollnhals, *op.cit.*, p.116.

IM은 1986년의 통계에 따르면 주민 120명당 1명꼴이었으며, 성인 84명 중 1명이 IM이었다. 국가안보 관련기구들에서는 그 비율이 특히 높았는데 군대에서는 20%, 경찰간부들 가운데는 23%였던 데 비해 교사들 중에서는 4.5%가 IM이었다. IM의 대부분은 25세~40세의 남성이었다. 여성과 청소년(25세 이하)의 비율은 약 10%였다. 미성년자도 1%를 차지하였다. IM의 ⅓은 사통당 당원이었다.[20]

국가안전부의 분해공작이 성공하기 위해서는 IM을 감시대상인의 가까운 주변에서 발탁하거나 그와 가까운 인간관계를 맺도록 할 필요가 있었다. 따라서 국가안전부는 새로운 IM을 체제비판적인 인사들 가운데서 획득하고자 끊임없이 시도하였다. 1950년대에는 적합한 IM을 확보하고자 대상자에게 흔히 강한 압력을 가하기도 했지만 IM은 대체로 정치적 확신에서건 대가로 얻는 실질적 이익을 위해서건 혹은 음모적 업무에 가담하는 즐거움 때문이건 자발적으로 국가안전부를 위해 협력하였다.[21]

국가안전부는 주민들의 반국가적 일탈을 막기 위해 다양한 예방조치를 시도하였다. 국가안전부는 경계대상자의 일탈을 막으려고 처음에는 쉽게 얻기 힘든 주거나 자동차의 조기제공 등 물질적 회유책을 쓰다가 듣지 않을 경우 교육기회의 봉쇄, 좌천이나 실직 등 노동법적인 제재 등을 통해 협박하였다. 그래도 말을 듣지 않을 경우 형사적 소추가 이루어졌다. 1961년 베를린 장벽의 설치 이래 불법으로 국경을 넘어 서독으로 탈출하려 하거나 이주신청을 하여 동독을 떠나려는 사람들이

---

20) Vollnhals, *op.cit.*, pp.114~115, 130~131 : Raschka, *op.cit.*, p.20.

21) Raschka, *Zwischen Überwachung*, pp.129~130. Vollnhals, *Denunziation und Strafverfolgung*, p.131.

국가안전부의 주요 경계대상이었다. 동독에 머무르면서 사회주의를 개혁하려던 반체제시민운동가들로서 국가안전부의 감시를 받던 사람들은 수백 명에 지나지 않았다. 이주운동은 1970년대 중반부터 동독체제에 가장 큰 위험요소로 발전하였다. 따라서 특히 완강하게 서독으로의 이주를 요구하는 사람들에 대해서는 국가안전부가 수사를 시작하였다. 이들 '완강한 신청자들'은 한 번이나 여러 번 이주신청이 거절당했음에도 불구하고 완강하게 이주허가를 요구한 사람들이었다. 국가안전부는 이들이 서방 외교대표부를 찾아 이주허가를 압박하거나 서독 후원단체와의 연계 속에서 서방언론의 주목을 끄는 공개적인 항의행위를 벌일 위험성을 두려워했다.

국가안전부는 형사상 중요한 정보를 우편물 검열 · 인물감시 · 불법적 가택수색 · 도청 등 주로 음모적 수단을 통해서 획득하였다. 국가안전부의 수사착수는 보통 관련자의 체포로 이어졌다. 체포된 정치범은 대부분 국가안전부의 구치소에서 미결수로 수감된 채 수사를 받았다. 국가안전부는 1차심문에서 체포와 수사과정을 정당화하는 데 필요한 증거들을 자백으로 얻어내야 했다. 이 목적을 위해서 국가안전부는 심리적 고문의 형태를 취할 수 있었던 몇 단계의 조직화한 심리적 압박을 가했다. 그것은 독방에서의 고립, 불안감 조성, 체계적 허위정보, 미결수의 심리적 탈진야기 등이었다. 국가안전부는 1차심문에서 흔히 잠을 재우지 않고 계속하여 한밤중에 장시간 동안 수사를 진행하였다. 국가안전부는 또한 배우자나 부모 등 가장 가까운 가족을 체포할 것이라는 위협을 가했으며 자녀에 대한 불안감을 이용하여 자녀에 대한 소식을 일체 차단하고 자녀를 친척이 아니라 고아원에 보낼 것이라 협박하였다. 이 1차심문은 매우 성공적

이었으며 1982년 미결수의 85%로부터 자백을 이끌어냈다.[22)]

정치범 재판에서 가장 중요한 증거자료는 피고의 자백이었다. 거의 모든 정치재판이 비공개로 진행되었다. 변호사는 단지 들러리 역할을 맡는 데 지나지 않았다. 변호사가 피고를 위해 애쓴다 하더라도 국가안전부와 검찰과 법원이 변호가능성을 조직적으로 제한했다. 사통당이나 국가안전부가 재판에 직접 간섭하는 것이 1970년대와 1980년대에는 예외적인 경우에 국한되었다. 이미 판사와 검사의 양성과정에서 사상을 신뢰할 만한 사람만이 법조계에서 경력을 쌓아나갈 수 있었기 때문에 대부분의 정치재판에서 재판과정과 판결이 정해진 틀에 따라 예측가능한 범위에서 전개했다. 따라서 위로부터의 개입이 별로 필요가 없었다.

그러나 특별히 민감한 재판이거나 어려운 정치적 상황에서는 중앙사법기관에서 특별히 믿을 만한 판사가 재판을 관장하는 적당한 법정을 미리 선정하였다. 샅통당 지도부와 국가안전부는 필요하다고 판단되는 경우 언제든지 정치재판에 개입하여 판결에 영향력을 행사할 수 있었다. 흔히 서독의 언론에 알려져 주목을 받는 재판의 경우 사통당 지도부나 국가안전부가 개입하여 아이러니컬하게도 피고에 유리한 쪽으로 재판이 조정되었는데 그것은 서독으로부터의 비판을 피하기 위해서였다. 하지만 때로는 모방자를 막고 경종을 울리기 위해서 비정상적으로 과도한 자유형이 선고되기도 했다.[23)]

정치범들은 판결 후 내무부 산하의 형무소로 이송되어 일반 범죄자들과 함께 투옥하였다. 1977년의 새로운 행형법行刑法을 통해 독방을 이

22) Raschka, *op.cit.*, pp.130~131 ; Vollnhals, *op.cit.*, p.151.

23) Raschka, *op.cit.*, pp.131~134.

용한 중징계 등 악법들이 일부 제거되었지만 과밀수용, 불충분한 위생시설과 의료지원 등의 결함은 수감자들을 여전히 괴롭혔다. 구 정치범들에 대한 한 조사에서 그들 가운데 29%가 교도관의 폭력을 경험했다고 답했다. 그러나 이것은 정규적이거나 체계적인 신체적 고문이 아니라 개별적인 폭력행사였다. 수감자에 대한 심각한 신체적 폭력은 1970년대와 1980년대에는 예외적 현상이었다.24)

4. 사통당 독재의 인권침해 유형들

구동독정권의 붕괴와 함께 구동독체제 불법에 대한 청산요구가 강하게 제기되었으며 여기서 사법부의 역할에 큰 기대가 모아졌다. 시민들의 생명과 건강과 자유를 훼손한 데에 상응하는 책임을 물어야 한다는 것이었다. 사통당 서기장인 호네커와 국가안전부 총책임자였던 밀케 등 핵심지도부가 권력남용과 부패·선거법위반 등의 죄를 물어 이미 통일 전에 동독 검찰청에 의한 구속수사를 받았다. 중앙집권적인 동독의 국가권력 구조상 사통당 불법에 대한 사법적 소추에서 서베를린의 사법부는 핵심적인 역할을 맡게 되었다. 구동독의 체제불법에 대한 효율적인 소추의 의지도 확고하였다. 이미 1990년 10월 3일 통일 즉시 검찰청에 구동독 정부범죄전담반(Arbeitsgruppe Regierungskriminalität)이 설치되

24) *Ibid.*, pp.133~134 : K.-D. Mueller·A. Stephan ed., *Die Vergangenheit lässt uns nicht los. Haftbedingungen politischer Gefangener in der SBZ/DDR und deren gesundheitliche Folgen*, Berlin, 1998.

었다. 1994년 10월 1일에 베를린주는 베를린 주법원에 제2검찰청을 세워 모든 사건들의 수사를 총괄하게 만들었다. 이 제2검찰청은 125명의 직원을 고용하고 있었으며 그 가운데 검사가 80명인데 그 60명은 연방행정부와 다른 주들에서 파견하도록 되어 있다.[25)]

1990년 10월 3일 통일과 함께 통일조약 제8조에 따라 구서독의 형법이 전체독일에 유효하게 되었다. 그러나 구동독 시기에 저지른 범죄에 대해 서독의 형법을 적용할 경우 독일기본법 103조 2항의 소급처벌금지규정을 침해하게 되므로 법치국가의 기본원칙을 심각하게 훼손할 수밖에 없었다. 따라서 통일조약의 취지에 따라 제정한 보완형법전은 통일 전의 범죄행위에 대해서는 서독 형법전 제2조를 적용하도록 했다. 그 1항은 기본법 103조 2항에 부합하여 행위시의 법률을 적용할 것을 규정하였다. 그 3항에서는 "행위종료시 유효한 법률이 판결 전에 변경되면 가장 관대한 법률을 적용해야 한다"고 규정하였다.

이에 따라 구동독의 인권침해 범죄에 대해서는 1단계에서 구동독의 법률에 따른 가벌성(可罰性:Strafbarkeit)을 검토하고, 2단계에서 독일연방 형법의 적용가능성을 검토하고, 3단계에서는 구법과 신법 사이의 이른바 '불법연속성', 즉 독일연방 형법이 형식적 측면에서뿐만 아니라 실질적으로 동독의 헌법과 연속되는지를 검토해야 한다.[26)]

---

25) L. M. Peschel-Gutzeit, "Aufarbeitung von Systemunrecht durch die Justiz: Ansspruch und Wirklichkeit," U. Drobnig ed., *Die Strafrechtsjustiz der DDR im Systemwechsel*, Berlin, 1998, pp.12~13. 베를린 제2검찰청은 통일 후 착수된 수사 중 90%이상을 완수하고 나머지는 법원에게 과제를 넘긴 후 1999년 9월 30일 해체되었다.[K. Marxen/G. Werle, *Die strafrechtliche Aufarbeitung von DDR-Unrecht. Eine Bilanz*, Berlin 1999, p.232]

26) K. Marxen·G. Werle, *Die strafrechtliche Aufarbeitung von DDR- Unrecht. Eine Bilanz*, Berlin 1999, pp.3~4 : Horstkotte, "Rechtsbeugung durch Richter und Staatsanwälte in der DDR. Ein Bericht über die neuere Rechtsprechung," U. Drobnig ed., *op.cit.*, p.66.

형사적 청산에서 또 다른 논란의 대상은 공소시효의 문제였다. 1993년 3월 26일의 공소시효법 제1조는 사통당 불법정권의 지배기간 자행되었으나 처벌받지 않은 사건의 소추를 위한 공소시효는 1949년 10월 11일부터 1990년 10월 2일까지 중지된 것으로 선언했다.27) 두 차례의 법개정을 거쳐 연방법원은 비열한 살해행위(Mordtaten)에 대해서는 공소시효가 없으며, 단순살인(Totschlag)이나 단순살인 미수는 최장 2030년 10월 2일까지 소추할 수 있고, 구동독 불법행위의 다수를 차지하는 중간정도의 불법행위들에 대해서는 2000년 10월 2일까지를 공소시효 기간으로 정하였다.28)

구동독의 불법행위 중 가장 심각하게 인권을 침해한 경우로 인정되어 그 소송이 여론의 주목을 크게 받은 것은 동서독 국경에서의 살상행위였다. 적어도 총 248명이 총기 · 지뢰와 자동발사기의 사용을 통해 목숨을 잃었다. 동서독 국경을 지켰던 초병의 근무규정 · 지침 · 명령들 속에 도망자를 대상으로 한 총기사용을 규정하고 있었다. 말단초병들은 어떤 대가를 치르고서라도, 필요하다면 최후의 수단으로서 사살을 통해서라도 탈주를 막아야 한다는 지시를 받았다.

도주가 성공하는 것보다는 도주자를 죽이는 것이 차라리 낫다는 명령이었다. 총기사용은 항상 정당한 것으로 여겨졌다. 어떤 방식으로건 도주를 막은 병사는 표창장과 훈장이나 포상금을 받거나 진급하였다. 그러나 위계질서의 말단에 서있는 초병은 어떤 측면에서 희생자로 간주할 수도 있을 것이다. 그들은 지배이데올로기와 집중적인 정신교육의 영향으로 사명감을 가지고 그들의 과제를 수행했다고 볼 수 있기 때

27) *Bundesgesetzblatt I*, 1993, p.392.

28) Marxen · Werle, *op.cit.*, p.7.

문이다.

국경에서의 사살은-극단적인 경우가 아니면-구동독의 법 현실에서 정당한 것으로 간주했다. 그러나 독일 연방법원의 판결(1992. 11.3)은 국제법적으로 인정된 인권에 심각하게 위배되는 그러한 사살허가의 적법성을 인정하기를 거부했다. 연방헌법재판소는 1996년 10월 24일의 결정에서 이 판결을 헌법에 부합되는 것으로 확인했다. 이에 따르면 국가가 정당화 사유를 만들어 일반적으로 인정된 인권을 막중하게 침해하고 심각한 형사적 불법행위를 옹호할 경우 소급처벌 금지원칙(독일기본법 제103조 2항)은 적용되지 않는다.

연방법원의 판결은 유죄여부를 결정하는 데 중요한 기준이 되었던 두 개의 구실, 곧 자신의 행위가 명령 탓이라고 돌리는 것과 '금지착오(Verbotsirrtum)', 즉 자신의 행위가 위법한 것이 아니라는 착각을 받아들이기를 거부했다.[29] 그러나 어려서부터의 사회주의 교육, 총기사용의 정당성에 대한 선전활동, 군인들에게의 의식화 작업 때문에 초병이 명령에 따라 발포하는 것이 명백히 불법이라는 것을 인식할 수 없었다는 이유를 들어 일부 법학자들은 이러한 판결에 대해 무시할 수 없는 비판을 제기했다.[30]

---

29) *Ibid.*, pp.16~21, 224~225. 상급자의 명령에 의한 행위를 처벌할 수 있느냐의 문제와 '금지착오'의 문제에 대해서는 U. Ebert, "Erfolge, defizite und Möglichkeiten strafrechtlicher Aufarbeitung von SED-Unrecht in vorwiegend dogmatischer Hinsicht," Deutscher Bundestag ed., *Materialien der Enquete-Kommission "Überwindung der Folgen der SED-Diktatur im Prozess der deutschen Einheit,"* Band II-2, Baden-Baden, 1999, pp.1458~1463 참고.

30) K. Adomeit, "Die Mauerschuetzenprozesse-rechtsphilosophisch," *Neue Juristische Wochenschrift*, 1993, p.2914ff. ; K. Amelung, "Anmerkung zu Bundesgeri- chtshof Neue Zeitschrift für Strafrecht(*NStZ*), 1994, 533, *NStZ*, 1995, pp.29~30 ; U. Hohoff, "Vorsatz und 'Unrechtsbewusstsein' im Strafrecht der DDR als Problem aktueller Rechtsanwendung," *Deutsch-deutsche Rechts-Zeitschrift* (*DtZ*), 1997, p.308ff.

구동독의 범죄에 대한 형사적 청산에서 독일법원은 가능한 한 죄형법정주의의 원칙을 지키기 위해 구동독의 법률을 내재적으로 해석하여 그 테두리 내에서 처벌하고자 하였다. 그러나 구동독의 법률에서는 합법성이 인정되었으나 심각한 인권침해에 해당되는 경우, 전후 나치범죄를 처벌하는 데 적용되었던 이른바 라트브루흐 공식을 이용하여 자연법적 논거가 처벌의 근거로서 중요한 역할을 하였다.[31] 이에 따르면 정의와 법의 확실성 사이에 갈등이 발생할 때 실정법은 그것이 내용적으로 정의롭지 않다 하더라도 우선권을 갖지만, 양자 사이의 모순이 지나치게 클 경우 실정법은 정의에 양보하여야 한다. 여기서 판례는 실정법이 정의에 양보해야 할 영역을 국제법적으로 인정된 인권, 곧 시민적 및 정치적 권리에 대한 국제조약과 세계인권선언에 명기된 외국으로의 이주권 및 생명권에 의거하여 구체적으로 확정하였다.[32]

그러나 법원은 직접 행위자에게 내려진 자유형에 현저한 처벌완화적 상황을 인정하여 집행유예를 선고하였다. 탈주병의 사살이나 신체상해의 범죄에는 무죄가 선언되었다. 과잉행위에 의한 사살은 위법적인 것으로 간주되었다. 동독국경을 침입한 서독인이나 서독지역에 도달한 동독탈주자에 대한 사살에는 서독 법이 적용되었다. 국가와 군대의 지도부 책임자들은 간접적 가해자로서 일반적으로 더 긴 자유형을 선고받았다.[33] 따라서 구동독의 범죄에 대한 사법적 청산에서 대어는 놓아주고 피라미만 잡아들인다는 비판은 근거를 상실하고 있는 것이다.

---

31) Radbruch, "Gesetzliches Unrecht und übergesetzliches Recht," *Süddeutsche Juristenzeitung*, 1946, pp.105~108 : 최종고, 『G. 라드브루흐 연구』, 박영사, 1995 참고.

32) Marxen · Werle, *op.cit.*, p.18 : Lore Maria Peschel-Gutzeit, "Aufarbeitung von Systemunrecht durch die Justiz: Anspruch und Wirklichkeit," U. Drobnig ed., *Die Strafrechtsjustiz der DDR im Systemwechsel*, Berlin, 1998, pp.16~17.

33) Marxen · Werle, *op.cit.*, pp.8~24, 224~225.

동서독 국경에서의 탈주자 살상행위에 대한 연방법원의 판결들에 관해서는 다수가 지지를 표명했지만 강한 비판도 제기하고 있음을 간과해서는 안된다. 특히 소급입법 금지원칙을 위반한 것에 대한 비판들이 제기되었다.[34] 국제법을 수단으로 라트브루흐공식을 구체화하는 것에 대해서도 비판이 제기되었다. 연방법원은 국제법적 협약이 구동독에서 국내적인 효력을 전혀 갖지 못했는데도 불구하고 부적절하게 구동독 시민들에 대한 척도로서 삼았다는 것이다.[35]

법왜곡으로 인한 형사적 소추는 총 225건으로서 우선적으로 구동독 판사와 검사들을 겨냥하고 있다. 그밖에도 법무부 관리와 대법원 판사, 국가안전부의 요원들도 소추의 대상이 되었다. 교사(敎唆)행위와 공범행위로 인한 형사적 추궁의 사실관계는 위나 외부로부터의 지시나 지침을 통한 판사 및 검사에 대한 영향력 행사에 근거하고 있다. 법왜곡의 기소건수 중 93.7%는 형법분야에 관계된 반면 노동법적인 결정들에 대한 기소건수는 5.7%에 지나지 않는다.

법정에서 밝혀진 사실관계들은 한편으로는 법왜곡 비난의 근거를 형성하는 당시의 재판들에 해당하고, 다른 한편으로는 당시의 재판이 기반을 둔 구동독의 사법체계에 해당한다. 연방법원이 파악한 바에 따르면 구동독에는 권력분립이 전혀 존재하지 않았다. 사회주의 법학은 이를 숨기지 않았으며 1970년 구동독 법무장관 뷘셰(Wünsche)는 "부르주아적 권력분립의 의미에서의 판결의 독립성은 사회주의와 그 속에서

34) 예컨대 J. Isensee, "Der deutsche Rechtsstaat vor seinem unrechtsstaatlichen Erbe," 같은 이 편, *Vergangenheitsbewältigung durch Recht*, Berlin, 1992, pp.105~108.

35) W. Gropp, "Naturrecht oder Rückwirkungsverbot?-Zur Strafbarkeit der Berliner Mauerschützen," *Neue Justiz*, 1996, pp.393~396 ; H. Roggemann, "Zur Straf- barkeit der Mauerschützen, *DtZ*, 1993, p.10ff. ; Marxen·Werle, *op.cit.*, p.20.

구현한 인민주권의 원칙과는 전혀 다른 것이다"라고 선언했다. 사회주의적 인식에서 법은 정치권력을 확보하기 위한 수단이었다. 법적용은 사회주의적 합법성의 틀 내에서 노동자계급과 그 맑스-레닌주의적 정당의 지도하에 사회주의적 국가의 실현이라는 국가목표에 맞추어져 있었다. 여기서 사법부의 결정들은 사통당에서 오는 여러 가지 외적 영향들에 종속되었다.36)

기본법 103조 제2항에 따라 법원은 어떤 행위를 수행하기 전에 그 행위의 가벌성을 법으로 규정하고 있을 때만 그 행위의 처벌이 가능하다. 구동독 형법 244조에 따르면 고의로 위법적 판결을 할 경우에만 법왜곡으로 인한 처벌이 가능하다. 그러나 판사나 검사의 위법성 여부를 가릴 때 단순히 법률을 문자 그대로 적용했느냐가 아니라 구동독의 법현실에 영향을 미치는 제약조건들을 참작해야 한다고 연방법원은 판단하였다.

구동독의 판사와 검사들은 법원장, 상급법원의 판사들, 대법원과 검찰청의 '공통의 관점들', 최고법원의 관리지침들에 의해 서방의 법치국가에서는 생각할 수도 없는 체계적인 영향을 받지 않을 수 없었다. 그들은 또한 상급자로부터의 전화나 법원장이 정기적으로 휘하 판사들을 소집하여 제공하는 '월요훈화'를 통해서도 영향을 받았다. 이러한 영향

36) 이에 대해서는 D. Strempel, "Politische Steuerung der Justiz in der Deutschen Demokratischen Republik," H. Timmermann ed., *Die DDR-Recht und Justiz als politisches Instrument*, Berlin 2000, pp.27~36 ; Werkentin, *op.cit.* ; H. Rottleuthner, "Die Lenkung der Justiz in der DDR-institutioneller Rahmen/ allgemeine Erkenntnisse," Der deutsche Bundestag ed., *Enquete-Kommission 'Aufarbeitung von Geschichte und Folgen der SED-Diktatur in Deutschland,' Band IV: Recht Justiz Polizei*, Frankfurt, 1995, pp.123~138 ; G. Raab, "Die Lenkung der Staatsanwaltschaft und die Funktion der Staatsanwaltschaft bei der Lenkung der Justiz," *Ibid., pp.*138~164.

은 사통당 지도부로부터 직접 오거나 법무부를 거쳐 간접적으로 행사되었다.[37)]

1993년 12월 13일의 판결에서 연방법원은 초병에 대한 재판에서의 판결원칙을 수용하여 구동독이 시민적 및 정치적 권리들을 위한 국제협약에서 인정한 인권의 침해를 법왜곡의 척도로서 삼았다. 기본법 103조 제2항의 소급입법 금지규정도 참작한 가운데 다음의 사례들을 법왜곡으로서 간주하였다.

○법조문의 한계를 벗어나거나 그 불명확성을 이용하여 사실관계를 확대해석하여 분명한 불법으로 볼 수 있는 자유형을 선고한 경우.

○행위와 내려진 형벌의 관계가 너무나 부당하여 자의적 인권침해라 볼 수 있는 경우.

○정치적인 반대자를 제거할 목적으로 사회정의에 반하여 수사과정과 소송절차를 남용하여 심각한 인권침해를 초래한 경우.[38)]

법원의 판결은 구동독 판사와 검사들의 가벌성(可罰性)을 심각한 인권침해와 자의적 행위의 경우들로 제한했다. 따라서 법왜곡으로 인한 가벌성은 거의 항상 비정상적으로 높은 자유형이나 사형언도 때문에 인정되었다. 그러한 처벌은 연방재판소의 판단에 따르면 항상 동시에 국제공동체가 보편적으로 인정하는 인권에 대한 심각한 침해로 간주될 수 있으며, 따라서 소급처벌 금지규정은 적용되지 않는다는 것이다.[39)]

---

37) Horstkotte, *op.cit.*, pp.67~69.

38) Peschel-Gutzeit, *op.cit.*, p.18. 보다 자세한 법왜곡 범주에 대해서는 Horstkotte, *op.cit.*, pp.72~73을 참고.

39) Marxen・Werle, *Die strafrechtliche Aufarbeitung*, pp.37~66, 226~227 ; Vollnhals, Denunziation und Strafverfolgung, p.247 ; Peschel-Gutzeit, *op.cit.*, p.18.

법왜곡에 대한 연방법원과 다른 법원들의 판결은 서로 다른 두 방향으로부터 비판을 받았다. 고소를 당한 구동독 판사와 검사들의 변호인들은 독일기본법 103조 2항의 형벌불소급의 원칙이 충분히 지켜지지 않음에 이의를 제기했다. 구동독 판검사들의 문제가 된 결정들이 당시에는 일반적 관행을 지켰다면 법왜곡이라 볼 수 없다는 것이다. 반대쪽에서의 비판은 판결이 구동독의 판사들과 검사들을 지나치게 관대하게 다루어 과거 나치국가의 판사들과 검사들을 대상으로 한 판결에서와 같은 실수를 반복하고 있다고 지적하였다. 또한 사살행위 때문에 유죄판결을 받은 많은 구동독 초병들은 판검사들보다 더 엄격한 기준에 따라서 평가를 받는다는 점도 비판을 받았다. 독일의 법정이 구동독의 법률을 적용하고 더욱이 그 운용실태와 관련하여 상세한 배려를 해준다는 사실에 대한 불만도 제기되었다.[40]

5. 사통당 독재의 인권침해에 대한 형사소추의 특징

구동독 불법에 대한 형사소추 작업은 중대한 인권침해에 대한 수사와 소추작업의 연속성이라는 두 가지 원칙에 기반을 두었다. 사법기관이 중점적으로 노력을 기울인 부분은 국제법상 인정되는 인권을 명백하고 심각하게 침해한 구성요건에 해당하는 행위에 대해서는 철저하게 형사처벌을 관철시킨다는 것이었다. 중대한 인권침해라는 요건은 형사

---

40) H. Horstkotte, "Rechtsbeugung durch Richter und Staatsanwälte in der DDR. Ein Bericht über die neuere Rechtsprechung," Drobnig ed., *Strafrechtsjustiz*, p.65.

처벌을 합리화해 주는 효과와 동시에 가벌성을 제한하는 효과를 나타냈다.

판례는 동서독 국경에서의 살상행위와 관련하여 생명에 대한 기본권과 인권을 근거로 고의적 살해행위에 대한 위법성을 인정하였고, 이 행위를 정당화하던 구동독의 법적 관행은 참작할 필요가 없는 것으로 해석하였다. 연방헌법재판소는 이 판결이 헌법과 합치하며 소급처벌금지원칙을 위배하지 않는다고 판결하였다.

중대한 인권침해라는 요건은 법왜곡 사건에도 적용되었다. 중대한 인권침해가 없었음을 이유로 수많은 사건들이 무죄판결로 종결되거나 소송절차 자체가 중지되었다. 결과적으로 법왜곡에 대한 형사소추는 구동독 법원이 사형이나 장기 자유형을 부과한 사건들에 집중되었다. 밀고행위의 경우도 그 때문에 유발된 형사소추를 통해 명백하고 중대한 인권침해의 위험을 야기한 사안에만 가벌성이 인정되었다. 수감자에 대한 가혹행위와 당사자의 동의 없이 이루어진 도핑을 형사처벌의 대상으로 삼는 것도 그것이 피해자들의 건강을 중대한 인권침해의 형태로 훼손하는 것이기 때문이다. 판례는 또한 중대한 인권침해 행위에 형사소추 작업을 집중시킨다는 원칙에 따라 국가안전부 범죄행위의 가벌성을 좁게 제한하였다. 이러한 처벌범위 축소노력은 실질적으로 부분적인 사면효과를 가져왔다. 이것은 또한 사법기관으로 하여금 중대한 인권침해 사안의 처리에 역량을 집중할 수 있도록 기여하였다.

중대한 인권침해를 형사소추의 전제로 한다는 기본원칙은 양적 측면에서도 소송실무에 반영했다. 우선 인권과 가장 확실하게 연관이 되는 두 가지 범죄유형인 동서독 국경에서의 살상행위와 법 왜곡사건이 수사단계에서 차지하는 비율이 가장 크다. 특히 법왜곡 사건이 많아서 전체 수사단계 사안들 가운데 70%를 차지하고 있다. 소송결과에서도 이 영역에 확실하게 무게중심이 놓여 있음이 확인된다. 전체 유죄판결 가운데 이들 두 가지 사건이 차지하는 비율이 무려 40%를 넘는다.41)

두번째로 무게중심이 놓여 있는 영역은 권력남용·부패와 선거조작 유형으로서 전체 유죄확정 판결 가운데 40%를 차지한다. 이들 범죄행위는 중대한 인권침해로서의 속성을 가지고 있지 않다. 이들에 대한 형사소추 작업의 기본원칙은 소추작업의 연속성에 방향을 맞추고 있다. 동독시대 불법에 대한 형사소추 작업은 통일 후 연방정부 사법기관이 처음 시작한 것이 아니라 구동독의 사법기관이 통일 이전에 이미 시작한 것을 통일 이후에 넘겨받아 수행하는 것이라는 점을 잊어서는 안된다.

1989년 가을의 정치적 전환 이후 구동독의 사법부는 이미 형사소추 작업을 폭넓게 시작했다. 새롭게 형성된 정치세력·대중매체, 그리고 인민들의 집단적인 요구 등 사회적 압력이 이러한 과거청산 작업을 가능하게 만들었다. 이 과도기에 주된 사법처리 대상이 된 것은 구 동독 국가 및 사통당 지도부의 권력남용과 부패, 그리고 1989년 5월 지방선거에서의 선거조작이었다. 1990년 10월 3일의 통일 이전에 형사소추 작업이 강도 높게 진행되어 이미 44명 이상의 피의자가 구속되었다. 그 중에는 사통당 정치국 위원들의 절반 이상(전체 21명 중 11명)이 들어 있었다. 동독검찰은 52개 이상의 사건, 103명의 피의자에 대해 공소를 제기하였다. 그 중 18개 사건, 27명의 피고인에 대해서는 통일 이전에 확정판결까지 내려졌다.42)

동독시대의 국가적 체제불법은 모두 예외없이 중앙집권적인 측면

41) Marxen·Werle, *op.cit.*, pp.239~240.

42) Marxen·Werle, *op.cit.*, pp.225~226, 230~233, 240~241.

을 가지고 있다. 반면 이들 불법에 대한 형사소추 업무는 각 지방 구역별 사법기관에 의해 수행되었다. 형사소추 작업이 지방단위 차원에서 이루어짐으로 인하여 전국을 포괄하는 형태의 소추작업의 경우에는 거의 발생하지 않을 불필요한 이중 작업과 업무수행상의 부조화 등이 발생하였다(예: 법왜곡의 수사정도의 지방 사이의 차이).

동독시대 불법 가운데 형사소추의 대상이 된 사건의 수를 어림잡으면 약 10만 명의 피의자에 대해서 약 6만 2천 건의 수사가 개시된 것으로 파악된다. 그러나 동독시대 전체시기에 자행한 불법의 규모는 이보다 훨씬 더 크리라고 추산된다. 한편 실제로 기소한 범죄행위의 수와 비교할 때 유죄판결로 확정된 건수는 너무 작다. 1999년 4월까지 유죄확정판결을 받은 사람의 수는 약 3백 명이며 진행중인 소송건수를 고려하더라도 5백 명을 넘지 않을 것이다. 이는 전체 피의자의 0.5%를 넘지 않음을 의미한다.

이러한 경향은 소송절차가 진행되면서 피고인의 수가 급격하게 줄어드는 현상에 따른 것이다. 형사소추는 '깔대기 모델(수사→기소→예심→본심)'로 되어 있는데 보통의 다른 범죄와 비교하면 단계가 진행됨에 따른 처벌가능성의 감소정도가 너무 급격하다. 선별효과는 특히 수사절차와 예심절차에서 많이 이루어졌다. 수사절차를 통한 기소율은 1.1%(62,075건 중 649건)에 지나지 않았다. 특히 법 왜곡사건에 대한 수사는 70%가 도중에 중단되었으며, 그나마 공소제기가 이루어진 피고인의 1/4만이 법 왜곡행위를 이유로 유죄판결을 받았다. 일단 사법기관이 저지른 불법에 대한 수사는 매우 광범위하게 시작되었다. 그런데 연방법원이 과거 사법기관의 행위에 대한 가벌성 인정범위를 지나치게 좁게 한정지으면서 수사기관부터 이에 영향을 받고 궁극적으로 형사처벌에 도달하

〈표 1〉 범죄분류와 처벌 유형에 따른 형사적 판결

범죄분류	총계	벌금형	자유형	
			총계	그 중 집행유예
국경에서의 살상행위	98		98(100,0%)	87(88,8%)
법왜곡	27	2(7,4%)	25(92,6%)	23(92,0%)
선거조작	92	53(57,6%)	39(42,4%)	39(100,0%)
국가안전부 범죄행위	20	12(60,0%)	8(40,0%)	7(87,5%)
밀고	5		5(100,0%)	5(100,0%)
구치소/감옥에서의 가혹행위	19	12(63,2%)	7(36,8%)	7(100,0%)
권력남용/부패	22	5(22,7%)	17(77,3%)	12(70,6%)
경제범죄	4		4(100,0%)	4(100,0%)
기타	2	2(100,0%)		
총계	289	86(29,8%)	203(70,2%)	184(90,6%)

* 출처: Marxen·Werle, *op.cit.*, p.212

는 숫자가 급격히 줄어드는 결과가 야기된 것이다.

이러한 경향은 법원의 본심 공판절차에서도 지속되어 전체 기소된 사건 가운데 약 60% 정도(보통은 약 80%)에 대해서만 유죄판결이 내려졌다. 약 1/4 이상의 사건이 무죄판결로 종결되었으며 나머지 약 15%의 사건은 공판이 중지되어 아예 판결단계에도 이르지 못했다. 피의자의 평균연령은 54세였으며, 그 가운데 1/4은 64세 이상이었다. 법원은 빈번히 소송무능력을 근거로 재판절차를 중단하였다. 고령자에 대한 자유형의 집행은 너무 가혹하며 그들은 장래에 더 이상 범죄를 저지를 가능성이 없다는 이유로 자유형에 대해 흔히 집행유예가 선고되었다.[43]

〈표 2〉 선고된 자유형의 형량분류

형량	수	비율	누적 비율
6개월 미만	4	2.0	2.0
6개월	20	10.0	11.9
6~9개월	31	15.4	27.4
9개월~1년	33	16.4	43.8
1~2년	99	49.3	93.0
2~3년	1	0.5	93.5
3~5년	6	3.0	96.5
5~0년	7	3.5	100.0
총 계	201	100.0	

* 출처: Marxen · Werle, *op.cit.*, p.214.

6. 평가

냉전의 종식은 많은 사람들에게 동유럽의 공산주의체제에 대한 서방적 민주주의체제의 승리를 의미했다. 독일에서는 이제 승자와 패자 그리고 그들 내부에서 형법을 이용한 과거청산의 방식을 둘러싸고 다양한 논쟁이 전개되었다. 가장 신랄한 비판은 구동독의 범죄에 대한 사법적 처벌은 법치국가의 원칙을 희생시켜야만 가능하다는 이유로 사법적 청산 자체를 원천적으로 부정했다. 이들은 과거 피해자의 가해자에 대한 복수를 포기하고 패배한 체제의 대표자들을 새로운 국가의 상응하는 지위로 받아들이지 않는 것으로 만족하고 몰락한 체제에 대한 판

43) Marxen · Werle, *op.cit.*, pp.234~238.

결은 역사에 맡겨야 한다고 주장했다.44)

이들이 대안으로 제기한 것은 일괄사면이다. 사법적 청산이 능사는 아니며 법치국가에서도 일반적인 이익이나 내적인 평화고비용 등의 문제를 고려하여 예외적 상황에서는 정치적 고려에 따라 결정을 내릴 수 있다는 것이다. 특히 독재적인 지배체제를 경험한 뒤에는 사면이 흔히 국가적인 현명한 표현으로 간주되었다. 이미 동독체제 붕괴 직후부터 사면의 필요성에 대한 주장이 제기되었다. 그들은 수많은 소송들로 인하여 사법부가 과중한 부담을 떠안게 되는 것을 피할 수 있고, 형사적 범죄를 둘러싼 공방으로부터 벗어남으로써 법의 평화를 얻을 수 있고, 새로운 통일국가의 사법부가 '승자의 재판'을 수행한다는 비난을 막고, 사면이 피고들과 그 가족들 및 동조자들에게 새로운 체제를 수용하고 그 속에 통합하는 것을 수월하게 만들어준다는 점에서 사면을 지지했다. 반면에 구동독 체제불법의 처벌은 동독인들로 하여금 그들의 다름을 굴욕스럽게 인지하도록 만들고 그들을 적응과정에서 배제하고 정치적인 강경 불만세력으로 내몰며 따라서 동서독인들 사이의 마음속의 장벽이 더 커진다는 것이었다.

그밖에도 피고들은 그들의 국가와 사회에 대한 애정이 강했으며 계급의 적에 맞서 사회주의를 지키는 것이 평화에 기여하는 길이라고 확고히 믿고 있었기 때문에 그들의 행위를 범죄로 인식하지 않았다는 사

44) U. Ebert, "Erfolge, Defizite und Möglichkeiten strafrechtlicher Aufarbeitung von SED-Unrecht in vorwiegend dogmatischer Hinsicht," Deutscher Bundestag ed., *Materialien der Enquete-Kommission "Überwindung der Folgen der SED-Diktatur im Prozeß der deutschen Einheit"* II-2, p.1384 ; W. Becker, "Recht oder Rache? Über die Grenzen des Rechtsstaats in der Abrechnung mit der DDR-Vergangenheit," W. Krawietz · G. Henrik von Wright ed., *Öffenltiche oder private Moral? Vom Geltungsgrunde und der Legitimität des Rechts*, Berlin, 1992, pp.17~28.

실을 참작해야 한다는 이유로도 사면의 필요성이 제기되었다.

그러나 전체적으로 사면에 반대하는 주장들이 보다 설득력을 얻었다. 사면은 법의 평화를 가져올 적합한 수단이 결코 아니라는 것이다. 왜냐하면 피고를 처벌하는 문제가 임시로 봉합이 된다 할지라도 결국 논쟁의 불씨가 언제든 다시 더 큰 불길로 확대되어 일어날 것이기 때문이다. 사면은 가해자들에게 법적 책임을 묻고자 하는 피해자들의 당연한 소망과 충돌할 것이다. 동독인들 다수가 스스로를 사통당정권의 피해자로 느끼고 있으며 국가가 이들의 욕구를 존중하지 않으면 이들은 스스로 복수를 실행할 것이며 사회집단들과 언론매체들이 법정의 역할을 대신하게 되어 법의 평화는 실현하기 어렵기 때문이라는 것이다. 법치국가적 권위를 가지고 과거 불법행위에 그 책임을 묻지 않는다면 이는 독재체제의 추종자들을 부추기고 독재에 항거하여 탄압받았던 용기있는 시민들로 하여금 도덕적 배상 대신에 회의를 느끼게 만들 것이다. 형법을 가지고 체제불법과 씨름하는 것은 자유민주주의적 법치국가의 과제이다.

건강한 법문화와 올바른 정치-도덕적 가치관의 확립이라는 사회적·교육적 목적을 위해서도 체제불법은 간과되거나 망각되어서는 안되며 집단적 기억 속에 보존되어야 한다.[45] 심각한 인권침해를 자행한 사람들은 국내법에 의거해서건 국제법정에서건 반드시 처벌을 받게 된다는 메시지를 분명히 남김으로써 사법적 청산은 예방적 기능을 수행한다. 법왜곡의 경우 구동독의 판사들과 검사들로 하여금 자신의 행위와 잘못을 깊이 성찰할 수 있는 기회를 제공할 것이다.

국경에서의 살상행위와 법왜곡에 대해 비교적 가벼운 형량을 선고

45) Ebert, *op.cit.*, pp.1386~1387, 1391~1393.

한 것은 법정이 구동독의 체제불법과 그 한계, 그리고 정당화 사유와 변명 사유의 한계를 규정하는 것에 주된 관심을 기울였기 때문이다. 이러한 실제는 합리적인 것이다. 희생자들은 강한 처벌보다는 그들이 불법행위를 당했다는 사실의 사회적 인식과 불법행위를 저질렀다는 가해자들의 자백을 기다리는 것이다. 법치국가가 공정한 판결을 내릴 경우 그러한 자백은 희생자와 가해자 양측 모두에게 해방적으로 작용한다. 가해자들은 그들의 과거행위에 대한 재판을 '승자의 재판'이나 피해자의 복수로서 거부하기보다는 양심의 가책을 덜어주는 기회로 받아들이는 경우가 더 많았다고 한다.[46]

이미 구동독 불법행위의 사법적 과거청산을 시작할 때 많은 소송들이 어떻게 종결되든 사법적으로나 정치적으로 논란거리로 남을 것이라고 예상하는 것은 당연한 일이었다. 소송절차가 진행되면서 이의가 제기되고 법률적 근거제시에 약점이 노출되는 것은 사안의 성격상 그리 놀라운 일이 아니다. 그러나 통일 후 10여 년의 성과를 전문가들은 부분적인 문제점들에도 불구하고 전체적으로 성공한 것으로 평가하고 있다. 독일 사법부는 새롭고 어려운 법영역에서 시야를 선명하게 하고 통일적인 노선을 찾는 데 성공했다. 사법부는 입법부의 근본적인 도움이 없었음에도 불구하고 가장 중요한 사례집단들을 다루는 데 전체적으로 공정하고 일관된 구상을 발전시켰다. 형사소송은 구동독 불법의 진상을 규명하고 확인하는 데 대단히 중대한 역할을 수행했다.

구동독의 불법에 대한 사법적 과거청산은 국제법상 인정받은 인권을 명백하고 심각하게 침해한 행위로 형사소추를 집중하여 죄를 추궁하였다. 그럼으로써 한편으로는 그러한 심각한 인권침해를 포괄적으로

46) H. Horstkotte, *op.cit.*, pp.96~98.

청산하게 되었으며 다른 한편으로는 처벌을 제한하는 데 크게 기여했다. 특히 법왜곡의 분야에서 가벌적인 행위의 영역이 현저히 제한되었다. 이러한 점을 고려할 때 일방적인 '승자의 재판'이라는 비난은 근거를 결여하고 있다고 할 수 있을 것이다. 과거의 체제범죄에 대한 처벌은 경고적·예방적 효과로 정당화되는 것은 아니다. 그것은 더 나아가서 기본권과 인권에 대한 경외심을 확고히 하는 데 기여한다. 처벌은 규범을 강화하는 과정의 일부가 되며 이것은 바로 억압적인 체제가 붕괴한 뒤에 더욱 필수적인 것이다. 기본권과 인권은 항상 존중해야 하며 불법국가가 인권침해를 용인하거나 장려했다고 해서 결코 면죄받는 것은 아니다.

개인적으로 책임을 물은 것도 긍정적으로 평가해야 한다. 개인적 추궁은 국가적인 불법이 어떻게 특정한 개인들의 협력을 통해 일어났는가를 분명히 해준다. 이러한 개별화는 가해자들에게 체제범죄에서 그들의 역할에 책임을 지게 하는 단초를 제공한다. 개별화는 사회로 하여금 익명의 집단이 아니라 특정한 부류의 인물들이 심각한 인권침해를 계획하고 조직하고 수행했다는 것을 분명히 밝혀준다. 형량이 비교적 낮았다고 해서 이러한 작용이 약화되는 것은 아니다. 이것은 특히 의도적 사살 때문에 국경의 초병들에게 내려진 자유형에 대한 많은 수의 집행유예에 해당이 된다.

선거조작이나 권력남용과 부패의 소추작업은 형사소추를 심각한 인권침해로 집중한다는 그림에 부합되지 않는다. 1989년 가을의 전환 이후 구동독 사법부는 구동독 형법을 규정대로 적용하였으며 국가수뇌부의 형법상 특권을 종식시켰다. 연방사법부는 이 과제를 떠맡아 일관되게 처리해 나감으로써 구동독 주민들의 명백한 정치적 의지에 부응하였다. 구동독 불법과거에 대한 법정판결들은 구동독에 대한 독일인의 사회적 기억을 함께 각인할 것이다. 법정의 소추과정에서 사법적 절차를 거쳐 의심의 여지없이 확인된 것은 높은 정도의 신뢰를 약속할 수 있기 때문이다.

권력남용·부패·선거조작에 대한 의구심은 구동독의 말기에 시민운동의 중요한 견인차가 되었다. 이에 따라 1989~90년에 이 분야에서의 진상규명과 소추는 그에 상응하는 의미를 갖게 되었다. 선거조작 소송에서는 선거조작의 구조와 과정들이 모범적으로 낱낱이 밝혀졌다. 특히 동서독 국경에서의 살상행위의 범죄기제가 어떠했는지, 법왜곡에서 어떻게 사법부 스스로가 심각한 인권침해의 도구로 되었는지, 정치적으로 조종당한 형사재판의 조직과 과정에 대한 통찰이 이루어졌다.47)

그러나 이러한 성취에도 불구하고 구동독 사통당 독재에 대한 사법적 청산은 몇 가지 약점을 노정하였다. 전체 형사소추 과정에 너무 많은 시간이 소요되었다. 법적인 측면에서 대표성 있는 중심적 관점이 형성되기까지 적법결단은 많은 우회로나 막다른 골목에 봉착하는 시행착오를 거쳐야 했다. 사법적 청산이 지방분권적으로 추진되었기 때문에 각 주의 사법기관들은 상이한 중점을 설정했으며 상이한 소송과정을 거쳤다. 보다 신속한 처리, 소송절차의 간소화, 지방 사이의 차이를 극복하고 통합적인 처리과정이 가능할 수도 있었을 것이다. 그러나 그에 필요한 다른 법적인 조치들과 보다 큰 정치적 지원이 결여되었다.

보다 바람직한 사법적 청산을 위해서는 통일조약과 그 시행법들이 심각한 인권침해를 소추하고 이미 구동독에서 시작한 권력남용, 부패

47) Marxen·Werle, *op.cit.*, pp.241~247.

와 선거조작에 대한 소추를 일관되게 종결짓는 것을 사법적 과거청산의 분명한 목표로서 선언하고 그밖에 경우들에는 사면을 허용할 필요가 있었을 것이다. 수사를 연계하고 통합적인 소송실무를 처리하는 검찰 중앙기구를 설치하고 이 기구와 지방의 경찰청과 검찰청에 충분한 인력과 물자를 공급했어야 한다. 이러한 과정에서 나치불법에 대한 과거청산과의 비교를 통해서 역사적 차원을 도입하고 다른 국가들에서 독재과거를 청산하는 형식들과의 비교를 통해서 국제적 수준을 도입하여 정치적 논의를 폭넓게 한 가운데 국민적 합의를 끌어내는 것이 바람직했을 것이다.

그러나 입법과 정치의 현실은 이와는 거리가 멀었다. 적용해야 할 형법의 내용상 문제에 대해 입법부는 침묵했고 부분사면에 필요한 결정도 내리지 않았다. 형사소추의 조직을 위한 직원충원의 약속도 충분히 지켜지지 않았다. 정치적 논의에서는 동독인[신연방주]과 서독인[구연방주] 사이의 어려운 통합문제가 사법적 청산에 대한 논쟁을 뒤덮었으며 보다 강한 처벌에 대한 요구와 사면에 대한 요구가 날카롭게 대립하였다.[48]

형법에 의한 과거청산이 갖는 근본적인 한계에 대해서도 지적해야 한다. 사회적·윤리적으로 지탄받아야 마땅하나 법적으로 분명하게 규정되지 않은 행위들은 처벌받지 않는다. 따라서 국경지역에 살다 재산을 몰수당하고 강제로 퇴거당한 주민들이 받은 피해, 정치적인 이유로 자유로운 인격의 발전 및 생활기회와 직업적 전망에서 심각한 방해를 받은 경우, 국가안전부의 정규요원들이나 비공식 협력자들에 의한 탄압과 심리적 분해공작들, 수많은 사람들의 매수와 그들의 법의식의 왜

48) Marxen · Werle, *op.cit.*, pp.247~253.

곡 등은 형법을 통한 과거청산 작업에서 다루어질 수 없었다. 형법은 개인의 잘못을 대상으로 하고 있으며 국가범죄 자체를 처벌하기는 어렵다. 국가불법은 수많은 기구들과 사람들이 협력하여 이루어지는 복잡한 과정이라 개인적인 책임을 확인하기가 대단히 어렵다.[49]

이렇게 형법을 통한 사법적 청산은 매우 불충분하기 때문에 과거청산의 다른 가능성들과 형식들을 소홀히 해서는 안된다. 역사연구를 통해 사통당 독재체제의 기능방식으로서 심리적 테러, 밀고에 대한 포상, 비밀납치와 암살지령, 거미줄 같은 감시기구 등에 이르기까지 소상히 밝힘으로써 도덕적-정치적 태도를 판단하는 척도로 삼을 수 있을 것이다. 이러한 억압체제와 사통당 국가의 불법성을 밝히는 핵심적인 근거자료가 국가안전부 문서이기 때문에 이것을 보관하고 열람할 수 있게 만드는 것은 매우 중요한 일이다. 형사적 과거청산은 피해자들의 희생을 원점으로 돌려놓을 수는 없다. 여기서 중요한 역할을 할 수 있는 것이 피해자에 대한 복권과 배상이다. 이것은 일반적인 정의에 대한 기대와 특히 희생자들의 배상욕구를 충족시키는 데 크게 기여할 수 있다. 따라서 전문가들은 복권 및 배상관계법의 중요성을 깊이 인식하고 그 개선과 그에 필요한 충분한 재정확보를 위한 노력이 절실하다는 점을 강조하고 있다.[50]

---

49) U. Ebert, *op.cit.*, pp.1400~1401.

50) U. Ebert, *op.cit.*, pp.1402~1404 ; H. Horstkotte, *op.cit.*, p.96 ; F. Werkentin, "Die politische Instrumentalisierung der Todesstrafe in der SBZ/DDR-Darstellung der justitiellen Praxis in der SBZ/DDR und Bilanz der Rehabilitierung von Verurteilten und deren Angehörigen in der Zeit nach 1990," Deutscher Bundestag ed., *Materialien der Enquete-Kommission "Überwindung der Folgen der SED-Diktatur im Prozess der deutschen Einheit,"* Bd. II-2, Frankfurt, 1999, pp.182~187 ; S. Priebe · D. Denis, "Gesundheitliche und psychische Folgeschaeden politischer Verfolgung im Hinblick auf Rehabilitierung und Wiedergutmachung," *Ibid.*, pp.289~339.

7. 맺음말

독일통일 후 구동독의 불법행위들에 대한 사법적 과거청산은 국경에서의 살상에서 도핑에 이르기까지 모든 중요한 문제들을 신중히 수사하면서도 처벌은 심각한 인권침해 행위에 집중함으로써 전체적으로 치우침이 없는 합리적인 처리를 했다는 평가를 받을 수 있을 것이다. 독일의 이러한 원만하면서도 비교적 철저한 과거청산은 서독과의 통일이라는 특수성에서 설명할 수 있을 것이다.

서독으로의 합병을 거친 통일과정을 주도한 것은 서독의 법치국가적 제도와 엘리트였으며 과거청산의 대상이 된 구동독의 지배세력은 시대의 흐름에 역행할 아무런 힘도 갖지 못했다. 독일정부는 사회적 평화를 위해 구동독 국가안전부의 사찰문서들을 봉인하고 과거청산에 종지부를 찍어야 한다는 주장을 일부에서 제기하였지만, 다수 동독주민들의 요구에 부응하여 그것을 보전하고 당사자들과 당국 그리고 학술연구자들에게 열람을 허용하는 법률을 제정하였다. 이렇게 구 독재정권의 통치 및 사찰문서의 공개와 진실규명을 거친 과거청산의 의지는 다른 국가에서는 유례를 찾아보기 힘든 일이다.

하지만 독일 사법부는 사통당 독재의 가해자들을 보다 강도 높게 처벌해야 한다는 동독 시민운동가들의 요구에도 불구하고 법치국가의 원칙을 지키고자 노력했으며 처벌보다는 화해와 통합을 더 중요하게 생각했다. 사법부는 심각한 인권침해의 범죄에 집중하여 형사적 책임을 묻되 그 형량을 비교적 낮게 산정한 것이다. 동독시대 불법 가운데 형사소추의 대상이 된 약 10만 명의 피의자에 대해서 약 6만 2천 건의 수사가 개시되었다. 그러나 1999년 4월 기준으로 유죄 확정판결을 받은 사람의 수는 약 3백 명이며 이는 전체 피의자의 0.3%에 지나지 않는다. 따라서 승자의 재판이라는 일부의 비난은 사실을 왜곡하는 것이다. 독재의 희생자들에 대한 상당한 규모의 재정적 배상 및 사회복지정책적 지원도 서독으로부터의 경제적 지원이 없었다면 불가능했을 것이다.

그러면 이러한 독일의 경험이 우리에게 주는 교훈은 무엇인가? 우선 단순히 대입하여 우리의 민족적 현실에 적용한다면 한반도의 통일 후 북한의 독재체제에 대한 사법적 청산에 어떤 시사점을 줄 수 있을 것인가? 우리는 이것을 두 가지의 시나리오들로 나누어 고려해 보아야 할 것이다. 먼저 북한이 갑작스럽게 붕괴하여 혼란 속에서 졸속적 흡수통일을 실현하는 불행한 경우를 생각해 볼 수 있다. 이 경우 필자는 독일의 사법적 청산모델은 그것을 가능케 한 조건을 결여한 우리에게는 부적합하다고 생각한다. 우리는 한국전쟁의 상흔, 장기간 냉전체제의 영향, 북한의 체제와 문화에 대한 이해의 결여, 보수적·냉전적 사법문화 및 정치문화의 온존 등으로 인하여 합리적인 사법적 청산을 기대하기가 힘들 것이기 때문이다. 독일의 사법적 청산에서 중요한 추동력을 제공한 것은 구동독 시민운동 세력의 과거청산 의지였다.

그러나 북한의 돌연한 붕괴시 우리는 그러한 반체제 세력의 역할도 기대하기 어려울 것이다. 더욱이 남한의 군사독재 청산이 없이 북한의 과거 독재정권에만 책임을 묻는 것은 형평의 원칙에도 맞지 않아 정당성을 확보하기가 어려울 것이다. 통일 이후의 사회적 평화와 민족적 대통합을 위해서도 독일식의 과거청산(사법적 청산은 그 일부에 지나지 않는다. 그 밖에도 공직사회에서의 광범위한 인적 청산과 서독 엘리트가 주도했으며 사통당 독재에만 치우친 구동독의 과거와 관련한 사회적 담론은 많은 동독인들에게 큰 상처를 안겨주었다]은 우리에게 바람직한 모델로 보이지 않는다. 그렇다고 문제가 많은 과거를 덮어두는 것은 사회정의를 확립하는 데뿐만 아니라 통일국가의 민주주의를 건설하는 데에도 큰 부담으로 계속 남을 것이다. 따라서 과거의 범죄들에 대해 진실을 밝히는 것을 전제로 사면을 허용한 남아프리카 공화국의 '진실과 화해 위원회'를 이용한 과거청산의 길이 더 바람직한 대안이 아닌가 생각한다.[51] 구 독재정권의 지배구조와 그 속에서 자행한 인권탄압의 진상을 밝히기 위해서는 그 사찰 및 통치문서를 잘 보전·관리하는 것이 중요하며, 독재정권의 희생자, 학문연구자, 사법 및 행정당국이 과거를 성찰하고 피해자에게 배상하는 목적에 그 문서를 활용할 수 있도록 공개해야 할 것이다.

두번째의 시나리오는 남한과 북한이 보다 긴 시간에 걸쳐 화해와 협력 관계를 발전시키고, 남한 내에서 민족문제에 대한 보수적·냉전적인 시각을 많이 극복하고, 군사독재의 과거청산에서도 상당한 진전이 이루어지는 한편, 북한에서는 다소 체제비판적 세력이 형성된 후 통일이 올 경우이다. 우리는 이 경우 어느 정도 독일에 가까운 사법적 청산을 고려해 볼 수 있을 것이다. 하지만 독일이 경험한 시행착오를 줄이기 위해서는 법제도적 차원에서 심각한 인권침해의 사법적 청산에 장애가 되는 법리적 모순들을 극복하기 위한 노력이 있어야 할 것이다. 남한과 북한 민족구성원들 전체의 동의를 받아 정당성을 확보한 새로운 통일헌법에서 과거 '조선로동당' 독재와 남한의 군사독재에 함께 적

---

51) 남아프리카공화국의 과거청산에 대해서는 G. Werle, "Neue Wege. Die südafrikanische Wahrheitskommission und die Aufarbeitung von schweren Menschenrechtsverletzungen," P. Bock · E. Wolfrum ed., *Umkämpfte Vergangenheit. Geschichtsbilder, Erinnerung und Vergangenheitspolitik im internationalen Vergleich*, Göttingen, 1999, pp.269~289 참고.

용될 수 있는 관련 법조항을 마련하고, 공소시효 문제를 재검토하고, 심각한 인권침해가 아닌 경우에는 과감하게 사면을 선포하고, 국제법적 인권조항에 국내법을 초월하는 규정력을 부여하는 것도 고려해 보아야 할 것이다.

사통당 독재의 사법적 청산은 한국전쟁을 전후한 민간의 학살과 군사독재의 과거청산에도 큰 시사점을 주는 것으로 보인다. 또한 이러한 청산작업이 얼마나 설득력있게 이루어질 것이냐가 통일 이후의 과거청산 작업에도 상당한 영향을 미칠 것이다. 2000년 1월에 '제주4·3사건 진상규명 및 희생자 명예회복에 관한 특별법'을 제정하고 최근에는 진상보고서를 발표했지만, 2001년 9월 6일에 발의한 '한국전쟁 전후 민간인 희생사건 진상규명 및 피해자 명예회복 등에 관한 법률안'은 아직도 국회에 계류중인 채 처리하지 않고 있고 가해자의 처벌문제는 아직 논의도 하고 있지 않은 상태이다.

이러한 수많은 인명살상 범죄들의 진상규명과 희생자들의 명예회복을 시작으로 차후 가해자들을 대상으로 한 형사상 책임도 당연히 물어야 할 것이다. 더 나아가서 군사독재 하에서의 민주화 인사들에 대한 심각한 인권침해에 대해서도 그 가해자들에게 책임을 추궁함으로써 사법적 정의를 확립하고 그러한 범죄가 재발하지 않도록 경종을 울려 인권에 대한 경외심을 높이고 민주주의 발전을 위한 초석으로 삼아야 할 것이다.

II. 분단과 갈등으로부터 화해로

3.

대결과 공존을 거쳐 통일로:

분단시대 동서독의 독일정책(1949~1990)

독일과 한국은 전후 냉전 속에서 서로 다른 체제로 민족이 분단되었고 미국과 소련을 종주국으로 하는 안보동맹체제에 편입되어 서로 대립하게 되었다. 이러한 공통점에도 불구하고 양국분단의 역사는 많은 구조적 차이들을 보여준다. 동서독은 이미 1972년 기본조약을 체결하여 냉전적 대결을 극복하고 민족 내부의 접촉을 점점더 긴밀히 하여 고르바초프의 개혁정책으로 열린 '기회의 창'을 이용하여 1990년에는 대망의 재통일을 실현할 수 있었다. 한국도 1972년 7·4남북공동성명을 발표했지만 양측이 독재권력을 강화하는 수단으로서만 이용하고 남북관계에 아무런 실질적 진전을 가져오지 못했다. 2000년 남북정상회담과 6·15공동선언을 통해 획기적인 전기가 마련되었지만 많은 장애물들로 인하여 남북관계는 여전히 초보적인 수준에 머물러 있다.

독일과 한국분단사의 이러한 차이는 어디에서 오는가? 이러한 의문을 화두로 이 글에서는 우리 분단사의 비교준거로서 동서독의 독일정책의 변천사를 개괄적으로 고찰해 볼 것이다. 동서독 정부의 독일정책을 중심으로 살펴보겠지만 야당과 재야시민운동의 독일정책에 대한 입장도 부분적으로 조명해 볼 것이다.

1. 냉전의 시기(1950년대)

1-1 사통당의 초기 통일정책

적어도 1950년대 초반까지는 통일정책에서 동독 사회주의통일당(SED, 이하 사통당으로 표기)이 서독의 주요정당들보다 훨씬 더 적극적이고 공세적이었다. 사통당의 통일정책을 결정한 세 가지 요인은 소련과 서독 그리고 동독의 내정적 발전이었다. 소련과 동독의 관계는 비대칭적이기는 하지만 결코 일방적인 종속관계는 아니었다. 동독국가는 모스크바의 정치적 후견 하에 있었지만 소련의 정책을 독일에 적용하면서 일정한 전술적 행동반경을 확보하였다. 동서독 사이의 상호관계도 1949년 이후 마찬가지로 비대칭적 종속관계로 발전했는데 서독측에서는 통일의 사명과 동독주민에 대한 배려가, 동독측에서는 경제적 혜택이 주된 관심이었다. 동독의 사회적 삶의 모든 영역들에서 드러나는 서독의 '자력(磁力)'은-적어도 1961년 베를린 장벽이 설치되기까지-사통당 지배에 근본적 위협을 가했으며 그 행동반경을 제약했다.[1)]

사통당은 독일의 전통적 제국주의가 전후에 미국의 지배적인 '제국주의'와 결합하였다고 보았다. 서독은 미국의 '식민지'가 되었다는 것이

---

1) M. Lemke, "Die DDR und die deutsche Frage", W. Loth ed., *Die deutsche Frage in der Nachkriegszeit*, Berlin, 1994 참고.

다. 따라서 사통당에게 통일은 외국에 대한 종속으로부터의 해방과 민족문제이자 사회문제로서의 독일문제의 일반적 해결, 곧 외정적으로는 소련을 따르고 내정적으로는 사회주의적 전망을 가진 독일 민족국가의 재건(1945년의 축소된 영토에서)을 의미했다.

1951년 중반까지 소련과 동독은 '반파시스트-민주주의적' 모델에 따라 단기간에 독일을 통일하는 것이 가능하다는 믿음에서 출발했다. 동서독의 '반제국주의적' 세력들로 구성되며 사통당이 지도하는 전독일적 민족전선은 모든 '반민족적' 이해관계들에 맞서 소련의 도움을 얻어 이 목표를 관철시킬 수 있다는 가정이 그 기반을 형성하였다. 이 구상에서 서독의 사민당과 '부르주아 민주주의자들'은 민족전선의 제휴대상으로서 중요한 도구적 의미를 가지고 있었으며 따라서 서방사업의 주요 공작대상이었다. 이 시기 동독의 독일정책은 동독의 새로운 질서를 아직 공고화되지 않은 서독에 혁명적으로 확장시켜야 한다는 사통당의 '역사적 사명'에 대한 '환상'을 반영하고 있었다.

1952년 3월 소련은 서독을 포함하는 새로운 군사적 서방통합체제를 막기 위해 비동맹 중립국가로의 독일통일을 허용한다는 '스탈린각서'를 발표하였다. 그러나 소련지도하의 세계체제의 일부로서 사회주의 독일을 창출하는 최종목표는 여전히 남아 있었다. 소련지도부는 독일을 소련과 같은 사회주의 국가로 점차로 바꾸려는 세력들이 충분히 강해지리라고 계산하였다. 따라서 서독에 민족전선을 창출하는 것이 사통당의 일상적인 서방사업(Westarbeit)의 주요목표였다. 소련은 아직 무장이 불충분했기 때문에 중립화 방안을 통해 미국과의 직접적 충돌을 피하고 시간을 벌고자 했다. 소련은 또한 기술시장으로서 기능하는 중립화된 통일독일을 통해 미국의 무역봉쇄정책을 피하고 소련의 근대화

에 독일의 도움을 얻으려는 계산도 함께 했다.[2)]

사통당 지도부는 스탈린각서를 겉으로는 환영했지만 내심으로는 그것을 동독국가와 사통당 권력에 심각한 위협으로 인식하였다. 울브리히트는 아데나워나 마찬가지로 냉전의 조건 하에서는 독일문제가 해결될 수 있다고 믿지 않았다. 그 때문에 그는 일찍이 동독의 독자적인 국가로의 발전의 길을 지지했다. 그는 동독을 강화하는 것을 가장 중요한 현재적 과제로 설정하고 동독국가의 독자적 존속을 위한 기본조건으로 여겼다.

서방측 연합국들과 아데나워는 통일 후의 전독일국가가 중립국으로 머물러야 한다는 소련의 조건을 받아들일 수가 없었으며, 스탈린 각서를 단지 서독이 서방동맹체제로 결속되어 가는 것을 방해하려는 술책으로서 간주하였고, 자유선거의 보장이 없다는 이유를 들어 거부하였다. 반면에 사민당과 자유당은 스탈린의 제안을 검토하고 그 진의를 따져 보아야 한다고 주장했다.

1953년 6월 17일 동독의 민중봉기[3)]는 소련의 탱크로 진압되었지만 사통당의 독일정책이 환상으로부터 깨어나는 데 중요한 전기를 마련하였다. 당 지도부의 누구나 늦어도 이 시점에서는 동독의 모델을 서독에 부과하거나 그 흡인력을 통해 통일을 성취하는 것이 불가능하다는 것을 분명히 깨닫게 되었다. 점증하는 공화국 탈출은 이에 대한 중요한 전거를 제공했다. 동독은 이제 전독일적 대안모델로서 최종적으로 실패했으며 민족전선 구상도 사실상 회복할 수 없을 정도로 파국을 경험했다.[4)]

2) M. Lemke, Einheit oder Sozialismus? Die Deutschlandpolitik der SED 1949~1961, Köln, 2001, pp.503~519.

3) 그 주요원인과 경과에 대해서는 Ch. Klessmann, *Die doppelte Staatsgruendung. Deutsche Geschichte 1945~1955*, pp.277~282 참고.

1-2 아데나워의 서방통합 우선정책

전후 서방점령구 서독에서도 독일의 재통일 문제는 정치적 논의의 일차적 관심사였다. 기민당 내에서 서독 초대수상 콘라드 아데나워(Konrad Adenauer)의 라이벌이었던 야콥 카이저(Jakob Kaiser)는 통일독일이 동과 서 사이에서 교량역할을 해야 한다고 주장했다. 이것은 중립국으로의 통일을 의미했다. 사민당 지도자인 쿠르트 슈마허(Kurt Schmacher)는 이에 반대하고 서방통합을 지지하기는 했지만 그것이 독일통일이라는 우선적 목표를 방해하지 않는다는 전제 하에서 그러했다. 슈마허는 자유롭고 경제적으로 번영하는 서방점령구가 동방점령구에 흡인력을 행사하여 통일을 성취할 수밖에 없다는 '자석이론(Magnettheorie)'을 대변했다.[5]

냉전이 강화되는 가운데 서독의 외교정책을 규정한 것은 아데나워의 서방통합 노선이었다. 아데나워에게는 두 독일국가의 재통일이 아니라 1949년 들어선 새 서독정부가 서방열강들로부터 가능한 한 빨리 주권을 회복하는 것이 제1차적 정치과제였다. 심화되어가는 냉전체제 속에서 미국은 서독이 대소련 방어전략에서 중요한 몫을 담당해 주기를 원했다. 한국전쟁은 이러한 미국의 의지를 강화시켰으며 아데나워는 비슷한 상황에 있는 독일에서도 마찬가지로 전쟁이 일어날 수 있다는 것을 강조함으로써 서방통합과 재무장을 위한 계획들을 관철시키는데 한국전쟁을 이용했다.

---

4) Lemke, *Einheit oder Sozialismus*, *p.511.*

5) M. Glaab, "Deutschlandpolitik der Bundesrepublik Deutschland", W. Weidenfeld/ K.-R. Korte ed., *Handbuch zur deutschen Einheit 1949~1989~1999*, Bonn, 1999, p.240.

서방측과 아데나워는 서독의 서방통합이나 독일문제에 대해 같은 입장을 취했다. 그들은 서방측이 단합하여 힘의 우위를 확보함으로써만이 소련에 압력을 가하고 통일문제에서 양보를 얻어낼 수 있다고 믿었다. 서독정부는 동독에 대해 완고하게 불승인 및 차단정책을 실시하였다. 서독정부는 동독이 민주적 정당성을 결여하고 있기 때문에 서독만이 독일을 전체로서 대표할 권한이 있다고 보았다.

이 단독대표권 요구를 관철하기 위한 외정적 도구가 1955년부터 적용된 이른바 할스타인 독트린이었다. 이를 통해 서독은 동독과 국교를 맺는 국가들에게 외교관계를 철회할 것을 위협하였으며 1957년과 1963년 유고슬라비아와 쿠바가 실제로 그 표적이 되었다. 서독은 동독을 국가로서 승인하지 않았기 때문에 협상의 파트너로서 인정할 수 없었고 따라서 1950년대와 1960년대에 독일통일방안에 관하여 동독이 제기한 어떤 방안도 모두 원천적으로 거부하였다.[6]

1-3 동독의 국가연합안

1950년대 중반 이후 동독은 재통일보다는 먼저 근본적인 변화를 거친 후의 서독과의 새로운 통일을 목표로 삼았다. 이러한 목표에 상응하는 것이 울브리히트가 1956년 말 처음으로 제기한 국가연합안이었다. 이것은 사통당의 통일관련 마지막 이니셔티브로서 1960년대 말까지 사통당 독일정책의 기초를 형성했다. 뿐만 아니라 이 국가연합안은 북한의 김일성이 1960년 광복절 기념사[7]에서 처음으로 연방제통일안을 제

6) 한운석, 『하나의 민족』, pp.54~55.

시하는 데 모델이 되었기 때문에 더욱 우리의 흥미를 끈다.[8)]

1966년 초까지 사통당이 공식적으로 견지했던 국가연합안의 핵심 내용은 동일하였다. 울브리히트는 1956년 말의 기고에서 상이한 사회체제를 가진 두 독일국가의 접근을 우선 실현한 뒤에 국가연합의 형태로 중간해결책을 모색할 것을 주장했다. 그런 연후에야 민주적인 선거를 통한 통일이 가능하다는 것이었다. 국가연합 메커니즘을 거쳐 단계적인 통일을 실현하기 위해 사통당은 '특정한 내적 및 외적 조건들'이 반드시 필요하다고 보았다. 사통당은 특히 '군사적·레방시즘적 및 파시스트 세력들'의 극복과 나토로부터의 탈퇴, 서독에서 '독점자본의 무력화無力化', 핵심산업의 국민재산으로의 환수, 그리고 동독의 모델에 따른 토지개혁과 학교개혁을 요구했다. 이 조건들이 충족된 후에 양쪽 동수로 구성된 '전독일위원회'의 위원들이 선출될 것이며 이 위원회는 동독과 서독 국가연합의 정부로서 '전독일적 자유선거'를 준비할 자격을 갖게 될 것이었다.

사통당의 국가연합안은 동독국가에 대한 국제법적 승인 외에도 군비축소를 주요주제로 삼고 있었다. 이미 1957년 사통당은 중부유럽을 비핵지대로 만들자는 라파키안을 지지하였다. 그해 7월 동독총리 그로테볼(Grotewohl)은 독일영토에서 핵무기를 저장하거나 제조하는 것을 금지하는 것과 동서독이 각각 바르샤바조약기구와 나토로부터 탈퇴할 것, 4강에게 독일로부터의 점진적이면서도 조속한 철군

7) 연설문 전문은 김일성, 『민족대단결을 위하여』, 조선로동당출판사, 1996, pp.237~245에 수록.

8) Tuk Chu Chon, Die Beziehungen zwischen der DDR und der koreanischen Demokratischen Volksrepublik(1949~1978), München, 1982, p.124 : Volker Grabowsky는 동독의 국가연합안과 김일성의 연방제안의 차이를 강조하지만 후자가 전자를 이론적 전거로 삼은 것은 분명해 보인다.[V. Grabowsky, Zwei-Nationen-Lehre oder Wiedervereinigung?, Bochum, 1987, pp.276~287 참고]

을 제안하였다.[9)]

소련은 1957년 8월 국가연합이 독일분단을 제거하는 과정에서의 제1보라 평가하고 서독정부에 보내는 각서에서 사통당의 국가연합안을 적극 지지하였다. 그러나 사통당이 국가연합의 전제조건으로 제시한 요구들은 서방통합의 포기와 체제변경을 의미하기 때문에 서독정부는 이것을 결코 받아들일 수 없었다. 또한 서방강국들과 서독은 소련이 지지한 동독의 국가연합안이 동독국가를 국제법적으로 승인하기 위한 수단에 지나지 않는다고 보았다. 따라서 서독정부는 1958년 1월 통일은 두 정부의 소관이 아니라 오로지 독일국민이 결정할 사항이라는 이유로 사통당의 국가연합안을 단호히 거부하였다. 이 상황은 사통당으로 하여금 베를린장벽 건설 이후에도 밖으로는 통일목표를 견지하면서도 실질적으로는 서독에 대해 분리와 차단정책을 일관되게 추진하는 것을 용이하게 해주었다.

2. 긴장완화와 새로운 독일정책의 모색(1960년대)

2-1 냉전의 전초기지로부터 교류협력의 가교로: 베를린의 위상변화

사통당은 1950년대 중반 소련과 함께 독일정책에서 1민족2국가론

9) J. Kuppe/M. Rexin, "Deutschlandpolitik der SED", DDR-Handbuch, Köln, 1984, pp.284~289 ; Kleßmann, Zwei Staaten, pp.448~450.

으로 이행한 뒤 그들의 체제를 독립된 국가로서 안정화시키고 공고화하려고 시도했다. 그러나 서독의 생활수준을 따라잡고 추월하겠다는 울브리히트의 야심찬 선언에도 불구하고 동독의 경제는 계획목표를 전혀 도달하지 못했다. 동독탈주자의 수가 현저히 증가했으며 생산과 공급체계 도처에서의 결원으로 인하여 주민들의 부양이 심각히 위협받았다. 1953년 이래 매년 평균 20만 명이 동독을 떠났는데 그 대부분이 아직 동서 점령지역 사이에 국경이 차단되어 있지 않은 베를린을 통해서였다.[10] 따라서 사통당과 소련공산당 지도부에게 1961년 8월 베를린장벽 건설은 동독국가를 지키기 위한 불가피한 선택이었다.

장벽건설은 사통당정권을 안정화시켰으며 주민들로 하여금 주어진 체제에 어쩔 수 없이 순응하여 살아가게 만들었다. 반면에 베를린장벽 건설이 서독의 정치 엘리트들에게 준 충격은 대단히 컸다. 그들은 서독 정부의 '힘의 정책'과 동독에 대한 불승인 및 차단정책의 파괴적 결과를 피부로 느끼게 되었다. 장벽건설을 가장 먼저 충격적으로 받아들인 것은 당연히 동서 베를린 시민들이었다. 이러한 충격 속에서 당시 서 베를린 시장이었던 빌리 브란트가 독일정책의 새로운 방향을 제시하고 실행에 옮기게 된 것은 결코 우연이 아니었다.

분단의 고통은 다른 어느 곳에서보다도 베를린에서 더 심각하였다. 베를린 문제를 둘러싸고 승전국들 사이에 두 번이나 전쟁의 문턱까지 갈 만큼 대립이 고조되었다. 1940년대 말에 스탈린은 11개월이나 서베를린으로 통하는 모든 육로와 수로를 봉쇄했다. 1950년대 말에는 흐루시초프가 최후통첩을 가지고 4년간이나 서베를린을 위협했다. 1961

---

10) Bender, "Sterben für Berlin", B. Cisla/M. Lemke/T. Lindenberger eds., *Sterben für Berlin? Die Berliner Krisen 1948:1958*, Berlin, 2000, pp.14~15.

년 8월에 설치된 베를린 장벽은 동서독 사이의 국경에서보다 더 많은 가족과 친척, 친구와 동료들을 갈라놓았다. 1960년대 말까지 서베를린은 분풀이 대상이 되었다. 서독의 정치가 맘에 안들 경우 사통당 정치국은 서베를린으로의 통행을 방해하였다. 장벽은 탈출로뿐만 아니라 탈출할 생각까지도 막았다. 장벽과 함께 동독인들은 서방에서 다른 삶을 시작할 가능성뿐만 아니라 이 가능성과 결합된 내적 자유의 일부마저 상실하였다.[11]

그러나 베를린은 그럼에도 불구하고 두 독일 사이에 없어서는 안될 가교역할을 했다. 베를린장벽 건설 이전까지 동독인과 서독인은 서베를린에서 만났으며 많은 동독인들에게 서베를린은 '서방의 쇼윈도'였다. 장벽건설 이후에 동서독인의 만남은 동베를린에서 이루어졌다. 장벽건설 이후에도 통행권 협정을 통해 서베를린 시민의 단기간 동베를린 방문이 가능하게 된 것이다. 브란트정부 하에서 4강협정을 통해 서베를린 시민의 동독방문이 가능해지자 그들의 동독방문 회수는 서독인의 두 배나 되었다.

서독의 독일정책에서 베를린 문제는 핵심적인 위치를 차지했다. 연방정부는 서베를린으로의 통행을 자유롭게 하기 위해 모든 노력을 기울였을 뿐만 아니라 베를린 지원프로그램을 통해서 경제입지로서의 서베를린의 매력을 높이기 위해 막대한 재정을 지출하였다. 모든 근로자는 그의 총소득의 8%를 추가수당으로 받았으며 가족 및 주택에 대한 추가지원금도 받았다. 새로운 전입근로자에게는 이사비용 등 각종 혜택이 제공되었다. 베를린에 투자한 기업과 자영업자들도 여러 종류의 혜택을 제공받았다. 그러나 이러한 포괄적인 지원에도 불구하고 정치

11) Bender, Sterben fuer Berlin, p.23.

적 위기로 불안정이 커질 때 서베를린이 갖는 위험부담은 경제발전에 항상 큰 장애요인으로 남아 있었다.12)

공산주의자들은 서베를린을 '살 속의 가시'로 느꼈던 반면 자유민주주의자들은 그것을 '붉은 밀물'이 넘실거리는 속에 위협받고 있는 섬으로 인식했다. 따라서 양자는 이러한 긴장관계를 어떤 식으로든 조정해 나가야만 했다. 특히 서독정부는 서베를린의 생존과 활력을 유지하기 위해 소련 및 동독과의 타협을 모색하지 않을 수 없었다. 베를린은 두 독일을 연결시켜 주는 '클립(Klammer)'과 같은 존재였다. 어떤 서독정부도 섬과 같이 포위된 서베를린 때문에 동독을 아주 잊어버리고 라인연방국가에 안주할 수는 없었다.

베를린장벽 건설은 대부분의 서독 정치인들에게 동방과의 대결정책을 통해서가 아니라 협력을 통해서만 무엇인가를 성취할 수 있다는 것을 깨닫게 해주었다. 브란트의 동방정책은 잘 알려진 바와 같이 베를린에서 출발하였다. 베를린시 한복판을 가로질러 장벽이 세워지고 이렇게 분단이 고착화되는 것을 서방측이 받아들일 수밖에 없었다는 사실은 독일정책을 재고하게 만든 결정적 체험이었다. 이산(Trennung)의 고통은 이곳에서 가장 컸고 따라서 여기서 가장 먼저 무엇인가 하지 않으면 안되었던 것이다. 서베를린 시장으로서 브란트가 체결한 1963년 12월의 통행권 협정은 그가 7년 후 수상으로서 동독과의 관계를 정상화하기 위해 취한 정책의 모델이 되었다: 그것은 동독을 국가로서 승인 즉 분단을 인정하는 대신 이산의 고통을 완화시키는 것이었다.13)

---

12) O. Hillenbrand/Ch. Matern, Artikel "Berlin", W. Weidenfeld/K.-R. Korte eds., *Handbuch zur deutschen Einheit*, Bonn 1993, pp.45~46.

2-2 새로운 독일정책의 모색

분단을 극복하는 것을 목표로 하는 서독의 독일정책은 국제정치적인 여건의 변화로부터 지배적인 영향을 받지 않을 수 없었다. 1960년대의 국제정치체계는 동서대립을 새롭게 규정지은 '긴장완화(Détente)'정책을 통해 근본적으로 변했다. 그 가장 중요한 원인은 소련이 1960년대가 지나면서 미국의 군사적 공격에 반격할 수 있는 능력을 확보하게 된 것이었다. 그밖에 국제적 세력분배에서의 변화, 즉 중소분쟁의 점차적 심화, 유럽공동체와 일본의 부상, 제3세계 국가들의 비동맹운동도 일정한 역할을 했다.

동서관계에서의 사건사적인 분기점은 베를린(1958~61/62)과 쿠바(1962/63)를 둘러싼 이중의 위기였다. 미국은 당시 아직 핵전략적인 우위를 점하고 있었다. 하지만 양측은 핵전쟁 직전까지 치닫는 치명적인 위험을 경험한 뒤 이러한 위험을 줄이기 위해서 군비를 축소하는 데에 협조하고 현상유지를 기반으로 공조체제를 건설하는 데 관심을 가졌다. 케네디 대통령의 평화전략과 1963년 7월의 부분적인 핵실험금지조약을 통해서 현실화된 긴장완화정책은 서독의 독일정책에 커다란 영향을 미쳤다.

1963년 여름 서베를린을 방문한 케네디 대통령의 새로운 평화전략과 긴장완화정책은 특히 당시 서베를린 시장인 브란트의 외교정책의 참모이자 공보실장인 에곤 바르(Egon Bahr)에게 깊은 인상을 남겼다. 그는 이미 그해 7월 투찡연설에서 미국의 새로운 긴장완화정책과 일치하며 브란트의 '신동방정책'의 기초가 될 입장을 밝혔다. 그는 더 이상 아

---

13) Bender, Sterben für Berlin, p.24.

무런 기대를 할 수 없을 만큼 낡아빠지고 비현실적인 기존의 독일정책을 폐기하고 장기적인 긴장완화의 일부로서의 신독일정책을 요구했다. 그는 현상유지(Status quo)를 변화시키기 위해서 우선 이 현상유지로부터 출발해야 하며 동독에서의 자유의 발전은 새로운 정책의 전제가 아니라 그로부터 기대되는 결과라고 주장했다. 바르는 동베를린의 공산주의 정권이 존재에 대한 위기의식을 가지는 것은 당연한 일이며 따라서 그들로부터 불안감을 점차로 거두어들여 나중에는 위험부담이 견딜만하기 때문에 그들이 국경과 장벽을 느슨하게 풀어주게 만들어야 한다고 보았다. 그는 그러한 가능성을 '접근을 통한 변화'에서 보았다. 따라서 정권을 무너뜨리는 것이 아니라 그것과의 협조가 유일한 해법이라는 것이다.[14)]

3. 서독의 새로운 독일정책과 동독의 대응(1970년대)

3-1 사민당-자유당 연정의 새로운 독일정책

1969년 10월 사민당과 자유당이 서독사상 처음으로 연정을 구성하였다. 아데나워에서 비롯된 통일정책의 정체성을 비판하고 세계적인 긴장완화 분위기에 부응하여 독일정책에 활로를 뚫으려는 공통의 이해관계가 이 연정의 성사에 결정적인 역할을 했다. 1969년 10월 28일의 정부성명에서 분명해진 것처럼 브란트에게는 독일민족의 결속을 보존

14) 한운석, 『하나의 민족』, pp.56~59.

하는 것이 첫째 목표였다. 그는 민족의 통일성이 헌법조문을 통해서 명시되어 있는 것만으로는 불충분하고 독일인들의 의식 속에 깨어 있도록 해야 된다고 생각했다.

이를 위해서 브란트정부는 우선 단기적으로 분단이 낳은 비인간적인 결과들을 완화함으로써 동·서독인들 사이의 심화되어가는 간극을 가능한 한 메우고자 노력하였다. 독일통일을 다시 성취하는 것은 이제 한 민족이라는 공통의 감정을 강화시키는 과정에서 도달할 수 있는 장기적인 목표로서 간주되었다. 독일의 분단과 그것의 극복을 위한 노력의 초점으로서의 베를린의 역할로 인하여 전 베를린 시장이었던 브란트는 분단된 도시의 생존능력을 보장하는 데도 큰 관심을 기울였다. 서베를린과 서독 사이의 교통·통신 및 정치적 연결을 보장할 뿐만 아니라 베를린 내에서 동·서독인들이 서로 만날 수 있는 가능성이 개선되어야 했다. 신독일정책의 두번째 목표는 동·서독 사이의 긴장완화와 무력사용의 포기를 통해서 유럽의 평화를 보장하는 데 중대한 기여를 하는 것이었다.

이러한 복합적인 목적들은 한걸음 한걸음 단계적으로 조심스럽게 나아가는 점진적 정책을 통해서만 실현 가능한 것이었다. 브란트는 정부선언에서 "독일에 두 국가가 존재하지만 서로 외국이 아니다. 양자의 관계는 특별한 것일 수밖에 없다"고 선언함으로써 그 첫발을 떼었다. 이것은 단독대표권 주장과 동독에 대한 불승인정책을 토대로 하는 전후 서독 독일정책의 근본원칙을 파기하고 처음으로 동독을 국가로서 인정한 것이었다. 그는 동독과의 관계에서 연방정부가 민족의 통일성을 유지하기 위해 추진해야 할 목표로서 '조율화된 공존을 통해 공생으로' 나아갈 것을 역설하였다. 이를 위해 브란트는 동독내각에 정부수준에서 동등한 자격으로 협상하여 계약을 통해 조율된 협력관계를 발전시킬 것을 제안했다.

브란트는 또한 소련과의 관계를 개선함으로써 동·서독 관계진전을 위한 소련의 응낙을 얻는 것이 급선무라고 보았다. 따라서 1970년 한편으로는 에곤 바르를 모스크바에 보내 소련외상 안드레이 그로미코(Andrej Gromyko)와 불가침조약을 협상하게 하는 한편 동독총리 빌리 스토프(Willi Stoph)와 에어푸르트와 카셀에서 두 차례에 걸쳐 정상회담을 추진했다.

'동독에 대한 완전한 국제법적 승인'이라는 최대요구를 관철시키려는 울브리히트의 시도로 인하여 두 차례의 정상회담은 구체적인 성과를 내지 못한 채 끝났다. 하지만 정상회담은 동독의 국제적 위신을 높여주었고 동서독 양측에서 통일문제에 대한 관심을 뜨겁게 만들었다. 특히 에어푸르트에서 브란트의 이름을 외쳐대며 환영하는 동독군중의 열기는 동독정부를 당황스럽게 만들었다.

모스크바 및 바르샤바와 서독 사이의 조약체결이 비로소 동·서독 사이의 협상에 확실한 진전을 가져왔다. 1971년 12월에는 통행조약이, 1972년 5월에는 교통조약이, 1972년 11월에는 동독에 동등한 주권국가로서의 자격을 인정하고 동서독 사이의 교류를 강화시킬 것을 골자로 하는 '기본조약'이 체결되었다. 동독은 이 '기본조약'을 동독을 국제법적으로 승인하는 분단조약으로 보았던 반면 서독은 장기적으로 민족자결권에 의한 통일목표를 포기하지 않은 채 중·단기적으로 초민족적 긴장완화정책을 위한 도구로 보았다.

'교통조약'과 '기본조약'은 1989년 가을까지 동서독 사이에 체결된 30개 이상의 조약의 기초가 되었지만 서독정부는 동독에 대한 국제법적 승인과 동독의 독자적 시민권 인정을 끝까지 거부했다. 그것은 기본법에 명기된 통일의 사명을 포기하는 것을 상징하는 것이었기 때문이었다. 1972년 12월 21일 기본조약 서명시 동독이 말없이 받아들인 서독의 '독일통일에 대한 서한'은 "독일민족(Volk)이 자유롭게 자결권을 행사하여 통일을 다시 성취할 수 있도록 유럽의 평화를 위해 진력한다"는 목표를 재확인했다. 이에 따라 1974년 본과 베를린에 대사관이 아니라 상주대표부가 설치되었으며 서독에서는 그것이 외무부가 아니라 수상청 소속으로 편입되었다.

독일정책과 동방정책에서의 새로운 패러다임으로의 전환은 서독 보수진영의 소란스러운 반발을 수반한 채 진행되었다. 1972년의 격렬한 선거전은 신독일정책을 둘러싼 국론의 분열을 여실히 보여주었다. 1973년 5월 기본조약의 인준법에 대한 연방의회의 표결에서 찬성 268 대 반대 217라는 결과를 보면 야당의 반대가 만만치 않았음을 알 수 있다. 야당의 주요비난은 재통일이라는 목표가 포기되었으며 분단이 최종적으로 승인되었다는 것이었다. 동독에 충분한 반대급부를 확약받지 못한 채 민족적인 기본입장들이 희생되었다는 것이었다.[15] 그러나 선거결과는 서독 국민여론이 어느 쪽에 있는지를 분명히 보여주었다. 전후 사민당 최대의 선거승리는 브란트의 신독일정책에 대한 지지덕분이기도 했다.

1973년 9월에는 두 독일국가가 국제연합에 가입하였다. 서독정부는 두 국가의 유엔가입과 동독에 대한 세계 각국으로부터의 국제법적인 승인이 동독 정치지도층의 외교정치적·국내정치적 자의식을 높이고 그럼으로써 동서독 사이의 내적 교류의 확장에 이바지할 것이라고

15) Glaab, Deutschlandpolitik, pp.245~246.

믿었다. '기본조약'은 실제로 동서독 교류에 상당한 개선을 가져왔으며 분단고착화를 부분적으로 완화시킬 수 있었다.

이산가족들이 재결합하고, 정년 이전의 나이라도 긴급한 용건(애경사나 병환 등)이 있을 때는 서독에 있는 가족을 방문할 수 있게 되었고, 국경지역의 약 6백만에 달하는 서독인이 까다로운 절차를 거치지 않고 인근 동독지역을 방문할 수 있게 되었으며, 4개의 국경통과소가 추가로 개통되었고 서독의 기자들이 동독에, 동독의 기자들은 서독에 신임장을 받아 체류하며 취재할 수 있게 되었다.16)

3-2 동독의 대응

그러면 동독정권은 서독과의 기본조약을 통해서 어떤 목표를 추구했는가? 동독의 주요목표는 독립된 주권국가로서 국제법적으로 승인받음으로써 국제적인 위상을 높이고 활동영역을 확장할 뿐만 아니라 내정적으로는 자국민들로부터 정상적인 국가권력으로 인정받는 데 있었다. 외적 승인이 내부적으로 정권의 정당성을 강화하고 동독국민으로 하여금 장기적으로 동독의 정치체제와 일체감을 갖게 함으로써 지배체제를 안정화하는 데 기여할 수 있다는 것이었다.17)

소련에 의해 제거된 울브리히트의 뒤를 이어 사통당 총서기가 된 에리히 호네커(Erich Honecker)는 1971년 9월 사통당 제8차 당대회의 연설에서 새로운 외교 및 독일정책 노선을 제시했다. 이 강령은 모스크바의

16) 한운석, 『하나의 민족』, pp.62~63.

17) 한운석, 『하나의 민족』, p.63.

동의하에 소련공산당 제24차 당대회의 '평화강령'에 의거하여 만든 것이었다. 호네커의 5개항 강령은 동독의 유엔가입, 유럽안보회의의 소집, 헬싱키로 가는 길의 전제로서 동서독 관계와 동독-서베를린 관계의 조율, 동독의 세계적 승인을 포함했다. 1975년 8월 헬싱키 유럽안보협력회의 최종안의 채택까지 사통당 지도부의 요구들은 모두 충족되었다. 따라서 1970년대 초의 5년간은 사통당 독일정책의 가장 성공적인 시기라고 평가받을 수 있을 것이다.[18)]

서독이 동독을 국제법적으로는 승인하지 않았음을 분명히 했지만 사통당 지도부는 기회 있을 때마다 양국의 관계가 '정상적인 국제법적 관계'라는 것을 강조했다. 1975년 사통당 제9차 전당대회의 새로운 당 강령은 동서독의 관계를 "상이한 사회질서를 가진 주권국가들 사이의 관계로서 평화공존의 원칙과 국제법의 규범을 토대로 발전시켜 나갈 것을" 지지하였다. 주권을 서로 존중해 주는 정치만이 양국관계의 정상화와 평화공존을 촉진하리라는 것이었다. 양국관계에 부담을 가져온 1980년 10월 호네커의 '게라요구들'은 동독시민권의 인정, 동독 인권침해 정보들을 수집 보관했던 잘츠기터 중앙집결소의 폐지, 상주대표부의 대사관으로의 전환 등을 요구했는데[19)] 이것 역시 동독에 대한 국제법적 승인을 강하게 요구한 것이라 볼 수 있다.

호네커정권의 독일정책은 3가지 특징을 가지고 있었다. 첫째로 동독은 스스로를 사회주의 형제국들의 반열에 다시 자리매김하고 독일정책에 있어서 소련의 유럽 및 독일정책과의 공조를 더욱 강화함으로써

---

18) J. Kuppe, "Deutschlandpolitik der DDR", Weidenfeld/Korte(1999), *Handbuch*, p.262.

19) D. Nakath, "Deutschlandpolitik", A. Herbst etc. ed., *Die SED. GeschichteOrganisation-Politik. Ein Handbuch*, Berlin, 1997, pp.314~315.

소련과의 관계를 새로이 설정하였다. 둘째로 동독정권은 성공적으로 협상정책에 편입하여 그 결과들로부터 이익을 취할 수 있었다. 동독지도부가 동등한 파트너로서 참여한 1970년대와 1980년대의 대화와 협상정책들의 직접적인 결과로 모든 동서독 사이의 의사소통 통로, 특히 수백만에 달하는 여행자들의 왕래가 고도로 활성화되었다. 국제법적인 승인과 서독과의 교류의 활성화, 그리고 평화주의정책으로 인하여 동독은 국제사회에서 위상을 높일 수 있었으며 경제적으로도 실익을 챙길 수 있었다.

그러나 새로운 독일정책이 가져온 이러한 정권안정화 기능에도 불구하고 사통당은 동서독 사이의 긴밀한 관계와 수백만의 인적 교류가 정권을 불안정하게 만들 위험성을 두려워하고 경계해야만 했다. 여기서 1970년대와 1980년대 사통당 독일정책의 세번째 요소로서 서독에 대한 정치-이데올로기적 측면에서의 차단정책(Abgrenzungspolitik)이 비롯되었다.[20]

호네커는 당시 브란트의 독일정책적 슬로건인 '1국가 1민족'에 맞서 동독에서 사회주의적 민족의 독자적 발전, 곧 '2국가 2민족'의 원칙을 추구했다. 사통당은 이제 독일의 분단이 역사적으로 종결된 문제이며 독일문제는 따라서 더 이상 열려 있지 않다는 시각에서 출발하였다. 동독을 '독일민족의 사회주의 국가'라고 규정한 68년 헌법 제1조가 폐지되었고 통일에 대한 사명을 기록한 8조가 삭제되었다. '독일, 하나의 조국'이라는 동독국가의 가사는 이제 더 이상 불리지 않게 되었다.[21]

---

20) Kuppe, Deutschlandpolitik, pp.262~263.

21) 한운석, 『하나의 민족』, p.29.

4. 계약공동체의 발전(1980년대)

4-1 계약공동체의 발전

콜정부의 독일정책은 이전의 사민당-자유당정부의 정책과 비교할 때 독일문제가 열려 있다는 것과 서방통합 그리고 체제대립을 더 강하게 강조했다는 데 특징이 있다. 그러나 동시에 동독과의 실질적인 협조가 계속되었을 뿐만 아니라 강화되었다. 콜이 이끄는 신정부는 이미 출범 직후 계속해서 동독과 협조해 나갈 것을 선언했으며 지금까지의 조약에 기초하고 사람들에게 더 유익한, 보다 장기간의 포괄적인 조약들에 관심이 있다는 것을 알려주었다. 그러나 처음에는 당시의 일반적인 국제정치적 긴장상태와 서독에 중거리 핵미사일을 설치하려는 계획 때문에 독일정책에 별로 진전이 없었다.

1983년 6월 바이에른 주지사인 슈트라우쓰의 적극적인 주선으로 서독정부가 동독정부를 위해, 한 기업연합의 은행차관 10억 마르크(한국 돈으로 5천억 원 상당)에 대한 지불보증을 서주자 동서독 관계가 괄목할 만하게 발전했다. 이것은 동독정부로 하여금 서독정부에 대한 신뢰감을 갖게 했으며 차후 지속된 동·서 진영 사이의 긴장에도 불구하고 동·서독 사이의 실질적인 협조를 심화시키고 관계를 구체적으로 진전시켜 나가기 위한 계기를 마련해 주었다.

같은 해에 이미 호네커는 여러 명의 서독 정치지도자들을 만났고 동서독 국경에 설치된 자동살상기를 제거하겠다는 구체적인 약속까지

했다. 중거리 핵미사일을 서독의회가 인준한 직후에조차도 호네커는-동독의 심각한 경제적 어려움에 직면하여-"정치적 대화를 계속하기 위해 총력을 기울여야 한다"고 말하였다. 서독정부는 이러한 태도를 높이 평가하였고 양국 사이의 '책임공동체'를 어려운 시기일수록 더 잘 지켜나가야 한다는 것을 강조했다.

1984년 7월에 서독정부는 또 다시 동독에 9억 5천만 마르크의 차관에 대한 지불보증을 해주었다. 이러한 서독의 우호적인 경제지원의 대가로 동독정부는 동서독 교류를 강화하려는 서독의 요구에 많은 양보를 해주었다. 동독은 1984년에 4만 명 동독인의 서독이주를 허용해 주었으며 여행 및 방문시의 절차와 서독에서 서베를린으로 지나가는 통과절차도 눈에 띄게 개선되었다. 동독의 접경지역에서 서독인들은 이제 이틀간 체류할 수 있게 되었다. 그밖에도 문화교류·환경문제와 핵발전소의 안전문제 등을 개선키 위한 수많은 협상들이 개최되었다. 동서독 사이 무역의 경우 1983년에 도달한 약 150억 마르크의 높은 수준이 1984년에도 유지되었다.

고르바초프가 소련 공산당 서기장이 됨으로써 동서독 관계가 훨씬 더 발전할 전기가 마련되었다. 동독에서 서독과 서베를린으로의 여행자수와 긴급한 가족문제로 인한 여행자수가 증가하였다. 1986년 5월에는 3년 동안 준비되어 왔던 문화협정이 체결되었으며 환경보호분야에서도 구체적인 협약들이 맺어졌다. 1987년 9월 호네커의 서독방문을 통해서도 동서독 관계는 더욱 개선되었다. 환경 및 방사능 보호와 과학과 기술상의 협동을 확대하기 위한 3개의 협정이 조인되었다. 동독은 또한 동서독 사이의 여행·방문 및 소포우송을 더 쉽게 할 것이라고 발표했다. 특히 문화교류가 상당히 발전하였다. 1988/1989 기간을 위해

100개의 문화프로젝트가 약정되었다. 1988년 8월의 협정은 선물우송에서의 개선을 가져 왔으며 이제는 동독으로의 현금송금이 가능하게 되었다.[22]

4-2 녹색당의 독일정책

녹색당은 통일 전 10년 이상의 존속기간 동안 당차원의 통일된 독일정책을 대변할 수 없었다. 여러 개의 노선이 서로 팽팽히 대립하였기 때문이었다. 녹색당의 독일정책은 현실정치적 노선·민족정치적 노선·운동정치적 노선의 3가지로 크게 분류할 수 있다. 현실정치적 노선은 연방의회 녹색당 의원들과 베를린 녹색당인 대안리스트(AL: Alternative Liste)의 다수가 대변하는 당내의 가장 영향력있는 입장이었다. 그들은 제2차 세계대전 후의 영토변경을 받아들이고 동독을 국제법적으로 승인할 것을 요구하였다. 그 때문에 그들은 독일정책을 외교정책으로 재정의再定義하고 내독관계부(우리의 통일부에 해당)를 해체하고 동독시민권과 호네커의 게라요구들을 인정할 것을 요구했다.

이런 동독승인정책의 목표는 평등권의 기초 위에 동서독 관계를 세우고 그럼으로써 긴장완화 과정을 진전시키는 것이었다. 독일분단을 승인하려는 노력은 전체 독일적 정체성이라는 자기기만을 끝내고 민주적 정체성을 발전시키기 위해 서독국가를 '자기승인(Selbstanerkennung)'해야 한다는 요구와 밀접히 결부되어 있었다. 통일의 사명을 명시한 기본법 전문의 삭제와 민족국가적 전망의 포기를 통해 서독의 민주주의 문

22) 한운석, 『하나의 민족』, pp.66~69.

화를 강화시켜야 한다는 것이었다.

민족정치적 노선은 동서대립을 독일분단의 직접적 결과라고 보았다. 따라서 동서대립으로 인한 세계평화의 위협은 독일분단의 극복을 통해서만 해소될 수 있는 것이었다. 그들은 동서독이 각각의 군사동맹 체제로부터 탈퇴해야 통일이 가능하리라 믿었다. 비동맹과 중립화를 통해서 두 독일국가는 국가연합을 형성하여 두 블록 사이의 '독일의 특수한 길(deutscher Sonderweg)'을 가야 한다는 것이다. 독일 국가연합은 동서 사이의 교량이자 동서 사회체제들 사이의 사회정치적 '제3의 길'로서 타국의 모델이 될 것이었다.

녹색당 내에서는 여러 개의 평화조약 초안들이 나돌았는데 이것들은 연합군의 주둔으로 인한 독일의 자결권 부재 상태를 종식시키고 '완전한 주권'을 회복할 것을 기약하였다. 그러한 평화조약은 자유롭고 평화로운 유럽의 핵심으로서 비동맹 중립의 하나의 독일을 위한 기초를 제공해야 했다.

페트라 켈리를 중심으로 한 운동정치가들은 특히 녹색당 창당 초기에 영향력이 컸지만 당이 안정화되면서 점차로 세력이 약화되었다. 그들의 이론적 구상은 체계화되지 못했으며 정치행동이 전면에 서 있었다. 동서 두 진영에서 군비확장으로 핵전쟁을 통한 인류말살의 위협이 커지면서 운동정치가들의 독일정책은 급진적 평화정치를 추구할 수밖에 없었다. 평화운동의 일부로서 그들은 두 독일국가의 군비확장에 맞서 신사회운동의 정치적 레퍼토리인 시위와 스펙터클한 행동 등을 이용했다. 그들은 동독평화운동 및 다른 재야그룹들과의 협력을 통해 평화운동에 새로운 활력을 불어넣고자 시도하였다. 체제를 뛰어넘는 비동맹의 동서독 공동의 평화운동이 두 독일국가를 진영대립의 구속으로부터 풀어야 한다는 것이었다. 이러한 맥락에서 전독일적 경향은 평화에 대한 동서독 공통의 책임으로부터 그리고 민중공통의 평화주의를 바탕으로 군비확장에 반대하는 공동의 이니셔티브를 취하는 것을 의미하였다.

앞에서 설명한 녹색당 내부의 독일정책적 차이들에도 불구하고 모든 이론적 구상들에는 평화정책적 및 생태적 문제들에서 공통의 합의가 있었다. 독일정책은 녹색당의 관점에서 동서대립의 접합점에서 두 독일국가가 직면한 특별한 위험과 동서독 안보동반자 관계라는 의미에서 평화에 대한 공동의 책임을 강조했다. 유럽평화를 위한 두 독일국가의 정치적 협력과 동서를 중재하는 위치에 대한 인식은 녹색당 독일정책의 공통의 기초를 형성하고 있었다. 그들에게 독일정책은 우선적으로 평화정책을 의미했다.

녹색당은 두 독일국가의 산업구조들, 환경보호와 기술발전으로 인한 문제들, '생태적 생활방식'에 대한 사람들의 소망에 상반되는 산업사회의 문제들에서 공통점을 보았다. 그들은 독일정책의 '시각전환'의 필요성을 역설하고 국경을 넘어서는 환경보호를 더 강하게 독일정책 속으로 통합할 것을 요구했다. 독일정책과 생태학은 녹색당에게 뗄 수 없이 결합되어 있었다.[23]

---

23) A. v.d. Heyde, "Deutschlandpolitik der Grünen", Weidenfeld/Korte(1991), *Handwörterbuch*, pp.209~216. 1970년대 후반과 1980년대 초 독일 평화운동 내부에서의 독일정책에 대한 다양한 논의들을 위해서는 K.-R. Korte, *Der Standort der Deutschen*, Köln 1990, pp.82~101 ; G. Langguth, "Friedensbewegung in der Bundesrepublik Deutschland zu Beginn der achtziger Jahre", Enquete-Kommission 〈Aufarbeitung von Geschichte und Folgen der SED-Diktatur in Deutschland〉, *Deutschlandpolitik* V.1, Köln 1995, pp.590~596 참고.

5. 동독의 평화혁명과 전환기의 통일정책(1989/1990년)

5-1 동독의 평화혁명과 서독 연방정부의 통일정책

동독혁명의 원인은 복합적이었다. 일상적 사회주의의 영향들에 대한 사람들의 불만, 암담한 경제상황, 여행의 자유와 인권의 제한에 대한 항의는 분명히 혁명을 촉발시킨 결정적 요인이 되었다. 그러나 소련과 동구권에서 고르바초프를 통해 시작된 개혁이 없었더라면 동독의 혁명은 불가능했을 것이다.[24] 동독혁명의 첫 단계(1989년 9월부터 11월까지)는 '밑으로부터의 혁명'이었다. 1989년 9월 11일 헝가리가 오스트리아와의 국경을 개방한 뒤 이를 통해 그리고 프라하와 바르샤바의 서독대사관을 통해 동독인들이 서독으로의 대량탈출을 한 것이 혁명적 전환의 촉매역할을 했다. 이 대량탈출은 동독 시민운동가들의 내부적인 개혁요구, 대규모 시위들과 당독재에 대한 강력한 도전을 감행케 하는 기폭제가 된 것이다.[25]

서독의 방송은, 1953년 미군점령지역방송(RIAS)이 그러했던 것처럼, 동독의 사회적 위기를 심화시키는 데 중요한 촉매역할을 했다. 서독의 전자미디어들은 헝가리의 국경이나 프라하와 바르샤바 서독대사관의

---

24) Korte/Weidenfeld, "Deutsche Einheit", Korte/Weidenfeld ed.(1999), Handbuch zur deutschen Einheit, pp.198~199. 정치학자 Greiffenhagen 부부는 동독에서의 변화는 고전적 의미에서의 혁명이 아니라 '혁명적 결과를 수반하는 붕괴'라고 본다. 고전적 혁명에는 새로운 사회에 대한 이론이 선행했고 반체제 엘리트들이 존재했는데 동독에는 둘 다 없었다는 것이다.(M.&S. Greiffenhagen, Eine Nation: Zwei politische Kulturen, Weidenfeld ed., 1993, p.38 참고)

25) 한운석, 『하나의 민족』, pp.103~104.

담장을 넘어 서독으로 이주하려 했던 대규모 동독탈주자들의 물결과 라이프찌히의 월요시위 장면, 베를린장벽의 개방 등의 생생한 모습을 방영함으로써 사통당정권의 붕괴를 가속화시켰다.

이미 동독의 붕괴 이전에 서독의 미디어들은 동독 반체제시민운동가들에게 방어벽이 되어 주었으며 동시에 의사소통 수단을 제공해 주었다. 동독의 시민운동가였던 라이너 에펠만(Reiner Eppelmann) 목사는 서독 저널리스트들과의 긴밀한 접촉을 통일 후 다음과 같이 옹호했다:

> 동독의 미디어는 검열을 받았기 때문에 우리는 그것을 통해 공론장에 접근할 기회를 전혀 가질 수 없었다. 따라서 우리는 불가피하게 서독을 통한 우회로를 선택할 수밖에 없었다. 원래 그곳에서는 서독인을 위해 라디오나 텔레비전 방송이 방영되었지만 거의 대부분의 동독인들이 ARD나 ZDF를 보고 SFB나 RIAS를 들었기 때문에 우리 견해를 알릴 좋은 기회를 제공해 주었다. 또한 우리가 국내외에 잘 알려져 있다면 국제적 명성에 신경을 쓰는 국가가 우리를 박해하기가 곤란했다.[26)]

이러한 측면에서 서독의 미디어들은 사통당의 언론독점권을 약화시켰으며 동독의 평화적 혁명에서 상당한 몫을 차지했다.

동독혁명의 제2단계는 민족적 전환이었으며 1989년 11월과 1990년 3월 동독최초의 자유로운 인민의회 선거 사이에 일어났다. 11월 9일 장벽을 즉각 개방하겠다는 사통당 지도부의 선언과 함께 국가적 통일로의 길은 이제 돌이킬 수 없는 것이 되었다. 매일 서독으로 넘어오는 수많은 이주자들과 동서독 사이의 복지수준의 격차는 신속한 통일 이외

---

26) R. Eppelmann, *Fremd im eigenen Haus. Mein Leben im anderen Deutschland*, Köln, 1993, pp.168~169.

의 다른 대안을 불가능하게 만들었다. 동독의 국가적 독립성은 유지하면서 사회를 개혁하려던 반체제 지식인들의 주장은 점차 통일요구에 의해 잠식되어 갔다. 대중시위의 구호는 이제 "우리가 국민이다"로부터 "우리는 한 민족이다"로 바뀌었다. 동독의 평범한 시민들은 대부분 동독 국가의 변화가능성을 믿지 않았으며 보다 부유하고 보다 자유스럽고 보다 매력적으로 보이는 서독과 통일함으로써 더 빨리 그들의 처지를 개선할 수 있으리라 기대했기 때문이었다. 이듬해 3월 18일 동독 의회 선거까지 대부분의 동독시민들이 또 다른 사회주의 실험이 아니라 통일을 원한다는 것이 명백해졌다.

서독의 콜 수상이 1989년 11월 28일 '10개항계획'을 선언함으로써 연방정부의 독일정책은 동독의 사건들에 대한 피동적 반응에서 적극적 통일정책으로 전환하였다. 콜은 동독의 정치 및 경제개혁을 조건으로 동독에 즉각적 지원을 제공하고 협력을 강화할 것을 발표하였다. 콜의 구상은 연방을 형성하는 것을 목표로 구체적 시간계획은 없이 국가연합적 구조들을 마련하는 것을 포함하였다. 전유럽적 통합과정에 통합되어 마지막 단계에서는 국가적 통일을 실현해야 한다는 것이었다.

12월부터 서독정부의 영향력은 급속히 증가하였으며 직접적이고 노골적이 되었다. 동독의 혁명은 민족통일을 위한 운동이 되었으며 그 무게중심은 이미 내부의 기층민중으로부터 서독의 수도인 본의 연방정부와 기성정당들로 이전되었다. 즉 '밑으로부터의 혁명'이 '밖으로부터와 위로부터의 혁명'으로 탈바꿈한 것이다. 혁명은 점점더 서독의 직업정치가들과 행정관리들을 통해서 조정되어 갔다. 경제-사회 관계와 교육문화제도 등 모든 생활분야들에서 서독의 제도·자원·엘리트들과 사상이 동독에 이식됨으로써 재구조화 작업이 가속적으로 전개되었다.

따라서 이러한 특혜를 갖지 못한 어떤 다른 탈공산주의 국가들에서보다 동독에서의 체제전환은 더 근본적이고 철저할 수밖에 없었다. 하지만 이러한 전환은 다른 국가들에서보다 자율성이 결여되었고 그로 인한 새로운 종류의 갈등들, 특히 '내적 통일'의 문제들이 나타나게 되었다.[27]

통일과정에 대한 주요결정은 헌법적 절차를 둘러싼 논쟁에서 서독 헌법을 변경없이 동독전체에 적용시킴으로써 동독을 서독으로 병합하는 것을 가능케 한 기본법 23조의 선택을 통해서 일어났다. 통일과정을 주도한 보수세력은 진보적 개선에 대한 거부자세와 불안정한 소련의 국내정치 상황으로 인하여 '기회의 창'이 언제 다시 닫힐지 모를 상황에서 146조를 통한 통일의 길을 허용할 수 없었다. 그 결과 통일은 서독의 정치질서를 그대로 동독에 이식시키는 방식으로 이루어졌다.

독일의 경제적 통일은 1990년 7월 1일의 통화통일을 이룸으로써 국가적 통일보다 몇 개월 앞서 실현되었다. 동독의 사회주의적 경제구조는 빠른 속도로 서독의 모델에 따라 개조되었다. 국영기업들이 1990년 여름 설치된 신탁관리청을 통해서 급속히 민영화되었다. 동독의 기업들은 생산성이 낮았고 위장된 실업자들과 불필요한 고용인원을 부양하고 있었기 때문에 이러한 급진적인 민영화는 막대한 실업자를 양산해냈다. 1989년부터 1992년까지 전체 피고용인의 수가 930만에서 620만으로 줄었는데, 이는 약 34%의 감소를 의미한다. 이러한 커다란 사회적 위기를 동독인들이 참아낼 수 있었던 것은 서독의 발전된 사회복지제도가 그들의 기본적인 삶을 보장해 주고, 고용창출 사업 등 노동시장정

27) 한운석, 『하나의 민족』, pp.104~106, 123~145, 179~222 : M. Glaab, Deutschlandpolitik, pp.250~251 참고.

책을 통해 부분적으로나마 새로운 일자리의 가능성을 열어주었고, 또 막대한 재정지원을 통하여 머지않아 경제가 부흥하리라는 기대를 가졌기 때문이었다.[28]

5-2 1980년대 동독 시민운동가들의 독일정책과 독일통일에 대한 태도

1980년대 동독 반체제시민운동에서 독일정책은 결코 중심적 주제가 아니었다. 독일은 40년 이상 분단되어 있었으며 사통당을 거부했던 사람들조차 분단현실에 순응하였으며 이를 바꿀 수 없는 것으로 보았다. 소련의 세력권은 1980년대 말까지도 안정적으로 보였으며 소련 지도부가 동독에 대한 영향력을 늦추려는 어떠한 조짐도 없었다. 호네커 정권의 내정장악력은 1989년 여름까지도 결정적으로 약화되지는 않은 것으로 보였으며 시민운동가들과의 어떤 대화나 타협도 거부하였다. 따라서 그들은 동독의 국가적 존재를 문제삼음으로써 국가배신죄로 처벌받지 않도록 조심할 필요가 있었다.

서독의 영향력있는 정치세력들 역시 독일통일이라는 목표를 완전히 포기하거나 가까운 장래에는 실현할 수 없는 것으로 밀쳐두었다. 동독 시민운동가들을 가장 긴밀한 접촉을 가지고 지원해 주던 녹색당이나 그들의 중요한 대화상대였던 서독 개신교회는 그 다수가 통일목표를 포기하였다. 이러한 맥락에서 동독 재야시민운동이 독일정책에 깊

---

28) 같은 책, pp.107~108.

은 관심을 기울이지 않은 것은 당연한 일이었다.

이러한 가운데서도 로버트 하베만(Robert Havemann) · 라이너 에펠만과 게르트 포페(Gert Poppe) 등은 예외적으로 독일정책에 관심을 기울이고 1981년 호네커와 브레즈네프에게 보내는 공개서한과 1982년의 '베를린 호소'를 통해 유럽긴장의 근본원인으로서의 독일분단, 평화조약을 통한 독일문제 해결의 필요성, 강대국 주둔군의 철수와 독일통일의 전망에 대한 입장을 밝혔다. 에펠만은 1981년 7월 호네커에게 보내는 공개서한에서 특히 '중부유럽의 비핵지대화'와 '유럽의 모든 국가들로부터 외국군대의 철수'를 요구했으며 전쟁장남감의 금지, 군사교육의 철폐, 국경일에 군사퍼레이드의 포기 등 사회적 삶의 탈군사화의 필요성을 역설했다. 9월에는 하베만이 브레즈네프에게 보내는 공개서한이 발표되었다.

하베만은 독일의 분단이 강대국들의 의도와는 달리 유럽의 안전을 확보하지 못했으며 치명적인 위협의 전제가 되었다고 보았다. 그는 독일의 민족문제를 어떻게 해결할 것인지는 독일인의 자결권에 맡겨야 하며 누구도 독일통일에 대해 두려워 할 필요가 없고 핵전쟁을 두려워 해야 한다고 역설했다. 동독에서는 이 서한에 약 2백 명이 서명했으며 서독에서도 수천 명의 지식인들이 이에 서명했다.[29)]

하베만과 에펠만은 1982년 1월 '베를린호소'를 발표했는데 여기에는 약 80명의 평화운동가들이 1차로 서명하였다. 이 호소문은 '무기 없이 평화를'이라는 구호 아래 전유럽의 비핵지대화, 독일로부터 모든 핵

29) T. Ammer, "Deutschlandpolitische Konzeptionen der Opposition in der DDR 1949~1961", Enquete-Kommission "Übewindung der Folgen der SED-Diktatur im Prozeß der deutschen Einheit", Vol. VIII,1, *Das geteilte Deutschland im geteilten Europa*, Frankfurt a.M., 1999, pp.506~507 ; E. Neubert, *Geschichte der Opposition in der DDR 1949~1989*, Bonn, 1997, pp.405~407.

무기를 철수할 것에 대한 두 독일국가 사이의 협상, 승전국들과 두 독일국가 사이의 평화조약, 주둔군의 철수, 군사교육 대신 평화교육, 군사퍼레이드와 민방위 훈련의 폐지 등을 요구하였다. 여기서 평화문제의 해결은 독일문제의 해결과 연결되었다. 두 독일국가가 각각 군사동맹에 결속되어 있고 두 국가의 자결권이 강대국으로부터 존중받지 않는다면 평화란 있을 수 없다는 것이다. 또한 호소문은 최소한의 민주적 자유와 경제적 합리성이 평화문제와 결합되어 있는 것으로 보았다.30)

1989년 초여름부터 심화된 사통당의 지배위기와 함께 동독에서는 8월 29일 사회민주당(SDP)의 창립선언을 필두로 9월과 10월에 노이에스 포룸(Neues Forum), 민주주의 지금(Demokratie Jetzt), 민주주의 출발(Demokratischer Aufbruch) 등 반체제 정당과 단체들이 우후죽순처럼 창립되었다. 콜이 '10개항계획'을 발표하자 사통당 서기장인 에곤 크렌츠(Egon Krenz)뿐만 아니라 사통당 비판자인 소설가 스테판 하임(Stefan Heym)과 교회지도자인 귄터 크루세(Günter Krusche) 등도 이 제안을 거부하고 동독의 존속을 지지하였다.

반체제운동권에서는 즉각 격렬한 논쟁이 벌어졌다. 그들은 수많은 선언서들에서 그들의 전통적인 주장을 제기하고, 무제한의 여행의 자유를 지지했으며, 두 독일국가의 국가연합 혹은 연방을 추구하고, 독일통일을 비동맹과 결합하고자 했다. 반체제운동가들은 대부분 미래의 독일통일을 지지했으며 통일과정은 정치적으로 유럽적 연관 속에서 전개되어야 한다고 생각했다. 이 과정의 전제는 동독의 민주화였다. 대부분의 시민권운동 조직들이 이러한 관점에서 일정기간 동독의 존속을 지지했다.

30) Neubert, *Geschichte der Opposition*, pp.408~409.

12월 3일 발표된 '독일문제에 대한 사민당(SDP)의 선언'은 이러한 특징을 전형적으로 보여준다: "동독의 사회민주주의자들은 독일민족의 통일을 지지한다." 그러나 뒤이어 '서독으로의 결속이라는 의미에서의 통일(곧 흡수통일: 역주)'은 사회-경제-정치적인 이유에서 거부되었다. '국가연합'이 형성되어야 하며 "우리의 이해관계를 … 강력히 대변할 수 있도록" "민주적으로 선출된 정부"를 빨리 세워야 한다는 것이다.

뒤에 서독 기민당의 적극적 개입 하에 동독 기민당과 선거연합을 취한 '민주주의 출발'의 강령위원회는 12월 2일 "먼 미래의 일로 보였던 것이 의사일정에 올라 있다. 그것은 독일민족의 통일이다"라고 콜의 10개항계획을 적극 지지했다. "즉각 전독일적 상호이해를 도모할 형식과 방법들"을 찾아야 하며 '독일국민의회'를 소집해야 한다는 것이다. 그러나 이 선언에 대해 '민주주의 출발'과 반체제운동권 내부에서 즉각 비판이 제기되었다. 12월 14일에 또 다른 시민운동 단체인 '민주주의 지금'은 '민족통일 3단계 계획'을 포함하는 '독일정책적 테제들'을 발표했다.

이 통일안도 독일의 과오를 회상하고 1945년의 국경을 바꿀 수 없는 것으로 보았으며 '새로운 정치적 통일을' 개혁과정 속에서 실현하고자 했다. 여기서 첫째로 동독의 민주화 과정은 서독에서의 사회적 및 사회정책적 개혁들과 결합되어야 하며 정치적으로 '독일국민의회'를 구성하는 쪽으로 나가야 할 것이었다. 두번째로 경제·조세 및 재정적 통일이라는 첫 단계 조치들을 거쳐 국가연방(Staatenbund)을 가능케 할 양국 사이의 '민족계약'이 체결되어야 했다. 셋째로 탈군사화와 주둔군 철수의 틀 내에서 '독일국가들의 연방'이 창설되어야 했다. 그러나 거리에서 점점더 단호하게 통일을 요구하며 시위를 벌였던 시민들은 시민운동권의 신중한 태도들이 통일을 위한 건설적인 기여라기보다는 지연전

술이라고 보았다.[31]

6. 맺음말

동독은 건국 초기에 사회주의체제로의 통일이 가능하다는 환상에서 서독보다 훨씬 더 적극적인 통일정책을 폈지만 1953년의 반체제 민중봉기와 함께 전독일적 설득력을 상실했다. 1950년대 후반에 사통당이 내어놓은 국가연합을 통한 중립국으로의 통일방안은 서독이 들어줄 수 없는 전제조건들로 인하여 정치선전적인 의미를 벗어나지 못했지만 동독은 1960년대까지 이를 견지했다.

서독 아데나워정부는 민주적 정당성을 결여한 동독정권을 인정할 수 없었고 반공주의적 입장으로 인하여 서방통합과 힘의 우위를 과시함으로써 소련을 압박하여 통일을 얻어낼 수 있다고 믿었다. 그러나 이 또 다른 환상은 늦어도 1955년 동서독이 양대 군사블록으로 통합되면서 공허한 것으로 드러났다. 그럼에도 불구하고 보수당정권은 1960년대까지 단독대표권과 할스타인독트린을 견지하며 동독정부와의 모든 대화를 거부하였다. 서독정부가 그 완고한 단독대표권 주장을 일찍 포기하고 동독과의 대화에 응했더라면 동서독 관계는 이미 1950년대 말에 정상화되어 통일여건에도 상당한 변화를 가져왔을 지도 모른다.

60년대 말 이후 사통당정권은 공식적으로도 통일목표를 포기하고 2민족 2국가론으로 전환하였다. 그러나 기본조약 체결 이후 매년 동서

31) ibid., pp.888~889.

독 사이의 수백만 명의 인적 교류는 사통당의 차단정책을 무의미하게 만들었다. 동독시민들의 서독방송 시청은 서독사회를 더욱더 그들의 삶의 질의 비교준거이자 동경의 대상으로 삼게 만들었고 이것은 1980년대에 서독으로 이주하려는 사람들의 수를 점점더 늘어나게 만들었다. 동독의 반체제시민운동의 강화와 함께 이들의 '발을 통한 표결'은 동독의 붕괴를 가져왔다. 동독의 시민운동은 동독사회의 민주화와 주둔군의 철수 및 군사동맹으로부터의 이탈과 국가연합을 거쳐 두 체제의 단점을 지양한 '제3의 길'로의 단계적 통일을 선호했었다. 그러나 분단으로 인해 강요된 격차를 서독과의 '합병(Anschluss)'을 통해 하루속히 만회하고 서독의 풍요로운 소비사회를 빨리 맛보고자 했던 동독시민들의 열망은 이제 제어할 수 없었다. 이러한 통일에 대한 과도한 기대가 충족되지 않으면서 심화된 '내적 통일'의 문제는 급속한 통일의 후유증으로서 재통일된 독일사회에 큰 부담을 안겨주고 있다.

전후 한국과 독일의 분단상황에 가장 큰 차이를 만든 요인은 무엇보다 한국전쟁과 베를린의 특수한 존재였다. 그밖의 요인으로는 동독에서는 안보에 대한 불안이 상대적으로 적었다는 사실과 동서독 사이의 경제협력의 지속성을 들 수 있을 것이다.

한국과 같은 동족 사이의 내전을 겪지 않음으로써 전후 냉전체제 속에서 동서독 사이의 불신의 골은 한국에서처럼 깊지는 않았다. 그밖에도 동서독 사이의 경제력 격차는 건국 초기부터 컸으며 점점더 벌어졌고 전후 정착된 서방식 민주주의와 사회적 시장경제에 대한 시민들의 높은 만족도로 인하여 서독은 정권의 정당화를 위해 한국에서처럼 '적대적 공생관계'를 이용할 필요도 별로 없었다. 한국에서는 한국전쟁의 기억들이 남북 사이에 상대방에 대한 적대적 이미지를 만들어내고

'적대적 공생관계'를 재생산하는 데 오랫동안 끊임없이 반복적으로 이용되어 왔다.

분단국가 동독 한가운데 섬으로서 존재하는 서베를린의 특수한 상황은 독일이 한국보다 훨씬 더 일찍 냉전적 대립을 극복하고 '조율화된 공존'과 '공생'의 길을 통하여 결국 통일을 실현하는 데 기여하였다. 분단으로 인한 긴장도 베를린에서 더욱 첨예한 양상을 보였으며 그것을 해소하고 서베를린의 생존을 보장하기 위한 긴장완화정책도 이곳에서 보다 일찍 그리고 더욱 적극적으로 추진되지 않을 수 없었던 것이다.

동독은 동서냉전체제에서 소련의 전초기지와 같은 역할을 담당했으며 그들이 원하는 방식의 독일통일이 분명히 불가능해진 1950년대 중반 이후 소련은 동독을 결코 포기할 수 없었다. 또한 동독에는 소련군 수십 개 사단이 진주하고 있었다. 소련공산당과 사통당 지도부는 인권조항들로 인한 국제적 간섭의 여지를 감수하면서도 전후질서를 현상유지하기 위하여 유럽안보협력회의를 적극적으로 지지했다. 따라서 동독은 서독과의 관계정상화로 인한 교류확대가 가져올 사회통합의 위험성에도 불구하고 긴장완화정책에 편승하여 그것이 주는 이익을 적극적으로 추구할 수 있었던 것이다. 그러나 북한은 중·소분쟁 이후 군사적 독자노선을 추구하고 중·소와 등거리외교를 통해서 한·미·일 안보공조에 북방 삼각공조로 대처하고자 노력했다. 그러나 소련제국의 해체로 북한은 극심한 안보불안에 빠지게 되었고 이것이 남북관계를 발전시키는 데도 큰 걸림돌이 되고 있다.

1945년 포츠담선언은 독일을 경제적 통일체로 다룰 것을 규정하였다. 이 약속은 서로의 필요에 의해 전후 45년 동안 거의 중단없이 지켜져 동서독 사이의 대화와 타협의 훈련장이 되었다. 동서독 사이의 무역과 서독과 베를린 사이의 통행수입과 동서독 사이의 각종 인적 교류 등을 통한 동독의 막대한 재정수입은 사통당정권으로 하여금 1970년대 말 이후 이른바 '제2차 냉전'에도 불구하고 서독과의 우호적 관계를 유지하는 데 각별한 노력을 기울이게 한 동인이었다.

서독정부와 사민당은 1980년대에 동독 시민운동을 소홀히 하고, 충분한 반대급부 없이 지나친 양보를 한다는 국민여론 속에서도 사통당정권과의 우호적 관계를 유지하기 위하여 공을 들였다. 분단의 고통을 완화하고 민족내부의 결속을 강화하는 데 그것이 더 유리하다고 그들은 믿었기 때문이었다. 우리는 칼 도이취(Karl Deutsch)를 따라 민족을 소통(communication)의 공동체라고 규정할 수 있을 것이다. 매년 수백만 명의 인적접촉을 통한 직접적 소통과 매일 저녁 공동의 텔레비전 시청을 통한 간접적 소통은 같은 민족이라는 의식을 보존함으로써 통일을 준비하는 데 지대한 공헌을 하였다. 후발 통일지향국으로서 우리는 불행히도 이러한 기회를 기대하기 어려울 것이다.

독일은 1969년 이후 긴장완화정책을 일관되게 추구함으로써 예기치 않은 통일의 열매를 거둘 수 있었다. 하지만 우리는 평화와 통일을 동시에 추구하며 헤쳐 나가야 할 힘겨운 여정을 눈앞에 두고 있다. 다시금 외풍이 거세게 몰아치고 있다. 우리 모두의 역사적 책임감이 어느 때보다 절실한 때이다.

4.
동독과 북한 당 지도부의 민족정책 비교

1. 머리말

독일과 한국은 역사적 원인은 판이하게 다르지만 제2차 세계대전 후 냉전이 심화되어 가는 상황에서 각각 민족분단의 비극을 겪었다. 서로 다른 군사동맹 관계, 자본주의와 사회주의라는 체제의 차이 속에서의 적대관계 혹은 적대적 의존관계는 양국의 정치·경제와 사회·문화 전반에 심대한 영향을 미치고 정상적인 발전을 왜곡하였다. 두 지역의 정치문화에서 반공주의·반제국주의는 다른 인접국가들에서보다 더 깊게 각인될 수밖에 없었다.

이러한 유사점으로 인하여 한국에서는 독일의 분단체제와 동서독 관계가 한반도 문제해결에 주는 시사점에 관심을 가지고 많은 연구가 이루어져 왔다. 그러나 유감스럽게도 독일과 한반도를 직접 비교 연구하는 작업은 별로 이루어지지 않았다. 더욱이 구동독과 북한의 비교연구는 구서독과 남한의 비교연구보다 훨씬 더 찾아보기 힘든 형편이다.

유럽에서의 공산주의 비교연구는 현실사회주의체제가 붕괴하고 헤게모니 국가인 소련이 해체된 뒤인 1990년대에 들어서야 활성화하기 시작하여 아직 개척단계에 있다. 이 비교연구는 특히 독일에서 활발하게 수행되기 시작했다. 구동독 연구와 북한연구의 접목은 양측 모두에 학문적으로 큰 자극을 줄 수 있을 것이다.

권위주의적 독재체제의 권력의 정점에 서서 민족문제에 관련된 정책(민족정책)을 결정하고 전체사회의 이데올로기적 지향을 규정하고 통제했던 당 지도부의 민족문제에서의 노선은 권위주의적 사회주의 지배체제하에서는 결정적인 의미를 가지고 있었다. 우리는 독일과 한반도의 분단상황의 유사성과 차이를 비교함으로써 구동독과 북한 지도부의 민족문제에 대한 인식과 대처방식의 유사성과 차이를 이해하는 데 큰 시사점을 얻을 수 있으리라 믿는다.

이 글은 특히 양국 당 지도부의 민족주의적 성향과 통일에 대한 의지, 민족 내부의 대화와 협력에서의 차이를 만든 요인으로서 북한 당 지도부의 항일민족해방투쟁과 한국전쟁의 체험, 소련에 대한 의존도에서의 차이, 동독의 한가운데 섬으로서 존재하는 서베를린의 특수한 문제, 독일의 경우 중단없이 지속되었던 경제협력의 긍정적 효과에 주목할 것이다.

민족주의와 관련한 연구에서는 연구자들 사이에 개념이 통일되어 있지 않기 때문에 서두에서 주요개념들을 규정할 필요가 있다. 이 연구에서 민족문제는 민족의식, 민족적 정체성, 분단국가에서의 민족 부분들 사이의 상호관계, 통일전략이나 통일국가의 정치형태 등 민족통일과 관련된 문제들, 국제사회 속에서의 민족의 미래 등 민족에 관련된 모든 문제들을 의미한다. 민족정책은 민족문제에 관련된 정책을 의미한다. 필자는 여기서 민족이라는 개념으로서 페터 알터(Peter Alter)의 정의에 따라 역사적으로 성장해 온 언어적·문화적·종교적·정치적인 종류의 관계들을 바탕으로, 함께 속하며 특정한 이해관계를 공유하고 있다는 의식을 갖게 된 사회집단을 의미한다. 알터에 따르면 그 사회집단이 한 민족이라는 의식과 한 민족이 되고자 하는 의지를 갖는 것과 정치적인 자결권을 요구하는 것이 이러한 민족을 형성하는 데 결정적인 기반을 제공한다.[1] 이러한 민족개념은 문화민족적인 요소와 국가민족적인 요소를 포괄한다는 장점을 갖고 있다.

2. 동독 사통당의 독일정책

제2차 세계대전 이후 독일분단의 역사와 독일공산당(KPD)/독일사회주의통일당[사통당, SED]의 독일정책 상의 변화는 외적 조건들과 내적 조건들을 동시에 고려해야만 바른 이해가 가능하다. 우선 외적인 결정요소로서 전후에, 특히 1947년 이후 첨예화된 냉전적 국제질서는 동독의 독일정책에 결정적인 영향력을 행사했다. 특히 소련의 독일정책 및 유럽정책이 사통당 지도부의 독일정책에 미친 영향이 얼마나 컸으며 소련과는 다른 그들 나름대로의 독자적인 이해관계를 관철시킬 여지는 얼마나 있었는지를 면밀히 살펴볼 필요가 있다. 이것은 동독의 독일정책의 기본적 성격과 한계를 이해하는 데 있어서뿐만 아니라 북한과의 비교를 위해서도 대단히 중요한 문제이다.

또 다른 외적 결정요인으로서 우리는 서독의 존재와 서독정부의 독

1) P. Alter, *Nationalismus*, Frankfurt a.M., 1985, p.19 이하 : H.A. Winkler(편), "Der Nationalismus und seine Funktionen", 동저자(편), *Nationalismus*, Königstein, 1978, p.23 참고.

일정책의 영향을 고려해야만 한다. 사통당 독일정책의 세번째 결정요소는 내정적 요인으로서 소련점령구(SBZ)/동독(DDR)의 내정적 상황인데 독재적 권력기반 위에서의 동독의 발전, 계획경제, 평등주의적 사회구조를 그 주요특징으로 하고 있다.

칼-하인츠 슈미트(Karl-Heinz Schmidt)는 독일문제를 일방적으로 동서대립의 영향과 일부로서 규정하는 것이 내포하는 위험을 적절하게 지적했다. 이를 통해 독일문제에서 내정적 질서가 차지하는 역할을 무시하고 동독지역에 소련체제를 부과한 것이 '독일문제의 근원'을 형성하고 있다는 사실을 간과하게 된다는 것이다.[2] 미하엘 렘케(Michael Lemke) 역시 동독의 소비에트화를 독일문제와 밀접한 연관 속에서 고찰한다.[3]

2-1 독일의 분단과 냉전의 심화(1945~1955)

사통당은 1946년 4월 창당한 뒤 우선 통일적인 독일국가의 존속을 위해 노력하였다. 사통당은 독일이 통일적인 국가적 및 경제적 구성체로서 존속해야 한다고 선언한 포츠담회담에서의 연합국들의 견해를 확고히 지지하였다. 1949년의 '이중적 국가형성' 이후에도 사통당의 이러한 견해에는 변화가 없었다. 빌헬름 피크(Wilhelm Pieck)는 1949년 10월 11일 동독 대통령으로 선출된 후 인민의회에서 행한 연설에서 "불법적으로 독일에서 떼어져 나가 점령법에 종속된 독일의 다른 부분들이 핵심

2) K.-H. Schmidt, *Dialoge ueber Deutschland, Studien zur Deutschlandpolitik von KPdSU und SED(1960~1979)*, Baden-Baden, 1998, p.15.

3) M. Lemke, *Einheit oder Sozialismus? Die Deutschlandpolitik der SED 1949~1961*, Koeln, 2001, p.12.

지역인 독일민주공화국(DDR)과 단일한 통일적인 민주주의 독일에서 통일되기까지 우리는 쉬지 않을 것이다"[4]고 선언하였다.

1950년 7월 사통당 제3차 전당대회는 평화의 보장을 위한 투쟁을 '제1차적인 주요과제'로 규정하고 "유럽의 평화는 통일되고 민주적이며 평화롭게 살아가는 독일이 존재하고, 독일의 분단이 극복되고, 모든 주둔군들의 철수를 통해서 우리 민족의 민족적 독립이 재건되었을 때만이 확고하다고 간주될 수 있다"[5]고 선언했다. 이 시기 사통당의 이러한 요구는 결코 선전에만 그친 것이 아니라 당 지도부의 독일정책의 실질적인 의지를 표현한 것이었으며 소련의 독일정책상의 목표와 조화를 이루고 있었다.[6]

1949년 가을에서 1951년 중엽까지 소련과 동독은 '반파시스트-민주주의적' 모델에 따라 독일의 민족국가적 통일이 단기간에 가능하다는 환상을 가지고 독일정책을 추진했다. 동서독 두 지역에서 모든 반제국주의적 세력들로 구성되는 전독일적 민족전선의 힘이 충분히 강하여 모든 반민족적 세력들에 맞서 이 목표를 관철시킬 수 있다는 환상에서 그들은 출발하였다. 동독국가와 사통당이 지도하는 동서독 전지역에 확산될 민족전선은 이 독일정책적인 단기 통일전략의 추진주체로서 간주되었으며 서독의 사민당과 노동조합 그리고 '부르주아 민주주의자들'은 주요 동원대상으로 고려되었다. 이 시기에 독일정책은 아직은 동독의 안보를 확보하기 위한 장치로서만

4) *Dokumente zur Aussenpolitik der Regierung der DDR* 1, Berlin, 1954, p.16.

5) *Protokoll der Verhandlungen des III. Parteitages der SED* 1, Berlin, 1951, p.8.

6) D. Nakath, "Gründzuege und Entwicklungsabschnitte der SED-Deutschlandpolitik", D. Küchenmeister/D. Nakath/G.-R. Stephan eds., *…abgegrenzte Weltoffenheit… Zur Aussen und Deutschlandpolitik der DDR*, Potsdam, 1999, p.104.

고려되지는 않았으며 그보다는 더 분명하게 독일에서의 사통당의 역사적 사명과 새로운 사회주의 질서를 아직 공고화되지 않은 서독에 혁명적으로 확장하려는 생각을 반영하였다.

단기적으로 독일통일을 실현하려는 전략 속에서 서방사업(Westarbeit: 북한의 대남사업에 해당)이 급속히 팽창하였다. 사통당은 1949년 말까지 대서독정책을 담당하는 고도로 중앙집권화된 기본조직을 마련하였다. 기본노선에 대한 결정은, 그것이 소련에서 내려오지 않는 한, 사통당의 정치국과 중앙위원회의 일이었다. 정치국의 대서독위원회(Westkommission)는 서방사업의 정보수집이 총괄되고 행동지침이 입안 하달되는 중추역할을 담당했다. 1949년부터 1951년까지 서방사업의 중심과제는 민족전선을 강화하고 사통당의 사주를 받는 평화운동의 조직을 확산시키는 것이었다. 1950년 여름부터는 서독의 재무장과 서방 군사동맹으로의 가입을 막는 것이 현행 주요과제로 부상하였다.

1951년 소련은 서독의 재무장과 서방 군사동맹 가입이 서방측의 단순한 협박용이 아니라 실질적으로 추진되고 있고 소련의 안보에 심각한 위험을 가져 올 것이라 판단하였다. 소련은 이러한 발전을 막기 위하여 독일정책을 유연화하고 서방측에 어떤 양보를 할 것인지에 대해 숙고하기 시작했다.

1952년 3월 10일의 스탈린각서는 이러한 발전의 중요한 결과였다. 강력한 잠재력을 가지고 있는 서독을 서방동맹에 군사적으로 결속시키는 것을 허용하거나 비동맹 중립국으로의 독일통일을 허용해야 하는 선택에 직면하여 스탈린을 중심으로 한 소련 지도부는 '통일 대신 중립'이라는 차악을 선택한 것이 분명하다. 소련에게 이러한 선택은 결코 독일문제의 최종해결이 아니라 임시적 해결을 의미했다. 이 제안의 주요

정치적 목적은 서독의 군사적 서방통합을 막는 것이었다.

그러나 소련이 이끄는 세계질서의 일부로서 독일을 만드는 최종목표는 남아 있었다. 시간적으로 정해지지 않은 독일중립의 단계는 한편으로 통일국가의 '재-바이마르화'를 초래하고 소련에 정치적으로 접근할 가능성을 열어줄 것이었다. 다른 한편으로 소련은 그에 따라 국가의 내적인 관계를 소련식의 비자본주의적인 사회로 점차 바꾸려는 의도와 능력을 가진 세력들이 강화될 것을 염두에 두었다. 따라서 서독에서의 인민전선 혹은 민족전선을 건설 확장하는 것은 사통당의 서방사업 주요목표였다. 이렇게 1951년까지의 단기적인 통일전략 대신 보다 장기적인 전략이 들어선 것이다.[7)]

스탈린각서는 사통당을 놀라게 했다. 사통당 지도부는 이 각서가 동독의 존재에 심각한 위협을 제기하며 사통당의 권력상실을 초래할 것이라 보았다. 울브리히트와 그 측근들은 이에 공식적인 반대를 제기할 수 없었기 때문에 선전적인 서방사업을 의도적으로 급진화하거나 민족주의적 선전을 터무니없이 강화하고 동서독 사이의 갈등을 전체적으로 강화시켜 은근히 방해하고자 시도하였다.

스탈린각서 몇 달 후인 1952년 7월에 열린 사통당의 제2차 학술회

---

7) M. Lemke, *Einheit oder Sozialismus? Die Deutschlandpolitik der SED 1949~1961*, Köln, 2001, pp.505~509. 빌프리드 로트(Wilfried Loth) 역시 소련이 군사전략상의 이유로 실제로 중립화 통일을 지지했다고 본다. 롤프 슈타이닝어(Rolf Steininger)는 심지어 아데나워가 스탈린의 제안을 거부하여 독일통일의 '마지막 기회'를 망쳤다고 주장하기까지 했다. 반면에 게르하르트 베티히(Gerhard Wettig)는 스탈린각서가 소련이 서독의 여론을 동원하여 아데나워의 수미일관한 서방통합정책을 방해하기 위해 사전에 오랫동안 세밀히 준비했던 선전행동이었다고 확신한다. 이런 상반된 견해들에 대한 문헌을 위해서는 W. Loth, *Stalins ungeliebtes Kind*, München, 1996 ; J. Zarusky ed., *Die Stalin-Note vom 10. Maerz 1952*, München, 2002 ; G. Wettig, "Sowjetische Deutschlandpolitik vom Kriegsende bis zum Ende des Kalten Krieges", P. Maerz ed., *40 Jahre Zweistaatlichkeit in Deutschland. Eine Bilanz*, München, 1999, pp.78~79.

의에서 당 지도부는 동독에서 사회주의 기초를 건설하기 위한 강령을 발표하였다. 여기서 독일문제에 관하여 "동독과 베를린에서의 사회주의 건설은 통일되고 민주적이며 평화를 사랑하고 독립적인 독일을 위한 투쟁에 유리한 영향만을 미칠 것이다. 우리는 여전히 평화조약과 독일통일을 도입하기 위한 우리의 제안을 확고히 한다"8)라고 선언하였다.

아데나워처럼 울브리히트 역시 냉전상황 하에서 독일문제를 해결할 수 있다고 믿지 않았다. 그 때문에 그는 일찍이 동독의 독자적인 길을 가기로 작정하였다. 반면에 당 지도부의 한 집단은 공산주의정책의 현재적인 목표로서의 독일통일을 확고히 견지하였다. 그러나 이 두 집단 사이에 독일정책을 둘러싸고 당분간 충돌이 빚어진 것은 아니었다. 울브리히트와 그 측근들에게는 현재적인 과제로서 동독을 계속하여 강화시키는 것이 그 독자적인 존속을 위한 기초조건이었다. 헤른슈타트(Herrnstadt)를 중심으로 한 다른 분파에겐 동독의 강화가 반파시스트-민주주의적 통일의 가장 중요한 전제였다. 울브리히트의 정책이 동독의 내외여건에 더 부합되는 보다 현실적인 정책이었던 반면 헤른슈타트는 보다 도덕적이고 애국적인 동기에서 출발하였다.

1953년 6월 17일의 동독시민들의 봉기와 소련의 전차에 의한 유혈진압은 동독체제와 사통당의 독일정책이 동독 내부에서조차 주민들에게 설득력을 갖지 못하다는 것을 극명하게 밝혀주었다. 당 지도부의 누

---

8) *Protokoll der Verhandlungen der 2. Parteikonferenz der SED*, Berlin, 1952, p.62. 요하네스 쿠페(Johannes Kuppe)는 동독 사회주의를 공고화하려는 이 선언이 스탈린과의 협의 없이 이루어졌다고 생각할 수 없으며 따라서 스탈린각서는 독일을 중립국으로 통일시키려는 진정한 의도가 아니라 단순히 독일의 서방적 군사동맹체제로의 결속을 방해하려는 선전적인 목적에서 나온 것으로 간주한다.("Deutschlandpolitik der DDR", W. Weidenfeld/K.-R. Korte ed., *Handbuch zur deutschen Einheit 1949~1989~1999*, Bonn, 1999, pp.254~255)

구나 늦어도 이 시점에는 독일의 통일이 동독모델을 서독에 이식하거나 그 흡인력을 통해서 성취할 수는 없다는 것을 분명히 깨닫게 되었다. 점증하는 동독 탈주행렬은 그 가장 중요한 시금석이었다.[9)]

사통당의 제4차 전당대회는 '사회주의 기초의 창출'을 위한 강령을 선포했는데 이것은 통일을 추진하기 위한 실질적 협상과는 더 이상 조화를 이룰 수 없는 조치였다. 사통당은 이렇게 서독과 동독이 나토(북대서양조약기구:1955.5)와 바르샤바조약기구(1956.1)에 가입하기 전에 이미 진지하게 고려할 만한 어떤 독일정책적인 협상목표도 더 이상 가지고 있지 않았다. 소련공산당 제1서기인 니키타 흐루시초프는 실패로 끝난 1955년 7월의 제네바정상회담으로부터 귀국하는 도중 동독의 라이프치히에서 통일문제를 국법적(staatsrechtlich) 수준에서 국제법적 수준으로 최종적으로 이전시켜 버렸다. 그는 "동독을 희생시킨 채 독일의 두 지역을 기계적으로 〔즉 자유선거를 통해〕 통일하는 것"을 단호히 거부했다.

그 후로 사통당의 독일정책에서 주민들의 소망을 고려한 심리적 이유에서 먼 장래의 목표로서 통일을 확고히 설정하고 동독이 몰락할 때까지 그 목표를 결코 한 번도 단정적으로 포기하지 않았다는 점에서 통일에 대한 정치적 선전은 있었지만 그것을 실천하려는 구체적이고 실질적인 노력은 실종되었다.

1955년대 중반 이후 동베를린의 구체적인 독일정책은 사통당 국가에 대한 국제법적 승인을 얻으려는 방향으로 더욱 경도되었다.[10)] 1955년 12월 아데나워정부는 할슈타인 독트린을 선포하여 단독대표권을 요구하였고 동독과의 외교관계를 수립하는 국가와는 외교관계를 단절하

9) Lemke, *op.cit.*, pp.510~511.

10) Kuppe, *op.cit.*, p.255.

여 동서독의 대결상황은 더욱 악화되었다.

2-2 통일선전으로부터 민족의 분열로(1955~1971)

1955년 7월 제네바에서의 정상회담을 마치고 귀국길에 동베를린에 들린 흐루시초프는 '2국가론'이라 불리게 된, 독일정책에 관한 새로운 원칙을 밝혔다: "독일의 영토에 상이한 사회경제적 질서를 가진 두 개의 국가가 생긴 조건 하에서 … 독일문제의 해결은 어려운 일이라는 것을 우리는 제네바에서 분명히 설명했다." 동독의 이해관계를 희생시킨 채 독일문제를 풀 수는 없으며 노동자들은 "그들의 모든 정치적·사회적 성취들을 제거하는 것"을 용인하지 않을 것이라고 흐루시초프는 말했다.[11] 두 달 뒤 소련은 동독과의 국가계약에서 동독의 주권을 공식 인정해 주었다. 이 조약의 제5조에서 양측은 "평화적이고 민주적인 기반 위에서 독일통일의 재건을 위해서 노력할 것"임을 천명했지만 동독의 사회주의적 업적들의 수용이 독일통일의 전제조건이라는 유보조항으로 인하여 그것은 단지 선언적 의미를 가지는 데 지나지 않았다.

소련은 동독의 주권을 인정하면서도 모든 중요한 문제들에서 동독의 외교정책이나 독일정책이 넘어서는 안될 한계를 설정했다. 중립국으로의 독일통일이 더 이상 실현불가능하게 되자 소련의 이해관계는 이제 자신의 지배영역을 공고히 하는 데 있었다.[12] 공산주의 진영의 전

11) H. v. Siegler ed., *Dokumentation zur Deutschlandfrage*, Bonn, 1961, p.1, 352ff.

12) Kleßmann, *Zwei Staaten, eine Nation. Deutsche Geschichte 1955~1970*, 2nd. Ed., Bonn, 1997, p.431.

초기지이자 현대적인 장비를 갖춘 소련군 20개 사단이 주둔한 동독은 소련에게 정치적으로나 군사전략적으로 중요한 의미를 가지고 있었다. 따라서 동독은 다양한 분야들에서 다른 어느 사회주의 국가들보다도 훨씬 더 강하게 소련의 영향을 받았으며 소련의 이해관계와 어긋나는 결정을 내릴 수 없었다.

1974년도 동독 개정헌법은 심지어 소련과의 동맹관계를 "영원하고 취소할 수 없는" 것으로 선언하기까지 하였다.[13] 사회주의 진영의 맹주로서의 소련에 대한 의존은 주민들의 지지를 결여한 동독정권의 존립 기반을 형성했다. 민족적 정당성의 결핍으로 인하여 소련에 대한 과시적 충성과 '프롤레타리아적 국제주의'에 대한 충실한 추종은 일종의 '애국심 대체물(Ersatzpatriotismus)' 역할을 담당해야 했다.[14]

1950년대 중반 이후 동독은 재통일보다는 먼저 근본적인 변화를 거친 후의 서독과의 새로운 통일을 목표로 삼았다. 이러한 목표에 상응하는 것이 울브리히트가 1956년 말 처음으로 제기한 국가연합안이었다. 이것은 사통당의 통일관련 마지막 이니셔티브로서 1960년대 말까지 사통당 독일정책의 기초를 형성했다. 뿐만 아니라 이 국가연합안은 북한의 김일성이 1960년 광복절 기념사[15]에서 처음으로 연방제통일안을 제시하는 데 모델이 되었기 때문에 더욱 우리의 흥미를 끈다.[16]

---

13) G. Wettig, *Die Sowjetunion, die DDR und die Deutschlandfrage 1965~1976. Einvernehmen und Konflikt im sozialistischen Lager*, Stuttgart, 1976, p.16.

14) Kleßmann, *Zwei Staaten*, p.434.

15) 연설문 전문은 김일성, 『민족대단결을 위하여』, 평양:조선로동당출판사, 1996, pp.237~245에 수록.

16) Tuk Chu Chon, *Die Beziehungen zwischen der DDR und der koreanischen Demokratischen Volksrepublik(1949~1978)*,. München, 1982, p.124 : Volker Grabowsky는 동독의 국가연합안과 김일성의 연방제안의 차이를 강조하지만 후자가 전자를 이론적 전거로 삼은 것은 분명해 보인다.(V. Grabowsky, *Zwei-Nationen-Lehre oder Wiedervereinigung?* Bochum, 1987, pp.276~287

1966년 초까지 사통당이 공식적으로 견지했던 국가연합안의 핵심내용은 동일하였다. 울브리히트는 1956년 말의 기고에서 상이한 사회체제를 가진 두 독일국가의 접근을 우선 실현한 뒤에 국가연합의 형태로 중간해결책을 모색할 것을 주장했다. 그런 연후에야 민주적인 선거를 통한 통일이 가능하다는 것이었다. 국가연합 메커니즘을 거쳐 단계적인 통일을 실현하기 위해 사통당은 '특정한 내적 및 외적 조건들'이 반드시 필요하다고 보았다. 사통당은 특히 '군사적·레방시즘적 및 파시스트 세력들'의 극복과 나토로부터의 탈퇴, 서독에서 '독점자본의 무력화無力化', 핵심산업의 국민재산으로의 환수, 그리고 동독의 모델에 따른 토지개혁과 교육개혁을 요구했다. 이 조건들이 충족된 후에 양쪽 동수로 구성된 '전독일위원회'의 위원들이 선출될 것이며 이 위원회는 동독과 서독 국가연합의 정부로서 '전독일적 자유선거'를 준비할 자격을 갖게 될 것이었다.

사통당의 국가연합안은 동독국가에 대한 국제법적 승인 외에도 군비축소를 주요주제로 삼고 있었다. 이미 1957년 사통당은 중부유럽을 비핵지대로 만들자는 폴란드 외무장관 라파츠키의 안(Rapacki案)을 지지했다. 그해 7월 동독총리 그로테볼(Grotewohl)은 독일영토에서 핵무기를 저장하거나 제조하는 것을 금지하는 것과 동서독이 각각 바르샤바조약기구와 나토로부터 탈퇴할 것, 4강에게 독일로부터의 점진적이면서도 조속한 철군을 제안하였다.[17)]

소련은 1957년 8월 국가연합이 독일분단을 제거하는 과정에서의 제1보라 평가하고 서독정부에 보내는 각서에서 사통당의 국가연합안을

참고]

17) J. Kuppe/M. Rexin, "Deutschlandpolitik der SED", *DDR-Handbuch*, Köln, 1984, pp.284~289 ; Kleßmann, 앞의 책, pp.448~450.

적극 지지하였다. 그러나 사통당이 국가연합의 전제조건으로 제시한 요구들은 서방통합의 포기와 체제변경을 의미하기 때문에 서독정부는 이것을 결코 받아들일 수 없었다. 또한 서방강국들과 서독은 소련이 지지한 동독의 국가연합안이 동독국가를 국제법적으로 승인하기 위한 수단에 지나지 않는다고 보았다. 따라서 서독정부는 1958년 1월 통일은 두 정부의 소관이 아니라 오로지 독일국민이 결정할 사항이라는 이유로 사통당의 국가연합안을 단호히 거부하였다. 이 상황은 사통당으로 하여금 베를린장벽 건설 이후에도 밖으로는 통일목표를 견지하면서도 실질적으로는 서독에 대해 분리와 차단정책을 일관되게 추진하는 것을 용이하게 해주었다.

사통당은 1950년대 중반 소련과 함께 독일정책에서 1민족 2국가론으로 이행한 뒤 그들의 체제를 독립된 국가로서 안정화시키고 공고화하려고 시도했다. 그러나 서독의 생활수준을 따라잡고 추월하겠다는 울브리히트의 야심찬 선언에도 불구하고 동독의 경제는 계획목표를 전혀 도달하지 못했다. 동독탈주자의 수가 현저히 증가했으며 생산과 공급체계 도처에서의 결원으로 인하여 주민들의 부양이 심각히 위협받았다. 1953년 이래 매년 평균 20만 명이 동독을 떠났는데 그 대부분이 아직 동서 점령지역 사이에 경계가 차단되어 있지 않은 베를린을 통해서였다.[18] 1949년 9월부터 1961년 전반기까지 총 269만 명이 동독을 떠나 서독으로 탈주하였다. 특히 인텔리겐차(Intelligenz)의 비율이 높았다.[19]

---

18) Bender, "Sterben für Berlin", B. Cisla/M. Lemke/T. Lindenberger eds., *Sterben für Berlin? Die Berliner Krisen 1948 : 1958*, Berlin, 2000, pp.14~15.

19) 1954년부터 1961년까지 3371명의 의사, 1329명의 치과의사, 291명의 수의사, 960명의 약사, 132명의 판사와 검사, 679명의 변호사와 공증인, 752명의 대학교수, 16724명의 교사, 17082명의 엔지니어와 기사가 서독으로 탈주하였다.〔Kleßmann, *Zwei Staaten*, p.321.

따라서 사통당과 소련공산당 지도부에게 1961년 8월 베를린장벽 건설은 동독국가를 지키기 위한 불가피한 선택이었다. 장벽건설은 사통당정권을 안정화시켰으며 주민들로 하여금 주어진 체제에 어쩔 수 없이 순응하여 살아가게 만들었다. 장벽은 탈출로뿐만 아니라 탈출할 생각까지도 막았다. 장벽과 함께 동독인들은 서방에서 다른 삶을 시작할 가능성뿐만 아니라 이 가능성과 결합된 내적 자유의 일부마저 상실하였다.[20]

모스크바 주재 서독대사였던 한스 크롤(Hans Kroll)에 따르면 흐루시초프는 장벽이 흉물스러운 것이며 그것을 세운 이유가 없어지면 사라져야 할 것을 알았지만 동독의 경제적 붕괴를 막기 위하여 그 자신이 장벽건설 명령을 내렸다고 한다. 장벽건설의 책임을 맡은 것은 당시 정치국원이었던 에리히 호네커(Erich Honecker)였다. 8월 12일 장벽건설에 대한 동독정부의 공식적인 설명은 평화를 보장하기 위한 예방조치라는 것이었다: "서독과 서베를린의 레방시스트적이고 군국주의적 세력의 적대행위를 막기 위하여 모든 주권국가의 국경에서 일상적인 그런 통제가 베를린 서방영역과의 국경을 포함하여 동독의 국경에서 도입된다".[21] 그러나 동독의 공식선전에서 흔히 반복된 동서독 사이의 장벽이 '반파시스트 보호장벽'이라는 이데올로기를 믿는 사람은 별로 없었다.

2-3 조약정책(1971~1989)

1969년 본에서의 정권교체와 함께 동독은 1955년 이후 끈질기게 추

---

20) Bender, *Sterben für Berlin*, p.23.

21) Kleßmann, *Zwei Staaten*, p.322.

구해온 서독을 통한 국가적 승인을 도달했다. 브란트는 정부성명에서 "독일에 두 국가가 존재하지만 서로 외국이 아니다. 양자의 관계는 특별한 것일 수밖에 없다"고 선언하였다. 이것은 단독대표권 주장과 동독에 대한 불승인정책을 토대로 하는 전후 서독 독일정책의 기본원칙을 파기하고 처음으로 동독을 국가로서 인정한 것이었다. 그는 동독과의 관계에서 연방정부가 민족의 통일성을 유지하기 위해 추진해야 할 목표로서 "조율화된 공존을 통해 공생으로" 나아갈 것을 역설하였다. 이를 위해 브란트는 동독내각에 정부수준에서 동등한 자격으로 협상하여 계약을 통해 조율된 협력관계를 발전시킬 것을 제안했다.

브란트는 또한 소련과의 관계를 개선하여 동서독 관계진전을 위한 소련의 응낙을 얻는 것이 급선무라고 보았다. 따라서 1970년 한편으로는 에곤 바르를 모스크바에 보내 소련외상 안드레이 그로미코(Andrej Gromyko)와 불가침조약을 협상하게 하는 한편 동독총리인 빌리 슈토프(Willi Stoph)와 에어푸르트와 카셀에서 두 차례에 걸쳐 정상회담을 추진하였다. '동독에 대한 완전한 국제법적 승인'이라는 최대요구를 관철시키려는 울브리히트의 시도로 인하여 두 차례의 정상회담은 구체적인 성과를 내지 못한 채 끝났다. 하지만 정상회담은 동독의 국제적 위신을 높여주었고 동서독 양측에서 통일문제에 대한 관심을 뜨겁게 만들었다. 특히 에어푸르트에서 브란트의 이름을 외쳐대며 환영하는 동독군중의 열기는 동독정부를 당황스럽게 만들었다.

모스크바 및 바르샤바와 서독 사이의 조약체결이 비로소 동서독 사이의 협상에 확실한 진전을 가져왔다. 1971년 12월에는 통행협정이, 1972년 5월에는 교통협정이, 1972년 11월에는 동독에 동등한 주권국가로서의 자격을 인정하고 동서독 사이의 교류를 강화시킬 것을 골자로 하는 '기본조약'이 체결되었다. 동독은 이 '기본조약'을 동독을 국제법적으로 승인하는 분단조약으로 보았던 반면 서독은 장기적으로 민족자결권에 의한 통일목표를 포기하지 않은 채 중·단기적으로 초민족적 긴장완화정책을 위한 도구로 보았다. '교통협정'과 '기본조약'은 1989년 가을까지 동서독 사이에 체결된 30개 이상의 조약의 기초가 되었다.

1973년 9월에는 두 독일국가가 국제연합에 가입하였다. 서독정부는 두 국가의 국제연합 가입과 동독에 대한 세계각국으로부터의 국제법적인 승인이 동독 정치지도층의 외교정치적·국내정치적 자신감을 높이고 그럼으로써 동서독 사이의 내적 교류의 확장에 이바지할 것이라고 믿었다. '기본조약'은 실제로 동서독 교류에 상당한 개선을 가져왔으며 분단고착화를 부분적으로 완화시킬 수 있었다. 이산가족들이 재결합하고, 정년 이전의 나이라도 긴급한 용건(경조사나 병환 등)이 있을 때는 서독에 있는 가족을 방문할 수 있게 되었고, 국경지역의 약 6백만에 달하는 서독인이 까다로운 절차를 거치지 않고 인근 동독지역을 방문할 수 있게 되었으며, 4개의 국경통과소가 추가로 개통되었고 서독의 기자들이 동독에, 동독의 기자들은 서독에 신임장을 받아 체류하며 취재할 수 있게 되었다.[22]

그러면 동독정권은 서독과의 기본조약을 통해서 어떤 목표를 추구했는가? 동독의 주요목표는 독립된 주권국가로서 국제법적으로 승인받음으로써 국제적인 위상을 높이고 활동영역을 확장할 뿐만 아니라 내정적으로는 자국민들로부터 정상적인 국가권력으로 인정받는데 있었다. 외적 승인이 내부적으로 정권의 정당성을 강화하고 동독

22) 한운석, 『하나의 민족, 두 개의 과거: 20세기 독일민족과 통일문제』, 신서원, 2003, pp.62~63.

국민으로 하여금 장기적으로 동독의 정치체제와 일체감을 갖게 함으로써 지배체제를 안정화하는 데 기여할 수 있다는 것이었다.[23] 소련에 의해 제거된 울브리히트의 뒤를 이어 사통당 총서기가 된 에리히 호네커(Erich Honecker)는 1971년 9월 사통당 제8차 전당대회의 연설에서 새로운 외교 및 독일정책 노선을 제시했다. 이 강령은 모스크바의 동의하에 소련공산당 제24차 전당대회의 '평화강령'에 의거하여 만든 것이었다. 호네커의 5개항 강령은 동독의 국제연합 가입, 유럽안보회의의 소집, 헬싱키로 가는 길의 전제로서 동서독 관계와 동독-서베를린 관계의 조율, 동독의 세계적 승인을 포함했다. 1975년 8월 헬싱키 유럽안보협력회의 최종의정서의 채택까지 사통당 지도부의 요구들은 모두 충족되었다. 따라서 1970년대 초의 5년간은 사통당 독일정책의 가장 성공적인 시기라고 평가받을 수 있을 것이다.[24]

서독이 동독을 국제법적으로는 승인하지 않았음을 분명히 했지만 사통당 지도부는 기회 있을 때마다 양국의 관계가 '정상적인 국제법적 관계'라는 것을 강조했다. 1975년 사통당 제9차 전당대회의 새로운 당 강령은 동서독의 관계를 "상이한 사회질서를 가진 주권국가들 사이의 관계로서 평화공존의 원칙과 국제법의 규범을 토대로 발전시켜 나갈 것을" 지지했다. 주권을 서로 존중해 주는 정치만이 양국관계의 정상화와 평화공존을 촉진하리라는 것이었다. 양국 관계에 부담을 가져온 1980년 10월 호네커의 '게라요구들'은 동독시민권의 인정, 동독 인권침해 정보들을 수집 보관했던 잘츠기터 중앙집결소의 폐지, 상주대표부의 대사관으로의 전환 등을 요구했는데[25] 이것 역시 동독에 대한 국제

---

23) 한운석, 위의 책, p.63.

24) J. Kuppe, "Deutschlandpolitik der DDR", Weidenfeld/Korte(1999), *Handbuch*, p.262.

법적 승인을 강하게 요구한 것이라 볼 수 있다.

호네커정권의 독일정책은 3가지 특징을 가지고 있었다. 첫째로 동독은 스스로를 사회주의 형제국들의 반열에 다시 자리매김하고 독일정책에 있어서 소련의 유럽 및 독일정책과의 공조를 더욱 강화하여 소련과의 관계를 새로이 설정하였다. 둘째로 동독정권은 성공적으로 협상정책에 편입하여 그 결과들로부터 이익을 얻을 수 있었다. 동독 지도부가 동등한 파트너로서 참여한 1970년대와 1980년대의 대화와 협상정책들의 직접적인 결과로 모든 동서독 사이의 의사소통 통로, 특히 수백만에 달하는 여행자들의 왕래가 고도로 활성화되었다. 국제법적인 승인과 서독과의 교류의 활성화, 그리고 평화주의 정책으로 인하여 동독은 국제사회에서 위상을 높일 수 있었으며 경제적으로도 실익을 챙길 수 있었다.

그러나 새로운 독일정책이 가져온 이러한 정권안정화 기능에도 불구하고 사통당은 동서독 사이의 긴밀한 관계와 수백만의 인적 교류가 정권을 불안정하게 만들 위험성을 두려워하고 경계해야만 하였다. 여기서 1970년대와 1980년대 사통당 독일정책의 세번째 요소로서 서독에 대한 정치-이데올로기적 측면에서의 차단정책(Abgrenzungspolitik)이 유래하였다.[26] 호네커는 당시 브란트의 독일정책의 구호인 '2국가 1민족'에 맞서 동독에서 사회주의적 민족의 독자적 발전, 곧 '2국가 2민족'의 원칙을 추구했다. 사통당은 이제 독일의 분단이 역사적으로 종결된 문제이며 독일문제는 따라서 더 이상 열려 있지 않다는 시각에서 출

25) D. Nakath, "Deutschlandpolitik", A. Herbst etc. ed., *Die SED. Geschichte-Organisation-Politik. Ein Handbuch*, Berlin, 1997, pp.314~315.

26) Kuppe, *Deutschlandpolitik*, pp.262~263.

발하였다.

3. 동독과 북한 당 지도부의 민족정책 비교

3-1 양국 당 지도부의 민족주의적 성향의 차이와 그 원인

민족문제에 대한 사통당과 조선로동당의 정책을 비교할 때 분명하게 눈에 띄는 것은 그 지도부의 민족주의적 성향에서의 큰 차이라 할 수 있다. 민족주의적 성향의 정도를 가늠하는 준거로서 우리는 민족정책에서 양국 당 지도부가 사회주의 진영의 헤게모니 국가로서의 소련의 간섭으로부터 얼마나 자주성을 견지하였는지, 그리고 통일국가를 실현하기 위해서 얼마나 적극적인 노력을 기울였는지에 따라 우선적으로 판단할 수 있을 것이다.

동독정부는 그 출범부터 정권의 붕괴에 이르기까지 독일정책에서 소련의 영향을 결코 벗어나지 못했다. 소련은 극동지역보다 유럽에서의 안보적 이해관계를 훨씬 더 중요하게 여겼다. 1940년대 말과 1950년대에 사통당은 독일정책에서 소련의 노선을 충실히 따랐다. 1960년대에 동독의 정치경제적 비중이 커지면서 바르샤바조약기구 내에서 동독의 위상이 높아졌지만 동독정부는 세부적인 사항에서까지 항상 소련과의 합의를 추구했다. 사통당의 대변인들은 항상 세계공산주의운동에서 소련공산당의 지도적인 역할을 강조했다. 1950년 이래 COMECON(경제상호원조회의)의 일원이자 1955년 바르샤바조약기구의 창립국가들 중의 하나로서 동독은 동유럽 동맹체제 소속을 그 정치적 존립의 기본조건으로 간주했다. 1974년 10월 7일의 개정헌법 제6조 2항 1절은 "독일민주공화국(DDR)은 영원히 그리고 돌이킬 수 없이 사회주의소비에트연방공화국(소련)과 동맹관계이다"라고 규정하고 있다. 이 조약들과 헌법의 규범들은 동독지도부가 독일정책에서 항상 동맹국과의 연대를 지킬 준비가 되어 있음을 반영한다.[27]

동독의 독일사회주의통일당(사통당, SED) 제1서기 발터 울브리히트는 1960년대 말 데탕트를 원하는 소련의 노선을 충실히 따르려 하지 않았기 때문에 에리히 호네커로 교체되었다. 1980년대 호네커의 서독방문이 동서독 사이의 지나친 접근을 경계하는 소련의 거부 때문에 몇 차례나 연기되었던 사실 역시 소련에 대한 동독의 종속관계를 분명히 보여준다. 사통당 지도부 역시 주민들로부터의 정당성을 확보하지 못한 상태에서 여러 가지 측면에서 월등한 경쟁자인 서독과의 체제경쟁에서 소련공산당 지도부와 주둔군에 크게 의존할 수밖에 없다는 사실이 이미 1953년 동독시민들의 봉기와 소련군에 의한 유혈진압에서 여실히 드러났다.

그 이후 1960년대까지도 동독정부는 통일에 대한 주민들의 열망을 고려하여 공식적인 선전에서는 국가연합에 대한 주장 등을 이용해서 통일방안을 계속 견지했지만 실제에 있어서는 냉전상황 하에서 독일의 통일은 불가능하다고 보고 동독의 국가사회주의체제를 강화시켜 정권을 안정화시키는 것을 국가전략의 제1목표로 삼았다.

이렇게 사통당 지도부가 초기의 민족주의적 지향으로부터 멀어져 갔던 반면 북한의 조선로동당 지도부는 해방 후 처음부터 강력한 민족

27) J. Kuppe/M. Rexin, "Deutschlandpolitik der SED", Artikel in *DDR-Handbuch*, p.279.

혁명적 에너지를 가지고 출발했다. 북한지도부는 무력통일의 시도로서 한국전쟁을 야기했고 그 후로도 전쟁의 피해로부터 경제재건 작업이 완료된 1950년대 말부터 북한체제에 대한 넘치는 자신감을 바탕으로 적극적이고 공세적인 통일정책을 취했으며 남조선 혁명을 거친 통일을 현재적인 목표로 설정하고 대남공작을 강화하고 1960년대 후반에는 군사적 모험까지 감행하였다. 통일방안의 제시에 있어서도 고려연방제 통일방안을 가지고 남한에서의 통일논의를 선도하기까지 했다. 소련체제의 붕괴에 따른 냉전의 종식과 함께 1990년대 이후 정치군사적 안보전이 위협받고 극심한 경제위기에 직면하면서도 북한지도부는 오히려 민족주의적 이데올로기를 강화하여 내부적 통합을 다지고 있다.

소련과의 관계에서도 해방 후 정권구축 과정과 한국전쟁 수행 및 전후 복구과정에서 간섭을 받을 수밖에 없었지만 동독에 비해 훨씬 더 운신할 폭이 컸고 권력투쟁 과정에서 소련파와 친중국적 연안파를 성공적으로 거세하며 김일성의 독주를 막으려는 양국의 내정 간섭을 무력화시켰다. 더욱이 1960년대 중소분쟁이 심화되면서 북한은 두 강대국 사이에서 독자적인 권력지위를 성공적으로 구축하고 강력한 자주성을 확보할 수 있었다.

동독과 북한지도부의 이러한 민족주의적 계기의 현저한 차이를 우리는 어떻게 설명할 수 있을 것인가? 이것은 이 비교연구가 제기하는 핵심적인 문제제기들 중의 하나이다. 우리는 그 주요원인들을 다음의 몇 가지 역사구조적인 차이들에서 찾아볼 수 있을 것이다. 우선 '해방'[28] 이전의 양국 지도부의 정치적 경험의 차이에서 민족주의적 계기

28) 동독에서도 1945년 5월의 나치의 항복을 파시스트 정권으로부터의 '해방'이라고 규정하고 있다.

의 차이를 살펴볼 필요가 있다. 동독 초기 사통당 지도부의 3거두를 형성했던 발터 울브리히트(Walter Ulbricht:1893~1973: 1971년까지 사통당 제1서기)와 빌헬름 피크(Wilhelm Pieck:1876~1960:초대 동독대통령) 그리고 오토 그로테볼(Otto Grotewohl: 1894~1964: 동독 초대총리) 중 앞의 두 사람은 독일제국 시기에 태어나 목공으로서 일을 하면서 사민당에 가입하고 바이마르공화국 시기에 독일공산당의 일원으로서 제국의회 의원으로서 활동했으며 히틀러집권 후 망명하여 파리와 소련에서 망명생활을 하다 나치의 몰락과 함께 귀국했다.29)

히틀러 독재를 피하여 소련으로 망명한 독일공산주의들 가운데 2/3가 1936년과 1938년 사이의 스탈린에 의한 대숙청에서 희생되었다. 바이마르공화국 시기의 독일공산당 지도자들 중 스탈린 숙청의 희생자는 나치에 의한 희생자보다 더 많았다. 숙청의 경험은 전후에도 독일 공산주의를 깊이 각인했다. 규율화된 간부들은 밖으로는 외부의 적에 대하여 자기를 내던지며 전투적으로 대항하였고 당 내부적으로는 충실한 신민처럼 지도부의 명령에 굴종하였다. 독일공산당의 스탈린주의화와 당내 숙청은 1945년 이후 독일 공산주의자들에게 중요한 영향을 미쳤다.30) 대부분의 독일 공산주의자들은 소련 모델과 그 우상인 스탈린을 확고히 추종하였다. 따라서 소련공산당은 이 독일 공산주의자들의 도

29) H. Müller-Engbergs/J. Wielgohs/D. Hoffmann ed., *Wer war wer in der DDR? Ein biographisches Lexikon*, Bonn, 2000 : N. Podewin, *Walter Ulbricht. Eine neue Biographie*, Berlin, 1995 : M. Frank, *Walter Ulbricht: Eine deutsche Biografie*, Berlin, 2003. 그로테볼은 서적인쇄공으로서 출발하여 사민당에 가입하고 나치치하에서 지하 사민당 조직에 가담하기도 했지만 반나치 활동을 활발하게 벌인 것은 아니었다. 울브리히트를 승계한 에리히 호네커는 노동자 가정에서 태어나 바이마르 공화국 시기 노동자로서 공산당에 가입하여 1935년 공산당 청년조직에서 지하활동을 벌이다 체포되어 10년간 감옥에서 지내다 해방을 맞았다.

30) M. Wilke ed., *Die Anatomie der Parteizentrale. Die KPD/SED auf dem Weg zur Macht*, Berlin, 1998, p.19 이하.

움으로 전후 독일의 정치에 확실한 영향력을 행사할 수 있을 것이라 믿었다. 모스크바의 독일공산당 지도부는 전후 독일의 질서를 계획하는 데서 스탈린의 전략과 전술을 따랐다. 사통당 의장인 빌헬름 피크는 1944년 10월 "장차 독일공산당을 형성하는 데서 레닌과 스탈린의 당은 유일한 최상의 교사"라고 주장했다.[31)]

우리는 여기서 전후 북한과 동독의 권력투쟁 과정에서 어떤 정치적 집단이 헤게모니를 장악하고 어떤 집단이 숙청당했는지가 당 지도부의 민족정책에 미친 영향을 간과할 수 없을 것이다. 동독에서는 권력투쟁 과정에서 보다 민족주의적 성향을 지니고 있던 파울 메르커(Paul Merker)파와 짜이써(Wilhelm Zeisser)와 헤른슈타트(Rudolf Herrnstadt) 그룹이 각각 1949년과 1953년에, 칼 쉬르데반(Karl Schirdewan)과 에른스트 볼베버(Ernst Wollweber) 그룹과 볼프강 하리히(Wolfgang Harich)와 발터 양카(Walter Janka) 그룹이 1957년과 1958년에 숙청되었다.[32)]

반면에 북한에서는 한국전쟁에서 1956년의 종파사건에 이르기까지의 숙청에서 김일성을 중심으로 한, 민족주의적 성향이 강한 항일유격대 출신들이 권력을 공고화 한다. 이 과정에서 소련공산당을 추수하는 사대주의에 대한 비판과 '주체'에 대한 문제제기는 민족주의 이데올로기를 통해 권력을 공고화 하는 도구적 성격을 강하게 띠고 있었다. 1955년 12월의 연설에서 김일성은 북한현실을 무시하고 소련만을 본보기로 선전사업을 진행하던 소련파들을 비판하여 당내에서 상당한 공감을 얻었다. 그가 이렇게 교조주의와 사대주의 비판의 이름으로 '주체'를

---

31) H. Weber, *Geschichte der DDR*, München, 1999, pp.23~25.

32) H. Weber, *op.cit.*, pp.193~200 ; D. Küchenmeister u.a. ed., *…abgegrenzte Weltoffenheit… Zur Außen-und Deutschlandpolitik der DDR*, Potsdam, 1999, 106 ; W. Harich, *Keine Schwierigkeiten mit der Wahrheit. Zur nationalkommunistischen Opposition in der DDR*, Berlin, 1993.

제기한 것은 북한 내부 개혁세력의 일부를 사대주의자로 낙인찍는 데 커다란 상징적 효과를 거두었다.[33]

바이마르공화국 시기 출범한 독일공산당은 민족문제와 관련하여 이중적인 태도를 견지하였다. 그들은 한편으로는 자유 속에서 민족통일을 실현코자 했던 독일노동운동의 민족적 전통에 연계되어 있었으며 비스마르크의 소독일적 통일국가의 범주 속에서 사고했다. 다른 한편으로 그들은 바이마르공화국 시대나 나치시대의 우파민족주의에 대한 혐오감을 공유하고 있었으며 사회문제를 민족문제의 우위에 두는 마르크스-레닌주의 사상에 의해 각인되어 있었다.

이러한 이중적 태도는 전후에도 독일문제에 대한 그들의 태도에서 나타났다. 그들은 선천적으로 반민족적이지도 않았고 분단지향적이지도 않았다. 사통당 정치국은 자신들의 권력유지를 주민들의 통일염원보다 우위에 두고 소련의 이해관계를 독일의 이해관계 우위에 두었다는 점에서 본다면 반민족적이었다. 그러나 사통당의 수뇌부는 서방 강대국들의 '이민족의 지배'와 반민족적인 내부의 '반동'에 맞서 독일을 지킨다고 믿었기 때문에 자신들이 민족적 책임감을 가지고 행동하는 애국자라고 생각하였다. 그들은 적어도 1950년대까지 소련식 사회주의 모델과 민족통일이라는 목표 사이에 아무런 모순을 인식하지 않았으며 이것은 사회주의적 국제주의와 애국주의는 일체를 형성한다는 그들의 표어에서도 표현되었다. 전체적으로 볼 때 그들은 이 시기에 통일을 원칙적으로 소망하였지만 그들이 원하는 방식으로 통일이 가능할 때만 그러했다.[34]

---

33) 서동만, 「1950년대 북한의 정치 갈등과 이데올로기 상황」, 역사문제연구소, 『1950년대 남북한의 선택과 굴절』, 역사비평사, 1998, pp.322~323.

이에 반해 해방 후 조선로동당 지도부의 강력한 민족주의적 성향은 당내 권력투쟁에서 서서히 주류를 형성해 나간 김일성과 그 유격대 동료들과 그들의 강력한 라이벌이었던 연안파 모두 항일무장투쟁이라는 치열한 민족주의적 항쟁의 경험을 공유하고 있었던 데서 비롯된다. 국내공산주의자들 역시 적색노조와 적색농조의 파업투쟁에서 적극적인 역할을 했던 투사들이었으며 박헌영과 남로당 출신 측근들 역시 지하에서 치열한 항일운동을 벌였던 인물들이었다. 중국공산당 동북항일연군에 소속하여 민족해방운동을 하던 김일성의 항일무장투쟁 세력은 1930년대 말 1940년대 초 소련령으로 옮겨 활동을 하였다. 소련 극동군에 편입됨으로써 민족적 독자성이 일정정도 훼손되었지만 그들은 여전히 민족해방운동을 계속하였고 결코 사통당 지도부처럼 스탈린의 대숙청 경험을 통한 종속성의 심화를 경험하지는 않았다.

북한은 1960년대에 동맹국인 중국과 소련과의 갈등 속에서 남북한 사이의 위기가 고조되면서 주체사상을 제창하였다. 아울러 전쟁에 대비해 사회를 군사화시키고 1967년부터 김일성 중심의 유일지도체제를 추구하면서 광범한 개인숭배운동이 일어났다. 이 시기 북한의 『로동신문』은 수령의 역할을 강조하고 전인민에게 항일유격대원을 따라 배우도록 호소하였다. 일본의 북한전문가 와다 하루키는 이 시기 김일성이 당·정치·군사의 핵심요직에 항일유격대 출신들을 중용하고 항일유격대 정신에 대한 정치적 선전을 강화함으로써 유격대 국가를 창출했다고 본다.[35)]

34) M. Lemke, *Einheit oder Sozialismus? Die Deutschlandpolitik der SED 1949~1961*, Köln, 2001, p.504.

35) 와다 하루키, 『북조선-유격대국가에서 정규군국가로』, 돌베개, 2002, pp.126~131.

이들 빨치산파는 1961년 제4차 조선로동당 전당대회까지 당내의 최대세력으로 부상하며 이 과정에서 김일성의 항일 빨치산 투쟁으로 역사해석을 일원화하는 '혁명전통 확립'운동이 전개되고 이를 생산부문을 중심으로 전 사회에 확대시키는 천리마운동이 전개되었다. 항일무장 투쟁의 전통은 역사해석을 넘어서 당과 국가의 공식 이데올로기로 격상되었고, 나아가서 항일무장투쟁 참가자들의 정신은 노동자·농민 등 생산자들이 본받아야 할 모델로 떠받들어지게 되었다.[36] 항일민족주의의 전 인민화가 전개된 셈이다.

동독이 소련의 독점적인 지배를 받아야 했던 반면 북한은 소련과 중국이라는 두 강대국 사이에서 자결권을 확장해 나가는 데 성공하였다. 이미 중국의 한국전쟁 참전과 전후 주둔 및 북한의 전후 복구사업의 지원은 북한에 대한 소련의 독점적 영향력을 약화시키는 데 큰 역할을 했다. 김일성은 이미 중국의 국공내전에 중국공산당 군대를 지원하기 위하여 경제적 및 군사적 지원을 제공한 바 있었으며 이것은 북한과 중공 사이의 동맹관계를 강화하는 중요한 발판이 되었다.

1960년대에 중국과 소련 사이에 국경문제와 이데올로기 문제를 둘러싼 분쟁이 심화되자 김일성은 양국 사이의 갈등을 독자적인 행동반경을 넓히는 데 적절히 활용하였다.[37] 그러나 이러한 정책은 위험부담을 안고 있었으며 강대국의 원조에 대한 의존을 벗어나기 위해서는 경제-군사적 자립을 위한 노력을 훨씬 더 강화해야만 되었다.

수많은 희생자와 철저한 파괴를 동반한 한국전쟁은 전후 양국 사회에 치유하기 어려운 심각한 후유증을 남겼다. 이 내전의 경험은 독일과

---

36) 서동만, 「1950년대 북한의 정치 갈등과 이데올로기 상황」, 역사문제연구소, 앞의 책, p.320.

37) 북한과 중국의 관계에 대해서는 이종석, 『북한-중국관계 1945~2000』, 중심, 2001 참고.

한국이 민족문제를 풀어가는 데 현저한 차이를 만들었다. 한국에서는 전쟁기간 중 상호 자행된 야만적인 보복행위들과 파괴가 남북 사이의 건설적인 대화를 더 이상 불가능하게 만들었고 상대방 체제에 대한 비방과 경계 및 적개심의 조장이 휴전선 양쪽의 독재체제를 정당화시켜 주는 수단으로 작용하는 분단체제가 심화되었다. 또한 '민족해방전쟁'을 결정적으로 방해했으며 1951년 전선이 교착상태에 빠진 뒤에도 휴전협정에서 유리한 고지를 점령하기 위해 제공권을 장악하고 북한지역에 엄청난 폭격을 가한 미국[38]에 대한 북한의 반미 민족주의는, 항일무장 투쟁의 전통에서 비롯되고 한일회담 이후 한미일 공조의 한 축을 형성한, 일본에 대한 반일민족주의와 함께 북한 민족주의의 확고한 뼈대를 형성하게 되었다. 셀리그 해리슨(Selig S. Harrison)은 정당하게도 북한을 결속시켜 주는 심리적 시멘트는 민족주의이며 북한 민족주의의 강도를 인식하는 열쇠는 한국전쟁이 남긴 트라우마적 영향을 인식하는 데 있다고 보았다.

북한은 3년 동안 엄청난 폭격을 당했으며 사람들은 그 때문에 폭격을 피하여 방공호에서 생활하고 생산작업을 해야만 했다. 심지어 농업용수를 저장한 대규모 저수지까지도 폭격을 당하였다. 미국의 공식문서를 바탕으로 한 면밀한 연구를 통해 스티븐 엔디콧(Stephen Endicott)과 에드워드 해지맨(Edward Hagemann)은 미국폭격기들이 1952년 3월 철원과 금화·평양지역에 세균무기를 투하했다는 사실을 밝혀냈다. 한국전쟁은 더욱이 기술적으로 가장 발전한 세계 최강대국과의 전쟁에서 살아남았다는 새로운 자부심을 북한인들에게 심어주었다.[39]

38) 전쟁 중 미국의 비인도적 파괴행위에 대해서는 브루스 커밍스, 『한국현대사』, 창작과비평사, 2001, pp.403~418 참고.

김일성은 1953년 7월의 휴전협정 체결을 전쟁에서의 승리로 선언하였다. 서동만은 중국·베트남과 북한의 아시아 사회주의가 가지는 '전쟁사회주의'로서의 공통점과 차이점에 주목한다. 그는 북한 사회주의가 한국전쟁과 그 후 아시아 냉전을 겪으면서부터 중국이나 베트남처럼 '전쟁사회주의'로서의 성격을 띠게 되었다고 본다. 베트남은 무력통일에 성공하여 분단을 해소하고 중국과 함께 미국 일본과의 역사적 화해를 통해 개혁·개방의 길로 들어섰다.

그러나 북한은 현재까지 분단과 전쟁의 상태를 종식하지 못하고 미·일과의 대립을 극복하지 못한 가운데 전쟁사회주의를 훨씬 더 길게 그리고 더 강하게 지니고 있으며 이것이 북한 내부에서 민족주의적 결속을 더욱 강화하고 있다는 것이다.[40]

3-2 동독과 북한의 민족개념

우리는 동독과 북한지도부가 사용한 민족개념과 그 변화를 추적하여 그들의 민족문제에 대한 태도를 비교하고 평가할 수 있을 것이다. 사통당은 1960년까지도 하나의 독일민족이 존재한다는 사실에 아무런 이의가 없었다. 여기서 그들은 민족의 구성요소들에 대해 스탈린이 『마르크스주의와 민족문제』라는 저술에서 내린 1913년의 정의에서 출발하였다: "민족은 역사적으로 형성된 안정적인 인간공동체이며 언어·영

39) Selig S. Harrison, *A Strategy for Reunification and U.S. Disengagement*, Princeton, 2002, p.8 이하.

40) 서동만, 「북한체제와 민족주의」, 『역사문제연구』 4, pp.171~172.

토·경제생활·문화의 공통성에서 드러나는 심리적 성향을 기초로 출현하였다." 그는 이 가운데 어느 하나라도 빠지면 민족은 민족이기를 중단한다고 보았다.[41] 하나의 독일민족이라는 테제는 전독일위원회 혹은 국가연합 결성을 위한 사통당의 제안들 속에서 강령적으로 표현되었다. 그들이 보기에 동독에서의 사회주의의 공고화와 독일의 통일은 서로 배제적 관계가 아니라 상호 조건적인 관계를 형성하고 있었다.

1960년 12월 사통당 중앙위원회 전원회의에서 국가연합에 대한 논의가 있을 때 울브리히트는 동독민족과 서독민족이 형성될 것이라는 칼 야스퍼스의 주장을 비판하면서 동독에서 사회주의가 승리하고 서독에서 군국주의가 극복되는 것이 현안이라고 주장했다. 그는 이미 근대적인 민족이 한 번 형성된 곳에서는 당분간의 분열에도 불구하고 민족 재통일은 불가피하다는 확신을 밝혔다.[42]

그러나 1967년 사통당의 개념사용에서의 변화는 이미 다른 양상을 보여준다. 국가연합 구상의 맥락에서 '양국 사이의 이해에 기여할' 목적으로 세워진 '전독일 문제를 위한 부처'의 명칭은 1967년 2월 '서독 문제를 위한 부처'로 바뀌었다. 사통당의 기관지 '노이에스 도이칠란트(Neues Deutschland)'는 "서독의 독점자본과 사민당 장관을 포함하는 그 본(Bonn)의 '전독일부'의 잘못으로 인하여 '전독일적' 같은 개념은 그 내용을 상실하고 의미가 없이 되었다"고 그 사유를 밝혔다. 1949년 헌법과 1958년 선거법에서는 하나의 통일적인 독일국적으로부터 출발했던 반면 1967년 2월의 국적법은 동독의 시민권을 선포하고 그 기준을 확고히

41) *Stalin Ausgewaehlte Werke* 1, Dortmund, 1979, p.85 : 스탈린, 「마르크스주의와 민족문제」, 『스탈린선집』 1, 서중건 옮김, 전진, 1988, p.45.

42) *Neues Deutschland*, 1960년 12월 18일.

했다. 이것은 동서독이 별개의 국가라는 것을 명시한 것이다.[43]

사통당은 1970년과 1971년에 걸쳐 1민족2국가론으로부터 2민족2국가론으로의 전환을 수행했다. 이것은 무엇보다 빌리 브란트정부의 신동방정책을 배경으로 이해할 수 있을 것이다. 서독총리 브란트는 1970년 1월 민족의 상황에 대한 그의 첫 보고서에서 독일민족의 두 국가들과 그들 사이에 존재하는 특수한 관계에 대해서 언급했다. 그 며칠 뒤 울브리히트는 서독을 제한적 주권을 가진 '자본주의적 나토국가'라고 일컬은 반면 동독을 '사회주의 독일민족국가'라 불렀다.[44] 1971년 5월 울브리히트가 실각한 뒤 제1서기가 된 에리히 호네커는 제8차 당대회의 결의문에서 2민족이론의 기초를 놓았다:

> 독일민주공화국(DDR)은 국제법을 토대로 서독과의 동등한 관계를 수립하기 위해 노력한다. 사회주의 독일민족이 발전하고 있는 사회주의 동독과, 과거의 부르주아 민족이 존재하는 독점자본주의적인 서독 사이에는 결코 이른바 '내독적인 관계'가 없을 것이다.[45]

서독은 이제 분명히 '외국'이라고 표현되었다. 동독건국 25주년인 1974년 10월 동독헌법에서 하나의 독일민족을 연상시킬 수 있는 모든 표현들이 삭제되었다. 예컨대 1968년 헌법의 제1조의 동독이 '독일민족의 사회주의 국가'라는 구절은 '노동자·농민들의 사회주의 국가'라는 표현으로 바뀌었다. 통일에 대한 사명을 기록한 8조는 삭제되었다. '독일, 하나의 조국'이라는 동독국가의 가사는 이제 더 이상 불리지 않게

---

43) Klessmann, *Zwei Staaten*, p.450.

44) J. Hacker, *Das nationale Dilemma der SED*, pp.47~48.

45) *Neues Deutschland*, 1971년 6월 21일.

되었다. 사통당은 이제 독일의 분단이 역사적으로 종결된 문제이며 독일문제는 따라서 더 이상 열려 있지 않다는 시각에서 출발한 것이다. 그러나 이러한 담론정책은 동독주민들에게 큰 혼란을 가져왔으며 이것이 동독주민들에게 고유한 민족적 및 사회적 정체성을 부여하는 데 결코 적합지 않다는 것을 사통당 지도부는 깨달아야만 했다.[46)]

사통당 지도부는 1970년대 말부터 동독주민들의 국가의식을 촉진하기 위하여 독일적 전통, 특히 프로이센적 전통을 새롭게 강조하였다. 호네커는 여러 차례의 연설에서 동독의 독일적 성격을 강조하였는데 역사가들은 이러한 당 지도부의 뜻에 맞게 '동독의 민족사'를 서술하는 일에 착수했다. 역사가 발터 슈미트(Walter Schmidt)는 이러한 동독민족사가 동독의 직접적 출현과 역사뿐만 아니라 독일민족이 종족적 단위로서 등장한 이래의 전체 독일역사를 포괄한다고 말했다. 동독의 전사前史는 또한 지리적으로 동독국가가 당시 자리 잡고 있던 지역들의 지방사로 축소되어서도 안되었다.

> 동독시민들의 역사의식은 독일토양 위에서의 사회주의의 기원과 뿌리라는 이 폭넓은 역사적 차원을 목표로 한다. 그들의 역사상은 독일종족의 시원에서부터 시작하여 전체 독일역사를 포괄한다. 그리고 그것은 독일제국과 이전의 독일연방 그리고 1806년 이전의 '독일민족의 신성로마제국'에 결속되어 있었던 한 20세기의 1940년대 중반까지 모든 독일영토를 포함한다. 이 시각은 사회주의 독일민족의 역사적 자기이해의 양보할 수 없는 요소이며 민족적 정체성의 일부이다. … 독일종족 역사의 전과정을 배경으로 할 때만 최초의 사회주의 독일국가의 성립에 대한 인식이 가능

46) V. Grabowsky, *Zwei-Nationen-Lehre oder Wiedervereingung?*, Bochum, 1987, pp.77~79.

하다.47)

볼프강 벤호르(Wolfgang Venhor)는 이러한 사통당의 역사정책을 '피에몬트적 관점'으로의 전환이라고 일컬었다. 동독은 '전독일을 위한 모델국가'로 만들어져야 한다는 것이다. 브란덴부르크 문 앞의 운터덴린덴 거리에 프리드리히 대왕의 기마상을 다시 설치한 것, 프로이센 역사에 대한 보다 긍정적인 평가와 이를 둘러싼 논의들, 계급투쟁사적 시각에서 토마스 뮌쩌를 칭송하고 마르틴 루터를 비판했던 관점을 벗어나 독일의 종교개혁가인 루터를 '독일민족의 위대한 아들들 중의 하나'이자 '정의로운 사회를 구현하고자 했던 중요한 인문주의자'48)라 칭송한 것은 바로 이러한 '피에몬트적 관점'의 반영이었다. 이제는 비스마르크·라테나우·슈타우펜베르크가 비록 '착취계급의 대변자'였지만 그들의 인식지평을 깨부순 독일 애국자로 평가되었다.

특정한 시기들, 특정한 역사학 주제들, 특정한 사회계급들과 계층들을 계속해서 역사연구로부터 배제한다면 동독국가와 사회체제에 대한 시민들의 정체성을 실질적으로 높일 수 없다는 관점에서 사통당의 역사정책에서는 이렇게 전체 독일사로의 반전이 일어났다.

이러한 변화는 1970년대 말 이후 루터와 프로이센의 역사에 대한 새로운 평가와 함께 시작되었다. 1970년대 중반 이후 시작된 민족사의 '유산(Erbe)'과 '전통(Tradition)'에 대한 논의는 역사연구의 대상을 확대하고

---

47) W. Schmidt, "Nationalgeschichte der DDR und das territorialstaatliche histori- sche Erbe", *Zeitschrift fuer Geschichtswissenschaft* 29, 5/1981, pp.399~400.

48) Erich Honecker, "In der DDR wird die historische Leistung Martin Luthers bewahrt"(1980년 6월 13일 마르틴-루터-위원회의 결성회의에서 호네커가 한 연설), *Zeitschrift fuer Geschicht-swissenschaft* 10/1980, p.927.

보다 섬세한 역사상(Geschichtsbild)을 만들어내는 데 기여했다. 그러나 이 논의의 정치-이데올로기적 기능은 전체 독일사의 역사적 경험들의 총체, 곧 '유산'으로부터 일부를, 기릴 만한 가치가 있는 '전통'으로 선언하여 동독의 '사회주의적 독일민족'의 역사적 정통성을 뒷받침하고자 한 데 있었다. "그러나 이러한 시도는 사회주의 민족으로서 동독의 민족적 독자성과 차별성보다는 민족으로서 서독과의 긴밀한 관련성을 부각시키는 결과를 가져왔다."[49]

1960년대까지 북한에서는 스탈린의 민족개념을 의문의 여지없이 받아들였다. 그러나 주체사상이 체계화되는 1970년대에 북한의 민족개념에서 민족자주성이 강조되고 민족구성 요소로서 혈통이 추가되며 민족은 '언어·지역·경제생활·혈통과 문화·심리 등에서 공통성을 가진, 역사적으로 형성된 사람들의 공고한 집단'으로 규정되었다. 그리고 언어의 공통성을 '민족을 특징짓는 표징에서 가장 중요한 것들 가운데 하나'라고 특별히 강조하였다.[50]

북한은 1980년대에는 한 걸음 더 나아가 전통적인 스탈린의 민족개념의 핵심요소인 경제생활의 공통성을 민족개념에서 삭제하였다. 스탈린의 기준에 따르면 하나의 민족, 하나의 국가, 두 개의 사상, 두 개의 제도에 기초한 '고려민주연방공화국' 통일방안에서 남북한은 하나의 민족일 수 없다는 결론이 나오기 때문이었다.

북한은 스탈린의 민족이론과 결별하여 새로이 제기한 민족개념에서 경제생활의 공통성을 삭제하는 대신 핏줄을 강조하였다. 그 후 북한

49) 안병직, 「분단시대 독일문제와 동서독의 역사교육」, 『제41회 전국역사학대회 발표요지-공동주제: 통일과 역사교육』, p.58.

50) 『정치사전』, 평양:사회과학출판사, 1973, p.423.

의 민족개념은 '핏줄과 언어, 영토와 문화의 공통성에 기초하여 역사적으로 형성된 생활단위이며 사람들의 공고한 집단'으로 규정되고 있다. 그리고 여기서 말하는 핏줄은 "혈연성에 기초하여 맺어진 공동체인 씨족·종족의 인종적 특징을 계승하면서도 새로운 차원에서 동질적 및 이질적인 주민집단들이 동화되고 융합되는 인간세대 교체의 역사적 과정에 이루어진 징표"라고 규정하였다.[51)]

북한의 이러한 민족개념을 정당화한 대표적 논자인 고영환은 스탈린의 민족에 대한 본질규정이 "인간활동의 한 측면을 표현할 뿐"인 경제중심의 철학적 방법론에 기초하여 전개된 것이라 비판하며 북한의 민족개념을 "인간을 중심으로 하여 민족형성의 일반적 합법칙성을 일반화한 것"이라고 주장하였다. 그러나 북한의 이러한 민족개념은 마르크스주의자들이 '반동적인 부르주아 민족이론'으로 비판하는 혈연의 공통성을 내세우고 경제생활의 공통성을 삭제함으로써 결국 마르크스주의적 전통과의 결별을 의미한다고 볼 수 있을 것이다.[52)]

북한의 변용된 민족개념을 앞서 살펴본 동독의 1970년대 이후의 민족개념과 비교할 때 그 차이가 더욱 분명하게 드러난다. 알베르트 노르덴(Albert Norden)은 1972년 사통당의 2민족이론을 스탈린의 민족개념을 기반으로 조목조목 옹호하였다.

> 민족의 기준에는 공동의 경제가 포함된다. 이것은 〔동서독 사이에〕 존재하지 않는다. 동독에는 착취가 없는 사회주의 경제가 있으며 반대로 서독에는 독점자본주의적인 착취경제가 있는 것이다. 민족의 기준에는 공동

51) 『철학사전』, 평양:사회과학출판사, 1985, pp.246~247.
52) 이종석, 『새로 쓴 현대북한의 이해』, 역사비평사, 2002, pp.193~195.

으로 작용하는 심리적 및 도덕적 성격들이 포함된다. 이것은 존재하지 않는다. 왜냐하면 사회주의와 제국주의에서 사람들의 생활습관과 생각은 전혀 서로 정반대이기 때문이다.

노르덴은 '감정의 공통성'이라는 것은 '주관적 관념론에서 차용한 것'이라고 비판했다. 왜냐하면 "인민소유 기업에 있어서 노동자들의 감정은 서독의 기업·은행·조선소의 사적·자본주의적 소유자들의 감정과 근본적으로 상이하다"는 것은 이론의 여지가 없다는 것이다. 그는 또한 서독과 동독의 공동의 문화와 공동의 역사적 경험을 부정했다. 그는 사회경제적 차이의 중요성을 논쟁적으로 제기했다:

> 우리에게는 러시아어를 말하는 모스크바의 노동자, 영어를 말하는 스코틀랜드의 광산노동자, 프랑스어를 말하는 르노의 종업원들, 이탈리아의 농업노동자들이 독일어를 말하는 지멘스나 크룹사의 기업주들보다 천 배나 더 가깝다.[53]

동독은 서독과의 기본조약을 체결하여 동서독 사이의 사회문화적인 교류의 폭발적인 증가에 직면하여 내부적인 사회적 통합의 위기에 대처하기 위한 수단으로서 분단을 고착화하여 정권의 안정을 확보하려는 목적에서 2민족2국가론을 표방하였다. 브란트는 1민족2국가론을 내세우며 동서독일인들의 문화민족으로서의 언어적·역사적 공통성을 강조하고 그것의 유지·발전을 통해 분단상황에서 민족 사이의 이질감이 커지는 것을 막으려 했다. 그러나 사통당 지도부는 이러한 서독정부의

53) Rede Albert Nordens, *Deutschland-Archiv*, November 1972, pp.1223~1225.

독일정책과 함께 서독사회가 동독주민들에 미치는 흡인력을 차단하고 자기 체제의 독자적 정당성을 확보하기 위하여 문화적 공통성을 부정하고 사회경제체제의 차이가 가지는 의미를 강조함으로써 2민족으로의 분단상태를 더욱 공고화하려고 한 것이다.

동독과 북한의 민족개념에서 드러나는 민족문제에 대한 태도의 차이는 간단히 말해서 계급과 민족 중 어느 것에 더 우선적인 가치를 부여하느냐에서 비롯된다고 할 수 있다. 그들의 가치 우선순위에서 북한은 민족을 계급 위에 두었으며 동독은 계급을 민족 위에 두었다. 동독은 동서독일인 사이에 실질적으로 존재하던 문화적 공통성을 기반으로 한 공동의 소속감을 무시했던 반면 북한은 계급적 관점, 혹은 사회경제적 체제의 차이가 남북한 사회에 장기간에 걸쳐 민족형성에 미친 부정적 영향들의 심각성을 간과했다.

이러한 민족개념의 차이는 동독의 경우 동서독 관계에서 국가적인 역량의 차이에 따른 정권적 이해관계에 의한 선택이었던 반면에 북한의 경우 정권출발기부터 내재하고 있었던 강한 민족주의의 자기발전과 김일성의 독점적 지배력을 구축하는 수단으로서의 기능의 결합으로 볼 수 있을 것이다. 민족주의는 김일성의 유일지배체제를 강화하는 과정에서 내부통합을 공고화하는 국가의 핵심 지배이데올로기가 되었고 이것이 체제역량의 역전이 일어난 이후인 1980년대에나 현저한 생존적 위기에 직면한 1990년대에는 정권의 정당성을 보전하고 주민들을 통합하는 수단으로서 더욱더 강화되고 있는 것이다.

3-3 베를린 문제의 역할

분단의 고통은 다른 어느 곳에서보다도 베를린에서 더 심각하였다. 베를린 문제를 둘러싸고 승전국들 사이에 두 번이나 전쟁의 문턱까지 갈 만큼 대립이 고조되었다. 1940년대 말에 스탈린은 11개월이나 서베를린으로 통하는 모든 육로와 수로를 봉쇄하였다. 1950년대 말에는 흐루시초프가 최후통첩을 가지고 4년간이나 서베를린을 위협하였다. 1961년 8월에 설치된 베를린 장벽은 동서독 사이의 국경에서보다 더 많은 가족과 친척, 친구와 동료들을 갈라놓았다. 1960년대 말까지 서베를린은 분풀이 대상이 되었다. 서독의 정치가 마음에 안들 경우 사통당 정치국은 서베를린으로의 통행을 방해하였다.

그러나 베를린은 그럼에도 불구하고 두 독일 사이에 없어서는 안될 가교역할을 했다. 베를린장벽 건설 이전까지 동독인과 서독인은 서베를린에서 만났으며 많은 동독인들에게 서베를린은 '서방의 쇼윈도'였다. 장벽건설 이후에 동서독일인의 만남은 동베를린에서 이루어졌다. 장벽건설 이후에도 통행협정을 통해 서베를린 시민의 단기간 동베를린 방문이 가능하게 된 것이다. 브란트정부 하에서 4강협정을 통해 서베를린 시민의 동독방문이 가능해지자 그들의 동독방문 회수는 서독인의 두 배나 되었다.

서독의 독일정책에서 베를린 문제는 핵심적인 위치를 차지했다. 연방정부는 서베를린으로의 통행을 자유롭게 하기 위해 모든 노력을 기울였을 뿐만 아니라 베를린 지원프로그램을 통해서 경제입지로서의 서베를린의 매력을 높이기 위해 막대한 재정을 지출하였다. 모든 근로자는 그의 총소득의 8%를 추가수당으로 받았으며 가족 및 주택에 대한 추가지원금도 받았다. 새로운 전입 근로자에게는 이사비용 등 각종 혜택이 제공되었다. 베를린에 투자한 기업과 자영업자들도 여러 종류의 혜택을 제공받았다. 그러나 이러한 포괄적인 지원에도 불구하고 정치적 위기로 불안정이 커질 때 서베를린이 갖는 위험부담은 경제발전에 항상 큰 장애요인으로 남아 있었다.[54]

공산주의자들은 서베를린을 '살 속의 가시'로 느꼈던 반면 자유민주주의자들은 그것을 '붉은 밀물'이 넘실거리는 속에 위협받고 있는 섬으로 인식했다. 따라서 양자는 이러한 긴장관계를 어떤 식으로든 조정해 나가야만 했다. 특히 서독정부는 서베를린의 생존과 활력을 유지하기 위해 소련 및 동독과의 타협을 모색하지 않을 수 없었다. 베를린은 두 독일을 연결시켜 주는 '클립(Klammer)'과 같은 존재였다. 어떤 서독정부도 섬과 같이 포위된 서베를린 때문에 동독을 아주 잊어버리고 라인연방국가에 안주할 수는 없었다. 베를린장벽 건설은 대부분의 서독 정치인들에게 동방과의 대결정책을 통해서가 아니라 협력을 통해서만 무엇인가를 성취할 수 있다는 것을 깨닫게 해주었다.

브란트의 동방정책은 잘 알려진 바와 같이 베를린에서 출발하였다. 베를린시 한복판을 가로질러 장벽이 세워지고 이렇게 분단이 고착화되는 것을 서방측이 받아들일 수밖에 없었다는 사실은 독일정책을 재고하게 만든 결정적 체험이었다. 이산(Trennung)의 고통은 이곳에서 가장 컸고 따라서 여기서 가장 먼저 무엇인가 하지 않으면 안되었던 것이다. 서베를린 시장으로서 브란트가 체결한 1963년 12월의 통행권 협정은

54) O. Hillenbrand/Ch. Matern, Artikel, "Berlin", W. Weidenfeld/K.-R. Korte eds., *Handbuch zur deutschen Einheit*, Bonn, 1993, pp.45~46.

그가 7년 후 총리로서 동독과의 관계를 정상화하기 위해 취한 정책의 모델이 되었다: 그것은 동독을 국가로서 승인, 즉 분단을 인정하는 대신 이산의 고통을 완화시키는 것이었다.[55]

3-4 동독의 국가연합 통일방안과 북한의 연방제 통일방안

북한은 1950년대만 해도 주한미군의 철수를 전제로 "일체의 외국간섭을 배제하고 민주주의적 기초 위에서 자유로운 남북 총선거를 실시할 것"을 주장해 왔다. 그러다 연방제 통일방안을 처음 제시한 때는 1960년이었다. 4월혁명이라는 남한의 정치변동에 대응해서 전후복구가 끝난 뒤 비약적 경제발전으로 형성된 체제역량에 대한 강한 자신감을 바탕으로 연방제 통일방안을 공세적으로 제시한 것이다. 이 방안은 "남조선 당국이 남조선이 다 공산주의화할까 두려워 자유로운 남북총선거를 받아들일 수 없다고 하면 먼저 민족적으로 긴급하게 나서는 문제부터 해결하기 위한" 과도적 대책으로 제시된 것이었다. 이 안은 주권과 제도의 양립을 인정한다는 점에서 오늘날의 국가연합에 더 가까웠으며, 연방정부의 주된 업무를 '경제·문화 발전의 통일적 조절'에 두었다. 비교를 위해서 그 핵심내용을 인용하면 다음과 같다.

> 우리가 말하는 련방제는 당분간 남북조선의 현재 정치제도를 그대로 두고 조선민주주의인민공화국 정부와 '대한민국' 정부의 독자적인 활동을 보장하면서 동시에 두 정부의 대표들로 구성되는 최고민족위원회를 조직

55) Bender, *Sterben fuer Berlin*, p.24.

하여 주로 남북조선의 경제문화 발전을 통일적으로 조절하는 방법으로 실시하자는 것입니다. 이러한 련방제의 실시는 남북의 접촉과 협상을 보장함으로써 호상이해와 협조를 가능하게 할 것이며 호상간의 불신임도 없애게 될 것입니다. 그렇게 되었을 때에 자유로운 남북총선거를 실시한다면 조국의 완전한 평화적 통일을 실현할 수 있으리라고 우리는 인정합니다.[56]

이 선언이 동독에서 처음 국가연합안이 처음 제기된 지 3년 뒤에 나왔고, 동독과 북한이 1960년대 초까지 긴밀한 친선관계에 있었고(동독은 전후 북한의 경제복구를 위하여 막대한 경제지원을 해주었으며 동독의 기술인력이 북한을 재건하는 데 투입되었다. 북한과 동독의 외교관계는 북한과 소련과의 관계에 따라 변화하였다), 분단상황에서 민족문제를 보는 시각이 거의 일치하고 있었기 때문에[57] 우리는 북한지도부가 동독의 국가연합안을 면밀히 연구하고 그로부터 많은 시사를 받았으리라 추정할 수 있다.

실제로 위에서 인용한 북한의 제안은 동독의 국가연합안과의 유사성을 많이 보여주고 있다. 그러나 우리는 둘 사이의 차이점도 무시할 수 없다. 북한은 이 시기 그 역사상 가장 체제역량에 대한 자신감이 넘쳐 있었다. 남한은 여전히 경제적으로 낙후되어 있었으며 정치적으로 4·19혁명을 거치며 혼란상황 속에 있었다.

이러한 조건에서 북한은 남한에 대해 공세적인 처지에서 연방제를 제기한 것이다. 반면에 동독은 정권출범부터 '점령사회주의'로서 정당성의 결여라는 취약점을 안고 있었고 경제적으로나 국제정치적으로나 강력한 서독국가 앞에서 독자적인 국가로서의 존립기반을 확보하려는

---

56) 이종석, 『새로 쓴 현대북한의 이해』, 역사비평사, 2000, pp.382~383.

57) V. Grabowsky, *op.cit.*, pp.462~470.

수세적인 처지에서 국가연합안을 제기하였다. 동독정부는 북한과는 달리 국가연합안에 실질적인 의미보다는 정권적 이해관계에서 도구적인 의미를 부여했던 것으로 보인다. 이것은 북한정부는 전제조건을 별로 제기하지 않고 대신 남한경제를 지원하기 위한 여러 가지 방책을 제안했던 반면 동독정부는 서독정부가 수용하기 어려운 계급적 성격의 전제조건들을 많이 설정했다는 데서도 알 수 있다.

북한은 1973년 6월 23일 '조국통일 5대강령'을 발표하면서 '고려연방공화국'이라는 단일 국호를 가진 연방공화국을 창설하자는 제안을 함으로써 과거의 연방제안을 많이 수정한 통일방안을 내놓았다. 자유로운 총선거안을 포기하였지만 통일로 가는 과도적 체제임을 분명히 했다. 그러나 김일성은 1980년 연방제통일방안을 과도기가 아닌 최종 통일방안의 성격을 지닌 것으로 보다 정교하게 만든 '고려민주연방공화국' 통일방안을 제안하였다. 그리고 그 전제조건으로서 남한에서의 군부통치 청산과 사회의 민주화, 미국과의 평화협정 체결과 미군철수를 통한 긴장상태의 완화와 전쟁위험의 제거, 미국의 두 개의 한국조작 책동저지와 남조선 내정간섭 종식이라는 3가지 사항을 내걸었다.

현실사회주의의 붕괴 이후 정치적으로나 경제적으로 위기에 처한 북한은 1990년대에 들어 기존의 연방제 방안을 수정하여 국가연합적 방안을 선호하는 방향으로 변화하고 있다.[58] 이러한 북한의 연방제 통일방안이나 동독의 국가연합안이 제기된 배경과 그 성격변화를 고찰하면 서동만의 지적처럼 "통일방안에는 형성시점에 나타나는 남북간 체제역량의 차이가 강하게 반영되게 마련"[59]이라는 사실을 확인

58) 이종석, 앞의 책, pp.383~389.
59) 서동만, 「북한체제와 민족주의」, 『역사문제연구』 4, p.177.

하게 된다.

4. 맺음말

동독은 건국 초기에 사회주의체제로의 통일이 가능하다는 환상에 빠져 서독보다 훨씬 더 적극적인 통일정책을 폈지만 1953년의 반체제 민중봉기와 함께 전독일적 설득력을 상실했다. 1950년대 후반에 사통당이 내놓은 국가연합을 통한 중립국으로의 통일방안은 서독이 들어줄 수 없는 전제조건들로 인하여 정치선전적인 의미를 벗어나지 못했지만 동독은 1960년대까지 이를 견지했다.

1960년대 말 이후 사통당정권은 공식적으로도 통일목표를 포기하고 2민족2국가론으로 전환하였다. 그러나 기본조약 체결 이후 매년 동서독 사이의 수백만 명의 인적 교류는 사통당의 차단정책을 무의미하게 만들었다. 동독시민들의 서독방송 시청은 서독사회를 더욱더 그들의 삶의 질의 비교준거이자 동경의 대상으로 삼게 만들었고 이것은 1980년대에 서독으로 이주하려는 사람들의 수를 점점더 늘어나게 만들었다. 동독의 반체제시민운동의 강화와 함께 이들의 '발을 통한 표결'은 동독의 붕괴를 가져왔다.

전후 한국과 독일의 분단상황에 가장 큰 차이를 만든 요인은 무엇보다 한국전쟁과 베를린의 특수한 위상이었다. 그밖에 요인으로는 동독에서는 안보에 대한 불안이 상대적으로 적었다는 사실과 동서독 사이의 경제협력의 지속성을 들 수 있을 것이다.

한국과 같은 동족 사이의 내전을 겪지 않음으로써 전후 냉전체제 속에서 동서독 사이의 불신의 골은 한국에서처럼 깊지는 않았다. 그밖에도 동서독 사이의 경제력 격차는 건국 초기부터 컸으며 점점더 벌어졌고 전후 정착한 서방식 민주주의와 사회적 시장경제에 대한 시민들의 높은 만족도로 인하여 서독은 정권의 정당화를 위해 남한에서처럼 '적대적 공생관계'를 이용할 필요가 그리 크지 않았다. 남한에서는 한국전쟁의 기억들이 남북 사이에 상대방에 대한 적대적 이미지를 만들어내고 '적대적 공생관계'를 재생산하는 데 오랫동안 끊임없이 반복적으로 이용되어 왔다.

분단국가 동독 한가운데 섬으로서 존재하는 서베를린의 특수한 상황은 독일이 한국보다 훨씬 더 일찍 냉전적 대립을 극복하고 '조율화된 공존'과 '공생'의 길을 통하여 결국 통일을 실현하는 데 기여하였다. 분단으로 인한 긴장도 베를린에서 더욱 첨예한 양상을 보였으며 그것을 해소하고 서베를린의 생존을 보장하기 위한 긴장완화정책도 이곳에서보다 일찍 그리고 더욱 적극적으로 추진되지 않을 수 없었던 것이다.

동독은 동서냉전체제에서 소련의 전초기지와 같은 역할을 담당했으며 그들이 원하는 방식의 독일통일이 분명히 불가능해진 1950년대 중반 이후 소련은 동독을 결코 포기할 수 없었다. 또한 동독에는 소련군 20개 사단이 진주하고 있었다. 소련공산당과 사통당 지도부는 인권조항들로 인한 국제적 간섭의 여지를 감수하면서도 전후질서를 현상유지하기 위하여 유럽안보협력회의(KSZE: 영어약자로는 csce)를 적극적으로 지지했다. 따라서 동독은 서독과의 관계정상화로 인한 교류확대가 가져올 사회통합의 위험성에도 불구하고 긴장완화정책에 편승하여 그것이 주는 이익을 적극적으로 추구할 수 있었던 것이다.

반면에 북한은 중·소분쟁 이후 군사적 독자노선을 추구하고 중·소와 등거리외교를 통해서 한·미·일 안보공조에 북방삼각공조로 대처하고자 노력했다. 그러나 소련제국의 해체로 북한은 극심한 안보 불안에 빠지게 되었고 이것이 결국 북핵문제로 발전하여 남북관계를 발전시키는 데도 큰 걸림돌이 되고 있다.

1945년 포츠담선언은 독일을 경제적 통일체로 다룰 것을 규정하였다. 이 약속은 서로의 필요에 의해 전후 45년 동안 거의 중단없이 지켜져 동서독 사이의 대화와 타협의 훈련장이 되었다. 동서독 사이의 무역과 서독과 서베를린 사이의 통행수입과 동서독 사이의 각종 인적 교류 등을 통한 동독의 막대한 재정수입은 사통당정권으로 하여금 1970년대 말 이후 이른바 '제2차 냉전'에도 불구하고 서독과의 우호적 관계를 유지하는 데 각별한 노력을 기울이게 한 동인이었다.

5.
서독좌파의 평화운동과 중립화통일론

1. 머리말

독일에서 유학을 하면서 통일문제에 각별한 관심을 가지고 공부했던 필자는 가끔 서독의 시민단체들의 통일운동은 어떠했는가 하는 질문을 받는다. 언뜻 보기에는 적어도 빌리 브란트의 신동방정책 이후 서독정부가 독일정책에서 현실적으로 할 수 있는 일을 충분히 해주었기 때문에 시민단체들의 통일운동이라 할 만한 것이 별로 없었던 것으로 보인다.

그러나 자세히 들여다보면 1980년대 초의 광범위한 평화운동에서 통일정책에 대한 활발한 논의와 요구가 있었음을 알 수 있다. 그리고 비동맹 중립화통일론·국가연합론·반미주의 등 그 주장들은 남한의 진보적인 통일운동 진영의 주장들과 상통하는 점들이 상당히 많음을 알 수 있다. 따라서 서독의 평화운동에 대한 연구는 우리의 평화운동과 통일운동의 관계를 재평가하고 새로운 방향을 모색하는 데 새로운 시각을 열어줄 수 있을 것으로 기대한다.

2. 전후 좌파의 평화 및 통일담론

2-1 전후 평화운동의 역사

전후 서독의 가장 중요한 우방국인 미국이 보기에는 1949년 출범한 서독국가가 가능한 한 빨리 서방의 군사력을 강화하는 데 기여해야 했다. 초대 연방총리인 콘라드 아데나워는 서독이 빠른 서방통합을 추진하고 서방 군사동맹의 틀 내에서 재무장을 조속히 실현함으로써 완전한 정치적 주권과 경제적 번영을 신속히 달성할 수 있으리라 확신하였다. 1940년대 말까지만 해도 서독의 여론은 다수가 재무장에 반대하였다. 한국전쟁의 발발은 재무장을 서독내정의 지배적인 주제로 만들었다. 아데나워는 그의 정치적 의도를 실현하기 위하여 한국전쟁을 적극 이용하였다. 집권정당인 기민련(CDU)의 홍보자료는 한국을 '현장수업'이라고 일컬었다. 모든 것이 교육영화에서처럼 진행되었으며 경우에 따라 독일에서도 비슷한 형태로 반복될 수 있다는 것이었다. 서유럽과 미국에서도 독일재무장에 대한 여론의 타부가 깨졌다.[1]

서독의 재무장에 대한 논란은 애초 독일이 아니라 연합국 참모부에서 출발하였다.[2] 서방점령구에서는 1948년에 공식적인 논쟁이 시작되었다. 1949년부터 서독군대가 창설된 1955년까지 대중적 기반을 가진 재무장반대운동이 3차례 전개되었다. 1950년 시작하는 '나는 빼고 운동

---

1) Kleßmann, pp.230~231.

2) Ulrich Albrecht, Die Wiederaufrüstung der Bundesrepublik, Köln, 1980, p.11 이하.

(Ohne-mich-Bewegung)'은 모든 대정당들과 노조·교회와 시민단체들로부터 광범위한 지지를 얻었다. 1952년 EMNID의 여론조사에서 서독인의 3/4이 재무장에 반대했다.

재무장반대운동을 대변했던 인물 중 가장 잘 알려진 사람은 아데나워정부의 내무장관을 지내다 그의 외교정책에 반대하여 사표를 낸 구스타프 하이네만이었다. 1950년 10월 발표한 비망록에서 그는 독일군대의 재건은 새로운 독일 민주주의와 그 사회적 개혁을 위태롭게 할 것이라고 그는 보았다. 서독의 재무장은 소련을 도발하여 독일이 다시금 유럽전쟁의 중심전쟁터가 될 위험성이 커질 것이며 그 때문에 그는 재무장을 단호히 반대했다.[3] 운동세력의 일부는 1951년과 52년에 헤쎈지역의 교회지도자이며 저명한 평화운동가인 마틴 니묄러(Martin Nimöller)가 발기한 국민투표운동에 가담하였다. 그들은 국민다수가 재무장을 지지하지 않는다는 전제에서 출발하였다. 평화주의운동가들과 중립화론자들 그리고 공산주의자들이 이 운동에서 주도적인 역할을 했다. 그러나 이 운동은 헌법재판소에 의해 위헌판정을 받아 금지됨으로써 세력이 급격히 약화되었다.[4]

재무장반대운동의 마지막 표출은 사민당과 독일노동조합연맹(DGB)이 1954년 10월의 파리조약[5]에 반대하여 조직한 파울스키르헤운동이었다. 여기서 '독일선언'이 채택되었으며 폭넓은 지지를 얻었다. 이 운동의 지지자들에게는 국민투표운동이나 마찬가지로 안보정책적인 문

---

3) Kleßmann, p.232.

4) U.C. Wasmuht, "Die Entstehung und Entwicklung der Friedensbewegung der achtziger Jahre", R. Roth/D. Rucht eds., Neue soziale Bewegungen in der Bundesrepublik Deutschland, Frankfurt a.M., 1987, p.114.

5) 이에 대해서는 H.G. Lehmann, Deutschland-Chronik 1945 bis 1995, Bonn, 1996, pp.84~85 참고.

제보다는 민족문제가 주요관심 대상이었다. '독일선언'의 핵심부분은 다음과 같다:

> 우리 민족이 평화와 자유 가운데서 통일할 수 있느냐 혹은 국가의 분열이라는 부자연스런 상태에서 그리고 지속적으로 인간적인 반목 속에서 살아야 하느냐라는 현재 독일의 숙명적인 문제에 대한 답변은 오늘 파리조약에 대한 결정에 달려있다. 동독과 서독에 각각 독일군대를 창설하는 것은 재통일의 기회를 가까운 장래에 소멸시킬 것이며 동·서 사이의 긴장을 고조시킬 것임에 틀림없다.… 통일을 위한 4강합의가 군사동맹을 형성하는 것보다 우선되어야 한다.[6)]

이러한 반대운동들이 결국 가시적인 성과를 내지 못하고 서독이 재무장하고 나토(북대서양조약기구)의 일원이 된 것은 결국 유권자들이 재통일이 가져올지도 모를 위험부담보다는 서방통합을 통한 안보를 더 선호했기 때문이다. 서독의 군사적 서방통합을 막기 위하여 중립화와 독일-폴란드 사이의 오더-나이세 국경인정을 전제로 독일통일을 허용하겠다는 1952년 스탈린 각서를 둘러싼 논쟁은 이를 뒷받침한다. 당시 사민당은 4강회담에서 각서를 면밀히 검토할 것과 서독정부로 하여금 그에 상응하는 이니셔티브를 행사할 것을 강력히 요구했지만 국민들의 관심 부족으로 인하여 관철시키지 못했다.[7)]

서방의 전문가들이 보기에는 서독군대의 창설을 통해 나토의 군사력을 증강한 것만으로는 안보에 충분하지가 않았다. 따라서 1956년 말

---

6) W.v. Bredow, "Zusammensetzung und Ziele der Friedensbewegung in der Bundesrepublik Deutschland", APZ, B24,1982, p.5 : Bredow, Friedensbewegung, p.37.

7) D. Groh/P. Brandt, 'Vaterlandslose Gesellen' Sozialdemokratie und Nation 1860~1990, München, 1992, p.258.

부터 바르샤바조약기구가 지닌 재래식 군사력의 우위를 상쇄하기 위하여 서독군대도 미국의 전술핵무기로 무장하는 것이 고려되었다. 제3제국 패전 10년 만에 서독군대를 핵무장한다는 전망은 동유럽뿐만 아니라 서독의 많은 시민들도 경악케 하였다. 아데나워가 핵무장에 동의한 1주일 뒤인 1957년 4월 12일 18명의 서독 핵물리학자들은 핵무장에 반대하는 성명을 냄으로써 광범위한 논의를 촉발시켰다. 과학자들은 여기서 "모든 전술핵폭탄은 … 히로시마를 파괴한 최초의 원자폭탄과 비슷한 위력을 가지고 있다.… 그 사이에 개발된 '전략핵무기', 특히 수소폭탄과 비교할 때만 우리는 그것을 '작다'고 할 수 있다"는 것을 강조했다. 서명자들은 "어떤 방식으로든 핵무기의 생산·실험 혹은 실전배치에 가담하지 않을 것"을 분명히 했다.

반면에 그들은 동시에 모든 수단을 동원해서 원자력 에너지의 평화적 이용을 장려하는 것이 대단히 중요하다는 것을 강조했다. 이러한 목소리들이 '핵살상 반대투쟁(Kampf-dem-Atomtod)' 캠페인으로 발전했다. 사민당·독일노동조합연맹·교회와 같은 대규모 조직들도 점차로 캠페인에 가담했다. 사민당은 핵무기의 거부와 폴란드 외무장관인 라파츠키의 제안에 따라 비핵지대 창설을 요구했다. 독일노동조합연맹은 사민당과 함께 '핵살상 반대투쟁' 캠페인을 조직하였는데 여기에 많은 학자들·예술가들·지식인들과 정치인들, 그리고 많은 일반시민들이 참여했다. 그러나 이 운동은 사민당과 노동조합이 정치적인 이유로 이탈하자 곧 영향력을 상실했다.[8)]

1960년대 초에 영국으로부터 영감을 받아 처음에는 소규모로 시작되어 1960년과 1968년 사이에 매년 점점더 큰 규모로 치러진 부활절

8) Wasmuht, Entstehung, pp.115~117 ; Bredow, Zusammensetzung, p.6.

시위행렬운동은 1960년대의 평화운동을 대표한다. 이 운동은 후에 청소년 및 대학생들의 저항운동과 결합하였다. 학생운동권의 영웅은 제3세계의 게릴라 지도자인 체 게바라였고 '배우기 위하여' 볼리비아의 지하조직의 일원이 된 레지 드브레(Régis Debray)는 좌파사회주의 학생운동가들에게 선망의 대상이었다. 사회주의독일학생연맹(SDS)은 베트남전쟁반대운동에서 주도적인 역할을 했다.

서베를린의 SDS는 1965년 여름 베트남전쟁의 문제점에 대해 주의를 환기시켰다. SDS는 특히 개신교학생공동체(ESG)와 군비축소를 위한 캠페인(KfA)으로부터 강한 지지를 받았다. 시위가 조직되었고 베트남전쟁을 비판하는 책자들이 제작되었다. 이리하여 1966년의 부활절 시위에서는 베트남전쟁이 주요현안이 되었다. 이 부활절 시위와 함께 베트남전쟁과 비상조치법에 반대하는 캠페인은 절정에 달했다. 비상조치법의 통과와 함께 학생운동과 반전운동 모두 약화되었다. 이 시기 학생운동권의 반미주의는 물론이거니와 서독의 여론주도층에서 미국에 대한 부정적 이미지가 확산되었다. 케네디 대통령 시기에 미국은 민주주의와 번영의 상징이었지만 베트남전쟁은 이 이미지들을 급속히 사라지게 했다. 서독 젊은이들 사이에서 병역거부자들의 수가 급속히 증가한 것은 서독군대의 정당성의 위기를 반영하는 것이었다.[9)]

2-2 전후 통일담론

제2차 세계대전 종전부터 적어도 1955년까지의 시기는 아데나워정

9) Wasmuht, Entstehung, pp.117~119 : Bredow, Zusammensetzung, p.6.

부나 야당인 사민당의 정치노선과는 다른 독일정책상의 대안들이 다양하게 제기되었던 시기였다. 1980년대 초 평화운동 진영의 다양한 독일정책 제안들은 거의 대부분 1950년대에 이미 제기되었던 것을 다시 기치로 내건 데 지나지 않았다. 이 제안들은 흔히 작은 단체들에 의하여 대변되었다. 하지만 그들은 활발한 대언론활동을 통하여 주목을 끌었다. 미래의 통일독일을 위한 대안적인 계획들은 동서진영 대립에서 독일의 중립만이 통일을 가능케 하리라고 보았다.10)

소련점령구의 기민련 지도자로서 활동하다 추방되어 아데나워정부에서 전독일문제 담당장관이 되었던 야콥 카이저(Jakob Kaiser)는 재통일된 독일이 동서진영 사이의 가교와 중재자로서 역할을 해야 한다는 사상을 대변하였다. 그는 내정적으로는 기독교 사회주의를 통해 기독교와 사회주의를 종합하고자 하였다. 1947년 초 사회학자인 알프레드 베버(Alfred Weber)·루드비히 베르그스트래써(Ludwig Bergsträsser) 등에 의해 창립된 '민주주의와 자유-사회주의를 위한 하이델베르크 행동그룹'도 가교론(Brückenkonzept)을 지지했으며 '외정상의 권력정치의 참여를 전면 포기할 것'을 선포했다. 독일은 결코 '권력요소'가 되지 않으려 하고, 않을 것이기 때문에 중재자로서 균형과 화해의 능동적인 정책을 통하여 동·서 사이의 평화를 촉진시키는 대과업을 수행할 수 있다는 것이었다.11)

평화주의적 전위론의 추종자들은 대부분 완전히 탈군사화하고 국제적으로 지위를 보장받는 중립국으로서의 독일통일을 지지했다. 이러한 지위를 통해서 독일은 보다 높은 도덕적 수준에서 정치를 실현할 소명을

10) Bredow, Friedensbewegung, 34~35.

11) Bredow, Friedensbewegung, 35~36 : Ch. Hacke, "Deutschlandpolitik der CDU/CSU", W. Weidenfeld/K.-R. Korte eds., Handwörterbuch zur deutschen Einheit, Bonn, 1991, pp.191~193.

가지고 있다는 것이다. 이러한 개념을 대변하는 집단들 중 제일 잘 알려진 것은 울리히 노악(Ulrich Noak)을 중심으로 한 '나우하임 서클'이었다.

이러한 평화주의적 독일정책 지지자들과는 달리 독일의 독자성을 강력히 요구하는 주장들엔 독일민족주의적인 성향이 분명히 드러나 보인다. 볼프 셍케(Wolf Schenke)와 그의 '제3의 전선'집단은 자립적이고 독립적인 유럽을 위한 핵심으로서 기능할 중립적이지만 강력한 통일독일을 원했다. 셍케는 소련과 미국으로부터의 퇴폐적인 영향으로부터 유럽과 독일의 문화적 자산을 순수하게 지켜낼 것을 요구했다:

> 우리가 다시 존중해야 할 가치들은 그리스와 로마에서 성장하고, 기독교와 게르만 문화와 결합하고, 이탈리아 · 프랑스 · 독일에서 만개한 유럽적 가치들이다. 미국주의는 러시아의 볼셰비즘이나 마찬가지로 이 가치들에 맞지 않는다.

오토 슈트래써(Otto Strässer)와 그의 '독일의 쇄신을 위한 동맹'과 함께 '내일의 세계열강' 중의 하나인 미래의 독립적인 유럽의 핵심국가인 독일의 무장중립을 지지했다.12)

아데나워정부의 서방통합정책에 불만을 품었던 사람들은 누구나 재무장과 서방 군사동맹에 서독군대가 통합되는 것을 반대했다. 이들은 재무장이 통일이라는 목표에 부정적인 결과를 낳으리라는 것을 염려하였다. 1858년 2월 '핵살상반대투쟁'의 선언문은 평화와 통일문제의 긴밀한 결합을 다음과 같이 표현하고 있다:

---

12) Bredow, Friedensbewegung, p.36.

분계선 양쪽의 독일민족은 동서 사이의 전쟁에서 확실히 핵살상에 희생될 것이다. 그것으로부터의 보호는 없다. 핵무장 참여와 독일영토를 핵무기 발사대로 제공하는 것은 이러한 위협을 더욱 높일 뿐이다.… 우리는 연방의회와 연방행정부에 핵무기 군비경쟁을 함께 하지 말고 긴장완화를 위한 기여로서 유럽에 비핵지대를 만들려는 모든 노력을 지지할 것을 요구한다. 우리는 전 독일민족에게 … 생명을 위협하는 군비정책에 저항할 것을 호소한다.[13]

이러한 평화정책과 독일정책이 밀접하게 연결된 논거들을 우리는 1980년대 초의 평화운동에서 다시 그대로 만나게 된다.

3. 1980년대 초 평화운동의 배경

1981년 10월 10일 서독 수도인 본에서 독일평화운동의 역사에서 가장 잘 조직한 최대규모의 시위가 일어났다. 참가자의 수는 20만 명에서 30만 명까지로 추산되었다. 이 시위는 서유럽의 모든 주요도시들에서 일어난 핵무장반대운동의 출발점이었다.[14] 시위주최자들은 그들의 4대 목표를 다음과 같이 제시했다:

□ 우리는 유럽에 새로운 핵무기를 배치하는 것에 저항한다.

---

13) ibid., p.37.

14) 로마와 런던에서는 10월 24일에 각각 15만 명과 5만 명이, 파리에서는 25일 5만 명이, 10월 28일에는 헬싱키에서 15만 명이, 11월 15일에는 마드리드와 아테네에서 각각 50만 명과 30만 명이 11월 21일에는 암스테르담에서 35만 명이 시위에 나섰다.(Bredow, Zusammensetzung, 9)

□ 우리는 새로운 중거리 탄도미사일의 설치 결정에 동의한 나토회원국 정부들에게 그들의 동의를 철회할 것을 촉구한다. 그럼으로써 상호 포괄적인 군비축소를 실천하려는 목표를 가지고 동서유럽에서 핵무기를 감축하기 위한 길이 열려야 한다.

□ 우리는 핵무기를 생산하지도, 설치하거나 이용하지도 않는 핵무기 없는 유럽을 지지한다.

□ 우리 정부들은 효율적인 군축회담과 긴장완화의 지속을 위한 자신의 이니셔티브를 착수해야 한다.[15)]

사민당과 노동조합, 녹색당에서 독일공산당(DKP)까지, 그리고 교회와 수많은 반핵 평화운동 단체들이 여기에 참가하였다. 이런 다양한 집단들을 하나로 묶을 수 있었던 것은 나토 이중결정에 대한 공동의 반대였다. 사민당의 군사전문가이자 국방장관을 거쳐 서독총리가 된 헬무트 슈미트(Helmut Schmidt)는 이미 1977년 10월 영국 전략문제연구소에서 행한 연설에서 재래식 무기와 전술핵무기 분야에서 소련의 우위를 축소시키지 않고는 미국의 우방국들의 안보가 위협받는다는 견해를 피력했다. 그는 나토가 군비강화를 하는 것보다는 두 진영이 군비축소를 하는 것을 선호했다.

그러나 동서가 똑같은 수준으로 군비를 감축하기 위한 합의에 실패하면 나토의 군비강화가 불가피하다고 보았다.[16)] 이러한 그의 구상은 1977년 1월 프랑스령 카리브해 섬인 과들루프에서 열린 4국정상회담〔카터·지스카르 데스탱·캘러건·슈미트가 회동〕을 거쳐 같은 해 12월 12일 브뤼셀의 나토(NATO) 이중결정으로 구체화되었다. 이 결정은 두 진영이 중

15) Bredow, Zusammensetzung, pp.7~8.

16) H. A. Winkler, Der lange Weg nach Westen. Zweiter Band. Deutsche Geschichte vom "Dritten Reich" bis zur Wiedervereinigung, München, 2000, p.353.

거리 핵무기를 포기하는 데 소련을 설득하지 못할 경우 신무기를 특히 서독영토에 설치하기로 예정하였다.

소련이 구식 중거리 탄도미사일을 SS-20으로 교체함으로써 생긴 군사적 불균형에 직면하여 헬무트 슈미트는 몇 년 전부터 미국정부와 서방여론으로 하여금 나토무기고의 허점을 주목하게 했다. 처음에는 이 범주의 무기를 초강대국의 군비통제 회담 속에 편입시키고자 하는 기대가 있었다. 그러나 브뤼셀의 군비강화안의 커다란 문제점은 설치하기로 예정된 미국의 중거리 탄도미사일 'Pershing II'와 'Cruise Missile(순항미사일)' 기수가 제한되어 있었다 하더라도 그 기술적 및 전략적 우위가 소련의 무장에서의 우위를 훨씬 뛰어넘으리라는 데 있었다. 소련의 중거리 탄도미사일은 단지 서유럽에 잠재적인 위협을 가하고 있었지만 미국은 1970년대 초부터 발전시켜 온 신무기들을 가지고 주적인 소련을 직접 위협할 수 있었다.17)

1980년대 초 서독의 평화운동이 전후 서독 최대규모로 대중을 동원할 수 있었던 것은 나토의 이중결정에 대한 반대만으로 충분히 설명할 수 없으며 우리는 다른 구조적 요인들도 함께 살펴보아야 할 것이다. 나토의 군사전략과 그것이 서독에 미치는 영향에 대한 공적인 논의가 수십년간 일어나지 않았는데 1970년대에 호르스트 아펠트(Horst Afheldt) 등 평화주의적 군사전문가들의 저술들과 평화운동의 정치적 에너지가 결합하여 군비강화 전략문제에 대한 사람들의 관심을 높여주었다. 또한 1970년대 후반에 국제적 긴장이 고조되었다. 이란에서의 이슬람 혁명과 미국대사관 직원들의 인질소동, 소련의 아프가니스탄 침공, 레이건의 대통령 당선과 대규모 군비강화 계획의 선포, 그로 인한 반미주의의 확산, 폴란

17) Winkler, Der lange Weg, pp.353~357 ; Groh/Brandt, Vaterlandslose Gesellen, pp.314~315.

드 자유노조에 대한 탄압, 긴장완화 시도의 실패(예컨대 미국상원이 SALT II를 비준하지 않은 것) 등은 위협받고 있다는 느낌을 강화시키고 전쟁공포를 확산시켰다. 특히 레이건정부가 표방한 '힘의 정치(Politik der Stärke)'는 기본적으로 강한 적대의식(적으로부터의 위협에 대한 지나친 과장), 긴장완화정책과 신뢰구축 조치들에 대한 거부, 우위점유를 통해 세력균형을 추구하는 공격적인 위협전략(Abschreckungsstrategie), 군비통제와 군비축소보다는 군사전략과 군비강화를 선호하는 정책을 통해 특징지어졌다. 평화운동이 치열하게 전개된 주요원인은 '신냉전'이라 불리는 동서 사이의 새로운 긴장고조와 전체적인 상황에 대한 인지에서 비롯되는 전쟁위험이 높아진 데서 오는 불안이었다. 전쟁을 막으려는 노력이 감소한 가운데 전쟁수행 역량의 발전, 제한적 핵전쟁을 가능케 하려는 미국의 노력, 핵무장 경쟁의 강화, '실수로 인한 핵전쟁' 위험의 증대는 사람들의 위기의식을 강화시켰다. 이러한 가운데 나토의 이중결정은 그 반대자들에게 정치적 군비통제로부터의 이탈, 양적 및 질적 군비경쟁의 지속, 전쟁수행 역량의 강화, 독일영토를 효율적인 공격목표로 만듦, '실수로 인한 전쟁'위험의 증가, 국가재정에 대한 막대한 부담을 의미했다.[18)]

4. 1980년대 초 평화운동의 독일정책 관련담론

일견 보기에는 평화와 안전, 군축과 대안적 방위정책 가능성을 둘

18) Wasmuht, Entstehung, pp.120~122 ; Bredow, Zusammensetzung, 8. 레이건과 미국의 우익 강경파들의 호전적인 군사정책에 대해서는 Y.V. Berghe, Der kalte Krieg 1917~1991, Leipzig 2002, p.299 이하 참고.

러싼 평화운동 진영의 논의들은 독일정책과 무관해 보인다. 그러나 자세히 들여다보면 그 주장과 논리 속에 독일정책과 분리해서 생각할 수 없는 내용들을 포함하고 있음을 알 수 있다. 독일정책상의 함의를 가진 가장 널리 퍼진 생각은 유럽의 동서진영 사이의 전쟁에서 '독일의 특별한 위험'에 대한 주장이다. 중립화 통일론자인 볼프강 벤오르(Wolfgang Venohr)는 그가 편집한 책의 서문에서 독일이 '양 군사진영의 총사령부 군사작전의 목표물'이자 '장차 거대한 홀로코스트의 영역'이라고 지칭하였다. '독일은 독일인에게' 혹은 "모스크바나 워싱턴을 위해서는 피 한 방울도 안된다"는 구호가 유일한 답이어야 하며 본과 동베를린이 현재 추구해야 할 정치의 핵심이라고 주장했다.[19)]

동독의 반체제 지식인으로서 서독으로 추방된 루돌프 바로(Rodolf Bahro)는 1982년 '함바하축제' 150주년 기념행사에서 "이 진영경계 그리고 그 양측에 집중된 잠재살상력, 바로 이것이 유럽의 다른 국가들에 앞서 우리나라를 심각한 상황에서는 두 초강대국의 사격장으로 만들 것이다.… 여기에 두 독일국가의 주민들의 위험공동체가 존재하고 있다"[20)]고 주장했다. "나는 독일에서 우리가 두려움을 너무 조금밖에 가지고 있지 않아서 파국과 패배에 빠져들게 되었다고 믿는다"고 귄터 그라스(Günter Grass)는 나치시대와 관련하여 비판적으로 회고하였다. 이것은 이제 독

---

19) W. Venohr ed., Die deutsche Einheit kommt bestimmt(독일통일은 반드시 온다), Bergisch Gladbach, 1982, p.9. 이 책은 좌파에서 우파까지 서로 다른 정치적 스펙트럼의 저자들을 규합하고 있지만 모두 독일의 중립화 통일만이 유럽에 지속적인 평화를 보장할 수 있다고 주장한다.

20) Bredow, Friedensbewegung, p.41에서 재인용. 바로는 '현실사회주의 비판'(쾰른에서 출간한 그의 저명한 저서 'Die Alternative'의 부제이기도 함) 때문에 1977년 8월 체포되었고 1978년 6월 '반사회주의적이고 국가전복적인 활동' 때문에 8년 징역형에 처해져 수감생활을 하다가 1978년 7월 석방되어 서독으로 추방되었다.[Lehmann, Deutschland-Chronik, p.238]

일인이 핵전쟁의 위험을 진지하게 두려워해야 하며 그에 상응한 행동이 따라야 한다는 요구가 포함되어 있었다. 두려움과 묵시록적 전망들이 당시 널리 반향을 불러일으켰다. 당시 유행하던 정치소설들의 일부는 퇴역장교들이 저작하였으며 앞으로의 군사적 긴장과 핵전쟁의 비참한 결과들을 묘사하여 두려움의 정서를 확산시켰다. 유럽연합의 여러 국가들에서 실시된 제3차 세계대전의 위험성과 핵무기에 대한 여론조사는 1981/1982년에 서독에서 대단히 높은 두려움이 잠재하고 있다는 것을 보여준다. 이 두려움은 하지만 핵무장 경쟁에 대한 항의를 넘어서는 포괄적인 위기의식의 반영이었다. 그것은 지구적 규모의 생태적・사회적 파국들과 핵무기로 인한 파국들에 대한 두려움의 표현이었던 것이다.[21]

독일정책과 관련된 두번째의 담론은 독일인은 두 차례의 세계대전과 그 결과에 역사적 책임이 있기 때문에 '평화에 대한 전독일적 책임'이 있다는 주장이다. 퇴역장군이자 녹색당의 평화운동가인 게르트 바스티안(Gert Bastian)은 핵전쟁을 통한 인류에 대한 위협에 맞서 사람들을 동원하려고 쓴 글에서 이를 다음과 같이 표현하였다:

> 역사적인 과실로 인하여 다른 곳에서보다 특히 독일에서는 또다시-그리고 마지막으로-종족학살에 참여하는 것을 거부할 의무가 있다.

"독일 땅에서 다시는 전쟁이 시작돼서는 안된다"는 더 약화된 표현은 동서독의 정치인들이 재삼재사 애용하던 문구였다.[22] 동서독의 작

---

21) K.-R. Korte, Der Standort der Deutschen, Köln, 1990, pp.84~85 : Bredow, Friedensbewegung, pp.41~42.

22) Bredow, Friedensbewegung, p.42.

가들은 문학적 평화주의의 전통을 계승하여 평화담론에 중요한 기여를 했다. 그들은 3단계로 논리를 전개했다: 독일의 특별한 위험이 강조되고, 이로부터 그리고 역사적으로 도출되는 독일인의 책임, 그리고 능동적인 행동이라는 결론이 그것이다. 토마스 브라쉬·귄터 그라스·사라 키르쉬·페터 슈나이더 등 동서독 작가들이 1980년 4월 17일 서독정부에 보낸 호소문은 이것을 분명히 보여준다:

> 전쟁을 더 이상 배제할 수 없는 상황에서 … 독일이 이미 한 번 이 대륙의 얼굴을 폐허로 만들었다는 것을 의식하면서 우리는 당신들이 평화를 위한 독일인의 특별한 책임을 다하기를 촉구합니다.… 전쟁으로 분단된 우리나라에서 실수에 의해서건 의도적으로건 평화가 위협받자마자 모든 동맹상의 의무는 한계를 갖습니다.… 상황이 독일인에게 제공하는 기회를 이용하십시오.… 지구상의 어떤 민족도, 어떤 정부도 독일인보다 더 큰 의무를 갖고 있지 않습니다.

앞서 인용한 벤오르의 편저는 위험과 책임과 관련하여 중요한 논지를 전개한다. 과거에는 분단을 평화의 조건으로 보는 시각이 독일문제를 둘러싼 현상유지적 담론의 논거였다면 이제 분단은 평화를 위협하는 것으로 정의된다. 벤오르는 "독일통일은 유럽평화를 위한 유일한 효율적 보장이다"라고 보았다. 따라서 군사동맹의 안정화가 아니라 지금까지 유효했던 집단적 유럽안보의 질서들의 대대적 변혁이 평화와 안보의 조건이라는 것이다.[23]

세번째의 담론은 보다 공격적인 형태를 띠고 있는데 독일은 피점령

---

23) Korte, Standort, pp.84~86.

국으로서 각기 점령국으로부터 대결과 무기체계를 강요당하고 있다고 본다. "우리는 정확히 보면 두 독일국가들 모두가 피점령국이다"라고 하인리히 알버츠(Heinrich Alberts)는 1981년 함부르크의 교회총회에서 있은 헬무트 슈미트와의 단상토론에서 말했다. 헬무트 골비처(Helmut Gollwitzer)는 시사주간지 『데어 슈피겔(Der Spiegel)』에 기고한 독자편지에서 서독영토에 퍼싱 II 미사일을 설치하는 것과 관련하여 "어떤 독일인도 우리 민족의 이해관계를 타국의 이해관계에 무조건 복속시키는 것을 받아들일 수 없다. 그것은 우리 민족의 생존에 대한 처분권을 외국정부에 넘기는 것을 의미하기 때문이다"고 주장했다.

> 서독정부는 퍼싱 II를 서독에 배치할 것인지 아닌지에 대한 주체적 결정권을 가지고 있다. 그러나 한 번 배치하기로 결정할 경우 더 이상 그것에 대한 결정권을 가지지 못한다. 즉 그로써 미국 대통령이 서독의 실질적 국가원수가 되는 것이다.… 이것은 국가에 대한 배신이다.

이러한 개신교의 민족주의적인 목소리에서 우리는 한편으로는 두 초강대국에 대한 등거리정책을 펴자는 견해와 다른 한편으로는 정치적 스펙트럼의 극좌나 극우 모두에서 '미 제국주의'에 대한 저항요구를 도출해낼 수 있다. 평화운동 진영에서 표출된 반미주의가 지향하는 목표는 결코 동일하지는 않았다. 한 편에서는 서유럽과 미국, 혹은 서독과 서방동맹국들 사이의 결속을 해체하는 것이 목표였고, 다른 한 편에서는 동서독 분계선을 넘어서는 민족의식을 발전시키는 것이 목표였다. 이러한 독일의 평화운동에 대해 서방동맹국들은 독자노선의 추구 혹은 '자발적 핀란드화'의 위험성에 대해 염려하였던 반면 크레믈린 지도부는 서독의 강력한 평화운동이 자신들의 서유럽정책에 도움이 되리라는 기대를 걸기도 했다. 이러한 반응과 관련하여 슈미트정부나 콜정부는 재삼재사 서독의 서방통합의 약화가 서독의 정치적 여지를 확장하는 것이 아니라 위축할 것이라고 경고했다.24)

평화운동의 정치적 담론 속에는 민족적·중립주의적·반미적 및 안티-모던적 목소리들이 섞여 있었다. 그러나 이들을 연결시켜 주는 것은 정치적 현상유지를 바꾸려는 욕구와 모든 종류의 외부로부터의 결정에 대한 방어였다. 미래 독일국가의 국경문제에서 좌파의 새로운 독일 애국주의는 전통적인 민족주의적 우파와는 분명히 달랐다. 좌파 애국주의의 지지자들은 현재의 독일국경을 넘어 팽창하는 것을 거부한다. 그들은 문화적으로나 정치적으로나 군사적으로 너무 긴밀한 서방통합을 반대한다.

서방결속은 이제 다시 대두하는 독일적 정체성의 반대개념이 되었다. 여기서 반미주의는 안티-모더니즘에서 평화주의까지 서방적인 것에 대한 다층적인 저항의 표현으로서 나타난다. 많은 여론조사 분석결과를 보면 반미주의가 국민다수의 정서는 아니었다. 예컨대 레이건 행정부에 대한 부정적인 견해는 1960년대 학생운동 이후 재야운동을 뒷받침한 전후세대의 일부에서 특히 두드러졌다. 미국에 대한 태도의 변화는 미국인 일반이 아니라 특히 미국 지도부를 겨냥하였다. 미국정부의 행동역량에 대한 신뢰가 줄어들었다. 1981년 이후 미국의 이미지가 실추하면서 미국과 소련에 대한 호감도는 점점더 근접해 갔다. '유럽과 미국 사이의 우호적인 협력'보다 '소련과의 대화 지속'을 지지하는 여론이 이전보다 더 증가하였다.25)

---

24) Bredow, Friedensbewegung, pp.42~43 ; Korte, Standort, p.88.

평화운동의 안보정책적인 문제들에 대한 담론에서 이전의 독일정책상의 대안구상들이 다시 활용되었다. 유럽의 비핵지대 구상의 재활성화는 평화운동 내에서 설득력있는 대변자를 배출했다. 이 구상은 특히 1982년 국제적으로 구성된 학자들과 정치인들의 위원회가 작성한 '팔메보고서'에 표현됨으로써 더 유명해졌다. 중부유럽의 비핵지대는 특히 서독과 동독에 관계될 것이기 때문에 그 실현은 즉시 두 독일국가들의 각각의 동맹체제 내에서의 위치에 지대한 영향을 미칠 것이었다. 중부유럽의 비핵지대 구상은 사민당과, 그보다는 훨씬 더 정도가 약하지만, 자민당 내에서도 논의가 되었다.

이 시기에 부활한 또 다른 주장은 중립화된 통일독일 구상이다. 베를린 녹색당(Alternative Liste für Demokratie und Umweltschutz in Berlin)의 한 위원회가 1981년 발표한 팸플릿의 제목은 '양 독일국가를 위한 비동맹, 대서양부터 우랄까지 비핵유럽, 독일통일'이었다. '비교조적 좌파' 그룹들에서는 '좌파적 전독일 자립주의' 사상이 확산되었다. 페터 브란트(Peter Brandt)와 귄터 민네룹(Günter Minnerup)은 "부르주아 언론매체들에서 근래에 평화운동과 관련하여 '신민족주의'의 위험성에 대한 경고가 증대하고 있는데 이러한 반응은 … 민족문제와 평화문제의 긴밀한 연계를 객관적으로 입증하는 것으로 해석되어야 한다"고 보았다.[26)]

여기서 우리는 서독 좌파와 민족문제와의 관계에서 '해방민족주의'라는 개념에 주목할 필요가 있다. 평화정책적 동기들 중 민족을 우선시하는 것이 해방민족주의의 특징이다. 이 개념은 대부분 좌파적인 정치스펙트럼에서의 민족주의적 성향을 표현하는 데 사용된다. 그러나 민

---

25) Korte, Standort, pp.87~88.

26) Bredow, Friedensbewegung, pp.43~44.

족이 논지의 중심에 서게 될 경우 우파민족주의와의 경계는 불분명해진다. 우파들이 서유럽적 문명과 보다 심오한 독일문화를 전통적으로 대비하는 것을 차용하는 반면 해방민족주의는 반식민지적 민족해방투쟁으로부터 동기를 부여받는다.

제3세계 전통 속에서 주권 문제를 제기하기 위하여 독일은 식민화된 나라로서 규정된다. 페터 브란트(Peter Brandt)와 허버트 암몬(Herbert Ammon)의 책 『좌파와 민족문제』[27]를 통해 좌파 애국주의는 1981년 언론매체들의 주목을 받았다. 여기서 그들은 좌파가 항상 민족이라는 주제와 씨름해 왔지만 특히 1970년대 중반부터 서독 좌파들은 민족문제를 다시금 새로이 발견했다고 본다. 그들은 특히 좌파적 민족이해의 대변자로서 독일 68학생운동의 지도적 인물인 루디 두취케(Rudi Dutschke)에 주목한다. 두취케는 분단에 반대했는데 그로 인해 "자본주의적 제국주의의 정치경제적인 권력구역들이 안정화되기" 때문이었다.

여기에서 통일이라는 명제는 일종의 해방민족주의와 결합한다. 그는 통일독일을 위해 두 진영 사이, 그리고 자본주의와 공산주의 사이의 '제3의 길'을 추구했다.[28] 슈바이스푸르트(Theodor Schweisfurth)는 평화운동 내부의 독일정책적 담론을 '새로운 애국주의'라 규정하고 새로운 애국주의자들은 결코 민족주의자가 아니며 모든 민족들과 평화로운 협력을 원하기 때문에 국제주의자라는 점을 강조했다.[29]

27) P. Brandt/H. Ammon, Die Linke und die nationale Frage. Dokumente zur deutschen Einheit seit 1945, Reinbek 1981.

28) Korte, Standort, pp.89~90.

29) Schweisfurth, Blockfreiheit, pp.82~83.

5. 중립화통일론과 국가연합안

평화운동권의 독일문제에 대한 담론은 대부분 중립화를 통한 통일을 평화를 위한 대안으로 제시했다. 이것은 민족적-중립주의(National-Neutralismus)라고 불리기도 했는데 전후질서의 정치적 구조를 직접 문제 삼았으며 독일분단의 극복을 필수적인 평화정책적 방안으로 보았다. 그것은 개념적으로 이데올로기적 비동맹-중립주의 및 전독일적 사상을 혼합하고 있었다. 비동맹을 통한 통일은 평화운동 일부의 구호였다. 녹색당 의원인 안트예 폴머(Antje Vollmer)는 서독 연방의회에서 행한 연설에서 "우리는 어떤 하나의 초강대국의 인질이 되기보다는 차라리 두 세계 사이의 평화정책상의 방랑자가 되고자 한다"고 선언했다.

이러한 맥락에서 중부유럽 혹은 전유럽의 비핵지대라는 개념은 평화운동 내부에서 폭넓은 지지를 얻었다. 그것은 흔히 군사적 동맹이탈(disengagement) 구상과 결합되어 있었다. 이전까지는 서유럽에 고정된 유럽인식이 지배적이었다면 이제 평화담론은 새로운 전유럽 혹은 중부유럽 개념을 발전시켰다. 페터 브란트와 허버트 암몬은 공동으로 1981년 초 『해방』이라는 잡지[30]에 발표한 글에서 '비동맹과 단계적 해결책으로서의 국가연합'을 통한 중립화 통일실현의 가능성을 구체적으로 모색하였다. 그들의 독일정책의 단계적 해결책은 1981년 초 베를

30) 잡지 *Befreiung*은 원래 모택동사상과 제3세계와의 연대를 위한 잡지로서 출발했으며 이 무렵에는 초강대국의 영향에 반대하는 반헤게모니적 견해를 분명히 대변했던 비교조주의적 좌파 잡지였다.[P. Brandt, *Schwieriges Vaterland*(Berlin 2001), p.52]

린 녹색당(Alternative Liste)의 강령으로 수용되었으며 녹색당의 민족정책적 노선에도 영향을 미쳤다. 그들은 독일의 지속적인 피점령상태와 분단된 독일민족의 생존이 위협받고 있다는 인식에서 출발한다.

첫째로 군사적 현상유지를 변화시키기 위해 우선 그들은 중부유럽의 비핵지대 형성, 독일 두 국가로부터 모든 주둔군의 철수, 두 국가의 동맹체제로부터의 탈퇴를 요구한다. 둘째로 정치적 현상유지의 변화를 위해 국가연합의 형성이 요청되었다. 셋째로 경제적 현상유지의 변화와 관련해서 그들은 COMECON(경제상호원조회의)과 EU 사이의 전유럽적 협력이 강화되면서 보다 긴밀해진 동서독 경제공동체는 가교역할을 하게 될 것이라고 보았다. 마지막으로 법적인 현상유지의 변화와 관련해서 그들은 독일이 과거 제2차 세계대전 승전국들과 평화조약을 체결할 수 있을 것이라고 보았다.

여기서 오스트리아의 모델에 따라 과거 연합국들에 의해 독일의 비동맹이 보장되고 독일에 대한 모든 간섭의 포기가 선언될 것이었다. 독일은 전후의 모든 국경들, 특히 폴란드와의 국경을 영구히 인정하게 될 것이었다.[31]

국제법 전문가인 테오도어 슈바이스푸르트는 평화운동을 위한 제언에서 비동맹을 통한 독일통일이 결국 군축을 통한 평화정착에도 근본적으로 기여할 것이라고 주장했다. 그는 군사동맹이 핵무기를 통한 유럽의 절멸위협으로부터 벗어나는 것을 막고, 유럽의 군축을 막고, '유럽의 유럽화'를 막고, 독일통일을 막고, 유럽의 산업국가들이 제3세계의 인류문제를 해결하는 데 집중하는 것을 막는다고 보았다. 그는 유럽에서 군사적 긴장이 고조되는 중요한 원인이 독일의 분단에 있기 때문

---

31) Brandt, Schwieriges Vaterland, pp.93~98.

에 독일의 통일은 유럽의 군사적 대결을 경감시키는 데 중요한 역할을 하리라 믿었다. 그는 우선 4강에 각서를 보내 두 독일국가가 협상을 통해 국가연합을 결성하는 데 협조를 얻어야 한다고 보았다.

국가연합은 그 실현 후 5년 내에 세워져야 할 독일연방국가를 형성하기 위한 국제법적 중간단계에 해당되었다. 국가연합 형성 후 독일은 4강에 건의하여 독일과의 평화조약 체결을 위한 유럽평화회의를 열어야 할 것이다. 독일의 각서에는 그밖에도 평화조약의 실질적 운용을 위한 독일의 제안들, 즉 독일국가들의 동맹탈퇴, 독일로부터 모든 외국군의 철수, 독일의 비핵화와 핵무기 포기, 독일군대를 지역적 자위업무로 제한, 장차 군사동맹에 가담하는 것의 금지, 외부로부터 간섭을 받지 않고 내부적으로 정치-경제-사회적 체제를 형성할 권리 등이 포함되어 있어야 한다.[32)]

여기서 우리는 중립화통일론의 범주에 넣을 수는 없지만 이 시기에 논의된 중요한 평화와 통일담론으로서 벤오르의 국가연합론을 살펴볼 필요가 있다. 한국의 통일담론은 대부분 국가연합을 중간단계로서 설정하고 있는 만큼 보다 상세히 소개하고자 한다: 1955년 서독과 동독이 각각 나토와 바르샤바조약기구에 가담함으로써 독일의 통일은 두 개의 대등한 부분국가들의 결속을 통해서만 가능하게 되었다. 이 시기에 중간단계의 해결책으로서 동서독 국가를 결합하는 국가연합안이 대두하였다. 이 방안은 흔히 동독 측의 선전용 제안으로 제기된 것으로 잘못 알려져 있다. 그러나 실은 기사련(CSU) 소속 연방재무장관인 프리츠 셰퍼(Fritz Schäffer)가 구상하여 동베를린을 방문했을 때 그의 고향친구이자 구

---

32) T. Schweisfurth, "Das Ziel: Blockfreiheit. Ein Beitrag zur Friedensstrategie", Venohr, deutsche Einheit, pp.81~88.

독일군 장성 출신으로서 동독군대 창설의 주역을 맡았던 빈센츠 뮐러(Vincenz Müller)에게 전하였다. 이것을 결국 사통당 수뇌인 발터 울브리히트(Walter Ulbricht)가 수용하여 동독정부의 공식적인 통일방안으로서 발표한 것이다.

1950년대 중반 이후 동독은 재통일보다는 먼저 근본적인 변화를 거친 후의 서독과의 새로운 통일을 목표로 삼았다. 이러한 목표에 상응하는 것이 울브리히트가 1956년 말 처음으로 제기한 국가연합안이었다. 이것은 사통당의 통일관련 마지막 구상으로서 1960년대 말까지 사통당 독일정책의 기초를 형성했다. 뿐만 아니라 이 국가연합안은 북한의 김일성이 1960년 광복절기념사[33]에서 처음으로 연방제통일안을 제시하는 데 모델이 되었기 때문에 더욱 우리의 흥미를 끈다.[34]

1966년 초까지 사통당이 공식적으로 견지했던 국가연합안의 핵심내용은 동일하였다. 울브리히트는 1956년 말의 기고에서 상이한 사회체제를 가진 두 독일국가의 접근을 우선 실현한 뒤에 국가연합의 형태로 중간해결책을 모색할 것을 주장했다. 그런 연후에야 민주적인 선거를 통한 통일이 가능하다는 것이었다. 국가연합 메커니즘을 거쳐 단계적인 통일을 실현하기 위해 사통당은 '특정한 내적 및 외적 조건들'이 반드시 필요하다고 보았다. 사통당은 특히 '군사적·레방시즘적 및 파시스트 세력들'의 극복과 나토로부터의 탈퇴, 서독에서 '독점자본의 무

33) 연설문 전문은 김일성, 『민족대단결을 위하여』, 평양:조선로동당출판사, 1996, pp.237~245쪽에 수록.

34) Tuk Chu Chon, Die Beziehungen zwischen der DDR und der koreanischen Demokratischen Volksrepublik(1949~1978), München, 1982, p.124. Volker Grabowsky는 동독의 국가연합안과 김일성의 연방제안의 차이를 강조하지만 후자가 전자를 이론적 전거로 삼은 것은 분명해 보인다.[V. Grabowsky, Zwei-Nationen-Lehre oder Wiedervereinigung?(Bochum, 1987), pp.276~287 참고]

력화(無力化)', 핵심산업의 국민재산으로의 환수, 그리고 동독의 모델에 따른 토지개혁과 교육개혁을 요구했다. 이 조건들이 충족된 후에 양쪽 동수로 구성된 '전독일위원회'의 위원들이 선출될 것이며 이 위원회는 동독과 서독 국가연합의 정부로서 '전독일적 자유선거'를 준비할 자격을 갖게 될 것이었다.

사통당의 국가연합안은 동독국가에 대한 국제법적 승인 외에도 군비축소를 주요주제로 삼고 있었다. 이미 1957년 사통당은 중부유럽을 비핵지대로 만들자는 폴란드 외상 라파츠키의 안을 지지했다. 그해 7월 동독총리 그로테볼(Grotewohl)은 독일영토에서 핵무기를 비축하거나 제조하는 것을 금지하는 것과 동서독이 각각 바르샤바조약기구와 나토로부터 탈퇴할 것, 4강에게 독일로부터의 점진적이면서도 조속한 철군을 제안하였다.[35]

소련은 1957년 8월 국가연합이 독일분단을 제거하는 과정에서의 제1보라 평가하고 서독정부에 보내는 각서에서 사통당의 국가연합안을 적극 지지했다. 그러나 사통당이 국가연합의 전제조건으로 제시한 요구들은 서방통합의 포기와 체제변경을 의미하기 때문에 서독정부는 이것을 결코 받아들일 수 없었다.

또한 서방강국들과 서독은 소련이 지지한 동독의 국가연합안이 동독국가를 국제법적으로 승인하기 위한 수단에 지나지 않는다고 보았다. 따라서 서독정부는 1958년 1월 통일은 두 정부의 소관이 아니라 오로지 독일국민이 결정할 사항이라는 이유로 사통당의 국가연합안을 단호히 거부하였다. 이 상황은 사통당으로 하여금 베를린장벽 건설 이후

35) J. Kuppe/M. Rexin, "Deutschlandpolitik der SED", DDR-Handbuch,(Koeln, 1984), pp.284~289 : Kleßmann, 앞의 책, pp.448~450.

에도 밖으로는 통일목표를 견지하면서도 실질적으로는 서독에 대해 분리와 차단정책을 일관되게 추진하는 것을 용이하게 해주었다.

프리츠 셰퍼가 처음 국가연합안을 제기했던 시기에는 서독이 동독을 국가로서 인정하는 것을 단호하게 거부하고 단독대표권을 고집했기 때문에 국가연합을 추진할 조건이 갖춰지지 않았다. 그러나 1972년 기본조약 체결로 전제조건이 갖춰졌는데도 양국 정부가 이를 추진하지 않은 것은 직무유기라고 벤오르는 비판하였다. 국가연합 실현의 가장 큰 걸림돌은 4전승국들과 독일 주변국가들의 반대였다. 이를 고려하여 벤오르의 국가연합안은 중립화통일론과는 달리 비동맹을 전제로 삼지 않았다.

두 독일국가가 국가연합을 결성하더라도 나토와 바르샤바 조약기구, 유럽공동체(EC)와 COMECON의 회원국으로서의 지위는 유지할 것이기 때문에 동서독에 군대를 주둔시키고 있는 4전승국들은 이를 반대할 이유가 없으며 폴란드나 체코슬로바키아·네덜란드나 덴마크 등 주변국가들도 두 동맹체계에 결속되어 있는 느슨한 독일국가연합에서 통일독일이라는 거인의 부활을 염려할 필요가 없다는 것이다. 벤오르는 독일 국가연합이 가져다 줄 이점으로서 평화의 증진, 보다 많은 국제법적 주권의 확보, 국가연합 내부에서 인적·물적 자원의 자유로운 왕래의 실현, 민족적 결속의 강화, 진정한 통일에 대한 희망을 꼽았다. 벤오르는 독일 국가연합의 구체적인 실현방안 10가지를 제시했다. 이에 따르면 동서독정부가 국가연합 협약을 체결하고 양국 의회와 서독 상원이 이를 인준하고, 양국 의회대표들 동수로 구성된 국가연합위원회를 구성하고, 양국 의회의원들로 구성된 '독일국민의회'가 독일 국가연합 최고기관으로서 기능하게 될 것이었다. 두 부분정부는 국가연합 조약에서 전주민이 국가연합의 전체영역에서 자유로운 이동을 보장할 의무가 있었다. 여기서 대량이주나 병역기피 같은 현상을 막기 위하여 이주와 노동허가 문제에 관한 특별규정들이 마련되어야 한다. 독일 내에서의 자유로운 여행과 상호 경제 및 무역관계의 활성화를 위해서 동서독의 화폐 외에도 국가연합-마르크(K-마르크)의 발행도 계획되었다. 마지막으로 벤오르는 독일연합을 통한 통일의 가장 중요한 목적은 핵전쟁의 위협으로부터 독일과 유럽을 구출하고 평화를 보장하는 데 있다는 것을 다시 한번 강조하였다.[36]

36) W. Venohr, "Konföderation Deutschland. Ein Weg zur deutschen Einheit", Venohr ed., Deutsche Einheit, pp.181~192.

6.
북한과 동독역사학의 민족사 인식의 변화비교

1. 머리말

1945년 일본의 식민지 지배와 나치즘의 지배로부터 각각 해방된 후 북한과 동독은 소련의 점령 하에 소련식 모델을 따라 사회주의체제를 건설해 나간다. 역사학의 초기 발전과정에서도 전문역사가들이 절대적으로 부족한 가운데 양쪽 다 부르주아 역사가들도 교수나 연구원으로서 임용했다. 그러나 곧 역사서술과 역사교육은 유물사관과 계급투쟁이론에 기초한 맑스-레닌주의적인 관점의 주도 하에서 이루어져갔다.

이러한 초기 역사학 발전의 몇 가지 기본적인 공통점에도 불구하고 한국과 독일 공산주의의 해방 전 역사적 경험의 차이, 전후 사회주의 국가건설과 내전경험의 차이, 사회주의 진영 헤게모니 국가와의 관계의 차이, 동아시아와 유럽의 국제적 냉전구조의 차이 등으로 인하여 양국 역사학의 민족에 대한 인식은 큰 편차를 이루고 있다. 1960년대와 1980년대 사이 동독역사학, 그리고 이 두 시기와 1990년대 사이의 북

* 이 논문은 2003년도 한국 학술진흥재단의 지원을 받아 연구했음(KRF-2003- A00018).

한역사학의 변화를 추적해 보면 이 차이는 단적으로 드러난다.

북한의 역사학은 1950년대 후반부터 1960년대에 걸쳐 민족사의 중요한 문제들에 대하여 많은 성과를 쏟아냈다. 맑스주의적 사관에 입각하면서도 '조선혁명'에 직접 연결되는 현대사에서 뿐만 아니라 근대 및 전근대사의 진보적 전통들에 대한 적극적인 평가작업이 이루어졌다. 이러한 연구성과들은 남한 역사학의 발전에도 큰 자극을 주었으며 남한의 역사학계에서는 이 시기를 '북한역사학의 황금시대'라고 평가하기까지 했다.[1)] 그러나 1970년대와 1980년대 '전 사회의 주체사상화'가 실현되면서 역사학에서는 김일성의 혁명역사와 인민대중의 '자주성을 위한 투쟁'이 지나치게 과장·강조되었다. 반면에 대외항쟁을 이끌었던 이순신 장군 등 명장들이나 이전에는 진보적 역사전통으로 부각되었던 실학자들의 역할은 평가절하되고 그 계급적 한계성이 강조되었다. 따라서 민족사에서 계승·발전시켜야 할 진보적·인민적 전통의 범위는 더욱 축소될 수밖에 없었다. 이제 역사학은 김일성 숭배를 위한 역사 재해석의 도구로 전락했으며 학문성은 크게 손상되었다.

반면에 동독의 역사학은 1950년대에 맑스-레닌주의 역사학으로 형성되어 1960년대에는 사통당(SED)의 확고한 정치이데올로기적 통제를 받게 되었다. 이 시기 동독역사학은 사통당 국가에 계승되는 혁명적 역사전통으로서 16세기 농민전쟁, 프랑스혁명기 독일 자코뱅파 혁명조직인 마인쯔공회, 나폴레옹 지배와 그에 맞선 해방전쟁, 1848/49년의 혁명, 특히 독일 노동운동사(맑스/엥겔스의 활동도 포함하여)에 대한 연구에만 선택적으로 치중했다. 반면에 지배계급 혹은 착취계급의 역사는 등한시하였다.

---

1) 이기동, 「북한역사학의 전개과정」, 『한국사 시민강좌』 제21집, 1997.

이러한 선택적 역사연구의 결함은 1848/49년의 독일 부르주아 혁명에 대한 1960년대의 연구에서 잘 드러난다. 독일사의 진보적 요소라고 간주된 노동계급과 맑스/엥겔스 그리고 공산주의자 동맹에만 치중하여 정작 혁명의 실질적 추동세력인 자유주의적 부르주아 층에 대한 연구는 거의 간과되었던 것이다. 1970년대 초부터 동독은 사회주의 민족으로서의 독자성을 강조하고 서독으로부터의 이데올로기적 차단정책을 추구한다.

그러나 역사학 연구는 사통당의 구속으로부터 이전보다는 더 자율성을 확보하게 되었고 1970년대 후반 이후 역사연구의 대상을 독일민족사의 전시대와 전지역, 그리고 사회구조적으로도 전체 계급과 계층에로 확대하게 된다. 역사이론과 방법론에서도 부분적으로 서방의 자극과 영향을 수용하여 농촌사와 노동자 계급의 형성에 대한 사회사적 연구 등 여러 분야에서 주목할 만한 성과들을 내었다.

이렇게 1960년대와 1980년대 사이의 두 국가의 역사학의 변화를 추적해 보면 우리는 분명히 전도된 발전을 감지할 수 있다. 동독의 역사학은 민족적으로 서독으로부터의 분리를 추구하면서도 민족사 연구대상의 폭을 넓히고 이론적용과 해석에서 훨씬 더 유연한 견해를 취하게 된 반면, 북한의 역사학은 훨씬 더 민족주의적인 담론에도 불구하고 민족사적 전통에 접근하는 데 훨씬 더 큰 제약을 받게 되고 역사해석의 논리적 기반도 상당히 약화된다. 이러한 모순된 관계를 우리는 어떻게 설명할 수 있을 것인가?

북한역사학이나 동독역사학 모두 전후 소련의 점령정책과 소련역사학의 강한 영향을 받으면서 유물사관과 계급적 관점에 근거를 둔 맑스-레닌주의 역사학으로 점차 발전해 나갔다. 하지만 냉전적 대립은 한

반도에서 독일과는 훨씬 다른 양상으로 전개되었다. 극심한 좌우대립이 파열음을 내면서 내전으로 치닫는 가운데 항일유격대 활동시기의 명성과 빠른 속도로 성공적으로 수행된 '민주개혁'을 바탕으로 북한에서는 동독에서보다 일찍 역사학 발전에 대한 당의 영향력이 강화되었다. 양국에서 역사학은 시종일관 정권의 정당성을 뒷받침하고 사회주의 국가건설을 위한 헌신 및 사회주의 국가에 대한 정체성 강화를 위한 도구적 기능을 강하게 갖고 있었다.2)

양국 당 지도부는 맑스-레닌주의나 프롤레타리아적 국제주의만으로는 사회주의적 애국주의 혹은 사회주의 민족에 대한 정체성을 강화시키는 데 충분하지 않다는 것을 잘 알고 있었다. 따라서 양자는 모두 민족사의 특정한 진보적 전통으로부터 자신의 정권에 이르는 연속성을 추적하여 자기 정권의 민족사적 정통성을 뒷받침하고자 했다. 이러한 시도는 불가피하게 계급적 시각과 민족적 시각 사이의 긴장관계를 발생케 했다. 그러나 역사학이 학문성을 완전히 포기하고 완전한 정치적 선전의 도구로 전락하지 않는 한 역사학의 변화에 영향을 미치는 변수로서 우리는 학문성의 측면, 곧 학문의 내적 발전논리도 함께 고려해야 할 것이다.3) 양국의 역사서술에서 민족이 어떤 의미를 가지고 있었는

2) 자브로우(Martin Sabrow)는 동독역사학에 대한 대립적 시각을 소개하는데, 그 하나는 특히 1989년 이전까지 서독에서 지배적이었던 견해로서 동독역사학이 1970년대 역사연구 작업에서 점점더 과학화 되어갔다는 해석이다. 이와 상반되는 견해는 그것을 정치적으로 도구화된 정당화용 학문으로 보는 해석이다.[M. Sabrow, "Parteiliches Wissenschaftsideal und historische Forschungspraxis. Überlegungen zum AkademieInstitut für Geschichte(1956~1989)", M. Sabrow/P. Th. Walther, *Historische Forschung und sozilaistische Diktatur. Beiträge zur Geschichtswissenschaft der DDR*(Leipzig 1995), p.196]

3) 이 측면에 대한 고찰은 불가피하게 역사연구가 실행되는 제도적 메커니즘에 대한 연구를 전제로 하게 된다. 동독역사학 발전의 제도적 측면에 대한 연구들은 통일 후 접근가능하게 된 풍부한 사료들을 바탕으로 많은 연구들이 쏟아져 나왔다. 하지만 북한역사학의 연구체계에 대한 연구는 아직 없는 형편이다. 입문적인 스케치를 위해서는 김광운, 「북한 역사학계의

지를 밝히기 위해서 우리는 이러한 변수들의 상호관계가 어떠했었는지, 그리고 어떤 시대적 조건들이 그것의 변화에 어떠한 방식으로 영향을 미쳤는지를 면밀히 검토해야 할 것이다.

2. 동독역사학의 민족사 인식의 변화

2-1 비관적 역사인식(1945~1951)

독일공산당(KPD)의 당원으로서 나치치하에서 박해를 받거나 혹은 그것을 피하여 외국에서 힘겨운 망명생활을 경험했던 동독의 공산주의자들이 종전 직후 독일민족사에 대해 비관적인 태도를 강하게 가졌던 것은 당연한 일이었다. 소련점령구의 정신생활에서 파시즘의 원인과 역사적 뿌리를 찾는 작업은 새 출발의 중심점을 형성하였다. 주민들을 반-파시스트적으로 재교육시키는 것은 전후 새로운 역사학의 중심 과제였다. 이것이 동쪽 점령구에서는 특히 나치즘의 핵심을 형성한 것으로 간주된 프로이센정신(Preußentum)을 사회로부터 철저히 제거하는 방향으로 전개되었다.

이러한 분위기 속에서 성곽이며 귀족원(Herrenhaus)이며 기념비 등 프로이센의 역사를 간직한 많은 유적들이 파괴되기도 했다.[4] 이 시기 소

구성과 활동」, 『북한의 역사만들기』, 푸른역사, 2003, pp.33~56 참고.

4) J. H. Brinks, *DDR-Geschichtswissenschaft auf dem Weg zur deutschen Einheit*, Frankfurt a.M. 1992, pp.92~93.

련점령구에서 출간된 역사관련 서적들은 "동시대의 진보적인 경향들보다 반동적인 계급들의 활동, 혁명적인 세력의 패배, 그리고 다양한 계급과 정당들의 실패를 더욱 선명히 강조했다."[5] 이미 19세기에 대한 역사서술에서 독일의 불행은 프로이센의 역할과 거의 동일시되었으며 제2차 세계대전에 가까울수록 그 경향은 더 심화되었다.

1946년 7월에 발행된 소련점령구의 초등학교와 중등학교의 역사과목준거안은 역사수업이 "역사 깊숙이 뿌리를 두고 있는 최근의 파국의 원인을 이해시켜야 한다"고 요구했다. 역사수업은 "어떻게 독일에서 반동적인 세력이 진보적인 세력에 대한 지배를 획득 유지하고 그로써 결국 독일인민을 제1차와 제2차 세계대전의 파국으로 내몰 수 있었는지"를 해명해야 했다.[6]

독일의 지난 400년 역사는 루터로부터 프리드리히 대왕과 비스마르크를 거쳐 히틀러에 이르는 액운의 연속이었다는 견해는 소련점령구에서만 유포된 것은 아니었다. 출판가 알렉산더 아부쉬(Alexander Abusch)는 멕시코 망명 중 저술한 『한 민족의 탈선(Irrweg einer Nation)』이라는 저서에서 이렇게 반민족적 성향이 강한, 소위 '불행이론(Misere Theorie)'을 대변했다. 1946년 동독에서 출간된 이 책에서 아부쉬는 1525년의 실패한 농민전쟁에서 1848/1849년과 1918년의 실패한 혁명 혹은 미완성의 혁명을 거쳐 히틀러의 폭력정권에 이르기까지 독일파국의 연원을 추적했다. 그는 여기서 분명하게 반루터적이고 반프로이센적인 견해를 취했다. 독일사에서 '진보세력'이 항상 '반동세력'에게 밀렸던 것이 '불행'이라는

---

5) W. Schmidt, "Das Erbe- und Traditionsverständnis in der Geschichte der DDR", H. Meier/W. Schmidt eds., *Erbe und Tradition in der DDR*, Berlin 1988, p.395.

6) *Lehrpläne für die Grund- und Oberschulen in der Sowjetischen Besatzungszone Deutschlands. Geschichte*, 1. Juli 1946, Berlin, pp.3~6.

것이었다.[7]

2-2 민족적 강조점의 강화(1951~1956)

그러나 이러한 비관적인 역사관을 가지고는 통합사회당(SED: 이하 사통당으로 표기)이 건설한 새로운 국가와 사회체제를 정당화하고 안정시키는 데 필요한 긍정적 역사의식과 정체성을 심어줄 수 없었다. 1951년 사통당 중앙위원회의 결의를 거쳐 이 '불행이론'이 청산됨으로써 독일사에 대한 긍정적인 맑스-레닌주의적 역사해석의 길이 열리게 되었다.[8] 맑스주의 역사가들이 '동독역사학의 형성에서 정점'이라 일컬은 사통당 중앙위원회 제7차 회의는 독일사에 대한 포괄적인 맑스-레닌주의적 인식을 세우려 했다. 사통당은 여기서 역사학계에 여러 가지 주문을 했다. 사통당은 역사가들이 비-학문적인 역사관을 퇴치하고, 젊은 세대를 바로 교육하고, 독일의 민족적 통일을 위한 투쟁을 전개하는 데 기여하는 중대한 의무를 충분히 인식하지 못하고 있다고 질타했다. 사통당은 특히 맑스-레닌주의 역사가들에게 독일사가 지배계급들, 특히 독일 제국주의자들의 치욕스러운 행위들만을 포함하는 것은 아니라는

---

7) A. Abusch, *Der Irrweg einer Nation. Ein Beitrag zum Verständnis deutscher Geschichte*, Berlin, 1946 : U. Neuhäußer-Wespy, "Erbe und Tradition in der DDR", A. Fischer/G. Heydemann eds. *Geschichtswissenschaft in der DDR*. Bd. 1, Berlin 1988, pp.131~132 : H.C. Mätzing, *Geschichte im Zeichen des historischen Materialismus*, Hannover 1999, pp.69~70. 아부쉬의 책은 1946년부터 1960년까지 8판을 거듭하면서 동독인의 역사의식 형성에 큰 영향을 미쳤다.[Brinks, *DDR-Geschichtswissenschaft*, p.99]

8) A. Fischer/G. Heydemann, "Weg und Wandel der Geschichtswissenschaft und des Geschichtsverständnisses in der SBZ/DDR seit 1945", A. Fischer/G. Heydemann eds. *Geschichtswissenschaft in der DDR*, p.9.

점을 인식해야 한다고 강조했다. 독일인민의 역사는 혁명적인 행위와 독일문화와 세계문화의 발전을 위한 기여도 풍부하게 갖고 있다는 것이었다.

독일인민의 역사를 연구하기 위한 연구소를 설립하고 『독일인민의 역사교과서』를 출간하는 것 외에도 베를린에 독일사박물관을 건립하는 계획이 결정되었다.[9] 이 박물관은 '애국적 인민교육의 장소'로서 구상되었다. 박물관의 과제는 특히 "우리 인민이 자기의 역사로부터, 위대한 민족적 전통들로부터, 민족 문화유산으로부터 어떤 힘을 창조할 수 있는가"를 보여주는 데 있었다.[10]

사통당 중앙위원회 제1서기인 발터 울브리히트(Walter Ulbricht)는 1952년 7월 사통당 제2차 당회의에서 한 연설에서 민족사에 대한 긍정적 인식의 필요성을 강조하였다. 그는 "독일사에 대한 학문적 연구가, 특히 미국 점령군이 우리 인민의 위대한 성취를 망각하게 만들려는 노력에 맞서, 독일의 민족적 통일을 위한 투쟁에서나 독일인민의 위대한 전통들을 기리는 데서 어떤 중요한 의미를 갖고 있는지" 누구나 안다고 말했다. 그는 이 전통을 고대 게르만인들이 로마인들을 물리친 토이토부르그 숲의 전투에까지 거슬러 올라갔다. 그는 이어서 "우리의 역사서술은 독일인민에게 고전적 유산을 설명해야 하며 혁명적 투쟁들과 해방전쟁에 대해서 서술해야 한다. 샤른호르스트(Scharnhorst)·피히테(Fichte)·그나이제나우(Gnei- senau)·얀(Jahn)과 같이 독일통일을 위한 투쟁에 크게 공헌했던 역사적 인물들의 역사적 의미를 바로 평가해야 한다. 물론 여기서 그들이 가지고 있던 반동적

---

9) Brinks, *DDR-Geschichtswissenschaft*, pp.115~116.

10) Neuhäußer-Wespy, "Erbe und Tradition", p.134.

인 사상들을 감추어서는 안될 것이다"고 주장했다.11)

레오 슈테른(Leo Stern)은 1952년 5월 동독역사학의 현 과제가 "역사가들이 역사적 과거를 철저히 연구하여 독일사가 단지 영원한 불행이 아니라 빛나는 시기와 사건과 인물들을 입증한다는 것을 보여줌으로써… 독일인민에게서 정치적 열등감을 없애주는 것"이라고 밝혔다. 역사가들은 "중세시대까지 거슬러 올라가는 독일인민의 자유와 투쟁 전통을 분명히 밝히기 위해" 특히 종교개혁·농민전쟁·맑스와 엥겔스의 업적·1848년 혁명·노동운동사·11월혁명 그리고 독일공산당(KPD)의 역사를 연구하는 데 집중해야 한다고 그는 주장했다.12) 이러한 제한된 주제들을 중심으로 한 편향적 역사연구가 1970년대 중반까지 동독역사학을 지배했다.

동독인의 역사인식에 민족적 요소가 도입된 것은 '불행이론'과 소련에 경도된 국제주의적 관점으로부터의 전환일 뿐만 아니라 역사적 유물론이 별로 통합력을 갖지 못하며 국가의식을 고취시키는 데 부적합하다는 인식의 반영이기도 했다. 여기서 '민족' 혹은 '민족적'이라는 개념은 사회주의 국가로의 독일통일에 대한 포부를 표현할 뿐만 아니라 이제 갓 태어난 동독국가의 존재를 역사이데올로기적으로 뒷받침하려는 이중적 의도를 내포하고 있었다. 콥(Kopp)은 사통당의 전술이 "민족적이고 전독일적인 외관을 보이지만 맑스-레닌주의적이고 철두철미 유물론적-경제적인 역사관의 기반과 목표를 결코 떠나지 않는, 이중적이고 변증법적인 방법을" 내포하고 있다고 보았다.13) 해방전쟁

11) *Protokoll der Verhandlungen der II. Parteikonferenz der Sozialistischen Einheitspartei Deutschlands*, Berlin(Ost) 1952, pp.120~122.

12) Fischer/Heydemann, "Weg und Wandel", pp.9~10 : Mätzing, *Geschichte im Zeichen*, p.80.

13) F. Kopp, Das vertiefte Preußenbild der SED. Von Ulbricht zu Honecker, *Beiträge zur*

은 1952년 이후 동독역사학에서 높은 지위를 차지했는데 그것은 새로 만들어진 동독군대(처음에는 '병영화된 인민경찰'의 형태로 출발하여 1956년 '민족인민군'으로 발전)에 필요한, 인민과 조국을 위한 군사적 미덕을 강조하는 외에도 해방전쟁의 전사들이 동독군대와 소련군의 '군사동맹(Waffenbrüderschaft)'을 위한 모델로서 적합하여 보였기 때문이었다. 농민전쟁, 그리고 1848년 혁명과 1918년 혁명을 이전과는 달리 부정적인 면보다 긍정적인 면에 초점을 맞추어 평가하고 동독을 독일의 혁명전통 속에 자리매김하는 것은 1952년 이후 동독역사학의 지속적인 경향이었다.14)

1950년대에 내외적으로 정세가 불안한 가운데 사통당은 역사학에 대한 당의 압력과 통제를 계속하여 강화시켰다. 1952년 3월에는 스탈린각서에 대한 서방의 거부가 있었고, 동년 5월에는 서독이 유럽방어공동체(EVG)에 가담하는 가운데 사통당의 제2차 당회의는 6월에 '사회주의 건설'을 선언했다. 1953년 동독노동자들과 시민들의 봉기가 실패로 끝난 뒤 사통당의 역사학에 대한 간섭은 더욱 강화되었다. 동독국가의 존립이 위기에 처하면서 사통당은 노동운동을 중심에 두는 민족사연구를 강화함으로써 국가적 정당성을 뒷받침하려 한 것으로 보인다.15)

1955년 7월의 제네바의 4강 정상회담은 독일문제와 관련하여 아무런 해결을 보지 못했다. 흐루시초프와 불가닌은 귀국길에 동베를린에 들러 '2국가이론'을 분명하게 선포했다. 그들은 소련이 동독의 '사회주

Konfliktforschung, Nr. 2, Köln, 1981, p.93.

14) Neuhäußer-Wespy, "Erbe und Tradition in der DDR", p.135 : Brinks, *DDR-Geschichtswissenschaft*, pp.123~124.

15) Mätzing, *Geschichte im Zeichen*, p.82.

의적 성취를' 지킨다는 조건하에서만 독일통일을 지지한다는 것을 분명히 했다. 이어서 9월에는 동독과 소련 사이에 국가조약이 체결되었는데 이것을 사통당은 동독이 '완전한 주권과 국제적 승인'을 획득한 것이라 해석했다. 반제국주의적 기반 위에서의 독일통일의 전망이 상실되는 정치적 변화는 동독역사학에도 분명한 영향을 미쳤다. 이제는 전독일적 민족의식보다는 사회주의적 애국심을 교육시키는 것이 역사학의 중요한 과제가 되었다.

2-3 2계보이론과 맑스-레닌주의 역사학의 공고화(1957~1970)

동독시민의 지속적인 서독이주는 사통당정권으로 하여금 1961년 베를린 장벽을 설치하지 않을 수 없게 만들었다. 동독지도부는 당시 이것을 '반파시스트 보호장벽'이라 일컬었으며, 1986년에도 장벽건설을 '유럽평화의 구원'이라고 선언했다. 장벽을 통해서 동독을 서독으로부터 격리시켰다고 해서 사통당이 독일통일에 대한 주장을 포기한 것은 아니었다. 그들은 서독을 '반민족적 구조물'로 간주한 반면 동독은 '전체독일의 재건을 위한 투쟁'을 이끌 '핵심국가'라고 인식했다.[16] 장벽건설을 전후해서 사통당은 독일분단을 역사적으로 폭넓게 정당화하는 데 관심을 집중했다. 동독국가의 존재는 이제 지난 120년 역사적 발전의 필연적 결과로서 해석되었다.

장벽건설 이후 당의 견해를 강령상으로 표명한 것은 『동독의 역사

16) A. Kosing, "Die DDR in der Geschichte der deutschen Nation", *Deutsche Zeitschrift für Philosophie*, Nr. 10, 1964, p.1167.

적 과제와 독일의 미래』라는 제목의 이른바 '민족문서'(1962)이다. 이 문서는 동독국가를 유일하게 합법적 독일국가로 규정했으며 역사가의 임무는 "독일인민의 민족의식과 동시에 동독주민의 사회주의적 계급의식을 고양하려 노력하는 것"이라 선언하였다.17) 이 문서의 핵심적인 내용은 독일에서 노동자계급만이 민족의 모든 진보적인 세력들과 연합하여 독일인민의 민족적 이해관계를 대변할 능력과 소명을 지니고 있으며 사통당이 독일 노동운동의 유일하고 진정한 집행자라는 것이다. 독일 노동운동사는 이제 완전히 동독의 당과 국가를 정당화하는 중심에 서게 되었다. 브링크스는 이 문서를 '2계보이론의 결정판'이라고 규정하였다.18)

1962년 6월 테제형식으로 작성된 『독일노동운동사 개요(Grundriss der Geschichte der deutschen Arbeiterbewegung)』도 노동운동사를 더욱 강조했다. 1963년 제6차 전당대회에서 사통당은 역사학을 포함하여 학문을 과학·기술 혁명에서의 생산력으로 규정했다. 여기서도 역사가들의 가장 중요한 과제로 노동운동사를 연구·간행하는 것이 강조되었다. 이러한 당의 지속적 요구는 1966년 8권으로 완간한 『독일노동운동사』로 결실을 맺었다. 이 저작은 1959년부터 1969년까지 총 12권으로 완간한 '독일사 학습서(Lehrbücher der deutschen Geschichte)'와 함께 동독의 '첫번째 민족적 역사서술'이라고 할 수 있다. 이 저술들을 거쳐 "2계보이론은 전면으로 부상한 반면 독일통일은 분명히 뒷전으로 물러났다."19)

이 시기 또 다른 연구중점은 1945년 이후의 현대사, 특히 동독의 역

17) "Die geschichtliche Aufgabe der DDR und die Zukunft Deutschlands", *Zeitschrift für Geschichtswissenschaft* 10(1962), H.4, p.755 이하.

18) Brinks, *DDR-Geschichtswissenschaft*, pp.135~136.

19) ibid., pp.138~139.

사였다. 사통당은 이러한 역사학적 작업들을 통해서 그들이 계급적으로나 민족적으로 독일을 지도할 권리가 있다는 것을 뒷받침하고자 했다. 그러나 노동운동에 편중된 역사연구는 불가피하게 다른 시대나 주제들에 대한 연구를 제약했으며 세계적 연구수준으로부터 뒤쳐지게 만들었다.

동독역사학의 발전에서 중요한 전기는 1967년의 사통당 제7차 전당대회를 통해 마련되었다. 이 전당대회는 성취력을 높이는 동시에 체제를 안정화하는 생산력으로서 모든 학문의 의미를 상당히 격상시켰다. 역사학은 동독 사회체제를 공고화하는 데 동독주민들이 적극적으로 동참할 수 있도록 설득력 있는 역사인식을 창출함으로써 사회주의적 국가의식의 기초를 다지는 과제가 부여되었다. 사통당은 1966년 서독대연정의 출범과 그 새로운 동방정책에 당황했으며 체코슬로바키아에서의 정치적 위기의 발전을 불안스럽게 관찰했는데 이 상황은 사통당의 학문정책 변화의 한 요인을 제공했다.

전당대회 이후 높은 수준의 사회주의적 역사의식에 대한 점점더 열띤 논의들은 지금까지의 이론적·방법론적 결핍을 강하게 지적했다. 구체적인 사회주의적 역사의식을 창출하기 위한 필수적 전제조건은 역사학의 이론과 방법론적 역량을 확장하는 것이라는 인식이 분명해졌다. 역사해석이 설득력을 지니려면 구체성을 결여한 공허한 테제를 나열해서는 안되고 역사 자체를 모순과 갈등, 극적인 전환, 진보적 계급들의 투쟁과 패배와 승리를 내포한 구체적인 모습으로 섬세하게 인식해야 한다는 것이었다. 역사적 유물론의 핵심개념인 경제적 사회구성체에 관한 1950년대와 1960년대 소련역사학에서의 논의들 역시 동독역사학이 맑스-레닌주의적 기본개념들을 보다 유연하게 활용하는 데 기여하였다.

당과 역사학과의 관계가 1960년대 후반에 지시적 복종관계에서 협의적 관계로 바뀐 것도 동독역사학의 이론적 발전에 적지 않은 기여를 했다. 이것은 1950년대와 1960년대의 맑스-레닌주의 역사학의 형성기와 공고화 시기를 거치면서 비맑스주의적 역사가들이 대부분 서독으로 넘어가거나 소수 주변부 세력이 되었고, 반면에 맑스-레닌주의 교육을 받은 젊은 역사가들이 성장했기 때문에도 가능했다. 당은 이제 역사가들의 이데올로기적 일탈을 염려할 필요가 별로 없었던 것이다.[20)]

서독으로부터의 외부적 영향 또한 두 가지 측면에서 동독역사학의 이론화에 적지 않은 영향을 미쳤다. 동서독 역사학은 분단 이후 비대칭적일지라도 서로 경쟁과 상호 연관관계 속에 발전했다. 이 시기 서독 역사학은 그 어느 시기보다 더 열띤 이론적 논쟁들을 전개했는데 이것은 늘 서독역사학의 변화에 깊은 관심과 경계심을 보여온 동독역사학에 영향을 미치지 않을 수 없었다.[21)]

다른 한편으로는 1966년 서독에 대연정이 들어서 '접근을 통한 변화'를 추구하는 새로운 동방정책을 추진하자 서독에 대한 사통당의 일관된 차단정책은 어려운 처지에 놓이게 되었다. 더욱이 1969년 사민당이 집권하자 동독지도부는 그들의 역사정책에 변화를 모색하지 않을 수 없었다.[22)] 울브리히트 집권 말기에 사회주의적 역사의식을 더 집중적으로 연구해야 하며 이것이 맑스-레닌주의 역사학의 독자적인 특성

---

20) Fischer/Heydemann, "Weg und Wandel", pp.12~16.

21) 이 시기 서독 역사학의 이론 논쟁과 참고문헌에 대해서는 Mätzing, *Geschichte im Zeichen*, p.96, 각주 345 참고.

22) ibid., p.97.

으로서 확고히 자리잡아야 한다는 요구가 제기되었다.

2-4 사회주의 민족으로서의 정체성 모색(1971~1979)

서독총리 브란트는 1970년 1월 민족의 상황에 대한 그의 첫 보고서에서 독일민족의 두 국가들과 그들 사이에 존재하는 특수한 관계에 대해서 이야기했다. 그 며칠 뒤 울브리히트는 서독을 제한적 주권을 가진 '자본주의적 나토국가'라고 일컬은 반면 동독을 '사회주의 독일 민족국가'라 불렀다.[23] 사통당은 1970년과 1971년에 걸쳐 1민족2국가론으로부터 2민족2국가론으로 전환했다. 1971년 5월 울브리히트가 실각한 뒤 제1서기가 된 에리히 호네커는 제8차 당대회의 결의문에서 2민족이론의 기초를 놓았다:

> 독일민주공화국(DDR)은 국제법을 토대로 서독과의 동등한 관계를 세우기 위해 노력한다. 사회주의 독일민족이 발전하고 있는 사회주의 동독과, 과거의 부르주아 민족이 존재하는 독점자본주의적 서독 사이에는 결코 이른바 '내독관계(innerdeutsche Beziehung)'가 없을 것이다.[24]

1974년 10월 동독의 개정헌법에서 하나의 독일민족을 연상시킬 수 있는 모든 명칭들이 제거되었다. 예컨대 1968년 개정헌법 제1조의 동독이 '독일민족의 사회주의 국가'라는 구절은 '노동자들·농민들의 사회

---

23) J. Hacker, *Das nationale Dilemma der SED*, pp.47~48.

24) *Neues Deutschland*, 1971년 6월 21일.

주의 국가'라는 표현으로 바뀌었다. 통일의 사명을 기록한 8조는 삭제되었으며, '독일, 하나의 조국'이라는 동독국가의 가사는 이제 더 이상 불리지 않게 되었다.[25]

울브리히트 말년에 동독 역사서술은 동독 국가건설 과정에서 소련의 역할보다는 동독 공산주의자들의 역할을 강조하고, 동독 사회주의를 다른 사회주의 형제국들의 모델이자 장기적으로 존속할 비교적 독립적 사회구성체로 부각시켰다. 그런데 호네커정권으로의 교체와 함께 사통당은 이러한 '민족적 강조점'을 철회하고 다시 소련을 중심으로 한 사회주의적 국제주의 노선으로 복귀했다. 동독 맑스-레닌주의 역사학의 1975년까지의 연구과제를 규정한 중앙연구계획에 따르면, 역사학은 "소련을 중심으로 결집한 사회주의 세계체제는 세계사의 모든 과정의 합법적인 결과로서 형성되었으며" 동독은 "독일사 특히 독일 노동운동의 모든 혁명적이고 진보적이며 휴머니즘적 전통들의 합법칙적 유산"이라는 전제로부터 출발해야 했다.[26] 그러나 1971년부터 1976년까지의 국제주의 시기에 그랬던 것처럼 민족-종족적(nationalethnisch) 요소를 거세당한 민족개념을 가지고 지속적으로 정치적 통합을 이끌어내기는 어려웠다. 또한 특정한 역사적 시기, 특정한 역사학 주제들, 특정 사회계급과 계층들을 배제하거나 무시한 채 주민들로 하여금 동독의 국가와 사회에 대한 정체성을 갖게 하려는 시도는 설득력이 없었다. 따라서 당 지도부와 동독의 대표적 역사가들은 전체 독일사로의 제한없는 회귀와 그 전개과정 속에 독자적인 독일민족으로서 동독사를 정치-역사적으로 자리매김하는 것을 불가피하다고 판단했다.[27]

25) V. Grabowsky, *Zwei-Nationen-Lehre oder Wiedervereinigung?*, Bochum 1987, pp.77~79.

26) Kuppe, "Die Geschichtsschreibung", pp.110~111.

동독역사학의 전체 민족사로의 전환을 알리는 선언적 의미를 지닌 글이 「프로이센의 두 얼굴」이라는 잉그리트 미텐쯔바이(Ingrid Mittenzwei)의 논문이다. 그녀는 이 글의 서두에서 "한 인민은 자기의 전통들을 선별할 수 없다: 그들은 그 앞에 대면해야 하며 이것을 서로 다른 방식으로 해야 한다"고 선언하여 지금까지의 2계보이론에 근본적 문제제기를 했다. 그녀는 '반동, 군국주의와 침략의 상징'으로서의 프로이센과 '휴머니즘의 현현으로서의 바이마르'를 대비시키는 이분법적 역사인식을 비판했다.

> 한 인민의 역사에는 '영광스러운 시간', 반란만이 있는 것이 아니라 굴종도 있고, 바이마르뿐만 아니라 프로이센도 있으며, 민중만이 아니라 지배계급도 있다. 이들[지배계급: 역주]을 바리케이드의 한 쪽에서만 찾고 '반동적'이라 일컫는 것은 적어도 이 계급의 상승기에는 맞지 않다. 그들은 사회발전의 진보에 기여했다. 비록 그들이 시작한 진보가 적대적인 성격을 가지고 있더라도 말이다.[28]

미텐쯔바이는 이 글의 결론부에서 다음과 같이 주장했다:

> 그리고 그러한 국가들[독일의 영방국가들: 역자]의 지배계급조차도 모든 시기에 반동적이었던 것만은 아니다. 그들과 그들의 성취에 적합한 척도를 적용해야 한다: 즉 어느 정도로 그들이 사회발전의 진보에 기여했으며, 얼마나 그것을 방해했는가 묻는 것이다.[29]

---

27) Fischer/Heydemann, "Weg und Wandel", p.18.

28) I. Mittenzwei, "Die zwei Gesichter Preussens", H. Meier/W. Schmidt eds., *Erbe und Tradition in der DDR: Die Diskussion der Historiker*, Berlin(Ost) 1988, pp.72~73.

29) ibid., p.78.

동독 역사정책의 방향을 제시하는 데 이데올로그들로서 중요한 역할을 행사했던 헬무트 마이어(Helmut Meier)와 발터 슈미트(Walter Schmidt)도 1978년에 발표한 논문에서 진보적이고 휴머니즘적 전통들을 기리는 일에는 인류사회의 진보에 대한 착취계급의 기여도 포함시켜야 한다고 주장했다. 노동자 계급과 사회주의 사회는 착취계급과 그 대표들이, 특히 그들의 상승시기에 수행했던 성과들도 모두 인정한다는 것이었다. 이것은 그들의 업적이 경제나 정신문화 등 사회적 삶의 일부에 국한하는 경우에도 해당하였다.[30]

2-5 전 독일민족사로의 전환과 유산과 전통논쟁(1980~1989)

사통당 지도부의 달라진 역사인식은 1980년 6월 에리히 호네커가 마르틴-루터-위원회의 의장을 맡은 데서도 분명히 확인할 수 있다. 1983년 500회 생일을 맞아 종교개혁가 마르틴 루터에 대한 처방 역시 근본적인 수정을 경험했다. 사통당은 1981년 발표한 루터에 대한 15개 테제에서 루터를 더 이상 '영주의 시종(侍從)'이 아니라 '독일인민의 위대한 아들'이라 일컬음으로써 새로운 평가의 공식적 방향을 제시했다. 1983년 11월 10일 루터의 500주년 생일은 동독 국가행사로서, 같은 해 개최한 맑스 사망 100주년기념식보다 더 성대히 치러졌다. 1981년 초에는 라오호(Christian Daniel Rauch)가 조각한 말을 탄 프리드리히 대왕의 동상이 운터덴린덴의 원래 자리로 돌아왔다. 19세기 초 프로이센의 개

30) H. Meier/W. Schmidt, "Zum marxistisch-leninistischen Traditionsverständnis in der DDR", Meier/Schmidt eds., *Erbe und Tradition, in der DDR*, Berlin 1988, p.40.

혁정책을 주도한 슈타인 남작의 동상도 원래 위치에 다시 설치되었다. 프로이센을 다룬 여러 편의 영화들이 제작 상영되는 등 가히 '프로이센 물결'이라 불릴 만한 붐이 일어났다.31)

발터 슈미트는 동독역사학이 1980년대 초 이래 전 독일사를 전거로 삼음이 네 측면에서 역사의식을 확장했다고 보았다:

> 이로써 네 양상이 언급되었다: 연대기적·공간적·사회구조적 및 모든 수준과 분야들에서 역사과정에 관련된 구성요소들이 그것이다. 사회주의 독일국가의 민족사는 당연히 동독의 직접적 기원과 더불어 비로소 시작되는 것이 아니라 시간상 독일종족의 형성과정부터의 독일사를 포함한다. 우리의 독일사관은 공간적으로 … 현재 동독의 영토에 속하는 지역들로 좁게 제한될 수 없다. 사회구조적으로 보아 혁명세력들의 활동에 국한하려는 어떠한 시도들도 사회주의적 역사관에는 맞지 않는 것이다: 그것은 독일종족의 모든 계급들과 계층들을 포함한다. 사회주의적 역사관은 마지막으로 정치·사회 및 경제사에 관계할 뿐만 아니라 일상과 생활양식·문화·정신생활과 심성을 포괄하려고 시도한다. 복합적인 역사상을 원하는 것이다.… 전 독일사에 대면한다는 것은 궁극적으로 채권과 채무를 포함하는 역사유산 전체를 받아들이는 것, 그것과 씨름하는 것, 그리고 진보라는 기준에 따라 평가하는 것을 의미한다.32)

그때까지 '혁명적 전통들'과 노동운동의 역사에 강력하게 치중해 왔던 역사인식으로부터 '통합적 역사상'으로의 발전을 귀결한 주제상의

---

31) Mätzing, *Geschichte im Zeichen*, pp.102~104.

32) W. Schmidt, "Wir stellen uns der ganzen deutschen Geschichte", S. Miller/M. Ristau eds., *Erben deutscher Geschichte. DDR-BRD: Protokoll einer historischen Begegnung*, Reinbek 1988, pp.37~38.

확장은 이론적·방법론적 성찰을 불가피하게 만들었다. 이는 동독역사학에서 '유산과 전통논쟁'이라는 개념 하에 전개되었다. 1970년대 말까지만 해도 '역사유산'이라는 개념은 동독의 정당성을 지지하는 역사적 사건들만을 의미했다. 이제는 '유산'과 '전통'이 구분되어 사용되기 시작했다.

첫번째 '유산과 전통논쟁'은 역사학위원회와 동독 과학아카데미의 중앙역사연구소 공동주최로 1980년 11월에 개최한 학술대회에서였다. 여기서 다룬 핵심문제는 "비사회주의적 전통들과, 봉건주의와 자본주의가 지배하는 착취계급들이 남겨놓은 모순에 가득 찬 유산의 문제"였다. 제2차 학술대회는 '역사유산과 전통-문제들과 결과들'이라는 제목으로 1982년 4월에 개최되었다. 이 논쟁에 관련된 주요논문들이 1981년과 1983년 사이에 「역사학 잡지, 노동운동사 기고(Zeitschrift für Geschichtswissenschaft, Beiträge zur Geschichte der Arbeiterbewegung)」, 그리고 「아인하이트(Einheit)」에 발표되었다.33)

바르텔(Horst Bartel)에 따르면 유산이라는 개념은 '역사 속에 존재하는 모든 것, 그 전체 모순 속의 역사 전부'를 포괄한다. 반면에 동독의 역사적 전통은 그 기반 위에 동독이 서 있고, 동독이 체현하고 보존하고 계승 발전시켜 나가는 역사적 발전노선, 현상과 사실들만을 의미한다. 따라서 전통은 역사의 일부, 전체 유산의 일부만을 포함하는 것이다. 바르텔은 동독의 전통을 형성하는 세 가지 구성요소를 중요성의 순서에 따라 다음과 같이 열거한다:

첫째로 우리는 전통 하에서 노동자계급, 그 운동과 그 혁명적인 당에

33) 다시 Meier/Schmidt eds., *Erbe und Tradition*에 수록됨.

> 의해서 이제는 거의 150년에 가까운 역사 속에서 창출된 역사적 가치들과 현상들을 이해한다. 이것은 동독 현존 사회주의의 전통상과 전통의식의 핵심을 형성한다. 둘째로 우리 민족의 역사가 나아가는 과정에서 나타난 모든 혁명적·민주주의적·진보적 및 휴머니즘적 현상들과 발전들 그리고 사실들이 여기에 속한다. 여기서 혁명적 유산과 휴머니즘적 유산을 구분해야 한다. 셋째로 지배착취계급들·계층들·집단들과 그 대변자들로부터 기원하는 활동의 결과들, 역사적 진보에 기여했으며 보존할 만한 가치가 있고, 깊은 관심과 보살핌을 받을 만한 성취들과 가치들이 우리의 전통상에 속한다.… 지배계급의 지속적 성취들은 우선 그들의 상승기에 이루어졌다: 그러나 쇠퇴기에도 계층들과 집단들 그리고 그 개별적 대변자들은 지속적인 것을 창출했는데 흔히 그리고 특히 객관적으로 필연적인 진보에 적응하도록 만든 압력 하에서 그러했다.[34]

바르텔과 슈미트가 다음 해 공동으로 발표한 논문에서는 앞의 첫번째 구성요소를 다시 둘로 나누어 첫째로는 독일 땅에서 사회주의 사회를 혁명적으로 구축하고 발전시키는 과정에서 성장한 전통들을 강조했다. 이는 전후 반파시스트-민주주의 혁명과 동독 사회주의 국가건설 과정의 경험들을 진보적 전통의 대열에 편입시키려는 사통당의 강한 의지를 반영한 것이다.

그러나 이것들이 잘 실현되지 않았다는 것은 동독의 대표적인 역사가들이 동독 사회주의 전통을 개발하기 위해 더 많은 노력을 기울여야 한다고 지적한 데서도 잘 알 수 있다. 그는 둘째로 혁명적 독일노동운동의 역사적 행동들을 언급했다.[35] 바르텔은 민족이 지도적 노동자계

34) H. Bartel, "Erbe und Tradition in Geschichtsbild und Geschichtsschreibung der DDR", Meier/Schmidt eds., *Erbe und Tradition*, pp.132~134.

급의 작품일 뿐만 아니라 모든 노동계급들과 계층들의 작품으로 보았다. 따라서 그 모든 모순들 속에서 독일사의 전체 유산을 대면해야 하며, 민족적 유산을 더 신중하게 고찰해야 하며 동독의 전통상을 확장하고 더 세밀하게 다듬을 것을 요구했다.36) 사통당은 역사에 대한 이러한 유연한 접근으로 시민들에게 동독에 대한 정체성을 갖게 할 가능성을 넓히고 그럼으로써 보다 강한 사회주의적 민족의식을 고취시킬 수 있기를 기대했다.37)

쿠페(Johannes Kuppe)는 사통당정권 역사정책의 변함없는 목표가 역사의식-사회주의적 의식-국가의식-민족의식으로 연결되는 연쇄의 긍정적 함의를 지배구조를 안정화시키는 데 이용하는 것이라고 보았다. 동독역사학은 이 시기에 사람들의 '가슴과 머리에' 도달하여 정서적 영향을 미칠 수 있는 역사상만이 이러한 기능을 수행하리라는 인식을 갖게 되었다는 것이다. 그에 따르면 교조적 맑스-레닌주의에 기초하여 동서독에 별개의 계급민족의 형성을 뒷받침하려는 1970년대 전반기의 시도는 실패할 수밖에 없었다. 왜냐하면 이를 입증하려 '절반으로 축소한' 독일사와 독일의 전통에 근거를 두었는데 이것은 내외적으로 아무런 설득력도 가질 수 없었다는 것이다.

이러한 맥락에서 쿠페는 1980년대 초 동독역사학이 전체독일사로 전환한 것은 '사통당의 이데올로기적 지배기술의 완성'이라고 일컬을 수 있으리라고 보았다.38)

---

35) H. Bartel/W. Schmidt, "Historisches Erbe und Traditionen-Bilanz, Probleme, Konsequenzen," Meier/Schmidt eds., *Erbe und Tradition*, p.210.

36) ibid., p.130.

37) Mätzing, *Geschichte im Zeichen*, p.109.

38) Kuppe, "Die Geschichtsschreibung", pp.117~125.

3. 북한역사학의 민족사 인식의 변화

북한의 역사학은 정치적 권력구조와 그에 미친 내외적인 영향들의 파장을 밀접하게 반영하면서 변화해 갔다. 그것은 민족혁명의 전초기지로서의 사회주의 국가건설과 '조국해방전쟁'에서의 승리, 내부 권력투쟁에서의 주도권 장악과 소련과 중국의 간섭배제, 국제공산주의 위기 속에서 김일성유일체제의 수호 등 국가전략적인 주요목표들을 실현하기 위한 사상투쟁 도구로서의 성격을 처음부터 강하게 부여받고 있었기 때문이다. 내외적인 정치적 도전에 대한 북한지도부의 정치-이데올로기적 대응은 주체사상의 출현과 그것의 유일사상으로의 발전 및 굴절을 낳았다. 북한의 역사학은 주체사상의 발전 및 변용과의 관계 속에서 큰 변화를 경험했으며 이에 따라 본 논문은 그것을 다음 4시기로 구분하여 고찰하고자 한다.39)

1) 유물사관의 수용기(1945~1950년대 후반)

2) 유물사관의 주체적 적용기(1950년대 후반~1960년대 중반)

39) 이것은 하원호의 시대구분을 따른 것이며 다만 제1기의 명칭을 바꾸었을 따름이다.(하원호, 「북한의 역사연구, 편찬보급과정 연구」, 국사편찬위원회, 『북한의 역사학(1)』, 2002, pp. 1~34. 「북한의 역사연구 방법론 변천」을 분석한 곽건홍도 3기와 4기 사이의 구분을 하지는 않지만 비슷한 시대구분을 하고 있다.(같은 책, pp.327~351) 북한의 민족해방운동사 연구와 관련하여 시대구분을 한 정용욱과 김동춘, 민족문화유산 평가의 변화와 관련하여 시대구분을 한 안병우 역시 1기에서 3기까지의 시대구분을 비슷하게 하고 있다.(정용욱, 「남북한 역사학계의 민족해방운동사 인식의 특징」, 정용욱, 『남북한 역사인식 비교강의』, 일송정, 1989 : 김동춘, 「민족해방운동사 연구의 현 단계와 과제」, 역사문제연구소 민족해방운동사연구반, 『쟁점과 과제: 민족해방운동사』, 역사비평사, 1990 : 안병우, 「민족문화유산 평가의 기준과 내용」, 안병우·도진순 편, 『북한의 한국사 인식 1』, 한길사, 1990)

3-1 유물사관의 수용기(1945~1950년대 후반)

해방 후 북한은 여러 분야에서 인재난에 시달려야 했다. 해방 이전에 북한지역에는 대학교가 하나도 없었고 고급인력이 제대로 양성되지 않았다. 따라서 김일성은 1946년 7월 남한에서 지식인들을 데려오기 위해 직접 사절까지 보내야만 했다. 북한역사학은 처음부터 국가적 지원과 통제 아래 시작되었다. 식민사학의 극복과 유물사관에 의한 역사서술이 역사학의 우선 과제로 제시되었다. 통사서술은 각 시대별 연구 축적이 안된 상태에서 현실적으로 불가능했다. 하지만 북한정권의 정당성을 뒷받침하기 위한 '혁명전통'에 대한 연구를 우선적으로 요청받아 1949년 『조선민족해방투쟁사』를 편찬하였다. 학술지로서는 『력사제문제』라는 잡지를 1948년 7월부터 출간하기 시작하였는데 주로 계급투쟁과 반침략 투쟁을 다루었다. 이 잡지의 「외국사조」란에 소련의 학계 동향과 소련학자의 논문을 매호마다 실어 소련역사학을 소개하고 있다. 북한학계의 한 회고는 "'소련을 향해 배우라'는 당의 호소를 받들고 맑스-레닌주의 고전들의 학습과 함께 소련학계가 달성한 성과들을 열심히 학습했다"고 하여 소련으로부터 수입한 맑스-레닌주의가 이 시기 북한역사학의 이론적 발전에 지대한 영향을 미쳤음을 인정하고 있다.

이 시기의 역사서술은 그러나 1950년대 후반에 특히 '민족적 허무주의'와 사대주의 그리고 교조주의라는 집중적 비판을 받았다. 민족사를 너무 부정적으로 보거나 과소평가하고 강대국의 영향력을 과대평가하고 민족사의 특수성을 외면하고 맑스-레닌주의를 기계적으로 적용했다는 것이다.[40] 우리가 이 논문에서 주목하고자 하는 것은 김일성의 권력이 공고화된 다음 3시기의 북한역사학의 변화이다.

3-2 유물사관의 주체적 적용기(1950년대 후반~1960년대 중반)

김일성은 전쟁 중인 1952년 말 남로당 출신인사들의 숙청이라는 권력투쟁 과정에서 우리 역사와 문화에 대해 맑스-레닌주의적으로 분석하고 창조적으로 적용하여 대중이 자긍심을 갖게 함으로써 당과 대중 속의 종파주의적이고 교조주의적 편향을 극복해야 한다고 주장했다. 그러나 주체확립 문제가 천명된 것은 1955년 12월 28일 「사상사업에서 교조주의와 형식주의를 퇴치하고 주체를 확립할 데 대하여」라는 김일성의 연설을 통해서였다. 한국전쟁 과정에서 북한은 중국과 소련으로부터 결정적인 지원을 받았다. 이것은 외세가 개입할 공간을 크게 확장시켰다. 1953년 스탈린 사망 후 소련은 집단지도체제를 채택하여 개인숭배 비판을 위한 준비를 하고 있었다.

이러한 상황에서 김일성은 자신에게 다가올 도전에의 사전방어벽으로 소련과 북한의 현실을 분리시키는 주체의 확립문제를 제기한 것이다. 그는 문화선전 부문을 맡은 소련파 박창옥 등을 겨냥하여 일부

---

40) 김광운, 「북한역사학계의 구성과 활동」, 한국역사연구회 북한사학사연구반, 『북한의 역사 만들기』, 푸른역사, 2003, pp.33~37 ; 정용욱, 「남북한 역사학계의 민족해방운동사 인식의 특징」, 정용욱 외, 『남북한 역사인식 비교강의(근현대편)』, 일송정, 1989, pp.24~26 ; 곽건홍, 「북한의 역사연구 방법론 변천」, 국사편찬위원회, 『북한의 역사학(1)』, pp.330~334.

당 선전부 일꾼들이 조선의 것은 연구하지 않고 모든 사업에서 기계적으로 소련을 본뜨려고 한다며 이들을 "맑스-레닌주의를 소화하여 자기 것으로 만드는 것이 아니라 그것을 통째로 삼키고 있다"고 비판했다. 그는 이 연설에서 결국 당 사상사업의 기본은 맑스-레닌주의를 "우리나라의 구체적 조건, 우리의 민족적 특성에 맞게 창조적으로 적용"하는 데 있다는 것을 강조했다.41)

1956년 2월에는 소련공산당 제20차 전당대회에서 흐루시초프가 스탈린 개인숭배를 비판했다. 그 여파 속에서 일어난 '반종파투쟁'에서 중국의 비호를 받던 조선독립동맹파(연안파)과 소련파의 몰락으로 김일성과 항일유격대파(빨치산파)는 권력을 독점하게 되었다. '반종파투쟁'은 북한에서 주체확립 움직임이 가시화되는 중요한 기폭제가 되었다. 특히 당시 '반당종파분자'로 몰린 세력이 권력투쟁 과정에서 외세를 끌어들였기 때문에 주체문제는 더욱 강력하게 부각되었다. 대소자주성의 확립을 의미하는 주체확립 시도가 두드러지게 나타난 것이 혁명전통 분야였다. 조선로동당과 국가기구의 전통이 김일성의 항일무장투쟁으로 확정되고 북한의 해방과 국가건설에서 한 소련의 역할이 축소 서술되어 갔다.42)

1960년대에 중소분쟁을 거치면서 북한은 두 사회주의 강대국으로부터 등거리를 유지하는 확고한 대외적 자주노선을 구축했다. 이종석은 주체사상이란 용어가 북한에서 처음 쓰인 것을 1962년부터로 추정한다. 이 시기 주체사상은 특히 '맑스-레닌주의의 조선혁명에의 창조적 적용'이며 국가의 대외적 자주성과 공동체의 자주적 삶의 실현을 위한

41) 이종석, 『새로 쓴 현대북한의 이해』, 역사비평사, 2002, pp.145~147.

42) 이종석, 『새로 쓴 현대북한의 이해』, pp.148~149.

사상으로 인식되었다.

반둥회의 10주년을 기념하여 인도네시아를 방문중이던 김일성은 한 연설에서 "사상에서의 주체, 정치에서의 자주, 경제에서의 자립, 국방에서의 자위, 이것이 우리 당이 일관하게 견지하고 있는 입장"이라고 설명했다. 이것은 주체사상에 대한 최초의 정식화라 할 수 있다. 1967년 12월에 개최한 최고인민회의에서 김일성은 공화국 10대 정강을 발표하면서 '주체사상을 모든 부문에 훌륭하게 구현'하는 것을 제1조항으로 내세웠다.[43] 이것은 북한지도부가 주체사상의 보급과 구현에 얼마나 큰 의미를 부여하고 있었는지를 단적으로 보여준다.

이 시기 주체사상은 북한사회의 대외적 자주성과 대내적 자력갱생에 초점이 맞추어져 민족주의적 성격을 강하게 지니고 있었다. 주체사상은 또한 북한식 민족주의의 다른 표현이라 할 수 있는 '사회주의적 애국주의'의 가장 철저한 형태라 규정되었다. 이것을 진작시키기 위해 북한지도부는 민족문화와 역사적 전통을 크게 활용했다.[44] 그러면 이러한 북한지도부의 역사정책이 역사연구에 어떻게 반영되었는지를 주요 연구분야를 중심으로 살펴보자.

김일성이 '반-종파투쟁'을 전개하는 과정에서 '교조주의·형식주의를 퇴치하고 맑스-레닌주의를 주체적으로 적용할 것'을 제창하고 나서면서 역사학에서도 협동연구를 위한 많은 토론주제들이 설정되고 이 문제를 해결해 가는 과정에서 엄청난 연구성과가 쏟아져 나왔다. 북한의 과학원 력사연구소는 1957년부터 역사학계의 10개년 전망계획을 작성하기 시작하여 1959년 초에 완료했는데, 그 중심주제들은 ① 조국의

43) 같은 책, pp.158~162.

44) 같은 책, pp.204~205.

평화적 통일과 사회주의 건설에 관한 연구 ② 조선인민의 혁명 전통 및 애국전통에 대한 연구 ③ 우리나라 사회발전의 합법칙성에 관한 연구 ④ 민족문화에 관한 연구 등이었다. 그리고 이 시기에 제기된 연구주제로는 국가의 형성, 노예제사회의 존재유무, 민족형성, 한국사 시대구분과 각 시대의 사회성격, 부르주아 민족형성, 민족부르주아 개념 등 한국사의 매우 중요한 주제들이 포함되어 있었다.45)

북한역사학의 이 시기 역사상을 통시적으로 살펴보기 위해서는 우선 시대구분에 대한 연구성과와 논쟁들에 주목할 필요가 있다. '원시공동사회-고대노예제사회-중세 농노제사회-근대 자본주의 사회-현대 사회주의 사회'라는 유물사관에 따른 세계사의 보편적 발전법칙이 한국사에 어떻게 관철되는지를 정리하는 것은 통합적인 맑스-레닌주의적 역사상을 수립하는 데서 일차적인 중요성을 갖는 문제였다. 우선 고대·중세 시대구분과 관련하여 1956년 '삼국의 사회경제 구성에 관한 토론'이 개최되었다. 여기서 삼국시대를 노예제 사회로 보는 견해(노예제론)와 봉건제 사회로 보는 견해(봉건제론)가 크게 대립하였다. 대립된 두 견해는 이후 봉건제론의 견해로 정리되었다. 봉건제론은 일제 식민사학에서 규정한 한국사의 봉건제결여론에 대항함은 물론, 봉건제 시점을 일본보다 훨씬 앞선 기원 1~2세기경으로 올려잡은 점, 소련의 교조주의적 논리에서 벗어나 역사에서의 비약적 발전을 인정한 점 등에서 맑스-레닌주의의 주체적이고 창조적 적용이라는 당시 북한지도부의 정치-이데올로기적 요구와도 부합되었기 때문이다. 1960년대 초반에 북한학계의 고대·중세 시대구분은 원시사회(구석기·신석기)→고대 노예제

45) 도면회, 「북한의 한국사 시대구분론」, 한국역사연구회 북한사학사연구반, 『북한의 역사만들기』, 푸른역사, 2003, p.61.

사회(고조선·부여·진국)→중세 봉건제 사회(AD 1~2c 삼국)로 정리되었고, 이러한 시대구분은 1980년대까지 유지되었다.46)

근현대사 시대구분 논의에서는 그 기준을 계급투쟁에 두는 견해(계급투쟁설)와 사회경제구성의 교체와 발전에 두는 견해(사회구성설)가 대립했다. 과학원 력사연구소는 1962년 최종토론을 거쳐 1876년 강화도조약 체결이 아니라 외래 자본주의 침략에 대한 조선인민의 반침략 투쟁(제너럴셔먼호 사건)이 시작되는 1866년을 근세사의 시점으로, 1945년 해방을 근대사의 종결로 설정한다는 결론을 내렸다. 이는 계급투쟁설의 승리를 의미하는 것이었다.47)

근현대 시대구분론과 관련하여 중요한 과제가 부르주아 개혁과 그것을 뒷받침하는 자본주의적 생산관계의 발전을 규명하는 작업이었다. 1958년 3월 김일성은 우리 역사에서도 부르주아 혁명가에 대한 연구가 필요하다고 지적하고 김옥균을 그 예로 들었다. 이에 따라 이듬해 7월 개최한 「부르주아 민족운동에 관한 과학토론회」에서 갑신정변은 사회발전의 합법칙성에 조응한 '애국적·진보적인 부르주아 개혁운동'으로 평가되었다. 1961년의 『조선근대혁명운동사』에서는 이에 따라 갑신정변을 '조선 최초의 부르주아 개혁운동'으로 규정했다.

1964년 『김옥균』이라는 연구서가 출간되었다. 부르주아 개혁은 그 사회-경제적 토대로서 자본주의적 생산양식을 전제로 하기 때문에 북한 역사학계에서는 1960년대 이후 자본주의 관계의 발생과 발전에 관한 연구가 집중적으로 이루어졌다. 그 성과가 1970년에 『조선에서 자본주의적 관계의 발생』과 『조선에서 부르주아 혁명운동』, 1973년에 『조선

46) 같은 책, pp.62~65.

47) 같은 책, pp.65~68.

에서 자본주의적 관계의 발전』으로 출간되었다. 이러한 연구들을 통해 우리나라에서 봉건사회의 분해과정이 17세기 후반부터 시작되었으며, 자본주의적 관계는 18세기에 싹트기 시작하여, 18세기 후반기에는 공장제 수공업의 단계로의 이행과정이 내적요인에 의하여 진행되었다고 평가했다. 이러한 발전을 배경으로 부르주아 민족운동으로서 1884년 갑신정변, 1895년 갑오개혁이 추진되었다는 것이다. 북한의 역사학계는 조선사회가 1894년 청일전쟁과 갑오개혁 좌절 이후 정상적 발전을 저지당하면서 식민지적 성격을 띠게 된다고 보았다. 그리고 1905년 이후 일제에 의하여 식민지 반봉건 사회구조가 형성되어 1920년대 이후 강화되어 간다고 정리했다.[48]

이 시기에 민족사와 민족문화유산에 대한 연구와 관심이 크게 고조되었다. 북한 역사학계에서 가장 학문성이 높은 연구성과들이 쏟아져 나와 뒤에 남한과 일본의 역사연구에 큰 영향을 미친 것이 이 시기이다. 1956년에는 과학원에 고전연구실을 설치하여 고문헌의 복각·번역 사업을 수행했다. 이 시기 문화사에 대한 연구성과는 1963년 간행한 『조선문화사』에 종합되었다. 이 책은 과학기술에서 문학·사회사상·음악·미술·무용·언어와 문자 등에 이르기까지 광범위한 영역을 다루고 있으며, 일본의 학자들이 감탄할 정도로 호화롭게 만들어진 전문적인 학술서적이다.

이 책에서 드러난 민족문화 인식은 한국의 문화를 자주·애국·창조 정신의 산물로 보며, 문화유산에 대한 깊은 애정과 민족적 자부심이

48) 하원호, 「북한의 역사연구, 편찬보급과정 연구」, p.16 ; 도면회, 「북한의 한국사 시대구분론」, pp.68~70 ; 도진순, 「근, 현대사 시기구분 논의」, 『남북한 역사인식 비교강의』, 일송정, 1989, pp.62~63.

전체를 관류하고 있다. 자연히 민족문화 형성과정의 독자성과 선진성이 강조되었다. 우리 문화 형성과정에 끼친 중국 등 외래문화의 영향 같은 것은 사라지고 한국문화의 발전을 내적인 발전논리에 입각하여 자주적 발전과정으로 서술했다. 또한 민족문화에 대한 자부심을 바탕으로 민족문화유산의 전면적인 연구와 계승·발전이 주장되었다.

북한의 역사학에서는 민족사의 자주성을 확인하려는 노력의 일환으로 해방 이후부터 반침략 투쟁사에 주목했다. 초기에는 인민대중의 역할과 함께 전쟁지휘자 혹은 전쟁영웅으로서의 명장들에 대한 평가가 적극적으로 이루어졌다. 중국 수와 당·거란·일본의 침략군을 물리친 명장들의 영웅적 행적이 높이 평가되었다. 예컨대 1955년까지는 일본의 수군을 섬멸한 이순신 장군에 대해 '조선이 낳은 위대한 장군이며 최대의 애국자의 한 분'이라고 평가하고 애국명장과 인민대중의 행동을 일치하는 것으로 이해했다.

1956년 『조선통사』에서는 반침략 투쟁에서 이순신과 같은 전쟁지휘관의 역할을 필수적이라 평가하고, 그들의 지도하에서만 인민들이 투쟁역량을 충분히 발휘할 수 있었다고 평가했다.[49] 1960년대에는 군사제도나 군사에 관한 논문과 저서들이 활발하게 출판되었다. 군사력은 인민들의 계급투쟁을 탄압하기 위한 물리적 강제력으로서도 작용했다. 그러나 북한의 역사학은 군사력에 대하여 계급투쟁이라는 관점이 아니라 민족의 자주성을 지키기 위한 요소로 접근했다.[50] 북한역사학에서는 대다수 피지배 계급 인민들이 고조선 이래로 민족의 자주성을 수호

49) 김순자, 「북한의 전근대 반침략 투쟁사 연구」, 한국역사연구회 북한사학사연구반, 『북한의 역사만들기』, 푸른역사, 2003, pp.119~120.

50) 연갑수, 「북한의 고중세 정치사 연구」, p.160.

하기 위해 반침략 투쟁의 주체로 싸웠음을 강조한다. 따라서 반침략 투쟁을 수행하는 과정에서 나타나는 지배계급과 피지배계급의 대립과 갈등, 피지배층의 반민족적 반란에 대해서는, 이러한 역사상에 부합되지 않기 때문에, 초기부터 서술하지 않았다.[51)]

3-3 주체사관 확립기(1960년대 후반~1980년대)

1966년 10월 조선로동당 제2차 당대표자대회 이후 '수령' 김일성에 대한 개인숭배가 드높아졌다. 수령의 지도력을 찬양하고 수령을 중심으로 단결할 것을 강조했고, 김일성의 가계 전체를 혁명적인 가문으로 높이는 작업이 진행되었다. 학교교육을 비롯한 모든 사상학습이 김일성의 혁명활동을 중심으로 재편되었고 유일사상체계 확립운동이 일어났다. 1967년 5월에 열린 조선로동당 중앙위원회 제4기 제15차 전원회의에서는 김일성의 권력을 절대화하고 유일사상체계를 세우는 데 중요한 결정들이 내려졌다. 이 회의에서 박금철 등 당의 조직·사상·문화 분야의 담당자들이 숙청당했다. 이들의 죄목은 부르주아 사상, 봉건유교사상 등 온갖 반혁명적인 사상을 퍼뜨렸다는 것인데, 가장 큰 이유는 이들이 김일성 중심의 유일사상체계를 세우는 데 걸림돌이 되었기 때문이었다.

김일성 유일체제로의 전환은 1960년대 중반에 북한이 놓였던 국내외적 위기상황에서 찾아볼 필요가 있다. 1960년대 내내 지속되었던 중소분쟁 등으로 인하여 북한은 체제의 안전을 담보할 수 없었다. 반면에

51) 김순자, 「북한의 전근대 반침략 투쟁사 연구」, p.118.

남한은 일본과 국교수립 후 한·미·일 삼각안보체제를 굳건히 해갔고, 미국과 일본의 지원 아래 빠르게 경제성장을 이루고 있었다. 이 시기에 남한의 베트남 파병도 시작되었다. 김일성은 인민대중에게 지상낙원을 약속했지만 국방·경제 병진건설로 인한 부담이 가중되는 가운데 당시 북한의 경제성장은 한계를 드러내고 있었다.

이러한 국가위기를 김일성은 항일유격대 식으로 돌파하기를 원했다. 그러려면 김일성 자신이 조금의 오류도 없는 신격화한 '수령'이 되어야 했고, 당과 국가와 사회를 모두 주체사상으로 무장한 일사분란한 체제로 만들어야 했다. 그러나 그것은 동시에 사회 자체의 역동성을 없애는 체제의 경직화 과정이었다. 이 과정은 또한 김일성의 후계자 자리를 둘러싼 권력투쟁과 밀접히 연결되어 있었다. 박금철 등이 숙청된 뒤 당의 조직사상 비서로서 유일사상체계를 확립하는 과정에서 핵심적 역할을 한 것이 김정일이었다는 사실은 이를 잘 말해 준다.[52)]

1970년에 주체사상은 맑스-레닌주의와 함께 조선로동당의 지도이념이 되었다. 1974년 2월에 김정일은 한 걸음 더 나아가 '온 사회의 주체사상화'를 '조선로동당의 최고강령'으로 선포하였다. 김정일은 1982년 「주체사상에 대하여」라는 장문의 논문에서 주체사상을 전면적으로 체계화했다. 주체사상의 뿌리인 철학적 원리는 "사람이 모든 것의 주인이며 모든 것을 결정한다"는 것이다. 이에 기초하여 "인민대중은 사회역사의 주체이다"라는 사회역사적 원리를 도출하며, 이에 바탕하여 주체사관은 역사의 본질을 '인민대중의 자주성을 위한 투쟁의 역사'로 규정했다. 유물사관에서는 생산력의 발전과 생산관계의 변혁이 무엇에 의해 일어나는지 또 계급투쟁의 기본동력은 무엇인지 충분하게 해명하지

52) 김성보 외, 『사진과 그림으로 보는 북한현대사』, 웅진닷컴, 2004, pp.178~183.

못했었는데, 주체사관은 '인민대중의 자주성을 위한 투쟁'을 역사발전의 추동력으로 설정함으로써 이 문제를 해소했다고 본다.[53] 그러나 인민대중의 자주성 테제는 주체사상의 이론적 기초 중의 하나인 혁명적 수령관으로 인해 자주성 실현주체인 인민대중을 사실상 역사에서 피동적 위치로 전락시킬 위험성을 내재하고 있다. 혁명적 수령관은 수령·당·대중이라는 프롤레타리아 독재체제 속에서 수령을 "인민대중의 최고뇌수이며 통일단결의 중심이며 자주성을 위한 혁명투쟁의 최고영도자"로 규정하고 있다.[54]

실제로 주체사관은 "인민대중이 역사의 주체로서 지위를 차지하고 역할을 다하자면 반드시 지도와 대중이 결합되어야 합니다"라고 주장했다.[55] 이에 따라 주체사관은 '노동계급을 비롯한 대중'이 '수령의 지도'와 최초로 결합했다고 그들이 주장하는 이른바 1926년에 김일성이 결성했다는 '타도제국주의동맹(소위 ㅌ·ㄷ동맹)'을 현대사의 기점으로 설정했다. 1962년의 시대구분에서는 1860년대부터 1945년까지를 '식민지반봉건사회' 토대 위에서 반제·반봉건 민족해방투쟁을 전개한 시기로 규정한 데 반하여, 주체사관 성립 이후에는 1926년 이전을 근대=부르주아민족운동기로, 1926년 이후를 현대=반제·반봉건 민주주의혁명운동기로 설정하고 있다.

주체사관이 형성되는 과정에서 민족문화유산의 계승과 발전에 대한 기준이 변화했다. 제2기의 문화유산에 대한 평가에서 민족적·애국

53) 도진순, 「근·현대사 시기구분 논의」, p.59.

54) 이종석, 『새로 쓴 현대북한의 이해』, pp.212~214.

55) 김정일, 「주체사상에 대하여」. 주체사관에 따르면 역사의 자주적인 주체는 선진적 노동계급이 출현하고 그들의 자주적인 혁명사상에 의하여 근로인민대중이 의식화되고 조직화 됨으로써 비로소 역사무대에 등장하게 되었다고 한다.(안병우, 「민족문화유산 평가의 기준과 내용」, pp.417~418)

적 관점이 강조되면서 민족문화유산을 지나치게 높이 평가하여 무분별하게 계승·발전시키는 경향은 복고주의적 경향이라 하여 비판받았다. 이것은 인민의 의식을 잘못된 방향으로 이끌어 올바른 사회주의적 민족문화의 건설을 불가능하게 만든다는 것이었다. 복고주의 비판과 함께 '역사주의 원칙'[56]과 '노동계급성의 원칙'이 강조되었다. 1966년 8월의 「자주성을 옹호하자」는 글은 계승할 만한 민족적 유산이라 하더라도 그 시대의 역사적 제약성에서 완전히 벗어날 수는 없으므로 민족적 유산을 맑스-레닌주의적 유물사관의 견지에서 분석하고 검토하여 애국적·인민적·진보적인 것을 계승하여 사회주의를 건설하는 오늘의 현실에 맞게 발전시켜야 한다고 주장했다. 1972년 사회과학의 임무를 규정한 보고서에서는 역사과학이 계급교양과 사회주의적 애국주의 교양의 강화수단이라는 것을 분명히 했다. 또한 사회과학 연구에서 주체를 철저히 세우기 위해서는 사대주의·교조주의·복고주의에 대항하여 싸워야 한다고 주장했다.

주체사상이 성립되어 간 1960년대 중·후반에 북한의 역사연구는 새로운 기준을 마련하는 진통과정을 겪었고 이 과정에서 핵심적 역할을 한 것은 문화유산의 재평가 문제였다. 1972년의 『위대한 수령 김일성 동지의 혁명사상에 의한 민족문화유산연구』는 그 교범으로서 출간한 것이다. 이에 따르면 민족문화유산 계승의 궁극적인 목적은 새로운 사회주의적 문화의 성공적 건설과 근로자들의 민족적 긍지와 자부심을 고취시키는 데 이용하여 근로자들과 후대들을 혁명화·노동계급화 하

56) 북한의 대표적인 역사가 김석형은 '역사주의원칙'을 "모든 력사적 사건들과 현상들을 그것들을 낳은 구체적인 력사적 조건과의 연관 속에서, 그리고 그것들을 발생 발전의 견지에서 고찰하는 변증법적 연구태도"이며 이것을 관철할 때만이 "로동계급의 이익에 복무하는 과학적인 력사를 쓸 수 있다"고 밝혔다.[곽건홍, 「북한의 역사연구 방법론 변천」, p.343]

는 데 복무하는 것이었다. 그러나 지난날의 계급사회의 문화유산은 계급적인 면에서 본질적으로 다르기 때문에 진보적·인민적인 것은 비판적으로 계승·발전시키고, 뒤떨어지고 반동적인 것은 버린다는 것이다.

여기서 근로인민들이 창조한 진보적 유산과 일부 지배계급이 창조한 진보적 유산을 구분했다. 전자는 계승·발전하는 데 아무런 문제가 없지만 후자는 그렇지 않다는 것이다. 지배계급에 속한 인물들이 개별적으로 만든 진보적 유산(예컨대 과학기술적 발명, 봉건질서에 대한 비판과 개혁안 등)은 진보적·인민적이라 하더라도 많은 시대적 제약을 가지고 있으며 본질적으로 노동계급이 지향하는 문화와 다르기 때문에 그것을 계승·발전시킬 수 없다고 본 것이다. 비판적 계승·발전은 구체적으로 당성·노동계급성·역사주의 원칙 하에서 이루어져야 하며 오직 조선혁명과 인민의 이익에 맞고 조선인민이 좋아하는 것만을 계승·발전시켜야 한다는 것이다.[57)]

이 시기 문화발전의 동인과 주체, 그 저해요인에 대한 인식은 당성·노동계급성의 원칙을 분명히 드러낸다. 문화유산은 근로인민들의 지혜와 창조적 노동에 의해 만들어진 것으로 평가되었다. 비록 특정한 문화유산이 지배계급의 욕구를 반영하고 그들에 의해 독점·이용되었다고 하더라도 그것을 창조한 주체는 인민들이라는 것이다. 따라서 문화발전의 가장 중요한 요인은 당연히 근로인민들의 창조적 노동이었다. 반면에 지배계급은 문화를 착취와 억압의 도구, 사치와 향락의 이용물로 삼고 있다는 점에서 문화발전을 저해하는 첫번째 요인으로 간주되었다. 예를 들면 천문기상학은 봉건지배계급의 착취를 강화하기 위한 수단, 즉 농업생산력 발전을 통한 더 많은 수탈과 '예언'을 통한 이데올로

57) 안병우, 「민족문화유산 평가의 기준과 내용」, pp.413~416.

기적 지배를 위한 수단으로 본다. 다른 과학기술에 대한 해석도 마찬가지였다. 그러나 기구제작이라든가 과학기술 업무에 종사한 자들은 하급관리와 노예들이었고, 그들이 적용한 과학기술 지식은 당시 인민들이 이룩한 생산과 문화성과들을 기초로 한 것이었으므로 과학기술 발전의 진정한 담당자는 인민대중이었다는 것이다.58)

실학에 대한 평가는 문화유산 평가의 변화를 분명히 보여주는 사례라 할 수 있다. 민족문화유산에 대한 전면적 연구와 계승이 주장되었던 제2기에 실학은 변증법적·유물론적 요소를 내포하고 유물론 철학의 발전에 공헌했으며 조국의 부강발전을 염원한 진보적 양반들과 농민·도시평민 들의 지향과 요구를 반영한 진보적 이데올로기로 높이 평가되었다. 그러나 이제 그 동안 실학사상을 "너무 높게 평가해 왔다"며 "사대주의를 반대하고 주체를 세운다고 하여 실학파를 내세워서는 안된다"는 김일성의 교시(1967)에 따라 새로운 평가가 내려졌다. 실학파들의 사상은 봉건제도와 특권적인 양반신분을 보존하는 조건 하에서 사회-정치적 변혁을 주장한 진보적 양반계층의 사상으로서 근본적으로 봉건유교사상의 테두리를 넘지 못했다는 것이다.59)

"불교나 유교가 들어왔기 때문에 민족문화의 발전에 큰 지장을 받았다"고 보아야 한다는 1968년 김일성의 주장은 외래문화의 영향에 대한 차후의 부정적 평가의 방향을 제시한 것으로 보인다. 반면에 일본에의 문화전파는 매우 중요하게 여겨 매 시기마다 상세하게 설명하고 있다. 이러한 모순된 태도는 배타적 민족주의의 시각을 분명히 보여준다고

58) 같은 책, pp.421~422.

59) 이종석, 『새로 쓴 현대북한의 이해』, p.206 : 안병우, 「민족문화유산 평가의 기준과 내용」, pp.427~428.

할 수 있을 것이다. 불교관계 유물·유적에 대한 부정적 평가는 또한 종교가 인민의 계급의식과 투쟁의식을 마비시키는 '아편'이고 인민대중의 예술적 창의성을 억제한다는 주체사관의 종교에 대한 기본 인식을 반영하고 있다. 1980년을 전후하여 간행한 『조선전사』에서는 봉건지배계급에 의한 불교문화 보급으로 인하여 "인민대중은 자기의 예술적 재능을 마음껏 발휘할 수 없었다. 따라서 불교는 조각을 비롯한 민족미술의 자유롭고 건전한 발전에 큰 해독을 끼쳤다"고 혹평했다.[60]

주체사관이 성립된 1970년대부터는 전쟁을 승리로 이끈 명장들에 대한 평가가 확연히 달라졌다. 이제는 이들의 계급적 한계를 지적하고 역할도 매우 제한적으로만 인정했다. 지배계급에 속한 애국명장들의 애국주의는 지배계급의 통치를 유지하기 위한 것이었지 결코 인민의 이익을 위하여 발휘된 것으로 볼 수 없다는 것이었다.[61] 이순신 같은 인물도 대표적 애국명장이었지만 "양반지배계급 출신의 지휘관으로서 그의 애국심은 국왕과 봉건국가에 대한 충성심을 기초한 것"이었으며 "그의 염원은 왜적의 침입을 쳐 물리치고 양반지배계급의 통치질서를 바로세우는 데 있었다"고 그의 애국심의 한계를 지적하였다.[62] 김일성은 1968년의 교시에서 "이순신과 같은 옛날 사람들보다도 오늘 우리 사회에서 산 모범으로 될 수 있는 영웅적 인물들을 내세워 공산주의 교양에 많이 이용하도록 하여야 한다"[63]고 주장했는데 이것이 과거 역사 속의 애국명장들에 대한 평가의 전환에도 적지 않은 영향을 미친 것으로

60) 이종석, 『새로 쓴 현대북한의 이해』, p.207 ; 안병우, 「민족문화유산 평가의 기준과 내용」, pp.420~430.

61) 김순자, 「북한의 전근대 반침략 투쟁사 연구」, p.119.

62) 안병우, 「민족문화유산 평가의 기준과 내용」, p.433.

63) 이종석, 『새로 쓴 현대북한의 이해』, p.207에서 재인용.

보인다.

반침략 투쟁과정에서 외국과의 관계에 대한 평가는 자주성을 강조하는 주체사관의 발전과 관련하여 이전시기의 해석과 달라졌다. 1956년과 1962년 발간한 『조선통사』는 예컨대 고려 말에 명나라의 요동지방을 공격하라는 명령을 어기고 위화도에서 회군한 뒤 이성계가 권력을 장악하고 우왕이나 최영 같은 "강경파들을 숙청한 것은 고려와 명의 관계정상화에 도움이 되었다"고 평가했다. 그러나 1977년 『조선통사』는 군사행동을 반대하고 외교노선을 추구한 이성계 측의 노선을 고토회복의 가능성을 배신한 행위로 평가하고 이것은 민족사의 자주성 확보보다는 기본적으로 사대주의 사상에 근거했기 때문이라고 보았다. 임진왜란 당시 명나라의 군대가 적지 않은 도움을 주었는데 1960년대 이전의 서술에서는 이를 중요하게 평가하고 장·절 제목에서도 이를 드러나게 명기했지만 1970년대 이후에는 장·절 제목에서 드러나지 않고 본문에서도 아주 제한적인 역할만을 인정했다.64)

3·1운동에 대한 역사서술은 이 시기 주체사관에 입각한 역사서술의 특징을 잘 보여준다. 제2기까지 외적인 배경으로 강조되던 러시아혁명의 영향이라는 부분이 완전히 빠졌다. 3·1운동의 역사적 교훈으로는 ① 탁월한 수령의 영도가 없이는 어떤 혁명운동이든지 승리할 수 없다, ② 부르주아 민족주의가 더 이상 민족해방운동의 사상적 기치가 될 수 없다, ③ 혁명운동이 승리하기 위해서는 사대주의를 철저히 배격하며 주체적인 혁명역량을 튼튼히 마련해야 하고, ④ 무장한 적과는 조직적인 무장투쟁으로 맞서야 한다는 것이다.65)

---

64) 김순자, 「북한의 전근대 반침략 투쟁사 연구」, pp.126~127.

65) 윤해동, 「3·1운동과 그 전후의 부르주아민족운동」, 『남북한 역사인식 비교강의』, pp.180·

1967년에 김일성은 민족문화유산에 대한 북한학계의 지배적 인식에 대한 신랄한 비판을 집중적으로 제기했고 이에 따라 실학이나 과거의 전쟁영웅들에 대한 연구가 사라졌고, 『력사과학』·『고고민속』 등 그동안 민족문화유산에 대한 연구를 주도해 왔던 학술지들도 정간되었다. 그 후 북한학계에서 진행되어 왔던 민족문화 계승사업이 크게 위축되었다. 이제 북한학자들은 북한인민들이 전범으로 삼아야 할 전통을 발굴하는 데 있어 '항일혁명전통' 이전의 시기로 거슬러 올라갈 수 없게 되었다. 이종석은 "강한 민족주의적 정향을 보인 1960년대 중반의 주체사상이 1967년을 기점으로 크게 굴절하기 시작했다"고 봄으로써 북한지도부의 역사정책의 전환점으로서의 1967년의 의미를 강조한다. 주체사상이 '맑스-레닌주의의 조선현실에의 창조적 적용'에서 '김일성주의'로 변질되면서 '지도와 대중의 결합'테제에 의해서 인민대중의 자주성 테제가 결정적으로 손상을 입었고, 김일성에 대한 극심한 우상화로 인하여 사회주의적 애국주의가 아주 편협하게 이해되어 민족문화의 상당부분이 북한대중 앞에서 사라졌다는 것이다.[66] 김일성 개인숭배를 강화하고 전체사회를 주체사상화 하는 데서 장애가 될 경쟁대상으로서의 또 다른 역사적 영웅이나 전통사상과 종교를 인정할 수 없다는 편협한 인식이 1960년대 후반 북한 역사정책의 전환을 가져온 것으로 보인다.[67] 이 전환은 민족문화유산에 대한 북한의 역사서술에서 이전시기에 나타났던 강한 민족주의적 정향의 현저한 후

198.

66) 이종석, 『새로 쓴 현대북한의 이해』, pp.205~206.

67) 김한종은 "전근대 사회의 실학자나 전쟁영웅을 받드는 것이 대중의 민족의식을 고양시키는 데는 도움이 되지만 유일사상체계의 확립에는 방해가 되리라고 판단했기 때문"이라고 본다.(「북한 역사교육의 목적과 교육과정의 변화」, 국사편찬위원회,『북한의 역사학(1)』, p.132)

퇴를 가져왔다.

3-4 조선민족제일주의 주창기(1990년대 이후)

북한지도부의 민족주의 개념은 1970년대까지도 일반적인 맑스-레닌주의적 입장을 대체로 견지했지만 1980년대에 큰 변화를 경험했다. 1957년에 '국제공산주의운동'에 대한 한 교시에서 김일성은 민족주의를 "인민들 사이의 친선관계를 파괴할 뿐만 아니라 자기 나라 자체의 민족적 이익과 근로대중의 계급적 이익에도 배치"되는 부정적인 것으로 규정했다. "부르주아민족주의와 배타주의는 프롤레타리아 국제주의와 사회주의적 애국주의에 적대되며 대중 속에서 진정한 애국주의의 발현을 방해"한다는 것이었다.[68] 1970년의 『철학사전』에서도 민족주의는, 전통적인 맑스주의적 견해를 따라 "계급적 이익을 전 민족적 이익으로 가장하여 내세우는 자본가 계급의 사상"으로 규정된다. 그러나 제국주의 국가 독점자본가들의 민족주의와 식민지 예속국가들의 민족부르주아지의 민족주의를 구분하고 후자가 "제국주의 침략세력을 반대하고 민족적 독립을 이룩하기 위한 투쟁과 결합될 때 일정하게 진보적 역할"을 맡는 것으로 평가했다.[69]

북한지도부의 민족주의 인식에 일대 전환을 가져온 것은 1986년 7월 김정일이 '조선민족제일주의'를 주창하면서부터였다.[70] 김정일은

---

68) 『북한의 「민족주의」 선전자료집』, 국가안전기획부, 1995, p.16.

69) 박호성, 『남북한 민족주의 비교연구』, 당대, 1997, p.197에서 재인용.

70) 이종석, 『새로 쓴 현대북한의 이해』, p.191.

후에 이를 "조선민족의 위대성에 대한 긍지와 자부심, 조선민족의 위대성을 더욱 빛내어 나가려는 높은 자각과 의지로 발현되는 숭고한 사상감정"이라 설명했다. 1991년에 김일성은 민족주의라는 용어 자체를 복권시켰다.

> 원래 민족주의는 민족의 리익을 옹호하는 진보적인 사상으로서 발생하였습니다. 신흥부르죠아지들이 민족주의 기치를 들고 민족운동의 선두에 섰던 것은 사실이지만 그렇다고 하여 민족주의가 처음부터 자본가계급의 사상이였다고 볼 수는 없습니다. 봉건주의를 반대하는 부르죠아민족운동시기에는 인민대중의 리익과 신흥부르죠아지의 리익이 기본적으로 일치하였으며 따라서 민족주의는 민족공동의 리익을 반영하였습니다. 그후 자본주의가 발전하고 부르죠아지가 반동적 지배계급으로 되면서 민족주의는 자본가계급의 리익을 옹호하는 사상적 도구로 되었습니다. 부르죠아민족주의는 진정으로 민족의 리익을 옹호하는 참다운 민족주의와는 배치되는 사상입니다.… 정신로동을 하든 육체노동을 하든 자기 민족을 위하여 유익한 일을 하는 사람이라야 참다운 민족주의자가 될 수 있습니다. 단일민족국가인 우리나라에 있어서 진정한 민족주의는 곧 애국주의로 됩니다.[71]

북한지도부의 민족주의 인식에서 중요한 의미를 갖는 이 글에서 김일성은 "참다운 애국자만이 세계혁명에 충실한 참다운 국제주의자로 될 수 있다"며 그런 의미에서 자신은 '공산주의자인 동시에 민족주의자이고 국제주의자'라고 단언했다.[72] 북한지도부의 공공연한 민족주의로의 전환은 1985년부터 시작된 고르바초프의 개혁정책, 1990년

71) 김일성, 『민족대단결을 위하여』, 조선로동당출판사, 1996, pp.424~425.
72) 이종석, 『새로 쓴 현대북한의 이해』, pp.192~193.

을 전후한 동유럽 현실사회주의 국가들의 붕괴로 인한 체제생존의 위기 속에서 국민적 통합을 강화하기 위한 수단이었다. 김일성주의가 지배하는 북한이었지만 몰락하는 사회주의 국가들과 차별화시키기 위해서 보다 적극적이고 공세적인 이데올로기적 통합수단이 필요했던 것이다.

그러나 이 조선민족제일주의는 배타적 성격이 강한 언어사용에도 불구하고 실제로는 방어적 민족주의의 면모를 가지고 있다. 그것은 북한지도부가 민족주의와 관련하여 서로 모순되는 이중의 담론체계를 구사하고 있다는 데서도 드러난다. 그들은 한편으로는 대외적으로, 혹은 남한과 해외동포들을 향하여 '민족대단결', 근래에는 '민족공조'를 강하게 호소하고 있다. 그런데 그들의 통일정책이나 역사정책이 궁극적으로 추구하고 있는 것은 '김일성민족' 의식의 고취를 통한 북한사회의 통합과 북한식 사회주의체제의 독자적 생존이라 할 수 있다. 1990년대 이후 북한 역사서술은 북한지도부 민족주의 담론의 이러한 이중적 성격을 반영하고 있다.

조선민족제일주의가 새로운 전통을 발명하는 방식[73]을 단적으로 보여주는 것이 '단군릉 발견'과 그 후속연구를 바탕으로 만들어진 대동강문화론이다. 1993년 1월 김일성의 지시에 의해 평양의 한 무덤을 발굴하여 조사한 결과 단군릉임이 밝혀졌다는 주장과 함께 단군은 신화에서 역사로 자리를 바꾸었다. 또한 고조선의 중심지가 요령에서 평양으로 수정하고, 단군릉의 연대가 기원전 3000년 이전이라고 주장했다. 이를 계기로 한국 고대사 연대기가 전면적으로 상향조정되었다. 단군릉 발견 직후 1994년 여름까지 단기간에 평양일대에 대한 발굴조사가

73) 에릭 홉스봄 외, 『만들어진 전통』, 박지향·장문석 옮김, 휴머니스트, 2004.

대대적으로 이루어졌다. 이를 토대로 평양은 고조선의 중심지이자 민족의 발상지일 뿐만 아니라 세계최초의 고대문명 발상지로 입증되었다고 주장하기에 이르렀다.(대동강문화론) 그러나 이러한 주장들은 최소한의 과학성도 결여한 것이었다. 김일성이 사망한 직후인 1994년 10월 단군릉은 웅장한 모습으로 개건되었다.[74] 1990년 이후 북한의 한국사 시대구분론은 이러한 연대상한선의 상향조정을 거쳐 다음과 같은 체계를 갖추게 되었다:

① 고대 노예제 사회(기원전 30세기 고조선, 기원전 5세기의 구려, 부여, 진국)
② 중세 봉건제 사회(삼국[75]·고려·조선)
③ 근대 반침략반봉건 부르주아 민족운동기(1860년대~1919)
④ 근대에서 현대로의 과도기(1919~1926)
⑤ 현대 반제반봉건 민주주의 혁명운동기(1926~1947.2)
⑥ 현대 사회주의 혁명기(1947.2~1958.8)
⑦ 현대 사회주의 건설기(1950년대 후반~1980)
⑧ 현대 사회주의 완전 승리기(1980~현재)

단군릉 개건과 대동강문화론은 북한의 민족주의적 역사해석에서 강조되는 우리 민족문화유산의 유구성·독자성·토착성·선진성을 입증하는 외에 고조선-고구려-발해-고려로 이어지는 민족사의 정통성을 북한이 계승했다는 것을 과시하는 의미도 가지고 있었다. 이러한 평양중심사관은 신라의 삼국통일에 대한 평가가 1970년대에 바뀐 데서도 잘 드러난다. 1991년판 『조선통사』는 신라가 영토욕을 채우려고 당을

---

74) 권오영, 「단군릉 사건과 대동강문화론의 전개」, 『북한의 역사만들기』, pp.89~109.
75) 그 중 가장 빠른 고구려가 기원전 3세기에 시작.

끌어들이는 민족배반적인 정책을 취한 것을 비난했다. 반면에 통일정책을 추진한 것은 오히려 고구려였다고 해석했다.76)

1980년대에 북한에서 간행한 일련의 반침략투쟁사 연구서들은 전쟁영웅을 포함하여 봉건지배층의 계급적 한계나 인민들과의 차별성·반동성을 강조하는 대신, 이제는 반침략 투쟁에 전계급 전계층이 동참했음을 강조하는 쪽으로 서술방향이 바뀌었다.

1991년의 『조선인민의 반침략투쟁사(리조편)』에서는 임진왜란 승리의 요인으로 피압박 근로인민 대중들의 투쟁은 물론, 지배계급의 동참을 들고 있다. 이렇게 1990년대 역사서술에서는 계급대립보다 외적에 맞선 민족적 단합을 강조하는 쪽으로 변화했다.77) 이전에는 피지배층에 한하여 민족의 우수성을 강조했지만 1990년대에는 지배층의 활동에 관한 역사까지도 긍정적으로 평가하는 방향으로 바뀌고 있다. 이러한 경향은 민족문화에 대한 서술에서 두드러지는데 김한종은 1990년대 북한 역사교과서의 서술변화를 통해서 이를 규명했다:

> 이전에는 전근대 문화에 대한 교과서 서술에서 반드시 전근대사회의 문화를 지배층을 위한 것이라고 규정하고, 그러한 문화가 지배계급의 이해관계를 대변하거나 이익을 위한 것이었다는 내용이 포함되어 있었으나, 1990년대에는 빠지거나 형식적이 되었다. 대신 문화의 우수성에 대한 서술은 대폭 늘어나고 있다.78)

실학자에 대한 평가 또한 긍정적으로 변했다. 1990년의 『조선력사』

76) 김순자, 「북한의 전근대 반침략 투쟁사 연구」, pp.128~129.
77) 같은 책, pp.121~122.
78) 김한종, 「북한 역사교육의 목적과 교육과정의 변화」, p.139.

에서는 실학자들의 사상을 진보적 견해라고 서술하고 있다.

4. 비교

1950년대 후반 북한 역사정책의 변화는 소련의 비호를 받은 반김일성 세력들을 제거하면서 대소 및 대중관계에서 자주노선을 추구하고 사회주의 대국에 기대어 김일성의 독점적 권력에 도전하는 소련파와 연안파에 대한 숙청을 단행하고 이를 정치-이데올로기적으로 정당화하기 위한 시도에서 나온 것이었다. 또한 초기 북한 역사서술이 가지고 있던 '민족적 허무주의'나 '사대주의'·'교조주의'를 배격하고 민족사의 진보적 전통들을 발굴해내어 새로운 사회주의 국가건설을 위해 필요한 사회주의적 애국심을 강화시키려는 의도의 반영이기도 했다. 이 시기에는 아직 역사학에 대한 당의 지배가 철저하지 않았으며 소련 역사학의 이론적 영향과 일제하에서 실증적 역사연구로부터 받은 긍정적인 영향도 남아 있어서 높은 수준의 이론과 실증적인 사료작업을 기반으로 민족사의 주요한 문제들에 대한 연구가 활발히 전개되었다.

주요한 쟁점들에 대해서는 여러 차례의 토론회를 통해서 합의를 도출하여 합리적으로 정리해 나갔다. 물론 두 개의 이론이 팽팽히 맞설 경우 계급적인 관점과 현실정치적인 요구에 더 합치되는 쪽으로 결론이 내려지기가 쉬웠다는 점에서 당파성이 적지 않게 작용했다. 그러나 '역사주의' 원칙이라는 학문성의 기본요구에 대한 합의가 존재했고 이것은 지나치게 정치적인 해석에 대한 견제장치로서 기능했다. 이 시기 북한역사학은 높은 학문성을 바탕으로 민족적 관점과 계급적 관점을 잘 조화시킬 수 있었다. 또한 빠른 전후 경제복구 속에서 남한과의 체제경쟁에서 훨씬 우위를 점하고 있다는 자부심도 의욕적 연구작업에 동기부여를 했을 것으로 추측된다. 따라서 북한역사학 제2기에 쏟아져 나온 많은 연구성과들은 높은 학문성을 가지고 있었으며 남한과 일본의 한국사 연구에 큰 자극을 주었다. 이러한 연구환경이 지속되었더라면 역사학 분야에서 장기적으로 남북 사이의 민족적 공감대는 훨씬 더 커졌을 것이다.

그러나 1960년대 후반 김일성 개인숭배가 심화되고 1970년대에 '주체사상의 전사회화'가 진행되면서 북한역사학은 심각한 타격을 받았다. 김일성 유일사상체제를 세우는 데 걸림돌이 된다는 판단 하에 지금까지 당의 역사정책을 주도했던 당의 조직·사상·문화 분야 담당자들에 대한 숙청과 함께 역사정책에 전환이 일어났다는 사실은 북한역사학의 어두운 미래를 예고하는 것이었다. 이제 토론문화는 실종되고 역사학은 김일성 우상화를 위한 도구로 전락하고 학문성은 심각한 손상을 입게 되었다. 김일성과 그의 후계자 김정일을 우상화하기 위해선 역사적 사실에 대한 날조도 꺼리지 않았다.

'역사주의' 원칙은 공허한 구호로 전락했고 주의설主意說(voluntarism)이 횡행하는 가운데 역사적 유물론의 근본원칙은 사실상 포기되었다. 이전에는 높이 평가를 받던 명장들이나 다른 위인들이나 실학과 같이 진보적으로 간주되었던 사상 등이 계급적 한계성으로 인하여 이전보다 훨씬 더 인색한 평가를 받게 되었다. 김일성을 중심으로 한 항일유격대의 혁명전통과 1945년 이후 수령의 영도에 대한 연구에 치중함으로써 민족사의 다른 중요한 시대와 주제들에 대한 연구가 현저히 위축될 수밖에 없었다.

그리고 김일성과 그의 주체사상의 완전한 지배를 구축하는 데 경쟁이 될 만한 역사적 인물과 사상에 대한 연구 등은 더 이상 이루어지지 않았던 것이다. 이렇게 보존해야 할 진보적 민족문화유산의 범위가 현저히 축소됨으로써 민족사에 대한 평가에서 민족주의적 견해는 약화되고 대신 계급적 견해가 더욱 강화되었다. 그렇다고 이 시기 북한지도부의 민족주의적 정향이 사라졌다고 보아서는 안될 것이다. 민족자주성을 위한 투쟁을 역사발전의 동력으로서 더욱 강조하고 대외항쟁에 대한 연구를 선호했으며 민족문화의 우수성을 강조하였다. 다만 여기서도 그 대외항쟁과 민족문화 창조자로서 인민대중의 역할을 강조하였다는 점에서 계급적 시각이 분명하게 드러나 보인다. 선도적 통일정책, 반일민족주의와 반미민족주의 등에서도 여전히 강한 민족주의적 성향을 읽을 수 있다.

1980년대 말 이후 북한은 '조선민족제일주의'를 선포하고 공개적으로 민족주의를 표방함으로써 또 한 차례의 역사정책적 전환을 모색하고 있다. 이것은 우선 고대사 분야에서 단군릉 발굴과 평양주변 대동강 유역이 세계최초의 고대문명 발상지라는 대동강문화론으로 구현되었다. 이것은 학문성이 실종된 역사학이 체제정당화를 위한 도구로서 이용될 때 어떻게 문화적 쇼비니즘으로 변질될 수 있는지를 잘 보여주고 있다.

그러나 북한지도부는 전근대의 민족문화유산에 대한 과거의 협소한 계급적 시각으로는 조선민족이 세계제일이라는 것을 주장하기 힘들다는 것을 인식한 것으로 보인다. 따라서 북한의 역사서술은 이제 지배계급의 문화유산과 인물들의 진보적 역할에 대해 다시 긍정적으로 평가하려는 변화를 시도하고 있다. 그러나 지난 20여 년 동안 학문성이 쇠퇴하고, 정치적 시녀로서 기능했던 역사가들의 학문적 자의식이 약화되었기 때문에 이를 극복하고 다시 1960년대처럼 주목할 만한 성과를 내는 데는 시간을 요할 것으로 보인다. 이것은 또한 혁명적 수령관이 역사학의 발전에도 여전히 큰 제약을 가할 것이기 때문이기도 하다.

북한 역사서술의 민족주의적 정향은 특히 다음 몇 가지 요소들에서 드러난다.

첫째로 민족자주성에 대한 강조이다. 이것은 특히 대외항쟁과 근대 이후의 민족 해방투쟁에 대한 연구와 서술의 비중이 높다는 데서도 잘 드러난다. 여기서 보통 계급적 관점에서 전근대시기에 관련해서는 대외항쟁을 지도했던 지배계급에 속한 명장들보다 인민대중의 역할이 더 강조되고 있다.

둘째로 우리 민족문화유산의 우수성, 특히 그 유구성·독자성·토착성·선진성을 강조한다. 고대국가의 성립시기를 점점더 높여잡는 것이나, 외래문화의 영향을 받지 않고 자생적으로 발전한 것을 강조하고, 우리 민족이 다른 지역으로부터 이동하여 온 것이 아니라 고생인류시대부터 원래부터 한반도에 터를 잡고 살아온 것이라는 점을 강조한다든지, 다른 나라보다 일찍 더 앞선 형태로 발전했다는 사실을 강조하거나 외국으로의 문화전래를 강조하는 데서 특별한 역사적 자부심을 느낄 수 있다.

셋째로 반일민족주의나 반미민족주의 등 민족의 적에 대한 강한 적개심의 표현이다. 넷째로 통일문제에 대한 관심과 남조선혁명 가능성과 관련해서 남한에 대한 역사서술이 적지 않은 비중을 차지하고 있다는 것이다. 민족적 공감대를 확보하는 것을 어렵게 만들어 이러한 민족주의적 정향을 반감시키는 요소로서는 한편으로는 주체사관과 결합되어 있는 혁명적 수령관이며, 다른 한편으로는 평양중심적 역사인식이다.

북한역사학은 이미 주체사관 확립기부터 고조선-고구려-발해-고려로 연결되는 민족사의 정통성을 그들이 계승했다는 것을 강조해 왔다. 단군릉 발굴과 대동강문화론을 통해서 평양을 민족의 성지로 부각시킨 것도 이러한 점을 다분히 의식한 것이었다. 이렇게 민족사의 강역의 한 지역에 고정하여 민족적 정통성의 계보를 추적하는 것은 전민족적 정체성이 아니라 부분민족적 정체성을 강화시키려는 것이라 할 수 있다.[79]

동독의 역사학은 북한역사학의 발전과는 다른 방향으로의 변화를 보여주었다. 1960년대 후반 내외적 자극을 통한 학문적 이론과 방법론의 정교화 과정을 거쳐 1970년대 후반부터 민족사의 전체영역을 연구대상으로 확장했다. 이미 1970년을 전후하여 서독으로부터의 이데올로기적 차단을 꾀했던 사통당정권은 1972년 기본조약을 통해 동서독 사이의 인적교류와 커뮤니케이션이 급증하면서 사회적 통합의 이완을 막고 사회주의 민족에 대한 정체성을 높이고자 새로운 역사정책을 필요로 했다. 이것은 1880년을 전후하여 '유산과 전통'을 둘러싼 생산적 논의로 발전했고 이를 통하여 민족사에 대한 보다 유연한 태도로 전환했다. 사회주의 정권을 둘러싼 새로운 환경변화에 대한 서로 다른 역사정책적 대응은 우리로 하여금 양자의 차이점에 주목하게 한다.

79) 필자는 여기서 북한의 민족주의에 대한 이종석의 준거에 의존하고 있다.(이종석, 『새로 쓴 현대북한의 이해』)

김일성은 해방 후 권력투쟁에서 유리한 고지를 점유하고 중소분쟁을 이용하여 두 사회주의 강대국으로부터도 자주성을 확보하고 후계구도를 확고히 하기 위해서도 그의 유일지배체제를 더욱 강화시켰다. 이러한 지배구조 속에서 1970년대 이후 북한의 역사학은 이전시기의 민족사 연구에서 생산적인 성과들을 가능하게 했던 학문성과 당파성 사이의 긴장관계를 상실하고 말았다. 이 시기 민족문화유산에 대한 평가에서 민족주의적 정향의 상당한 후퇴에도 불구하고 북한역사학은 동독과 비교할 때 처음부터 강한 민족주의적 성향을 보여주었다. 북한의 체제정당화 이데올로기가 항일민족해방투쟁이었던 데 반해 동독의 정당화 이데올로기가 부르주아민족주의를 극단적 인종주의로 몰고 간 파시즘의 반대투쟁이었다는 사실은 양자의 역사정책의 서로 다른 양상을 예고하고 있다.

북한지도부는 종파주의적 속성으로 인하여 소극적으로 혹은 부정적으로 평가했던 식민지 시기 국내 노동운동이나 공산주의 운동으로부터 거리를 두고 그보다는 민족사의 진보적 전통, 특히 점점더 강하게 항일유격대 전통으로부터 정권의 역사적 정당성의 기반을 확보하려 했다. 반면에 사통당은 적어도 1970년대까지는 주로 독일노동운동사의 전통으로부터 역사적 정당성을 뒷받침 하려 했다. 북한정권이 민족주의적인 논리로 소련의 헤게모니 요구와 간섭으로부터 그들 정권의 자주성 수호를 정당화하고자 했다면, 동독정권은 계급적인 논리로 자본주의/제국주의 서독과의 차별과 소련 및 사회주의 형제국들과의 연대를 강조하려 했다.

동독의 소련에 대한 종속관계는 역사서술에도 반영되어 나폴레옹 군대에 맞선 러시아와 독일의 공동투쟁, 러시아혁명의 세계사적 의의,

소련공산당의 지도적 역할, 나치의 패전과 종전시 소련해방군의 역할에 대한 강조 등이 동독 역사서술에서 중요한 비중을 차지하고 있다. 반면에 1960년대 후반 이후 북한의 역사서술에서는 3·1운동에 미친 러시아혁명의 영향에 대한 언급이 나오지 않으며 해방과정에서의 소련군의 역할도 그 의미가 대단히 축소되어 서술되었다. 1958년의 『조선통사 하』에서는 해방을 다룬 첫 장·절 제목이 '위대한 소련군에 의한 조선해방'으로 되어 있지만, 1964년의 『당략사교재』에서는 '조선공산당의 창건'으로 바뀌었다. 북한에서의 해방에 대한 인식은 일제시대에 만주에서 벌어진 항일무장투쟁의 '빛나는 승리가 가져다 준 고귀한 결실'(『조선통사 하』, 1987)이라고 서술하여 '주체적 해방'을 강조하고 있다.[80]

동독의 역사서술도 1980년대에는 "사통당의 지배를 주로 독일사의 연속성의 요소로서 정당화하려고 시도하면서 외적 요소의 역할, 특히 동독형성의 역사에서 소련'해방군'의 역할을 축소시키고 있다."[81]

미국에 대한 평가도 양국 역사서술에서 일정한 차이를 인식할 수 있을 것으로 보인다. 해방공간에서의 미국의 역할과 특히 한국전쟁에서의 미국에 대한 경험, 그리고 그 후 한·미·일 3각동맹을 통한 동아시아 냉전상황에서의 미국의 역할에 대한 북한지도부의 증오감은 미국에 대한 적개심을 부추기는 역사교과서의 서술에서 그대로 드러나고 있다.

2000년에 간행된 고등중학교용 '통사체' 『조선력사 4』는 '미국침략자들을 쳐 물리친 인민들의 투쟁'이라는 절에서 1866년 미국 전함 제너럴셔먼호의 침입에 대하여 "미제국주의는 '샤만'호의 침입으로부터 시

---

80) 박영진, 「해방 3년사에 대한 인식」, 『남북한 역사인식 비교강의』, pp.301~302. '주체적인 해방'에 대한 김일성의 견해를 위해서는 그의 『민족대단결을 위하여』, p.452 참고.

81) E. Kuhrt/H. v. Loewis, *Griff nach der deutschen Geschichte: Erbeaneignung und Traditionspflege in der DDR*, Paderborn 1988, p.169.

작하여 오늘에 이르기까지 100여 년 동안이나 우리나라를 침략하여 온 조선인민의 철천지원쑤"라는 김일성의 교시를 서두에 싣고 있다. 이어서 전황지도와 함께 4쪽에 걸쳐 김일성의 조부인 김응우를 선두로 하여 반미투쟁의 첫 승리로 미국침략자들에게 커다란 타격을 주었다는 사실을 강조하고 있다.[82] 김일성의 미국에 대한 기본인식은 "남조선을 무력으로 강점하고" 있으며 "남조선 군대에 대한 통수권을 틀어쥐고" 4만여 명의 남한주둔 미군과 '괴뢰정권'을 내세워 남한에 대한 '신식민주의적 지배'를 행사하고 있으며 무엇보다도 '조선의 통일을 반대하는 주되는 세력'이라는 것이다:

> 미국의 대조선정책에서 기본을 이루는 것은 '두 개 조선'을 조작하여 남조선을 영원히 저들의 식민지로 틀어쥐자는 것입니다. 미국은 남조선을 아시아와 세계제패를 위한 군사적 요충지로서 절실히 필요로 하고 있습니다.

그의 미국사회에 대한 선전도 "빈부의 차이가 많고 사회적 불평등이 심하며 온갖 사회악이 판을 치는 썩고 병든 나라", '살인과 강도, 마약중독자와 알콜중독자가 제일 많은 나라" 등 온통 악의 소굴로 묘사하고 있다.[83]

북한과 동독의 반미주의에서의 차이는 소련의 평화공존 노선에 대한 분명한 견해차이를 통해서도 확인할 수 있을 것이다. 북한은 당시 중국과 함께 이를 미국에 대한 굴복이고 국제공산주의에 대한 배신행위라고 간주하고 미국에 대한 강경한 대처를 주문한 반면, 동독은 소련의 노선

---

82) 『조선력사4』, 평양: 교육도서출판사, 2000, pp.63~66.

83) 김일성, 『민족대단결을 위하여』, pp.404, 418~419, 433, 457~458.

을 충실히 지지하고 그로부터 내독관계(innerdeutsche Beziehung)의 발전을 통해 실익을 챙기고 1980년을 전후한 신냉전상황에서는 소련보다 더 일관되게 평화공존정책을 지지했던 것이다. 이러한 평화공존정책으로 인하여서도 동독의 반미주의는 그리 강렬하지 않았으며, 설혹 있었다 하더라도 그것은 제국주의에 대한 일반적인 비판이라는 차원에 그쳤다.

북한에서는 반미감정뿐만 아니라 반일감정이 민족의 적에 대한 적개심을 이용한 민족주의 재생산을 통한 사회적 통합수단으로 끊임없이 이용되었다. 반일민족주의는 항일유격대 투쟁에 대한 항구적인 기억문화를 통해서뿐만 아니라 현대일본에 대한 부정적 인식을 통해서도 재생산되고 있다. 김일성은 일본 역시 통일의 반대세력으로 간주했다. "일본은 아세아의 맹주로 되려는 야망을 실현하는 데서 조선의 통일이 방해로 된다고 생각하고 있다"는 것이다.[84] 1997년 출간한 고등중학교 6학년용 『세계력사』 교과서는 최근 일본의 군국주의 부활문제를 여러 각도에서 구체적으로 조명했다.[85]

이 글은 북한역사학과 동독역사학을 민족이라는 핵심개념을 중심으로 거칠게나마 비교해 보려는 첫 시도에 지나지 않는다. 앞으로 보다 낳은 비교연구로 발전하기 위해선 양국 민족사의 주요문제들에 대한 구체적인 연구성과들과 그 해석상의 변화를 면밀히 분석하고, 분단시대의 역사학으로서 남북한 및 동서독 상호간의 경쟁 속의 적대적 의존관계와, 당과 역사학계, 학문성과 당파성, 민족적 관점과 계급적 관점, 역사적 유물론과 주체사상 사이의 긴장관계가 역사학에 미친 영향을 보다 구체적으로 비교해야 할 것이다.

84) 같은 책, p.405.
85) 지수걸, 「북한 중등학교 역사교과서의 서술체계와 내용」, 『북한의 역사학(1)』, pp.194~195.

7.
구동독 역사교육에서의 민족문제와 민족사
(1970년대와 1980년대)

1. 머리말

독일의 통일은 교육분야에서도 서독의 체제가 동독에 이식되어 연방정부의 막대한 재정지원과 서독엘리트의 행정적 지원을 통해 외형적으로는 단기간에 신속히 진행되었다. 교사재임용 비율도 90%를 상회함으로써 경찰과 함께 가장 높은 비율로 통일독일에서 종래의 직업에 재통합하는 데 성공했다.[1)]

그러나 완전히 다른 사회체제와 문화 속에서 각인된 가치관이 새로운 사회에 적응하는 데는 더 많은 시간과 진통이 필요했다. 역사과목은 공민과목(Staatsbürgerkunde)과 함께 동독체제의 이데올로기적 정당화를 담당했던 주요과목으로서 역사담당 교사들로부터 일반적으로 동독 사회주의 체제에 대한 강한 정체성이 기대되었다. 그러한 역사교사들이 통일 후 교사로서 새로운 교육체제에 적응하는 것은 쉽지 않은 과제였다.

1) 한운석, 『하나의 민족, 두 개의 과거: 20세기 독일민족과 통일문제』, 신서원, 2003, pp.206~207.

통일 후 달라진 역사교육 상황에서 과거의 역사인식과 분명한 대조를 이루는 것 중의 하나가 독일문제와 독일민족사에 대한 역사인식(Geschichtsbild)의 차이일 것이다. 동독의 역사학에서는 1970년대 초 사회주의통일당(SED: 이하 사통당으로 표기) 지도부가 '사회주의 민족'을 선언한 후 1970년대 후반에 이를 뒷받침하기 위해 전체 민족사로의 전환이 일어났다. 1980년대 동독 역사학에서의 유산과 전통을 둘러싼 논쟁은 이러한 역사인식 전환을 이론화한 과정이었다. 사통당의 이러한 역사정책의 변화를 가져온 원인은 무엇이었나? 필자가 이 논문에서 밝히고자 하는 것은 특히 이러한 변화가 동독 역사교육에 어떠한 영향을 미쳤는가의 문제이다. 1980년대에 동독역사학이 편협한 계급적 시각으로부터 벗어나 전체민족사 연구로 전환한 것은 동서독 간의 민족사 인식의 간극을 다소나마 극복하는 데 일정한 기여를 했다. 이것은 독일통일과 관련하여서도 긍정적 의미를 갖는다고 할 수 있다. 그러면 역사교육에서도 이러한 긍정적 변화가 감지되었는가? 만약 그렇지 않았다면 그 원인은 무엇이었는가? 이러한 문제들에 대한 연구는 또한 동독의 역사교육에서 역사학과 사통당과 인민교육부 사이의 역할관계를 구명하는 데도 도움이 될 것이다.[2)]

---

2) 이 논문에서 다룰 주제와 연관된 국내의 연구로는 안병직, 「독일의 통일과 구동독의 역사학」 『역사학보』193, 1993, pp.235~265 ; 한운석, 「북한과 동독 역사학의 민족사 인식의 변화 비교」 『독일연구』12, 2006, pp.193~238 ; 이병련, 「구동독에서의 학교와 역사교육 그리고 이데올로기」 『湖西史學』30, 2001, pp.105~137이 있다. 독일에서는 통일 후 동독 역사학과 역사교육에 대해 쉽게 정리하기 어려울 만큼 많은 연구들이 쏟아져 나왔다. 그 중 대표적인 것을 논문집 중심으로 선별한다면 *Zeitschrift für Geschichtsdidaktik*. Jahresband 2005(Geschichtskultur in der DDR를 특집으로 다룸), Wochenschau Verlag(Schwalbach, 2005) ; J. Hüttmann etc. eds., *DDR-Geschichte vermitteln. Ansätze und Erfahrungen im Unterricht, Hochschullehre und politischer Bildung*, Metropol(Berlin, 2004) ; M. Sabrow ed., *Geschichte als Herrschaftsdiskurs: Der Umgang mit der Verganenheit in der DDR*, Böhlau(Köln, 2000) ; H. C. Mätzing, *Geschichte im Zeichen des historischen Materialismus: Untersuchungen zu Geschichtswissenschaft und Geschicht-*

이 논문은 베를린 장벽이 개방되고 독일통일 과정과 통일 이후 동독지역[신연방주]의 역사교육을 연구하기 위한 사전작업으로서 의도된 것이다. 통일독일이 당면한 가장 중요하고도 어려운 과제는 분단시대 이질화된 동서독인 사이의 민족적 통합을 실현하는 문제였다. 역사교육은 이러한 과제를 실현하는 데 있어서 특별한 의미를 부여받고 있다. 통일 후 동독지역 역사교육의 개혁을 추진하는 과정에서 당면한 문제들은 통일 전 구동독의 역사교육에 대한 분석이 없이는 이해가 불가능할 것이다. 본 논문은 구동독의 역사교육을 특히 민족문제와 민족사에 대한 인식을 중심으로 고찰해 보고자 한다. 이러한 연구는 우리가 장차 통일과정에서 역사교육 분야에서 부딪치게 될 상황들과 힘겨운 과제들을 이해하는 데 중요한 시사점을 줄 수 있을 것이라 믿는다.

먼저 구동독 역사교육이 사통당정권의 이데올로기적 정당화를 위해 어떤 역할을 했는지를 살펴볼 것이다. 이어서 1970년대 초 사통당 지도부의 민족문제에 대한 인식전환이 이후의 역사교육에 어떻게 영향을 미쳤는가를 고찰할 것이다. 마지막으로 1980년대 동독역사학의 유

---

sunterricht in der DDR, Hannover 1999 : G. G. Iggers etc. eds., *Die DDR-Geschichtswissenschaft als Forschungsproblem*, R. Oldenbourg Verlag(München, 1998) : J. Kocka/R. Mayntz eds., *Wissenschaft und Wiedervereinigung. Disziplinen im Umbruch*, Akademie Verlag(Berlin, 1998) : F. Neuhaus, *Geschichte im Umbruch. Geschichtspolitik, Geschichtsunterricht und Geschichtsbewußtsein in der DDR und den neuen Bundesländern 1983-1993*, Frankfurt a.M. 1998: M. Sabrow ed., *Verwaltete Verganenheit. Geschichtskultur und Herrschaftslegitimation in der DDR*, Akademische Verlagsanstalt(Leipzig, 1997) : R. Eckert/B. Faulenbach eds., *Halbherziger Revisionismus: Zum postkommunistischen Geschichtsbild*, Olzog Verlag(München, 1996) : M. Sabrow/P.T.Walther eds., *Historische Forschung und sozialistische Diktatur*, Leipziger Universitätsverlag (Leipzig, 1995) : K.H.Jarausch/M. Middell eds., *Nach dem Erdbeben. (Re-)Konstruktion ostdeutscher Geschichte und Geschichtswissenschaft*, Leipziger Universitätsverlag(Leipzig, 1994) : R. Eckert etc. eds., *Hure oder Muse? Klio in der DDR: Dokumente und Materialien des Unabhängigen Historiker-Verbandes*, Berliner Debatte(Berlin, 1994) : J.H.Brinks, *Die DDR-Geschichtswissschaft auf dem Weg zur deutschen Einheit*, Campus(Frankfurt a.M., 1992).

산과 전통을 둘러싼 논쟁과 민족사연구 주제의 확장의 시대적 배경과 이것이 역사교육에 어떻게 반영되었는지를 교육과정 개혁을 둘러싼 논의를 중심으로 살펴볼 것이다.

2. 구동독(DDR) 역사교육과 정당화 기능

사통당은 1949년 이후 동독을 공식적인 마르크스-레닌주의 이데올로기가 외부로부터의 경쟁적인 정신적 영향을 차단하는 폐쇄적인 '세계관국가(Weltanschauungsstaat)'로 만들려는 목표를 추구하였다. 사통당은 1956~1957년의 수정주의의 도전을 제압한[3] 뒤 교육과 학문에 대한 지배력을 장악하였고, 1980년대에 다소 이완되기는 했지만, 사실상 동독이 무너질 때까지 그것을 유지했다. 사통당 지배 하에서 교육제도는 공통의 사상적 기초로서 정치-이데올로기적 지식을 모든 시민들에게 체계적으로 가르치는 과제를 수행해야 했다.[4]

교사들은 동독사회에서 사회주의와 "노동자와 농민국가"에 대한 충성심이 가장 기대되는 직업집단 중의 하나였다. 교사들에게는 '국민교육자(Volkserzieher)'라는 전통적 역할과 함께 새로운 사회주의 질서를 위한 개척자의 역할이 부여되었다. 1949년부터 1961년까지 적어도 2만 6천 명의 교사들이 서독으로 탈출한 뒤 동독의 교사집단은 1945년 이

3) H. Weber, *Geschichte der DDR*, München 1999, pp.188~203.

4) O. Anweiler, "Die politische Instrumentalisierung von Bildung und Wissenschaft in der DDR und ihre Folgen", in: *Enquete-Kommission "Überwindung der Folgen der SED-Diktatur im Prozeß der deutschen Einheit. Bd. IV.1, Bildung, Wissenschaft, Kultur*, Frankfurt a.M. 1999, pp.107~109.

후 새로 충원된 신교사(Neulehrer)와 점점더 늘어난 젊은 전후세대로 구성되어 동독체제에 대한 비교적 강한 정체성을 갖고 있었다고 할 수 있다. 1950년대에 교사들 중 사통당 당원의 비율은 약 40%였는데, 1980년대에는 그것이 다소 줄어들었다. 유치원에서는 그 비율이 13.5%였고, 동독학교제도의 근간을 이루는 10학년으로 구성된 종합기술상급학교(Polytechnische Oberschule)에서는 33.8%였던 반면 대학진학을 준비하는 연장상급학교(Erweiterte Oberschule)에서는 70%나 되었다. 이것은 정치적 도구화와 관련하여 중요한 지표 중의 하나라 할 수 있지만 그것의 의미가 과대평가 되어서는 안될 것이다. 교사들의 70% 이상이 여성이었다. 교사들에게는 정권에 대한 충성이 그들의 직업활동과 경력의 전제조건에 속하였다.5) 따라서 교사들은 동독에서 가장 순응적인 직업집단들 중의 하나였다.6)

베를린장벽이 무너진 후의 전환기에 동독 교육제도에 대해 흔히 제기된 비판 중의 하나는 아이들이 집에서 듣고 배우고 읽은 것을 학교에서도 무조건 말할 필요는 없다는 것을 이해하는 법을 학교에서 매우 빨리 배웠다는 사실이다. 동독의 교육제도를 비판하는 사람들은 이것을 '집단적 정신분열증' 혹은 '두말하기(Doppelzüngigkeit)'라고 이름붙였다. 교육학 아카데미(Akademie der Pädagogischen Wissenschaften)의 원장이었던 게르하르트 노이너(Gerhart Neuner)는 동독의 이데올로기 교육과 권위주의적 실제가 "위선과 두말하기를 조장했다"고 본다.7)

사통당 독재의 역사와 결과를 밝히기 위한 독일연방의회의 청문회

---

5) ibid., pp.111~112.

6) *Enquete-Kommission 'Aufarbeitung von Geschichte und Folgen der SED-Diktatur in Deutschland'. Ideologie Integration und Disziplinierung*, Bd. III,1, Frankfurt a.M. 1995, p.222.

7) Neuhaus, *Geschichte im Umbruch*, pp.53~54.

에서도 이 문제가 다뤄졌다. 크리시트네 리버크네히트(Christine Lieberknecht)는 동독의 사회주의적 교육의 결과로서 "두말하기, 맞장구침, 유연치 못한 태도, 상상력부재, 창의성 부족, 무언가 잘못된 것을 말하지 않을까 하는 두려움 등"을 들었다.[8)]

반면에 교육에 대한 전체주의적 통제가 미치지 못한 자유로운 공간이 존재했었다는 것을 강조하는 주장도 제기되었다. 위 청문회에서 마리안네 비르틀러(Marianne Birthler)는 자신을 가르친 교사들의 예를 토대로 "학생들에게 진정한 소통이 가능한, 두려움 없는 섬을 마련해 주는 것이" 동독의 학교에서도 가능했다고 주장했다.[9)] 예나의 학교심리사인 하이디 폴만(Heidi Vollmann)은 당의 교의는 공식적인 사통당 지도부로부터 당 간부를 거쳐 교사들에게로 전달되는 과정에서 아래로 내려갈수록 희석되었으며 그만큼 더 인간적인 수업이 이루어졌다고 보았다.[10)]

통일 후 수행된 과거 동독교사들과의 인터뷰를 분석한 경험적인 연구도 이 테제를 뒷받침한다. 이 연구는 동독교사들이 모두 아주 충실하게 공식적인 지침을 그대로 따랐다는 일괄적 평가는 수정되어야 한다고 본다. 교육학적 및 정치적 지침을 글자 그대로 충실히 실현하는 것은 학교의 여건과 교육과정에서 다루어야 할 단원분량이 과도하여 거의 실현이 불가능했다는 것이다. 교사들은 성공적인 수업을 위해서는 학생들과의 상호작용이 필요했는데 정치적인 미사여구와 교화를 통해서 학생들에게 인정받기를 기대할 수는 없었다는 것이다. 많은 교사들이 따라서 정치 이데올로기의 무리한 주입을 피하고 줄이

8) *Enquete-Kommission Aufarbeitung*, Bd. III.1, p.218.
9) *Enquete-Kommission Aufarbeitung*, Bd. III.1, p.221.
10) ibid., p.228.

기 위해 지식내용을 전달하는 데 집중하였다. 교사와 학생들 사이에는 수업에서 "정치적으로나 역사적으로 뜨거운 문제들은 서로 피하려는 묵언의 약속"이 있었다.[11]

역사교육은 그 규범적 수준에서 사통당의 지배를 정당화하기 위한 정치-이데올로기적 교육의 확고한 일부였다. 모든 과목에서와 마찬가지로 역사교육에서도 항상 '과학적 교육(wissenschaftliche Bildung)과 이데올로기 교육(ideologische Erziehung)의 통일성'이 요구되었다. 동독 역사교육의 역사학적 기반은 역사발전의 법칙성, 그리고 착취와 억압으로부터 인류를 해방시키기 위한 노동자계급의 투쟁에 대한 마르크스-레닌주의의 가르침이었다. 마르크스-레닌주의 역사관의 근본특징 중의 하나는 사회적 진보와 그 주체로서의 노동자계급에 대한 무조건적 지지였다. 객관성의 추구가 아니라 선명한 당파성을 길러주는 것이 동독 역사교육의 이데올로기적 교육목표였다. 역사교육이 당파적 지지의 근거로 삼은 진보 개념은 한편으로는 목적론적(teleologisch)이었으며, 다른 한편으로는 이분법적인(dichotomisch) 도덕적 가치판단의 성격을 강하게 띠우고 있었다.

이 진보개념은 역사과정이 객관적 법칙성을 가지고 낮은 단계에서 높은 단계의 사회구성체로 여러 단계를 거쳐 계속 발전하여 결국 최종 목표인 사회주의 혹은 그 보다 높은 형태인 공산주의로 발전한다고 보는 한에서 목적론적이었다. 이러한 발전에서 특히 초기부르주아혁명으로서의 1525년 농민전쟁, 1789년과 1848년의 부르주아혁명, 1918년 독일의 11월혁명이 '정점'으로서, 1917년의 10월혁명과 1949년의 동독건설은 역사발전의 '전환점'으로서 강조되었다.

---

11) Neuhaus, *Geschichte im Umbruch*, p.55.

동독 역사교육의 진보개념은 또한 모든 사회세력들을 진보에 기여하느냐 그것을 방해하느냐에 따라 진보와 반동의 이분법적으로 선명히 구분하여 도덕적 평가를 내렸다. 이러한 역사교육을 통해 매개된 역사상은 역사현상과 행위자를 피착취자와 착취자, 진보와 반동, 사회주의와 제국주의 / 자본주의, 파시즘과 안티파시즘의 대립쌍으로 파악하는 적과 아군의 이분법적 사고였다. 여기서 인민은 항상 역사적 진보를 위한 투쟁의 주체로서 과도한 평가를 받은 반면 지배계급들은 반동적이고 "인민에 적대적인" 것으로 평가받았다.[12]

동독 역사교육의 두드러진 특징 중의 하나는 학습목표 지향이 대단히 강하다는 것이다. 동독의 교육과정을 보면 아주 자세하게 규정된 학습목표 위계체계를 가지고 있음을 알 수 있다. 동독 사회주의 교육의 최고목표는 '사회주의적 인격의 전면적 발전'이었다. 이런 틀 안에서 역사교육 과제는 마르크스-레닌주의적 역사상을 매개로 하여 사회주의적 역사의식을 길러주는 데 있었다.[13] 동독 역사교수방법론(Geschichtsmethodik: 동독에서는 역사교육학을 이렇게 불렀던 반면, 서독에서는 Geschichtsdidaktik이라 일컬었다)에서는 학습목표를 세 가지로 분류했다. 그것은 새로운 인식을 낳을 지식목표(Wissensziele), 역사적 사고의 발전을 과제로 삼는 수행목표(Könnensziele), 이데올로기적 입장 형성에 기여할 태도목표 혹은 교육목표(Verhaltensoder Erziehungsziele)이다. 교육과정에서는 인식목표들이 가장 포괄적이고 자세하게 서술되어 있다. 그러나 인식목표들은 지식의 획득만 지향한 것은 아니었으며 항상 규범적인 교육활동의 통합적인[14]일부였다.14) 특

12) F. Neuhaus, *Geschichte im Umbruch*, pp.36~42.

13) H.-D. Schmid, "Die marxistisch-leninistische Geschichtswissenschaft und der Geschichtsunterricht in der DDR", A. Fischer/G. Heydemann eds., *Geschichtswissenschaft in der DDR. Bd. I: Historische Entwicklung, Theoriediskussion und Geschichtsdidaktik*, Duncker & Humblot(Berlin, 1988), p.450.

히 교육목표는 수업에서 추구해야 할 이데올로기적 통찰과 확신을 지향하는 것이기 때문에 핵심적 기능으로 간주되었다. 역사과목 9학년 교육과정(1981)은 제2단원 독일의 '11월혁명'에 대한 이데올로기적 교육목표를 다음과 같이 서술하고 있다.

> 제국주의를 극복하고 노동자계급의 역사적 사명을 완수하기 위해서는 마르크스-레닌주의 당의 지도하에 노동자계급의 영웅적인, 경우에 따라서는 무장투쟁이 요청된다는 통찰로부터 사회주의에 대한 모든 제국주의적이고 반혁명적인 공격을 격퇴하고 사회주의 조국의 무장방위를 준비하려는 자세와 의지가 자라나야 한다.[15)]

이러한 사례는 동독 역사교육이 사통당의 현실정치적 이해관계를 위해서 도구화되었다는 사실을 분명히 보여준다.[16)] 이데올로기적 교육목표는 흔히 강한 감성적인 표현을 가지고 서술되었다.[17)] 이데올로기적 정당화에 방해가 되는 문제들은 감추거나 '기회주의적 배신자들' 탓으로 돌리는 등 왜곡 서술되었다. 대표적인 사례들이 1939년 독일-소련불가침조약을 체결한 히틀러-스탈린 비밀의정서, 카틴에서의 폴란드 장교들에 대한 소련군의 학살, 소련이나 다른 사회주의 국가들에서의 스탈린숙청의 희생자들에 대한 침묵, '반혁명적인 파시스트 쿠데타 시도'로서 왜곡된 1953년 6월 17일의 동독 노동자 봉기, 1961년 8월 베를린장벽 건설을 서독과 나토국가들의 침략을 막고 평화를 보장하며 국경을 지키기 위한 조치로서 규정한 것 등이다.

---

14) Neuhaus, *Geschichte im Umbruch.*, pp.450~452.

15) *Lehrplan Geschichte Klasse 9*, Berlin(O) 1981, p.24.

16) Schmid, Geschichtsunterricht in der DDR, p.451.

17) Lehrplan für Geschichte Klasse 9, Berlin(O) 1973, p.15 참고.

동독의 역사교육은 모든 수업과정들을 중앙에서 완전히 계획할 수 있다는 전제에서 출발했다. 교육과정은 교과서가 다루어야 할 내용을 단원별로 인식목표에서 배워야 할 개념들과 연도들, 각 장별로 다루어야 할 구체적인 지식내용들과 시간수까지 자세히 규정하였다. 정확히 이 교육과정의 지침에 따라 교과서와 교사용 안내서(Unterrichtshilfe)가 만들어졌다. 교사용안내서는 교사가 매시간 가르쳐야 할 내용을 인식목표와 부분인식, 미디어와 보조자료, 교사의 질문과 기대되는 학생의 답변까지 상세히 제시하고 있다.

이렇게 교사용 안내서는 수업의 계획과 목표설정, 교수법적 진행과 다음 시간 과제까지 모든 것을 지시하고 있다. 수업을 계획하고 진행하는 데 있어서 교사의 창의적인 역할과 교육학적 지도역할이 강조되었지만 그것은 말뿐이었다. 실제로 교육당국은 교사의 자유로운 해석을 원치 않았으며 교육과정이 지시한 대로 교사가 충실히 수업을 진행함으로써 사회주의 학교의 교육목표를 실현하기를 원하였다. 교사는 "노동자계급과 그 당의 위탁받은 자"로서 당이 부여한 이데올로기적 정당화의 과제를 충실히 수행해야 했던 것이다.18)

'학생에 맞춘(schülerbezogene)' 수업계획 역시 공허한 요구에 지나지 않았다. 동독교육의 이론과 실제는 학생들의 개인적인 전제조건들과 역량이나 관심을 고려하고 촉진하는 것과는 거리가 멀었다. 학생들은 여전히 교재와 교사의 의도적인 영향을 수용할 피동적인 대상으로서만 간주되었다. 교육과정을 통해 이미 올바른 문제해결, 곧 인식목표와 교육목표가 세세하게 제시되어 있고, 적대적인 주장이 처

18) Neuhaus, *Geschichte im Umbruch*, pp.46~47 ; H. Döbert, *Curricula in der Schule: DDR und ostdeutsche Bundesländer*, Köln/Weimar/Wien 1995, p.62.

음부터 배제되어 있었기 때문에 문제지향적인 역사수업도 의미를 가질 수 없었다. 교과서에서 제시된 사료단편들은 학생들 스스로의 역사적 판단력을 기르기 위한 것이 아니라 이미 서술된 것을 뒷받침하는 증거자료로서의 기능을 수행하였다. 사료비교는 없었다. 미국 정치가들의 발언들이 많이 인용되고 있지만 그것은 처음부터 일방적인 비난의 대상으로 의도된 것이다.[19]

3. 사통당정권의 민족문제 인식의 변화와 역사교육 (1970년대와 1980년대)

1960년대에 사통당의 민족문제 인식에서 사회주의적 민족으로의 변화의 징후가 나타나기 시작했다. 사통당은 독일분단의 원인을 더 이상 서방강대국들에서 찾지 않고 독일사의 '기본모순' 곧 계급대립에서 찾았다. 정치국의 이데올로기정책 비서인 쿠르트 하거(Kurt Hager)는 1962년에 전 독일민족에서 "사회주의 민족으로의 깊은 변화가" 일어나고 있다고 말하였다.[20]

그러나 사통당이 동독국민을 '사회주의 민족'으로 선포하고 서독의 자본주의적 민족으로부터 분명한 결별을 선언한 것은 빌리 브란트의

---

19) ibid., pp.48~49 : Schmid, Geschichtsunterricht in der DDR, pp.454~455.

20) K.-E. Jeismann/E. Kosthorst, "Deutschlandbild und Deutsche Frage in den geschichtlichen Unterrichtswerken der DDR", W. Jacobmeyer ed., *Deutschlandbild und Deutsche Frage in den historischen und sozilawissenschaftlichen Unterrichtswerken der Bundesrepublik Deutschland und der Deutschen Demokratischen Republik von 1949 bis in die 80er Jahre*, Georg-Eckert- Institut, Braunschweig, 1986, pp.136~137.

신동방정책에 대한 대응 때문이었다. 당 지도부는 서독에 대해 공적으로 개방을 하고 해마다 수백만 명의 이산가족 상봉이 일어나는 만큼 더욱 더 분명하게 이데올로기적으로 서독의 자본주의 체제로부터 경계를 그어야 했다.21)

사통당은 서독과 기본조약을 준비하는 과정에서, 그리고 그 후에도 줄곧 동독국가를 국제법적으로 명실상부하게 독립된 국가로서 인정받는 것에 큰 의미를 부여했다. 양국이 모두 국제연합의 회원국으로 가입했지만 서독은 끝까지 동독을 국제법적으로 승인하는 것을 거부했으며 두 개의 독일국가가 서로 특별한 관계에 있으며 독일통일을 위해 노력해야 하다는 기본법의 사명을 충실히 지킬 것을 강조했다. 이러한 맥락에서 사통당 지도부가 2민족2국가론으로 전환한 것은 논리적으로 자연스러운 귀결이었다고 볼 수 있을 것이다.

1971년 6월 울브리히트가 축출되고 에리히 호네커(Erich Honecker)의 지도를 받게 된 사통당은 제8차 전당대회에서 모든 사회주의 국가들에서의 혁명과정의 근본적 동일성을 분명히 하고, 사회주의 전개과정에서 소련의 주도적 역할을 보다 강하게 강조하고, 울브리히트 집권시 독일사의 민족적 특수성을 강조하던 것을 철회하고 사회주의 민족으로서 정의된 동독을 사회주의 국가공동체에 더욱 더 강하게 결속시킬 것을 결의하였다.22)

그 후 헌법 등 중요한 국가문서들에서 전체 독일을 의미하는 모든 표현들이 제거되었다.23) 이러한 변화는 당연히 역사교과서에도 곧 반

21) 한운석, 『하나의 민족, 두 개의 과거』, 신서원, 2003, pp.62~64.

22) Jeismann/Kosthorst, Deutschlandbild und Deutsche Frage, p.148.

23) A. Fischer/G. Heydemann, "Weg und Wandel der Geschichtswissenschaft und Geschichtsverständnisses in der SBZ/DDR seit 1945", A. Fischer/G. Heydemann eds., *Geschichtswis- senschaft*

영될 것으로 기대되었지만 실제로 교육과정과 교과서의 독일문제에 대한 서술에서 이에 따른 수정이 이루어진 것은 1977년 이후이다. 교과서 서술에서 약간의 강조점의 변화로 정치현실과 교육 사이의 괴리를 당분간 메우고, 필요한 부분은 인민교육부의 기관지 역할을 하는 역사교육과 공민교육 전문 학술잡지(Geschichtsunterricht und Staatsbürgerkunde, 이하 GS로 표기)에 실린 교육지침을 담은 논문이나 교사 계속교육을 통해서 보완하도록 했지만 이것은 과도기의 임시방편에 지나지 않았다.

동독의 역사과목 교육과정은 1966년 전 학년에 걸쳐 근본적인 개혁을 단행했다. 다루어야 할 주제들과 학습목표들이 상세히 규정되었다. 이 교육과정은 1988년에 개정될 때까지 역사교육의 방향을 제시했다. 우리는 1977년 이전과 이후의 역사과목 교육과정과 교과서, 교사용 안내서를 비교함으로써 1970년대 초 사통당 독일정책의 변화가 동독 역사교육에 어떤 변화를 가져왔는지를 살펴볼 수 있을 것이다.

1966년의 교육과정에서 1945년 이후의 역사는 이미 이전 시기에 시작된 사회주의와 제국주의의 양자대립의 구도 속에서 서술된다. 여기서 독일문제에 대한 서술은 다음과 같은 과제를 부여받는다:

> 서독에서 제국주의와 군국주의의 복고와 그 공격적이고 반민족적이며 인간적대적인 정책에 대한 서술을 통해 민족이 평화롭고 민주적이고 사회주의적인 독일에서 행복한 미래로 나아갈 수 있도록 독일인민의 주적主敵인 제국주의와 군국주의를 무너뜨려야 한다는 확신을 강화시켜야 한다.

---

in der DDR. Bd. I: *Historische Entwicklung, Theoriediskussion und Geschichtsdidaktik*, Duncker & Humblot(Berlin, 1988), pp.17~18 ; U. Neuhäußer-Wespy, "Aspekte und Probleme der Umorientierung in der Geschichtswissenschaft der DDR von 1971/72", ibid., p.87이하.

단원6은 학생들에게 "독일민족의 생사의 문제를 해결하기 위한 사통당과 동독정부의 정책"을 잘 알려주고, "오랜 접근과정 이후 독일통일의 완전한 재건을 가져올" 두 독일국가의 국가연합을 통해 독일에서의 평화공존정책을 관철시킬 것을 요구한다.

1966년의 교육과정에서 민족문제는 제4단원에서 "독일에서의 민족문제의 해결을 위한 투쟁"이라는 제목과 함께 다루어진다. 독일의 분단은 더 이상 '아데나워도당'의 지배를 가능케 한 서방열강의 이기적 행동의 산물이 아니라 19세기 중엽 이후의 역사발전과 계급대립의 결과로서 인식된다.

20세기 독일인민의 역사적 과제로서의 동독국가의 건설은 유럽사의 평화보장적인 전환점으로서 규정되었다. 반면에 서독에서는 독점부르주아지의 반민족적이고, 잃어버린 영토를 되찾으려는 레방시즘적 노선이 과거의 세계지배 계획의 계속과 함께 독일의 분단을 심화시키는 것으로 서술되었다.[24] 1971년의 10학년 교과서는 동독의 국가건설을 다음과 같이 서술하였다.

> 동독국가는 진보, 민주주의와 사회주의 세력 대 제국주의, 파시즘과 제국주의 세력의 투쟁의 결과 대두하였다. 독일사의 결정적인 전환점에서 처음으로 진보적인 세력들이 승리하였다. 그들은 노동자계급의 지도 하에 독일 최초의 진정한 평화국가를 건설하였다.[25]

독일의 분단사에서 또 하나의 이정표는 동서독이 1955년 각각 적대

24) Jeismann-Kosthorst, Deutschlandbild, pp.136~139.

25) Geschichte Lehrbuch für Klasse 10 Teil 1, Berlin(O), 1973, p.89. 1967년의 10학년 교과서도 거의 같은 내용이다(Lehrbuch für Geschichte 10. Klasse, Teil 1, Berlin(O), 1967, p.164).

적인 군사동맹체제인 나토와 바르샤바조약기구에 가입한 사건이었다. 1973년의 동독 교육과정은 "서독에서 제국주의의 재건과 특히 미국의 공격적인 나토정책으로의 편입을 통해 독일의 분단이 심화되었다"는 확신을 심어줄 것을 요구한다. 이어서 "우리를 서독의 제국주의 국가와 연결시키는 것은 아무것도 없는 반면 모든 것이 소련과 다른 사회주의 국가들의 편에 서있는 동독국가와 연결해 주고 있다는 통찰을 심화시켜야 한다"고 주문함으로써 서독으로부터의 차단정책을 드러낸다.[26) 1961년 8월 13일의 베를린 장벽건설은 1966년에 이어 1973년 교육과정에서도 "독일과 유럽에서 평화를 보장하기 위한 반파시스트 보호장벽의 건설"로 규정되었다. 1971년의 10학년 교과서에서도 "1961년 봄과 여름에 동독을 폭력적으로 정복하려는 서독 제국주의의 준비가 위협적인 형태를 취했기" 때문에 동독의 무장부대가 소련주둔군의 지원을 받아 "위험한 전쟁발화원인 서베를린과의 경계를 확실히 통제하고 반파시스트 보호장벽을 건설했다"고 서술하였다.[27)]

1977년 이전까지의 교육과정이나 교과서와 보조교재가 1970년대 초의 사통당 독일정책의 근본적인 변화를 충분히 담아내지 못하고 있다고 판단했기 때문에 교육당국은 산하 학술잡지를 통해 교사들에 대한 지침을 제시했다. 라인홀드 크룹파(Reinhold Kruppa)와 잉에 자이델(Inge Seidel)이 1975년에 발표한 한 지침은 "사회주의 민족의 형성과 그것이 점점더 확고하게 사회주의 국가공동체 속에 뿌리내리게 한 경향들"을 학생들에게 잘 알려주어야 한다고 요구했다. 저자는 파시즘을 격퇴한 후 전 독일에서 노동자계급의 주도 하에 반파시스트-민주주의적 변혁

26) Lehrplan für Geschichte Klasse 10, Berlin(O), 1973, p.30, p.32.
27) Geschichte Lehrbuch für Klasse 10 Teil 1, Berlin(O), 1973, pp.196~197.

을 실현할 가능성이 있었던 한 사통당은 이를 위해 노력했다는 것을 강조했다. 이 글에서 민족통일의 가능성이 파괴된 것은 전적으로 우익 사회민주주의자들과 동맹한 제국주의 세력 탓으로 돌려졌다.

> 유럽 중심부의 한 쪽에서는 노동자계급과 다른 진보적인 세력들, 다른 쪽에서는 제국주의 사이의 치열한 계급대립의 결과 그 사회 및 국가질서에서 서로 화해할 수 없는 대립 속에 서 있으며 대립적인 세계체제 속에 확고히 통합된 두 개의 독립적인 독일국가들이 형성되었다는 사실을 인식해야 한다.[28]

이것은 동독의 사회주의 국가체제로의 확고한 통합과 독일의 분단이 이제 돌이킬 수 없는 현실이 되었다는 뉘앙스를 반영하고 있다.

1977년의 수정된 교육과정과 그 이후의 역사교과서들에서는 울브리히트 시대에 나타났던 바와 같은 동독 사회주의의 독자적 발전에 대한 강조나 전독일적인 사회주의 국가 건설의 포부에 대한 표현은 자취를 감추게 된다. 1977년의 교육과정은 "동독에서의 역사적 발전을 제2차 세계대전 이후의 혁명적인 세계과정의 일부로서 서술하고 평가할 것"을 요구한다. 이것은 동독이 가장 큰 민족적 과제로서 사회주의적 재통일을 추구할 것이 아니라 사회주의의 세계사적 성공을 위해서 노력해야 한다는 것을 의미했다. "세계사적 고찰방식"이나 "사회주의 국가공동체 속에 보다 확고하게 뿌리내림"에 대한 교육당국의 요구는 특히 소련과 소련공산당의 절대적 우위에 대한 인정을 의미했다.

---

28) R. Kruppa/I. Seidel, "Zum Geschichtsunterricht in Klasse 10 unter aktuell-politischer und pädagogischer Sicht", *Geschichtsunterricht und Staatsbürgerkunde*, 17. Jahrgang 1975, Heft 7. (*Deutschlandbild und Deutsche Frage*, p.221에서 재인용.)

이러한 역사정책에는 동독의 민족적 돌출과 전독일적 야심을 억제하려는 소련의 이해관계도 작용했다. 사통당의 지침을 반영한 논문들에서 소련과의 긴밀한 결속의 필요성이 거듭 강조되었는데 이러한 결속은 "사회주의적 국제주의"와 같은 의미를 가지고 있었다. 여전히 "사회주의적 애국심과 프롤레타리아적 국제주의의 통일성"이라는 슬로건이 견지되었지만 "국제주의를 이 통일성 내에서 결정적이고, 지도적이며 포괄적인 요소로서 실현할" 필요성이 강조되었다. 전체 독일적 의미를 담고 있는 'deutsch'라는 단어의 사용은 형용사적으로든 명사적으로든 세심하게 회피되었다. 1971~1972년의 교육과정에서는 거리낌 없이 'deutsch'라는 단어가 사용되었던 것과는 크게 대조가 된다.[29)]

언어적 표현에서의 이러한 규제는 서독에 대한 차단정책의 강화를 분명히 반영했다. 이것은 또한 독일문제에 대한 교육과정과 교과서의 서술에서도 그대로 드러난다. 이전의 교육과정에서는 서독의 나토가입이 독일의 분단을 심화시켰다고 서술하는 데 그쳤지만 1977년 이후의 교육과정들에서는 "서독이 호전적인 나토동맹에 가입함과 더불어 독일 제국주의자들을 통한 독일의 분단은 최종적으로 완성되었다"고 분명히 못 박았다.[30)]

서독 대연정의 신동방정책에 대해 동독 교육과정에서 처음 언급되는 것은 1973년이었다. 그러나 그것은 "제국주의의 모순의 심화와 그 호전적인 정책의 강화"라는 제목의 소단원에서 "제국주의의 반동적이고 호전적인 성격에 대한 사례들" 중의 하나로서 언급되었다:

---

29) Jeismann/Kosthorst, pp.149~153.

30) *Lehrplan für Geschichte Klasse 10*, Berlin(O), 1987, p.29.

… 미-제국주의의 주요동맹으로서의 서독 제국주의. 서독 제국주의의 강화된 팽창 추구로의 전환 -소위 신동방정책, 레방시즘과 단독대표권에 대한 오만불손한 주장, 무장강화 ….

여기서 1968년 프라하의 시민봉기도 다루어지는데 "제국주의 이데올로기적 태업"이자 "사회주의 세계체제와 공산주의 및 노동운동을 분열시키려는 시도"로서 규정된다.[31)]

1977년과 1987년의 10학년 교육과정은 1972년 동서독 간의 기본조약을 너무 소략하게 다루고 있다. 그것도 "사회주의 국가들의 강화와 소련공산당 평화강령의 실현을 위한 투쟁"을 취급한 소단원에서였다. 총론적인 설명에서도, 인식목표에서도 기본조약에는 단 한 줄도 허용하지 않았다. 단지 단원 내용에서 소련공산당의 평화강령을 실현하기 위한 투쟁에서의 지금까지의 성과들에 대한 내용들로서 소련・폴란드・체코와의 조약과 서베를린에 대한 4강협정과 함께 동서독 사이의 기본조약을 언급할 따름이다.[32)]

그러나 교과서에서는, 비록 기본조약의 조문에 대한 소개는 없지만, 조약 체결의 배경과 경과에 대해 어느 정도 서술하고 있다. 1986년에 출간된 교과서는 먼저 공산주의 국가들을 고립 분열 와해시키려는 미국 제국주의의 "'교두보구축'정책의 실패"를 다룬 소단원에서 서독대연정의 신동방정책을 어떻게 이해하고 있는지를 드러내고 있다. '힘의 우위정책(Politik der Stärke)'을 고집했던 아데나워와 에르하르트의 군사적 도발정책은 유연화정책을 통해 사회주의 국가들을 분열시키려는 미국의

31) *Lehrplan für Geschichte Klasse 10*, Berlin(O), 1973, p.54.
32) *Lehrplan für Geschichte Klasse 10*, Berlin(O), 1987, pp.40~41.

변화된 제국주의정책(교두보구축정책)과 불협화음을 빚게 되었다.

대연정의 '신동방정책'은 이러한 미국의 새로운 정책에 대한 완전한 추종을 의미했다. 서독은 이제 사회주의 국가들과 외교·경제 및 문화적 관계를 맺으려는 노력을 강화했다. 그러나 동독은 제외되었다. 미국과 서독은 동독과 사회주의 우방들과의 사이를 이간시키고 동독을 고립시키고, 궁극적으로 제거하려 한다는 것이다. "본의 정치가들이 이른바 '독일 민족의 통일'의 지속에 대해 발작적으로 확언하는 것은 그들이 공언하는 '대화할 자세'가 단지 동독의 내정문제를 간섭하려는 것을 목표로 하고 있다는 것을 너무나 분명히 입증한다. 동독을 고립시키려는 노력을 통해 반혁명적 영향력을 더욱 증대시키려는 것이다." 1968년 체코슬로바키아에서의 "반혁명적 봉기시도"는 사회주의 국가들의 계급적 연대에 의해서 실패로 끝났지만 신동방정책을 통해 서독과 미국의 제국주의정책이 추구한 표본사례라는 것이다.[33]

소련공산당의 평화정책과 그 성과를 6쪽에 걸쳐 다룬 소단원에서 서독과 동독 사이의 기본조약을 비롯하여 다른 사회주의 국가들과의 조약체결에 대한 설명을 위해서는 겨우 1/2쪽이 할애되었다. 이 소단원은 유럽에서 조약 및 협상체계와 대륙의 두 진영간 관계의 평화적 형성을 위한 국제법적 틀을 창출한 것은 소련을 주축으로 한 사회주의 국가들이었으며 그 강력한 영향력 하에서 미국과 서독이 여기에 가담하지 않을 수 없었다고 평가하였다. 소련·폴란드·체코슬로바키아 그리고 동독과의 조약에서 서독은 유럽에서 제2차 세계대전의 결과 형성된 국경들을 인정했으며 상호 외교관계를 수립하고 폭력을 사용하지 않겠다는 것을 선언하였다. 4강협정을 통해 서베를린 문제가

33) Geschichte. Lehrbuch *für Klasse 10*, Berlin(O), 1986, pp.188~191.

해결되었으며 특히 그것이 서독에 속하지 않는다는 사실이 국제법적으로 확실시 되었다는 것이 강조되었다. 여기서 동서독 간의 새로운 관계에 대한 사통당 정권의 인식을 핵심적으로 보여주는 것은 "동독이 세계적으로 승인을 받고 동독과 서독이 동등하게 국제연합의 일원이 됨으로써 더 이상 '열려있는 독일문제'가 없다는 것이 최종적으로 분명해졌다(강조: 필자)"는 선언이다.[34]

우리는 동서독 간 관계의 정상화가 어떤 내정적 위험을 초래할 수 있을 지에 대한 동독정권의 우려와 경계를 바로 앞의 소단원에서 간파할 수 있다. 여기서 "접근을 통한 변화"라는 에곤 바(Egon Bahr)의 슬로건은 반혁명적 활동의 표현으로 간주되었다.

> 부르주아·수정주의, 그리고 특히 사회민주주의 이데올로기의 잠입은 이제 막 국제법적으로 승인된 국경을 새로운 방식으로 '침투가능하게 만들며' '내적인 폭약'으로서 작용할 것임에 틀림없다. 사회주의 국가들에서 사회주의에 적대적인 이데올로기를 유포시키려는 이 음험한 노력은 '인간과 정보와 사상의 자유이동'에 대한 제국주의적 요구에 특별히 표현되었다. 사회주의 및 자본주의 국가들 간의 관계 정상화와 함께 제공되는 경제, 학문, 문화 및 스포츠 교류의 합법적 가능성은 이 반혁명적 활동을 위해 오용될 것임에 틀림없다.[35]

여기서 저자가 서독정부의 의도를 음모론적 시각에서 과장하여 재단하고 있다는 것이 분명하지만, 다른 한편에서는 사통당 지도부가 내적인 사회적 통합에서 처하게 될 어려움을 실제로 우려하고 있다는 사

---

34) *Geschichte. Lehrbuch für Klasse 10*, Berlin(O), 1986, pp.217~218.

35) ibid., p.215.

실을 반영하고 있다고 볼 수 있을 것이다. 그 결과는 서독에 대한 이데올로기적 차단정책의 강화로 나타날 수밖에 없었다.

4. 동독역사학의 민족사 인식의 변화와 역사과목 교육과정 개혁을 둘러싼 담론

1966년 서독에 대연정이 출범하여 새로운 동방정책을 강화해나가고 체코에서 위기적 상황이 발전해 가는 가운데 개최된 1967년의 사통당 제7차 전당대회는 동독역사학의 발전에 중요한 계기를 마련하였다. 역사학은 설득력 있는 역사의식을 창출함으로써 동독주민들의 사회주의적 국가의식의 기초를 다지는 과제를 부여받았다. 그러기 위해서는 역사학의 이론과 방법론적 역량을 확장해야 한다는 인식이 분명해졌다. 역사해석이 설득력을 가지기 위해서는 구체성을 결여한 공허한 테제를 나열해서는 안되고 역사 자체를 모순과 갈등, 극적인 전환, 진보적인 계급들의 투쟁과 패배와 승리를 내포한 구체적인 모습으로 섬세하게 인식해야 한다는 것이었다.

1950년대와 1960년대 소련역사학에서의 경제적 사회구성체 논의들 그리고 1960년대 서독역사학의 이론 논쟁들이 이러한 인식 변화를 위한 학문적 자극을 제공했다.[36] 그러나 울브리히트로부터 호네커로의

---

36) A. Fischer/G. Heydemann, "Weg und Wandel der Geschichtswissenschaft und des Geschichtsverständnisses in der SBZ/DDR seit 1945", A. Fischer/G. Heydemann eds. *Geschichtswissenschaft in der DDR*. Bd. 1, Berlin 1988, pp.12~16 ; G. Heydemann, "Der Theorieboom in der marxistisch-leninistischen Geschichtswissenschaft der DDR seit 1967. Ursachen- Entwicklung

정권교체와 함께 사통당 지도부는 우선은 다시 소련에 방향을 맞춘 정치노선을 강화하고 국제주의를 선전했다.37) 이것은 역사학에도 영향을 미치지 않을 수 없었다. 전후 동독이 독자적으로 사회주의로 발전하였다는 종래의 테제는 동독 국가건설에서 소련의 역할을 강조하는 관점으로 대치되었으며 독일사의 서술은 더욱 강하게 세계사 속에 통합되어야 했다.38)

그러나 이 역사정책은 오래 지속될 수 없었다. 이미 국가의 주요문서에서 독일과 독일민족에 대한 언급이 사라진데다가 민족사적 연관을 부정하고 국제주의를 강화하는 것으로는 사회주의민족으로서의 동독 정체성을 길러주기가 어려웠기 때문이다. 따라서 동독 지도부는 1970년대 중반부터 다시 민족사로의 전환을 모색한다. 여기에는 서독과 바르샤바 조약국가들 사이의 조약들과 동서독간의 기본조약 등을 통한 전후질서의 국제적 보장과 동서독 관계의 안정화, 동서독의 유엔동시가입, 1975년 헬싱키 유럽안보회의 최종문서의 공동조인 등을 통한 동독에 대한 국제적 승인과 그로 인한 동독정권의 자신감 등이 유리한 여건으로 작용했다. 헬싱키협정을 통하여 동독은 주권국가로서 승인을 받고 국경과 영토가 보장되었지만 인권과 언론의 자유를 존중

- Perspektiven, ibid., pp.289~306 ; 한운석, 「북한과 동독역사학의 민족사 인식의 변화 비교」, pp.203~205. 이 시기 서독 역사학의 이론 논쟁과 참고문헌에 대해서는 Mätzing, *Geschichte im Zeichen*, p.96, 각주 345 참고.

37) 울브리히트는 1960년대 말 소련 모델로부터 거리를 두고 독자적인 노선을 강화하려고 시도했다. 브레즈네프는 그를 제거함으로써 모스크바의 헤게모니를 복구하려고 했다. 새로이 제1서기가 된 에리히 호네커는 소련의 지도적인 역할과 소련 모델을 절대적인 것으로 인정했다.[H. Weber, Geschichte der DDR, München 2000, pp.266~277]

38) Brinks, *DDR-Geschichtswissenschaft*, pp.189~190 ; M. Sabrow, "Formung durch Forschung: Die DDR-Geschichtswissenschaft im historiographischen Rückblick", Hüttmann etc. eds., *DDR-Geschichte vermitteln*, p.59.

해야 할 의무도 지게 되었다. 그 결과 제출된 많은 서독으로의 이주신청서들(Ausreiseanträge)과 거주이전의 자유에 대한 요구는 동독정권에 큰 부담을 안겨 주었다. 또한 동서독 간의 친척방문 등 인적교류가 기본조약 체결로 급증하면서 사회적 통합이 흔들릴 위험성이 커졌다. 따라서 그만큼 더 동독시민들에게 동독국가에 대한 정체성을 매개할 수 있는 역사의식을 형성해 주는 것이 필수적인 과제가 되었다.[39]

사통당 지도부와 동독의 역사가들은 150년의 노동운동과 공산주의 역사만으로는 사회주의 국가에 대한 정체성을 확고히 하는 데 불충분하다는 것을 깨달았다. 더욱이 동독은 옛 프로이센의 중심부에 세워진 국가이며 그곳에서 전개된 역사와 유적과 유물을 모두 반동적인 것으로 매도할 수는 없었다. 이러한 가운데 서독 역사가들에게서 1970년대 후반에 나타난 프로이센 르네상스나 베를린 시정부가 크게 후원한 "프로이센-대차대조의 시도"라는 전시회 등은 동독역사학에 무시할 수 없는 도전을 제기했다.[40] 1960년대와 1970년대 동독역사학의 이론적 유연화는 1980년대 동독역사인식의 변화를 가져오기 위한 기초를 형성하였다. 다른 동유럽 사회주의 형제국들의 역사학에서 나타나는 분명한 민족사적 강조 경향 또한 동독역사학의 인식 전환에 일정한 자극을 제공했을 것이다.

1970년대까지 동독의 전통적인 역사해석에서 프로이센의 역사는 '융커국가'와 '군국주의'라는 범주와 함께 독일사의 '반동적' 전통계보에 속하였다. 그런데 1978년 『포럼(Forum)』이라는 잡지에서 역사가 잉그리

---

39) Mätzing, *Geschichte im Zeichen*, pp.97~101 ; Weber, *Geschichte der DDR*, p.304.

40) H. Bartel/I. Mittenzwei/W. Schmidt, "Preußen und die deutsche Geschichte", I. Mittenzwei/K.-H. Noack eds., *Preußen in der deutschen Geschichte vor 1789*, Berlin(O), 1983, pp.53~54.

드 미텐쯔바이(Ingrid Mittenzwei)가 "프로이센은 우리 역사의 일부이다"라는 선언과 함께 시작되는 "프로이센의 두 얼굴"이라는 논문을 게재함으로써 새로운 전기가 마련되었다. 미텐쯔바이는 프로이센은 반동, 군국주의와 호전성 이상의 무엇이었으며, 지배계급의 발전으로만 일치시킬 수 없다고 주장했다. "그러한 국가의 지배계급조차도 항상 반동적이기만 했던 것은 아니다." 그보다는 그들도 역사발전의 진보에 어느 정도 기여했는지를 물어야 한다는 것이다.[41]

동독역사학의 유산과 전통을 둘러싼 논의에서 지도적인 역할을 했던 호르스트 바르텔(Horst Bartel)과 발터 슈미트(Walter Schmidt) 그리고 미텐쯔바이가 공동으로 쓴 "프로이센과 독일역사"라는 논문은 동독의 프로이센 역사에 대한 해석에서 강령적인 의미를 가지고 있다. 여기서 그들은 프로이센 역사에서 "진보를 억제하는 요소들이 지배적"이었지만 프로이센의 개별 군주들의 진보를 촉진하는 특정한 조치들을 간과하지 않았다. "착취계급들도 특정한 역사적 발전 단계에서 혹은 특정 영역에서 프로이센의 진보에 … 기여했다"는 것이다.[42]

그 후 동독에서는 프로이센 붐이 일어났다. 미텐쯔바이가 쓴 프리드리히 2세의 전기와[43] 에른스트 엥겔버그가 쓴 비스마르크의 전기가[44] 출간되어 높은 인기를 누렸으며 프로이센과 관련된 영화들이 제작되었다. 1981년 초에는 라오흐(Christian Daniel Rauch)가 완성한 프리드리히 2세의 기마상이 운터덴린덴의 원래 자리에 다시 설치되어 관광명물

41) I. Mittenzwei, „Die Zwei Gesichter Preußens„, in: H. Meier/W. Schmidt eds., *Erbe und Tradition in der DDR. Die Diskussion der Historiker*, Berlin(O) 1988, pp.72~78.

42) H. Bartel/I. Mittenzwei/W. Schmidt, "Preußen und die deutsche Geschichte", I. Mittenzwei/K.-H. Noack eds., *Preußen in der deutschen Geschichte*, pp.53~58.

43) I. Mittenzwei, *Friedrich II. von Preußen. Eine Biographie*, Berlin 1979.

44) E. Engelberg, *Bismarck, Urpreuße und Reichsgründer*, Berlin(O) u. München 1985.

이 되었다. 프로이센을 주제로 한 다양한 학술회의와 기념제가 열렸다.

동독 역사정책의 변화는 여기에서 그치지 않았다. 이제는 중세의 왕들도 동독의 역사상에서 그들의 자리를 차지했다. 사통당은 15개의 테제에서 종교개혁가 마르틴 루터 처방의 새로운 방향을 제시했다. 루터는 이제 더 이상 "군주들의 시종"이 아니라 "독일인민의 위대한 아들 중의 하나"로 추앙받았다. 호네커는 공식축제를 준비하기 위해 1980년 6월 13일 출범한 마르틴-루터-위원회의 위원장직을 맡았다.

1983년 11월 10일 축제는 성대히 거행되었으며 같은 해 조촐하게 치러진 마르크스 사후 100년에 대한 기념식을 압도하였다. 루터와 연관된 여러 유적지들이 동독에 위치하고 있어 관광자원으로서 의미를 가지고 있었으며, 1978년의 협약[45]을 통하여 개신교 세력을 국가의 협력자로 동원하려 하였던 사통당 지도부의 정치적 의도도 루터에 대한 이러한 재평가에 영향을 미쳤다.[46] 심지어 공산주의자들의 "반파시스트 저항"에 가려 역사서술 상의 공백(weiße Flecke)으로 남아 있었던 슈타우펜베르크 백작(Graf von Stauffenberg) 등의 7월 20일의 민족보수주의적(nationalkonservativ)인 반-나치저항도 그 40주년을 맞아 새롭게 조명되었다.[47]

---

45) 1978년 3월 6일 호네커와 "동독개신교교회연합" 의장인 쇤헤르(Schönherr) 사이의 회담을 통해 교회는 구국가의 간섭과 통제를 벗어나 자율적으로 활동할 수 있는 독립적인 사회세력으로 인정받았다. 동독에서 교회와 국가 관계의 발전에 대한 간략한 설명을 위해서는 최승완, 「동독의 민주화 세력 연구 -1980년대 체제비판적 그룹들을 중심으로-」『서양사론』57, pp.60~61 참고.

46) M. Fulbrook, "DDR-Geschichtswissenschaft und Geschichtspolitik", G.G. Iggers 외 eds., *Die DDR-Geschichtswissenschaft als Forschungsproblem*, München 1998, p.423.

47) Mätzing, *Geschichte im Zeichen*, pp.102~106. 동독의 "반파시스트적 국가"로서의 국가건설 신화에 가려 역사의 공백으로 남아있던 독일대중들의 반유대주의는 1970년대에야 쿠르트 패촐드(Kurt Pätzold) 등의 작업에 의해 미흡하나마 인정되었다.[M. Fulbrook, "DDR-Geschichtswissenschaft und Geschichtspolitik", p.225]

이제까지 혁명적 전통과 노동운동의 역사에 지나치게 경도되어 있던 편향적인 역사상의 주제적 확장은 역사학계에서 1980년대에 전개된 "유산과 전통논쟁"을 통해 이론적 기반을 확보하였다. 바르텔(Horst Bartel)에 따르면 유산이라는 개념은 "역사 속에 존재하는 모든 것, 그 전체 모순 속의 역사 전부"를 포괄한다. 반면에 동독의 역사적 전통은 "그 기반 위에 동독이 서 있고, 동독이 체현하고 보존하고 계승 발전시켜 나가는 역사적 발전노선, 현상과 사실들만을" 의미한다.[48] 따라서 전통은 역사의 일부, 전체 유산의 일부만을 포함하는 것이다. 발터 슈미트는 동독 역사학이 1980년대 초 이래 전체 독일사를 전거로 삼음으로써 네 가지 측면에서 역사의식을 확장했다고 보았다.

> 이로써 네 양상이 언급되었다: 연대기적·공간-영토적·사회구조적 및 모든 수준과 분야들에서 역사과정에 관련된 구성요소들이 그것이다. 사회주의 독일국가의 민족사는 당연히 동독의 직접적 기원과 더불어 비로소 시작되는 것이 아니라 시간적으로 독일종족의 형성과정부터의 독일사를 포함한다. 우리의 독일사관은 공간적으로 … 현재 동독의 영토에 속하는 독일영역들로 좁게 제한될 수 없다. 사회구조적으로 보아 혁명세력들의 활동에 국한하려는 어떠한 시도들도 사회주의적 역사관에는 맞지 않는 것이다: 그것은 독일종족의 모든 계급들과 계층들을 포함한다. 사회주의적 역사관은 마지막으로 정치·사회 및 경제사에 관계할 뿐만 아니라 일상과 생활양식·문화·정신생활과 심성을 포괄하려고 시도한다. 복합적인 역사상을 원하는 것이다.… 전 독일사에 직면한다는 것은 궁극적으로 채권과 채무를 포함하는 역사유산 전체를 받아들이는 것, 그것과 씨

48) H. Bartel, "Erbe und Tradition in Geschichtsbild und Geschichtsschreibung der DDR", Meier/Schmidt eds., *Erbe und Tradition*, pp.132~134.

름하는 것, 그리고 진보라는 기준에 따라 평가하는 것을 의미한다.[49]

이에 따라 동독역사학은 민족적 유산을 더 세분화하여 고찰하고 동독의 전통상을 확장하고 보다 세분화시켜야 할 과제에 직면하게 되었다. 역사학과 당 지도부는 사회주의 민족국가로서의 동독을 전체 독일사의 연속성 속에 세우려는 노력을 강화했다. 동독역사학계는 이로써 그들의 연구주제를 대폭 확장하고 연구를 위한 자유의 영역을 크게 넓힐 수 있는 기회를 갖게 되었다. 동독당국은 이러한 역사정책의 유연화를 통해 시민들에게 동독국가에 대한 정체성을 강화하고 사회주의적 민족의식을 고양시킬 수 있을 것을 기대했다.

독일의 전통적인 역사상에서 긍정적인 동일시의 대상이 되었던 루터와 비스마르크를 이제 반동적 계급계보(Klassenlinie)의 낙인을 풀어 동독의 역사에 연결되는 진보적 전통에 자리매김 함으로써 사통당 지도부는 동독시민들의 역사에 대한 관심을 높이고자 했다. 그것은 결국 그 역사전통의 산물로서의 동독국가의 정당성을 높여주는 효과를 가져올 것이라 믿었기 때문이었다. 더욱이 동독은 옛 프로이센 영토에 자리잡고 있고 그 많은 유적들을 가지고 있었기 때문에 사통당은 이를 통해 향토애와 더 나아가 사회주의 국가에 대한 애국심을 길러줄 수 있으리라 기대했다.[50]

---

49) W. Schmidt, "Wir stellen uns der ganzen deutschen Geschichte", S. Miller/M. Ristau eds., *Erben deutscher Geschichte. DDR-BRD: Protokoll einer historischen Begegnung*, Reinbek 1988, pp.37~38.

50) 이런 의도에서 추진된 동독의 광범위한 박물관화 프로젝트에 대해서는 (물론 그 중 대다수 반파시즘과 연관된 곳이었다) E. Wolfrum, *Geschichtspolitik in der Bundesrepublik Deutschland: Der Weg zur bundesrepublikanischen Erinnerung 1948-1990*, Wissenschaftliche Buchgesellschaft, Darmstadt, 1999, pp.297~298 참고.

그러면 이러한 동독역사학의 탈-도그마화와 동독지도부의 역사정책의 전환은 역사교육에 어떤 변화를 가져왔는가? 1980년대에 동독에서 역사학계의 민족사에 대한 새로운 인식을 교육과정의 근본적 개혁을 통해 역사교육에 반영하려는 시도는 인민교육부의 반대에 부딪쳐 결국 실패로 끝났다. 그러나 그 전개 과정에서의 논의들을 살펴봄으로써 우리는 동독 역사교육이 안고 있던 구조적인 문제들이 무엇이었는지에 대한 중요한 시사를 얻을 수 있을 것이다.

역사과목을 위한 마지막 교육과정은 1966~1967년에 만들어진 것이었다. 따라서 그 동안의 연구성과를 반영하기 위해서도 수정이 불가피했다. 또한 교사들은 지금까지의 교육과정이나 그에 따라 집필된 교과서와 교사용안내서에 대해 크게 불만을 갖고 있었다. 교사들은 텍스트가 이해하기 힘들고, 지방사에 대한 서술이 부족하고, 개념들을 매개하는 것의 문제점이나 학생들 스스로의 활동의 여지가 너무 적다는 것을 지적하였다.

그리고 무엇보다 역사교육이 학생들에게 동독국가에 대한 정체성을 길러주는 데 제 역할을 하지 못하고 있다는 비판들이 많이 제기되었다. 막데부르그사범대학교에서 1970년대 말에 수행한 학생들의 역사의식에 대한 조사는 특히 학생들이 동독국가의 건설을 "독일 노동자계급의 투쟁"의 정점으로서 인식하고 있는지 그리고 그들이 동독을 '자기' 국가로서 동일시하고 있는지를 대상으로 삼았다. 보고서는 "동독을 독일 노동운동과 독일인민의 역사의 가장 큰 업적으로서 인식하고 받아들이는 것은 그것을 전체 독일역사의 배경 속에서 평가하는 것을 요구한다. 이 포괄적이고 이데올로기적으로 중요한 관계구조 속에서 교육과정이 전달하고 요구하는 지식은 전혀 충분치 못하다"고 진단했다.51)

"사회주의적 역사의식"에 대한 한 연구팀의 1982년 조사도 주민들의 역사지식이 자본주의 이전 시대에 대해서는 물론이지만 지난 150년의 역사에서도 매우 불충분하다고 평가했다. 보고서는 그 책임이 "정적이고, 별로 생기가 없고 궁극적으로 문제의식 없는 역사서술"에 있다고 보았다. 그것은 피조사자 중 동독에서 사회주의 민족형성의 실질적 과정을 역사적으로 정확히 서술할 수 있는 사람은 별로 없다고 진단했다.

보고서는 동독이 전체 독일역사에 뿌리박고 있다는 것을 더욱 강조함으로써 이러한 상황에 대처해야 한다고 보았다. 주민들이 세분화되고 보다 확장된 역사 취급을 긍정적으로 받아들이기 때문에 더욱 그렇다는 것이었다. 이 시기에 서독으로의 이주 신청자들의 수가 더욱 증가하였는데 사통당 중앙위원회 산하 사회과학 아카데미는 그 이유 중의 하나를 주민들에게 아직도 안정적인 자신의 민족적 정체성이 형성되지 않았다는 사실에서 찾았다. 그 원인에 대해서 "동독의 내적 발전에서 사회주의적 민족의식의 각인과 공고화에 장애물로서 사회주의적 민주주의의 실질적 관철에서의 결핍이 입증된다"고 신랄한 자기비판이 제기되었다.

동독인들의 정체성의 상황에 대한 이러한 위기적 진단과 다양한 처방들이 다시금 역사학 내부에서 유산과 전통 시각의 발전에 영향을 미쳤다. 그것은 또한 자연스럽게 교육과정과 교과서 및 보조교재에 대한 근본적 수정을 요구하는 목소리를 강화시키지 않을 수 없었다.[52]

역사과목 교육과정의 개편은 인민교육부 산하 교육학아카데미(Akademie der Pädagogischen Wissenschaften, 이하 APW로 표기)의 지도하에 전문역사가들

51) Mätzing, *Geschichte im Zeichen*, p.296에서 재인용.
52) ibid. pp.298~300.

과 역사교수방법론자들의 공동작업에 의해 이루어졌다.53) 교육과정 개혁을 위한 논의의 방향을 제시한 중요한 회의가 1982년 6월 APW 원장의 주재 하에 개최되었다. 여기에 역사가들이 비교적 높은 비율로 참여함으로써 역사학의 연구성과의 문제가 중요한 의미를 가졌다. 더욱이 APW산하 사회과학수업연구소 소장이 '토론의 기초'에 대한 발제에서 교육과정을 더 발전시키는 데 있어서 동독역사학의 새로운 인식들이 갖는 의미를 여러 차례 강조했다.

참여한 역사교수방법론 학자들도 최근의 연구성과들을 고려할 것을 요구했다. 한스 헨지케(Hans Hensicke)는 "전자본주의적 사회질서들"과 역사에서 개별 인물들의 역할을 더욱 고려할 것을 요구했다. 또한 전통의 모든 다양성을 분명히 밝히고 그러기 위해서는 "혁명적-민주적 및 인도주의적 유산"과 지배적인 착취계급들이 진보에 기여한 것도 다루는 것이 역사수업의 과제라고 보았다. 그는 또한 사회구성체의 발전과정에서 정치-경제-사회-정신-문화적인 것의 상호작용을 통해서 역사의 복잡성을 인식할 것을 요구했다. 바르텔(Horst Bartel)은 역사학의 연구를 통해 얻어진 현재의 역사상과 역사수업의 내용 사이의 모순을 지적했다:

> 수업에서 우리의 유산은 지난 100년간의 혁명적 과정으로 축소되어 있다 … 우리는 우리에게 특별히 중요한 의미를 갖는 과거 역사시기의 전통들로 우리의 역사상을 확장해야 한다.54)

---

53) 역사과목 교육과정과 교과서의 제작에 참여한 기관들에 대한 자세한 설명을 위해서는 ibid. pp.287-300, F. Neuhaus, *Geschichte im Umbruch*, pp.100~101 참고.

54) Protokoll der Problemdiskussion beim Präsidenten [der APW] zur Weiterentwicklung des Geschichtsunterrichts. APW der DDR. 28. 6. 1982, in: H. Mätzing ed., *Geschichte im Zeichen des historischen Materialismus. Untersuchungen zur Geschichtswissenschaft und Geschichtsunterricht in der DDR. Dokumente Vol. II.* 사료 196.

벤델린 짤라이(Wendelin Szalai) 같은 역사교수방법론 학자들은 과목의 특성과 역사학의 사고방식과 작업방식을 더 많이 고려할 것을 주문하였다.

그에 반해 인민교육부가 1982년 말에 작성한 “역사수업을 위한 관점 자료”는 역사수업을 위한 유산과 전통 주제들의 의미에 대해서 회의적인 태도를 취했다. 그것은 서독의 역사를 다루어야 한다는 학자들의 요구에 대해서는 부분적으로만 수용하였다. 서독사를 상세히 다룰 수는 없지만 외정적 발전과 영향을 양 세계체제 간의 대립과 관련하여 구체적으로 다룰 필요성은 인정하였다. 유산을 지난 100년간의 혁명적 과정에 축소시키지 말고 전통과 유산 개념을 과거의 역사시기들로 더 확장해야 한다는 요구에 대해서 인민교육부의 평가서는 다음과 같이 응답하였다.

> 우리는 이에 대해 혁명적인 노동운동과 사회주의의 역사가 앞으로도 넓은 지면을 차지해야 한다는 관점을 대변한다. 전체 역사를 위한 사실의 선택에 있어서 현재의 이해를 위해서 유산과 전통의 문제가 기초되어져야 한다.

인민교육부의 초점은 이로써 사통당 정권의 정당화를 위해 도구화될 수 있는 내용에 맞추어져 있었다는 것을 분명히 알 수 있다. 이러한 반응은 새로운 주제들이나 학문적 성과들을 교육과정 속에 수용하는 문제와 관련한 인민교육부의 전체적인 태도를 특징적으로 보여주고 있다. 반면에 역사가들의 다수는 전체 독일사에 뿌리박은 역사상을 가지고 사회주의적인 역사의식을 만들어내야 한다고 생각하였다. 그러나 인민교육부는 역사학의 성과들을 신뢰하지 않았다.[55]

1983년 4월 역사가를 포함하는 한 한시적인 작업그룹이 작성한 APW의 평가서는 전체 독일사에 동독의 뿌리내리기와 관련하여 역사학에서 성취한 최근의 성과들을 교육과정과 교과서를 수정하는 데 기초로 삼을 것을 제안했다. 6학년에서 다룰 주제와 관련하여 "지배적인 착취계급들"의 진보적 역할들을 더 많이 다루어야 한다는 요구가 있었다. 또한 평가서는 역사에서 종교와 교회의 역할을 너무 적게 서술하고 있다고 평하였다. 종교개혁과 독일 농민전쟁에 대한 서술에서는 정치적으로 영향을 미친 세력들과 인물들에 대해 아주 세분화된 시각이 요구되었다. 7학년 커리큘럼에서는 독일의 영방군주적 절대주의를 취급할 때 "역사적 진보를 방해하는 요인들"을 일방적으로 강조하지 말고 그 "역사적 진보에 대한 기여"를 명시할 것이 요구되었다. 8학년을 위해서는 여전히 노동운동사가 중점으로서 강조되었다.

그러나 평가서는 그것을 너무 과장하여 긍정적으로만 평가하는 것에 대한 역사가들의 지적을 상기시켰다. 그럼으로써 이 시기 노동운동의 힘과 그 투쟁의 가능성을 쉽사리 과대평가하게 되며 이것은 다시금 노동운동이 투쟁을 통해 얻은 진보들을 과소평가하는 결과를 초래하게 된다는 것이다. 동독사를 다루는 10학년 커리큘럼과 관련해서는 학생들이 대상에 대해 별로 관심을 갖고 있지 않다는 평가가 제기되었다. 평가서의 저자들은 그 원인으로 공민과목과의 내용상의 구분이 없다는 것과 동독과 사통당의 역사에 대한 문제지향적인 서술이 불충분하다는 것을 지적했다.

그밖에도 동독사에 대한 역사학계의 연구작업이 아직 부족하다는 점도 언급되었다. 1983년 2월에 이미 APW의 위탁을 받아 역사교수방

55) Mätzing, *Geschichte im Zeichen*, pp.302~305.

법론 학자들이 작성한 평가서도 노동자계급을 서술하는 데 있어서의 과장과 부르주아지의 역사를 재물로 삼아 흑백논리로 역사를 서술하는 것에 대한 비판이 제기되었다. 또한 노동자 계급의 혁명적 대변자들의 잘못과 실수, 미성숙한 입장들에 대해서도 분명히 지적할 것이 요구되었다.

그러나 교육과정과 교과서를 개선하기 위한 역사가들과 역사교수방법론 학자들의 이러한 의견은 인민교육부의 반대에 부딪쳐 관철될 수 없었다.[56] 특히 호네커의 아내로서 1963년부터 장기간 인민교육부 장관으로 교육정책을 주도했던 마고트 호네커는 경직된 정치이데올로기적 입장을 고수하면서 개혁적인 시도들에 봉쇄적인 태도를 취했다. 오랫동안 APW의 원장을 지냈던 게르하르트 노이너(Gerhart Neuner)는 그의 자서전에서 자신과 마고트 호네커의 갈등의 원인을 교육정책에서 학문의 역할에 대한 평가의 차이에서 설명하였다. 1960년대에 서유럽에서 진행되던 기술과 과학 발전의 압력하에서 발터 울브리히트는 학자들을 의식적으로 교육계획을 세우는 데 기용하였던 반면, 마고트 호네커는 전문학자들의 영향을 막으려고 시도했다는 것이다.[57]

전체 교육과정 작업을 조율하기 위해 1984년 초에 호르스트 리혀르트(Horst Riechert)가 이끄는 중앙 지도그룹이 구성되었다. 발터 슈미트·한스 헨지케 등 역사가들과 호르스트 디레(Horst Diere)와 벤델린 짤라이(Wendelin Szalai) 등 역사교수방법론 학자들이 이 그룹에 속하였다. 그 서기는 APW의 라인홀드 크룹파(Reinhold Kruppa)였다. 역사가들과 역사교수

56) Mätzing, *Geschichte im Zeichen*, pp.306~309.

57) G. Neuner, *Zwischen Wissenschaft und Politik. Ein Rückblick aus lebensgeschichtlicher Perspektive*, Wien, 1996, p.113 이하, p.134 이하, p.241 이하.

방법론 학자들로 구성된 작업그룹이 구 교육과정들을 분석하고 여러 대학교에서 5학년부터 9학년까지의 교육과정을 나누어 집필하였다. 당 대학(Parteihochschule)은 10학년용 교육과정을 집필한 뒤 한시적인 작업그룹이 개별초안들을 토론하고 수정하여 완성된 초안이 1986년 11월에는 전공학술지인 『역사교육과 공민과목(Geschichtsunterricht und Staatsbürgerkunde, 이하 GS로 표기)』에 토론을 위하여 발표되었다.

이렇게 교육과정 초안이 채택되기 전에 역사가들과 역사교수방법론 학자들·역사교사와 그밖의 모든 관심 있는 사람들에게 입장표명을 위해 공개된 것은 동독역사상 처음 있는 일이었다. 동독의 교육당국은 이를 통해 한편으로는 가능한 한 일찍 교사들이 새로운 교육과정에 접하여 익숙해짐으로써 도입 초기의 마찰을 줄이고자 하였고, 다른 한편으로는 교사들에게 비판적인 문제제기나 개선을 위한 제안을 할 수 있게 함으로써 새로운 교육과정에 긍정적인 태도를 갖도록 유도하고자 하였다.[58)]

GS의 편집진이 받은 논평은 총 261편이었는데 이것은 교사들이 새로운 교육과정의 개발에 참여하는 일을 얼마나 중요하게 여겼는지를 잘 말해준다. 대다수 글들은 새로운 교육과정 초안에 대한 근본적인 동의를 표하면서 개별 사안들에 대해 부분적으로 비판을 제기했다. 전체적으로는 새 교육과정이 이전에 비해 여러 가지 점에서 개선되었다고 평했다. 우선 교수법적으로 많은 수의 인식목표가 사라지고 대신 구체적인 역사지식 전달에 비중이 더 두어지게 된 것, 그리고 교사들의 자율적인 수업운영의 폭이 훨씬 커진 것이 긍정적인 발전으로 평가되었

58) Neuhaus, *Geschichte im Umbruch*, pp.100~102 ; *Geschichtsunterricht und Staatsbürgerkunde* 29, 1987, p.433(Lisa Oehlschläger).

다. 물론 교사의 창의력에 대한 요구가 커짐으로써 이것을 부담스럽게 느끼는 교사들도 있었다.[59)]

역사교수방법론 학자들은 특히 교사들이 자기 책임 하에 창조적인 수업을 개발할 수 있는 가능성을 크게 확장한 것을 무엇보다 큰 발전이라고 평가했다. 짤라이는 한 강연에서 "새로운 교육과정은 매우 일반적이고, 큰 폭으로 유연하게 쓰여 있어서 역사교사가 높은 자기책임과 풍부한 창의력을 가지고 시간분배와 학습내용 분배를 포함하여 자기 역사 시간의 구체적 목표, 수업내용과 교수법적·방법론적 형성을 계획해야 한다"[60)]고 말했다. 88년의 교과서는 이전의 교과서들보다 훨씬 더 많은 채색 삽화와 그림들을 많이 사용해서 외양적으로도 더욱 화려해졌다. 예컨대 1849년부터 1871년까지의 시기를 서술하는 데 1969년의 교과서는 단지 18개의 대분분 흑백삽화들을 사용했지만 1983년판은 45개, 1988년판은 55개나 되는 채색 삽화와 그림들을 사용했다.[61)]

내용적으로 새 교육과정에서 우리의 관심을 끄는 것은 유산처방(Erbe-Rezeption)이 얼마나 반영되었는가의 문제이다. 그것은 1789년 이전까지의 시기에 관해서는 지배계급과 피지배계급을 도식적으로 구분하는 과거의 계급투쟁적 관점을 지양하고 지배계급의 진보적 역할에 대해서도 긍정적으로 평가하는 발전을 보여주었다. 칼대제 치하의 프랑크왕국과 하인리히 1세가 독일 왕으로 선출된 것에 대해서 이전의 교육과정에서보다 훨씬 더 긍정적으로 서술되고 더 많은 지면이 할애되었다.[62)]

---

59) Neuhaus, *Geschichte im Umbruch*, pp.112~114, p.123.

60) W. Szalai, Weiterentwicklung der sozialistischen Allgemeinbildung - Konsequenzen für den Geschichtsunterricht (Dresdner Reihe zur Forschung 18-87), Dresden, 1987, p.27.

61) Mätzing, *Geschichte im Zeichen*, p.481.

62) Ministerrat der Deutschen Demokratischen Republik, Ministerium für Volksbildung ed., *Lehrplanentwurf Geschichte: Klassen 5 bis 10*, in: GS 28(1986), p.838 이하.

오토1세의 동방팽창은 이제 더 이상 슬라브인들에 대한 "독일 봉건영주의침략정책"63)으로서가 아니라 슬라브 부족과 독일종족의 융합을 귀결한 "엘베강과 잘레강 이동의 서슬라브 지역의 초기 독일 봉건국가로의 편입"64)으로 보다 긍정적으로 서술되었다. 1981년의 교육과정은 프로이센의 절대주의를 "강대국으로 발돋움하기 위해 파괴적인 전쟁들을 이끌었던 프로이센 융커들의 경제적 및 정치적 권력욕"의 도구로서 서술했던 반면, 이제는 매뉴팩처 자본주의의 발전이나 도시의 문화적-정신적 발전 등 긍정적인 발전에 대해 서술하였다. 프로이센의 역사는 더 이상 일방적으로 부정적으로만 묘사되지는 않았다. "학생들은 프리드리히 2세와 다른 군주들의 정치가 봉건적 권력관계의 확립을 추구했으며 동시에 사회적 진보를 가능케 했다는 것을 이해한다"는 것이었다.

1981년의 교육과정은 폴란드 지방들의 병합을 프로이센 군국주의의 침략적인 정책의 사례로서 비판한 반면, 1986년의 초안은 단지 "프로이센, 오스트리아 및 러시아 사이에 폴란드의 여러 차례의 분할"에 대해 건조하게 기술하였을 뿐이었다.65)

유산-처방에 따른 독일민족사에 대한 보다 섬세한 인식은 그러나 산업혁명의 시작과 노동자계급의 형성과 함께 사라지고 사통당의 지배를 역사적으로 정당화 하려는 목적에서 역사해석을 이데올로기적으로 도구화하는 것이 강화된다. 이는 특히 러시아혁명 이후를 다룬 9학년과 동독의 역사를 다룬 10학년의 교과서에서 더욱 그러했다. 매찡(Heike Christina Mätzing)은 동독역사학이 도달한 인식수준과 인민교육부의 역사

63) Ministerrat der Deutschen Demokratischen Republik, Ministerium für Volksbildung ed., *Lehrplan Geschichte: Klassen 5 bis 7*, Berlin 1981, p.65.

64) *Lehrplanentwurf*, 1986, p.840.

65) Neuhaus, Neuhaus, *Geschichte im Umbruch*, pp.108~109.

교육정책 사이의 분명한 차이를 1789년부터 1914년까지의 19세기 역사에 대한 1988년의 개정된 역사교과서의 공간분석을 통해 입증한다. 그녀는 특히 사진이나 그림·문자사료·교과서 본문서술에서 노동자 계급과 부르주아 계급에 할애된 지면과 서술내용을 비교하여 동독교과서가 역사학계가 요구하는 것과 달리 진보적 전통을 여전히 노동운동과 사회주의 / 공산주의의 역사에서만 주로 찾는 편협한 정체성 정치(identity policy)를 추구하고 있다는 것을 밝혀냈다.

이 시기 총 143명의 인물을 서술하는 데 1,703줄이 할애되고 있는데, 그 가운데 지배계급의 대변자들은 53명이고 그들에게 할애된 지면은 396줄이었다. 노동자 계급의 중요인물들에게 1,186줄의 설명이 제공되고 있는데 그중 마르크스와 엥겔스에게만 515줄이 할애되었다. 새 교과서가 이전의 교과서보다 19세기의 귀족과 부르주아 대변자들을 더 많이 다루고 있긴 하지만 그에 대한 서술은 분명히 부정적인 내용을 담고 있었다. 반면에 노동운동의 인물들은 너무 긍정적으로 그리고 완전히 무비판적으로 서술되었다.66)

시민층(Bürgertum)에 대한 서술은 특히 19세기 전반기나 1848년 혁명기에 대한 단원에서 다소 찾아볼 수 있지만 1849년부터 1871년까지의 시기에는 훨씬 더 적어지고, 그 이후 단원에서는 산발적으로 나타날 뿐이었다. 내용도 나중 시대로 갈수록 점점더 구체적인 사실에 대한 서술보다는 도식적이고 계급투쟁 도식에 따라 거칠게 단순화한 선언적 내용으로 바뀌어 갔다. 최근 동독역사학의 연구성과는 노동자계급이나 노동운동에 대해서는 반영이 되었지만, 다른 주제들은 분명히 축소되거나 전혀 주제화 되지 않았다. 교과서 저자들이 이미 교육과정 제작기

66) Mätzing, *Geschichte im Zeichen*, pp.403~416.

간 동안 시민층에 대해 보다 적절하게 취급할 것을 요구했지만 이러한 요구는 인민교육부에 의해 받아들여지지 않았다.67)

공개적인 논의과정에서 새로 마련된 교육과정이 어떤 근본적인 결함을 갖고 있는지에 대한 다양한 비판들이 제기되었다. 교사들이 제기한 비판 중에는 세계사와 민족사의 불균형, 동독과 사통당의 역사를 지나치게 강조한 것, 동독의 역사를 너무 매끄럽게 서술한 것에 대한 비판이 특히 주목할 만하다. 예컨대 가르델레겐의 교과목위원회는 "성공적인 것만 열거하면 우리가 청소년들에게 결코 효과적인 수업을 제공하지 못한다"고 비판했다. 볼미르슈테트의 교사들에게선 "내부적인 의견대립과 모순들에 대한 구체적 서술이 결여되어 있다"는 지적도 나왔다.

방법론적으로는 학생지향적인 수업의 결핍, 역사과목에 특수한 사고 및 작업방식의 취급 부재에 대한 지적이 있었다. 역사학자들이나 역사교수방법론 학자들의 비평에서는 1971년 이후 모든 당대회를 다루어야 하는가의 문제제기도 있었다. 중세사에서는 유산과 전통의 논의가 충분히 다루어지지 않았으며 지배계급 대표들, 특히 중세 왕들의 업적, 일상적인 지배관행과 방법에 대해 별로 고려되지 않았다는 지적이 있었다. 나치시대에 대한 서술에서는 유럽의 유대인들과 집시들에 대한 대량학살 문제가 다루어지지 않았다는 데 대해서도 비판이 있었다. 역사교수방법론 학자들도 동독사를 그 곤경과 우회로, 오류들에 대해서는 생략하고 너무 매끄럽게 단순화시켜 다루는 것에 대해 비판하였다.68)

1980년대의 교육과정을 만드는 과정에서 상이한 관련기관과 집단들 사이에 최근의 연구수준을 반영하는 문제와 관련하여 다양한 편차

67) Mätzing, *Geschichte im Zeichen*, pp.479~482.

68) Mätzing, *Geschichte im Zeichen*, pp.333~352 ; Neuhaus, *Geschichte im Umbruch*, pp.115~116.

가 있었음을 우리는 확인할 수 있다. 교과서 집필이나 교육과정 수정을 위한 논의에 평가관으로 참여한 역사가들은 대부분 역사학의 최근 연구성과를 반영시키고자 노력하였다. APW의 연구원들은 우선적으로 교육학적이고 방법론적인 문제들에 관심을 기울였지만 역사학의 연구성과를 반영하는 것을 지지했다. 그에 반해 인민교육부는 역사교육과 관련하여 주로 이데올로기적 목표를 추구했다. 이에 따라 인민교육부는 최근의 연구성과를 무시한 반면, 계속하여 노동운동사의 지배적 위치를 고집하였으며 편향된 역사상의 마지막 보루가 되었다. 반면에 사통당 중앙위원회의 과학문화비서실의 인민교육분과와 중앙위원회 서기인 쿠르트 하거(Kurt Hager)는 국가적 정당화를 위한 이데올로기적 효용성의 측면에서 유산과 전통논쟁에 관심을 가졌다. 그는 마고트 호네커에게 역사학의 연구성과를 교육과정에 적절하게 반영할 것을 권하기도 했으나 관철시키지는 못했다.

교사연수(Weiterbildung)에서는 역사학의 세분화된 성과들이 주제로서 다루어졌다. 따라서 여기에 참여한 일부 역사교사들에게 일정한 영향을 미쳤으리라 추측된다. 하지만 교육과정이 교사의 수업을 상세히 규정하고 있었기 때문에 그가 연수과정에서 배운 것을 자기 수업에서 전달하기는 쉽지 않았을 것이다.

5. 맺음말

동독역사학은 1970년대 이후 서서히 합리화와 전문화의 길을 걸으며 정치로부터의 일방적인 종속관계를 벗어나, 마르크스-레닌주의 역사학과 당의 지배에 도전하지 않는 한, 연구수행에 있어서 어느 정도 자유의 영역을 넓혀 나갈 수 있었다. 당 지도부 역시 동독역사학이 학문적 성취를 통해 국제 학계에서 인정을 받는 데 이해관계를 갖고 있었다. 그러기 위해선 주제의 선택이나 연구 방법의 선택 등에 있어서 어느 정도의 자유를 허용하지 않을 수 없었다. 동서독 관계 정상화와 함께 서독의 1민족 2국가론에 맞서 2민족2국가 테제로 전환한 이후 사통당 지도부는 서독의 이데올로기적 영향력을 차단하려는 노력을 경주하였다. 하지만 그들은 사회주의적 민족의식, 곧 동독국가에 대한 시민들과 청소년의 정체성을 발전시키는 데서 현실적인 어려움에 봉착하였다.

이러한 문제의 해결에 대한 비전을 사통당 지도부는 새로운 역사정책에서 모색했다. 1970년대 말부터 프로이센의 역사에 대한 새로운 해석이 제기되고 관심이 커지면서 1980년대에는 유산과 전통을 둘러싼 논쟁으로 발전하여 민족사 전체로의 관심 확장이 일어났다.

1980년대에 일단의 역사가들과 교육학아카데미의 역사교수방법론 학자들 사이에서 더 이상 시대변화에 걸맞지 않는 역사교육을 개혁하려는 요구가 제기되었다. 이것은 정당성의 위기가 심화되어 가는 가운데 보다 실질적인 정체성 교육을 모색하던 사통당 지도부의 관심에도 상응하는 것이었다. 교육과정 개혁안을 둘러싼 다양한 논의들은 지금까지의 역사교육의 문제점들을 분명히 부각시켰다. 무엇보다 노동운동사와 혁명적 전통에 대한 지나친 강조, 과거 지배계급들의 진보적 역할에 대한 무시로 인한 협소화된 역사, 동독국가와 사통당의 역사에 대한 과도한 집중, 동독사에 대한 너무 매끄러운 서술, 학생지향적인 수업이나 문제지향적인 수업의 부재 등에 대한 비판이 제기되었다.

그러나 역사가들, 역사교수방법론 학자들, 교사들의 개혁에 대한 요구는 인민교육부, 특히 그 수장인 마고트 호네커의 반대에 부딪쳐 무위로 끝나고 말았다. 인민교육부의 주도 하에 작성된 교육과정 초안에 대한 1986년과 87년의 논의 과정은 이 초안이 동독역사학의 근래의 다양한 연구성과들을 별로 반영하지 않았음을 잘 보여준다. 논의 과정 역시 근본적인 수정의 가능성을 열어 둔 것이라기보다는 폭넓은 의견을 수렴하여 민주적으로 만들었다는 정당성을 부여하기 위한 형식적 과정에 지나지 않았다. 1988년의 교육과정과 교과서는 프랑스혁명까지의 역사에서는 유산과 전통 논쟁의 성과를 상당부분 반영했지만 19세기의 노동운동사를 다루면서부터는 과거의 좁은 계급투쟁사관적인 틀을 벗어나지 못했다. 일부 교사들이 교사연수 등을 통해 유산과 전통에 관한 역사학계의 새로운 논의들에 대한 정보를 얻기도 했지만 동독 역사교육의 구조적인 문제로 인하여 그 파급효과는 미미했을 것이다.

유산과 전통에 대한 논의를 통해 얻어진 주제의 확장과 시각의 유연화는 현대에 가까워 올수록, 특히 제국주의 시대 이후에는 침투하기가 힘들었다. 역사교육이 매개하는 역사상은 1945년 이후 동독의 역사에 관해서는 더욱 문제가 많았다. 그것은 사통당정권의 이데올로기적 정당화 문제와 직접 맞닿아 있었기 때문이다. 우리는 독일문제에 대한 동독 역사과목 교육과정과 교과서의 분석을 통해 동독의 교육당국이 매개하려 했던 역사상을 파악할 수 있었다. 10학년 교육과정과 역사교과서는 전후 역사를 사회주의와 제국주의/자본주의의 이분법적 대립으로 보는 가운데 1977년 이후에는 이미 서독의 나토가입을 분단의 영구적 획정으로 규정했다.

동독의 역사상에서 서독과 동독 및 사회주의 국가들과의 일련의 조약들과 동서독의 유엔 동시가입은 '독일문제'의 최종적 해결을 의미하였다. 이렇게 현실적으로 분단의 항구화를 추구했던 사통당의 시각에서 "접근을 통한 변화"라는 에곤 바의 슬로건은 동독과 사회주의 국가들을 붕괴시키려는 이데올로기적 잠입을 통한 반혁명적 활동의 표현으로 간주되었다.

그러나 동독 교육당국의 이러한 이데올로기 교육의 의도와 현실은 별개의 문제였다. 1980년대에 경제위기와 사통당 국가의 정당성의 위기가 심화되면서 동독 역사교육은 더 이상 청소년의 역사의식을 형성하는 데 있어서 지배적인 영향력을 행사할 수 없었다. 동독역사학은 1970년대 말 이후 민족사 연구의 틀을 확장함으로써 동서독 역사학 사이의 경계를 다소나마 극복하는 데 기여했다. 이것은 통일 후 역사학의 통합에 있어서 긍정적인 의미를 가진다고 할 수 있다. 그러나 마고트 호네커의 완고한 통제 하에서 개혁을 향한 모색이 거부된 동독 역사교육의 전통은 통일 후 동독교사들이 새로운 교육체제에 적응하기 위해서는 주목해야 할 부담스러운 장애물이었다.

III. 평화를 위한 역사교육

8.
폴란드-독일, 한국-일본 사이의 사회문화적 교류의 비교

1. 머리말

근자에 국수주의적이거나 팽창주의적인 정치적 의도에서 일본과 중국에서 벌어지고 있는 일련의 역사수정주의적 시도와 이를 둘러싼 국민들 사이의 불신과 갈등은 동북아의 평화공존에 심각한 우려를 불러일으키고 있다. 이제 한·중·일 사이의 역사적 기억을 둘러싼 갈등은 그 주요진원지였던 일본에 대한 주변국들의 강력한 항의와 임시적 수습을 간헐적으로 되풀이하는 과거의 양상으로부터 지속적인 분쟁의 대상으로 발전하고 있다.

더욱이 최근 중국의 고구려사 왜곡은 더욱 풀기 어려운 숙제를 안겨주고 있다. 이제 역사정책들을 둘러싼 갈등들은 양측이 자기의 역사해석만이 옳다고 고집하며 편향된 민족주의적 주장을 상대방에게 일방적으로 강요하는 것으로는 결코 근본적으로 해결할 수 없다. 그러면 어떻게 역사적 쟁점들에 대해서 쌍방이 모두 인정할 수 있는 역사해석에 합의할 수 있을까? 이것은 매우 힘든 일이며 시간과 인내를 요하는 일이다.

한편으로는 동아시아의 평화와 공영을 위해 역사적 갈등을 해소하려는 각국의 정치지도층의 적극적인 의지와 제도적 뒷받침이 중요하다. 다른 한편으로는 역사교육을 민족적 정체성을 강화하고 민족국가를 정당화하기 위한 도구로서보다는 자기 자신의 과거 역사에 대해서도 비판할 수 있는 자기성찰적(self-reflective)이고 다중관점적 사고능력(multiperspective thinking)을 길러주기 위한 것으로 이해하는 성숙한 역사의식에 대한 사회적 합의가 있어야 한다.[1] 그러나 유감스럽게도 동아시아 3국은 국가적으로나 시민-사회적으로나 아직 이 조건들을 충족시키기 어려운 상황이다. 따라서 우리는 이제 역사적 기억을 둘러싼 국민들 사이의 갈등을 치유하기 위한 기반(infrastructure)으로서 사회문화적 교류의 중요성에 대해 주목할 필요가 있다.

한-일관계사에 관한 학생들의 역사의식 형성에 미치는 교과서의 영향은 크기는 하지만 제한적이다. 부모를 통한 사회화의 영향, 신문과 방송, 컴퓨터와 인터넷, 여행과 직접적인 접촉과 대화가 역사의식 형성에 미치는 영향을 간과해서는 안된다. 따라서 교환학생제도, 수학여행, 학교간 자매결연, 각종 장학제도 등을 통해 상대국과 그곳의 청소년들을 경험할 수 있는 기회를 넓혀주는 것도 중요하다. 문화적 교류의 확대는 서로에 대한 역사적 편견을 제거하고 교과서 개선을 통한 상호 이해증진의 필요성에 대한 공감대를 넓히는 데도 크게 도움이 될 것이다. 이것은 학생 및 청소년들뿐만 아니라 일반시민들에게도 마찬가지로 해당이 된다. 따라서 한국과 일본의 시민사회가 얼마나 긴밀한 우호협력

---

1) Georg-Eckert-Institut의 소장인 Hoepken교수는 2002년 서울에서 있은 한국교육개발원 국제학술회의에서 국가 사이의 교과서협력이 성공하기 위한 5가지 전제조건들 중의 일부로서 이 두 가지를 언급하였다.(W. Hoepken, "Improving Textbooks-Experiences, Achievements and Problems", 한국교육개발원, 『국가간 상호이해 증진을 위한 교과서 개선』, pp.8~14)

관계를 갖느냐가 두 국민들의 상호 문화적 및 역사적 이해를 증진시키는 데 중요한 의미를 갖는다.

그렇다고 해서 사회-문화적 교류의 확대가 필연적으로 역사적 기억을 둘러싼 갈등을 해소하리라고 주장하는 것은 결코 아니다. 사회문화적 교류의 확대는 양국 시민사회가 그러한 갈등을 해소해 나가는 데 우호적인 환경을 마련해 주리라는 점에서 그 필요조건이라 할 수 있지만 필요충분조건은 아니라는 것이다.

이 논문은 한·일 사이의 사회문화적 교류와 협력관계의 현주소를 점검하고 그 나아갈 방향을 제시하고자 한다. 독일과 폴란드 사이의 사회문화적 교류협력과 비교함으로써 우리는 한일관계의 문제점을 보다 정확히 이해할 수 있으며 그것을 어떻게 개선해 나가야 할지에 대해 귀중한 시사를 얻을 수 있을 것이다.

통일된 독일과 민주화된 폴란드가 1990년대에 미래지향적인 동반자관계를 발전시켜 나가는 데 양국 사이의 불행했던 과거 역사는 더 이상 큰 장애요인을 형성하지 않았다. 이것은 빌리 브란트의 신동방정책, 1970년대 이래 독일-폴란드 사이의 성공적인 교과서 협력, 나치의 범죄에 대한 서독의 보상, 1990년 오더-나이쎄 국경에 대한 인정 외에도 89년 이후 양국시민들 사이의 사회문화적 교류협력의 급증에 힘입은 바가 컸기 때문이다.

양국정부는 직·간접의 지원들을 통해서 이러한 유대관계의 발전에 크게 기여했다. 독일과 폴란드 사이의 사회문화적 협력의 양적 팽창과 질적 향상이 대부분 지난 15년간 성취된 것이라는 점을 고려할 때 우리는 이것과의 비교를 통해서 전후 60년이 지난 지금 한·일 사이의 사회문화적 교류의 현주소를 보다 엄격하게 평가할 수 있을 것이다. 이 객관적 평가를 기초로 비로소 우리는 양국 사이의 역사적 및 문화적 이해를 증진시키기 위해 국가와 시민사회가 어떤 노력을 기울여야 할 것인가를 가늠해 볼 수 있을 것이다. 또한 독일과 폴란드 사이의 긴밀한 사회문화적 교류의 경험이 주는 교훈을 배움으로써 우리는 시행착오를 줄이고 한·일 청소년 및 민간교류를 보다 효율적으로 조직할 수 있을 것이다.

동독과 폴란드의 관계는 서독과 폴란드의 관계와는 다른 구조적 기반 위에 서 있었다. 우선 과거사 문제가 양국관계에서 그리 중요한 역할을 차지하지 않았다. 사통당 지도부는 '반파시즘 전통'과 히틀러에 대한 공산주의자들의 투쟁을 정권의 정당성의 근거로 삼았기 때문에 폴란드와의 과거사 청산문제에 있어서 부담을 크게 느끼지 않았다. 피난민과 폴란드에 할양된 독일 동부지역으로부터 강제 추방된 독일인들을 수용하고, 폴란드와의 새로운 국경을 이미 1950년에 인정한 일이며 1953년까지 전쟁배상금을 지불한 것 등으로 인하여 사통당정부는 폴란드에 대한 역사적인 부채를 충분히 청산했다고 믿었던 것이다.

인접한 사회주의 우방 폴란드와의 관계에서 사통당 지도부는 경제적 협력이나 주민들 사이의 사회문화적 상호교류와 이해보다는 이데올로기적 및 정치적 측면에 더 관심을 집중하였다. 사통당정권은 독일정책에서 소련뿐만 아니라 폴란드와도 공조를 취하고자 노력했지만 폴란드의 개혁시도에 대해서는 강한 경계심을 가지고 배제하고자 하였다. 동독지도부가 싫어한 고무카가 1956년 폴란드 공산당 서기장이 된 후 그가 실각하는 1970년까지 동독과 폴란드 사이의 관계는 그리 긴밀하지는 못했다.

1971년부터 1980년까지 양국의 당 지도자인 에리히 호네커와 에드워드 기렉(Edward Gierek)은 양국관계를 상당히 개선했다. 1972년부터 1980년까지 양국은 국경을 개방함으로써 매년 수백만 명의 주민들이 상호방문을 하였다. 수많은 만남을 통해서 많은 친구관계가 맺어지기도 했지만(약 1만 쌍의 결혼을 포함) 접촉이 서로의 편견을 강화시키기도 했다. 폴란드 자유노조 쏠리다리노스의 활동이 확산되면서 동독정부는 이 위협으로부터 동독을 보호하기 위하여 1980년 10월 말 비자 없는 상호방문을 중단시켰다. 1982년 양국 지도부 사이의 접촉이 재개되었지만 1980년대에 두 국민 사이의 교류는 제한적일 수밖에 없었다.2)

동독과 폴란드 사이의 이러한 특수한 관계로 인하여 서독과 폴란드 사이의 사회문화적 교류로 비교의 범위를 좁히는 것이 한·일 사이의 교류를 활성화시키기 위한 현실적 교훈을 끌어내는 데 더 적합하리라 생각이 된다.

2. 사회문화적 교류의 기초여건 비교

폴란드는 제1차 세계대전이 끝날 때까지 150년 가까이 러시아·오스트리아와 독일의 식민지 지배를 당하였고 다시 1939년부터 히틀러의 침공으로 제2차 세계대전 기간에 나치의 지배 하에서 큰 희생을 치러야만 했다.3) 그럼에도 불구하고 민주정권으로의 교체 이후 빠른 경제성

2) E. Cziomer, "Brueder oder Rivalen? Die Aussenpolitik der DDR gegenueber Polen 1949~1989", Stiftung Haus der Geschichte der Bundesrepublik Deutschland ed., *Ananehrungen Deutsche und Polen 1945~1995*, Duesseldorf 1996, pp.96~110 참고.

3) 독일과 폴란드 사이의 역사적 대립과 갈등, 그에 대한 두 국민들의 인식과 양국의 역사정책

장을 하고 있으며 유럽연합에 최근 가입한 폴란드에게 독일은 정치적으로나 경제적으로나 가장 중요한 근린국가이다. 역사적으로나 정치적·경제적 힘의 역학관계에 있어서나 독일·폴란드 관계는 한·일 사이의 관계와 매우 비슷한 구조를 가지고 있다. 따라서 한·일 사이의 사회-문화적 교류를 발전시키는 데 있어서도 독일-폴란드의 문화교류는 우리에게 많은 시사점을 줄 것으로 추측된다. 그러나 우리는 여기서 두 지역의 상호관계를 비교할 때 여러 가지 무시할 수 없는 차이들을 간과해서는 안될 것이다. 우선 주요주제별로 두 양국관계들의 공통점과 차이점을 비교해 보자.

2-1 과거사 청산

두 지역의 문화교류에 큰 차이를 만드는 요인으로는 우선 과거사 청산문제의 상이한 처리방식을 들지 않을 수 없다. 여기서 과거사 청산은 역사적 과오에 대한 진정한 사과와 반성, 역사적 기억을 둘러싼 화해와 인종학살이나 식민지 지배의 희생자들에 대한 물질적 보상 양자를 모두 포함한다. 서독인들은 1960년대가 지나면서 나치시대에 대한 역사적 반성을 당연시하는 새로운 역사의식과 정치문화를 발전시킨다.[4] 빌리 브란트는 동서독 관계를 개선하려는 목적에서 신동방정책을

의 발전과정에 대해서는 한운석, 「역사교과서 수정을 통한 독일-폴란드 사이의 화해노력」, 같은이, 『하나의 민족, 두 개의 과거: 20세기 독일민족과 통일문제』, 신서원, 2003, pp.244~305 참고.

4) B. Faulenbach, "Emanzipation von der deutschen Tradition? Geschichtsbewus- stsein in den sechziger Jahren", W. Weidenfeld ed., *Politische Kultur und deutsche Frage. Materialien zum Staats- und Nationalbewusstsein in der Bundesrepublik Deutschland*, Koeln, 1989, pp.73~92 참고.

펴게 되는데 그러한 가운데 폴란드와 1970년 바르샤바조약을 체결하고 바르샤바 게토에서 무릎 꿇고 사죄하는 모습을 보임으로써 폴란드인들에게 깊은 감동을 주었다.5)

브란트는 독일의 많은 보수주의자들의 반대에도 불구하고 오더-나이쎄 국경을 인정함으로써 폴란드인들의 불안감을 크게 덜어주었다. 이러한 정치적 화해 분위기를 바탕으로 1972년 시작된 독일-폴란드 교과서협의회는 4년만에 양국의 민족주의적 편견을 역사 및 지리교과서에서 지양하고 상호이해를 증진시키기 위한 공동의 권고안을 채택하여 공표하였다.6) 이것은 양국의 역사가들과 교과서 집필자들・역사교사들 그리고 그들을 통해 학생들에게 적지 않은 영향을 미쳤다. 교과서협의회는 권고안 발표 이후에도 지속적으로 양국 관계사를 공동으로 연구하고 교과서 개선을 위해 노력함으로써 양국 사이의 문화교류가 아직 활발하지 않던 시기에 문화적 상호 이해를 증진시키는 데 중요한 가교역할을 했다.7)

독일과 폴란드의 관계는 일방적인 가해자-피해자의 관계는 아니었다. 그것은 제2차 세계대전 말기와 독일의 패전 직후 소련에 의해 영토의 대규모 이동이 이루어지고 현재의 폴란드 지역에 살던 독일인들이 대거

---

5) 이에 대한 브란트 자신의 회고를 위해서는 W. Brandt, "Der Kniefall von Warschau", F. Pflueger/ W. Lipscher ed., *Feinde werden Freunde. Von den Schwierigkeiten der deutsch-polnischen Nachbarschaft*, Bonn 1993, pp.51~59 : H. Thiesen, "Zeichen der Versoehnung. Das deutsch-polnische Verhaeltnis im Spiegel politischer Begegnungen", Haus der Geschichte der Bundesrepublik Deutschland ed., 전게서, pp.113~116.

6) 유럽에서의 이전의 교과서 협력의 역사적 발전과 공동권고안이 마련되기까지의 독일과 폴란드 사이의 교과서 협의회의 활동에 대해서는 문기상, 「독일의 역사교육」, 『역사교육』, 34집, pp.223~257 : 김유경, 「기억을 둘러싼 갈등과 화해 -독일・프랑스 및 독일・폴란드의 역사교과서 협의-」, 『역사비평』 59집, 2002, pp.363~385 : 한운석, 전게서, pp.259~305 참고.

7) 공동권고안이 양국 역사교과서 개선에 미친 영향과 권고안 이후의 독일-폴란드 교과서협의회의 성과에 대해서는 한운석, 전게서, pp.271~301 참고.

추방되는 과정에서 많은 비인간적인 행위들이 있었기 때문이다.[8] 1980년대까지 전후 독일인 추방문제는 폴란드 역사학에서 금기시되었는데 1990년대에 이 타부가 깨지고 폴란드 역사가들은 이제 독일역사가들과 함께 자기들의 부끄러운 과거를 파헤치는 일에도 동참하고 있다. 또한 동부유럽에 정착했던 독일인의 역사적 족적을 인정하고 독일의 문화유산을 함께 연구하는 것에 더 이상 거부감을 표하지 않는다.[9] 폴란드인들의 역사의식 변화는 독일역사가나 문화연구자들과의 공동작업을 활발하게 만들고 있으며 양국 학자들 사이의 상호이해를 돈독하게 만들고 있다.

1990년 11월 14일 독일-폴란드조약에서 양국 사이의 전후국경이 거듭 확인됨으로써 양국 사이의 과거사 문제에서 남은 것은 이제 문화재 반환문제와 폴란드인 강제수용소 수감자들과 강제노동자들에 대한 보상문제이다. 전자는 양측의 견해차이가 커서 아직 합의를 보지 못하고 있다. 후자의 문제에 대해서는 근린조약에서 5억 마르크의 기금을 가진 '독일-폴란드화해'라는 재단을 세워 폴란드의 나치희생자들에게 지원을 제공하기로 합의되었다. 강제노동자들을 고용했던 기업체들과 희생자단체들의 변호사들 사이의 해결책을 모색하는 협상들에서 독일 연방정부는 중개자 역할을 수행했다. 협상당사자들은 '기억·책임·미래'라는 이름의 재단을 세워 총 1백억 마르크를 보상하기로 합의했다.

---

8) J. Rogall, "Verdraengte Schuld. Flucht, vertreibung, Aussiedlung und deren Nachwirkung", Haus der Geschichte der Bundesrepublik Deutschland ed., 전게서, pp.65~76 ; W. Borodziej/K. Ziemer ed., Deutsch-polnische Beziehungen, Bonn 2000, 최호근 역, 『제2차 세계대전과 독일-폴란드의 과거청산』, 한국교육개발원, 2002, pp.125~133 ; H.-J. Boemelburg/R. Stoessinger/R. Traba eds., *Vertreibung aus dem Osten. Deutsche und Polen erinnern sich*, Olsztyn 2000 참고.

9) A. Krzeminski, "Unheilvolle Logik. Bilder der deutsch-polnischen Nachbarschaft", Haus der Geschichte der Bundesrepublik Deutschland ed., Annaehrungen. Deutsche und Polen 1945~1995, Duesseldorf 1996, p.21.

재단 내에 '기억과 미래'라는 기금을 설치하기로 했는데 그 과제는 특히 민족 사이의 화해와 청소년 교류 프로젝트를 장려하고 나치범죄의 희생자들의 상속자와 남은 가족들의 이해관계를 보살피는 것이다.10)

이렇게 양국정부와 시민사회의 진지한 노력에 의해서 이제 독일과 폴란드의 문화교류에서 과거청산 문제는 더 이상 근본적인 장애요인이 되지 않고 있다. 그에 반해 한일관계에는 과거의 그림자가 여전히 깊게 드리우고 있다. 일본의 고이즈미 수상은 주변국의 시선에 아랑곳 않고 야스쿠니 신사참배를 관행으로 만들고 있고, 일본국회는 전후 일본국 헌법의 평화·민주주의 이념을 교육의 기본으로 삼은 교육기본법을 개정하여 애국심과 국가에 대한 봉사를 중심으로 '당당한 일본인의 육성'을 교육목표로 삼으려 하고 있다. 내셔널리즘을 강조하고 있는 일본정부의 교육정책과 일본사회의 우경화의 영향으로 인하여 '새 역사를 만드는 모임'이 만든 교과서뿐만 아니라 다른 역사교과서들도 민족주의적인 방향으로 개악되고 있다.

그러면 현재 일본의 민족주의적 역사정책은 어떻게 만들어졌는가? 우선 전후 미국의 잘못된 점령정책으로 천황이 면책되고, 미국이 일본에 부과한 평화헌법을 미-일안보조약을 통해 스스로 공동화시키고11), 전후 과거 전범들이 정치지도층으로 그대로 온존하여 과거에 대한 아무런 철저한 반성없이 우파적 전통을 온존시켰다는 사실, 1990년대 이후의 지속된 경제불황으로 인한 국민적 불만을 밖으로 환기시키려는

---

10) W. Borodziej/K. Ziemer ed., Deutsch-polnische Beziehungen, Bonn 2000, 최호근 역, 『제2차 세계대전과 독일-폴란드의 과거청산』, 한국교육개발원, 2002, pp.204~205 : 한운석, 전게서, pp.293~294.

11) I. Burma, *Wages of Guilt. Memories of War in Germany and Japan(1994)*, 정용환 역, 『아우슈비츠와 히로시마』, 서울, 2002.

시도, 북한 핵문제를 빌미로 자위대를 대외전쟁을 치를 수 있는 정상적인 군대로 발전시켜 우파들의 오랜 숙원을 실현시키려는 야심 등이 어우러져 일본의 전사회적인 우경화를 부추기고 있다.

여기에는 일본의 매스컴 또한 중요한 역할을 하고 있다. 일본의 언론매체들은 북한위협론을 반복해서 보도하고 있으며 그런 가운데 일본의 국민여론은 북한의 '위협'을 평화적으로 해결하려는 방향으로 나아가지 않고, 이라크전쟁과 같이 무력으로 해결할 수밖에 없다는 방향으로 유도되고 있다. 이렇게 우파 민족주의와 권력정치(power politic)에 대한 신앙이 서로 결합되고 있는 곳에 현재 일본사회의 심각한 위험성이 도사리고 있다.[12] 이러한 정치문화 속에서 일본정부는 역사교과서 왜곡문제를 시정하려는 어떠한 진지한 노력도 경주하고 있지 않다. 아니 보수적인 문부성 관리들이 오히려 교과서 개악에 더 유리한 환경을 조성하고 있다고 의심하지 않을 수 없다.

따라서 과거청산에 대한 두 국민의 인식 차이는 여전히 상호 문화교류를 증진시키는 데 있어서 우선적으로 부딪치는 심리적 장벽을 형성하고 있다. 대부분의 한국인들이 한일회담을 통한 일본의 청구권자금 지불에도 불구하고 식민지 지배 희생자들에 대한 보상이 불충분하다고 느끼고 있으며 일본정부의 사과와 반성이 부족하다고 생각하고 있다.

이러한 역사인식은 청소년들에게서도 그대로 드러나고 있다. 2002년 실시된 "서울대학생과 동경대학생에 대한 설문조사의 결과를 보면 한일관계의 개선을 위해 가장 먼저 해야 할 일로서 서울대학생의 73.2%는 과거사 청산을 든 반면에 동경대학생의 60.7%는 경제문화 교류를 들었

12) 한운석, 「일본 역사 교과서 왜곡의 위험스런 동향과 해결방안 모색」, 『내일을 여는 역사』, 14권, 2003, pp.303~307.

다. 또 서울대학생의 72.8%는 일본총리의 야스쿠니신사 참배를 반대한 반면에 동경대학생의 반대의견은 16.3%에 불과했다."[13] 이렇게 한국인과 일본인이 역사적 기억에 부여하는 의미의 차이는 양국 시민들이나 청소년들의 만남에서 의사소통에 적지 않은 장애요인을 형성하고 있다.

2-2 불균등한 이웃

폴란드와 독일, 한국과 일본 사이에는 차이가 점차 줄어들고 있지만 인구·경제력와 과학기술의 발전정도, 생활수준 등에서 아직도 큰 차이가 존재한다. 아래의 도표는 그 차이의 유사성을 분명히 보여준다. 불균등한 이웃으로서의 양국관계는 두 지역에서의 문화교류에 정도의 차이는 있지만 비슷한 문제를 야기하고 있다.

폴란드의 경제는 수출이나 수입이나 압도적으로 독일경제에 의존하고 있다. 폴란드의 4대 수출국과 4대 수입국 모두에서 독일은 다른 국가들과 현저한 차이를 가진 채 수위를 차지하고 있다. 반면에 독일경제에서 폴란드가 차지하는 비중은 아주 미미하다. 독일의 인구는 폴란드의 2배를 약간 넘는 데 비해 독일의 GNP는 폴란드의 약 12배, 1인당 GNP는 약 5.5배나 된다. 단 독일의 경제성장률이 지난 10년간 1.5%로 정체하고 있는 데 비해 폴란드의 경제는 4.5%의 빠른 성장률을 보이고 있다는 것을 염두에 둘 필요가 있다.[14]

13) 정재정, 「한-일 역사 교과서 분쟁 - 경과, 현황, 과제」, 한국교육개발원, 『국가간 상호이해 증진을 위한 교과서 개선』, 서울, 2002, pp.87~88.

14) K. Bolz/A. Polkowski, "Entwicklungstendenzen in den deutsch-polnischen Wirtschaftsbeziehungen", Haus der Geschichte der Bundesrepublik, 전게서, pp.176~181.

4개국 2001년 주요 통계비교

	독 일	폴란드	일 본	한 국
인 구 (단위 1,000)	82,333	38,641	127,035	47,343
면 적(km²)	357,023	312,685	377,837	99,313
GNP (단위 100만$)	1,939,581	163,621	4,523,308	447,639
1인당 GNP($)	23,560	4,230	35,610	9,460
경제성장률 (1990~2001)(%)	1.5	4.5	0.1	5.7
4대 수출국 (%)	프랑스 10.8 미국 8.4 이태리 7.4 네덜란드 6.1 (폴란드 2.5)	독일 32.3 프랑스 6.0 이태리 5.5 영국 5.2	미국 28.5 중국 9.5 한국 6.9 대만 6.3	미국 20.2 중국 14.6 일본 9.3 홍콩 6.2
4대 수입국 (%)	프랑스 9.5 네덜란드 8.3 미국 7.7 영국 6.4	독일 24.3 이태리 8.4 러시아 8.0 프랑스 7.0	중국 18.3 미국 17.1 한국 4.6 인도네시아 4.2	일본 19.6 미국 15.1 중국 11.4 사우디아라비아 5.0

* Der Fischer Weltalmanach 2004. Zahlen Daten Fakten, Frankfurt 2003을 참고로 필자가 작성.

한국의 경제 역시 일본과의 관계가 긴밀하다. 일본은 한국의 최대 수입국이며 제3대 수출국이다. 반면 한국은 일본의 3번째로 큰 수출국인 동시에 3번째의 수입국이다. 일본의 인구는한국의 약 2.7배인 반면 GNP에 있어서는 일본이 한국의 약 10배, 1인당 GNP에서는 약 3.8배에 달한다. 일본경제의 정체는 독일보다 훨씬 더 심각하다. 반면에 한국경제는 IMF위기로 인해 경제성장이 많이 둔화되긴 했지만 1990년대에 5.7%의 성장률을 기록했다. 이렇게 한-일 사이의 경제격차가 폴란드-독일 사이의 격차보다 작지만 한국과 폴란드는 국력에서 일본과 독일에 크게 뒤지고 있는 불균등한 이웃임을 알 수 있다.

경제적 불균등 관계는 양국의 문화교류에도 분명한 흔적을 남기고 있다. 폴란드 학생들에게는 독일어를 배우고 독일에서 공부할 기회를 얻는 데 큰 관심과 열의를 가지고 있는 데 비해 독일학생들은 폴란드를 방문하는 교환학생 프로그램이나 폴란드에서의 유학이나 연구목적의 체류에 별로 관심이 없다.[15] 이러한 불균등한 관계는 한·일 사이의 문화교류에서도 마찬가지로 나타난다. 일본인 중 한국어 능력 시험자 수는 한국인 중 일본어 능력 시험자 수의 1/10도 되지 않는다. 일본의 한국유학생 수는 2001년 현재 1만 4,725명인데 비하여 한국의 일본인 유학생 수는 3,665명에 지나지 않는다.[16]

2-3 국제정치적 조건

1970년의 국교수립에도 불구하고 1970년대와 1980년대의 동서냉전체제 하에서 독일과 폴란드 사이의 문화교류는 제대로 발전하기가 어려웠다. 폴란드 공산당정권은 서독으로부터 자본주의 문화가 유입되어 이데올로기적 통합을 약화시키는 것을 원치 않았으며 코메콘과 바르샤바조약기구의 일원이자 형제국인 동독과의 관계를 항상 염두에 두지 않을 수 없었다. 따라서 동독이 붕괴하기까지는 바르샤바에 괴테인스티투트[독일문화원]조차 세울 수가 없었다. 서독에 폴란드문화원을 세우는 것도 마찬가지로 어려웠다.[17]

15) 이진모외, 『폴란드-독일과 한국-일본 사이의 사회문화적 교류와 협력관계의 비교연구』, 한국정신문화연구원, 2003, p.34.

16) ibid., p.95.

그러나 유럽에서 냉전체제가 종식됨과 함께 이러한 상황의 근본적인 변화가 일어났다. 막혔던 물꼬가 터진 듯 양국 사이에 문화교류의 급속한 팽창이 이루어졌다. 폴란드는 정치·사회·경제·문화 등 모든 분야에서의 총체적인 개혁이 필요했고 여기서 인접국인 독일의 기술과 경제지원이 필요하였다. 폴란드는 북대서양조약기구(NATO)와 유럽연합(EU)의 일원이 되었다. 독일은 폴란드가 신생 민주주의를 정착시키고 경제개혁을 성공시키는 데 깊은 관심을 가지고 있다. 폴란드는 지정학적으로도 독일이 발틱3국이나 우크라이나 및 백러시아와의 관계를 맺는 데도 중요한 가교역할을 해야 할 것이었다. 따라서 폴란드와 문화적으로도 긴밀한 관계를 발전시키는 것은 독일의 국익에 중요한 의미를 갖는 일이었다.

폴란드는 이제 더 이상 배타적인 민족국가가 아니라 경제공동체이자 정치 및 문화공동체로서의 유럽연합의 일원이 될 중요한 이웃사촌으로 인식되고 있다.[18] 이렇게 유럽통합의 맥락에서 이해할 때 양국 사이의 껄끄러운 과거 역사나 폴란드 지역에 남아 있는 독일의 문화유산은 더 이상 서로에게 치유하기 어려운 상처가 아니라, 함께 극복해 가야 할 유럽공동의 역사적 기억이고 함께 가꾸어 나가야 할 공동의 문화유산으로서 서로를 묶어주는 끈이 될 수 있는 것이다. 또한 유럽연합(EU)은 양국 사이의 학술교류뿐만 아니라 국경지역의 환경프로젝트나 유럽지역(Euroregion)프로젝트 등에 대한 지원사업도 활발히 펼치고 있다.[19]

---

17) A. Lawaty, Chance zur Verständigung, pp.132~133.

18) D. Bingen, "Deutschland und Polen in Europa. Probleme und Herausforderungen unter neuen Konstellationen", Haus der Geschichte der Bundesrepublik Deutschland ed., 전게서, pp.164~175.

19) U. Kessler, "Symbol für Abgrenzung und Brückenschlag. Die Oder-Neisse-Linie seit dem Zweiten Weltkrieg", Haus der Geschichte der Bundesrepublik Deutschland, 전게서, pp.153~163; H. Ribhegge, "Euroregion Pro Europa Viadrina. Chancen und Schwierigkeiten einer grenzüberschreitenden Kooperation", Welt Trends ed., Deutschland und Polen, Potsdam 1996, pp.66~77.

한국과 일본은 전후 아시아냉전체제에서 한·미·일 안보동맹의 일원으로서 긴밀한 정치적 이해관계를 공유하고 있었지만 과거 식민지 지배에 대한 기억은 양국 사이의 문화교류를 발전시키는 데 중요한 장애요인을 형성하였다. 유럽연합과 같은 지역통합을 통해서 민족국가의 경계를 허물지 못하고 있는 가운데 동아시아 지역에서는 배타적인 민족국가적 사고가 여전히 국제정치적 현실을 각인하고 있다. 아시아·동아시아·동북아 등의 지역개념은 더불어 가꾸어 나가야 할 공동체로서보다는 실제에 있어서 자국의 이기적인 이해관계를 실현해 나갈 헤게모니의 공간으로서의 의미를 가지고 이용되고 있는 실정이다. 이러한 환경 속에서 문화교류에 대한 인식과 담론도 상호이해를 모색하고 지역통합을 위한 정체성을 발전시키는 것을 지향하기보다는 자국의 국력과 문화를 일방적으로 홍보하는 차원을 벗어나지 못하고 있는 것이 현실이다.

3. 사회문화적 교류의 현황비교

3-1 학자들 사이의 교류

이 연구에서는 특히 역사학자들 사이의 협력관계를 중심으로 독일-폴란드 및 한국-일본의 학자들 사이의 학술교류에 대해 살펴보았다. 독일-폴란드 역사가들 사이의 교류를 이해하기 위해서는 우선 전후 영토변경으로 빚어진 상황을 이해할 필요가 있다. 1945년 7월 포츠담회담에서 연합국은 오더-나이쎄강 이동의 옛 독일영토와 동프로이센 남부 및 단찌히(총 약 10만㎢)를 폴란드에게 할양하고 대신 폴란드의 동부지역 18만 ㎢를 소련에게 넘겨주었다.

처음에 독일은 폴란드와의 새 국경을 인정하기를 거부했다. 더욱이 그들은 전후 빼앗긴 독일 동부지역의 역사를 연구하고 그 문화유산을 기리는 것을 포기할 수 없었다. 연방피추방자법(Bundesvertriebenengesetz) 96조에 따라 연방정부와 각 주정부는 과거 독일인이 살다 전후 추방된 지역의 문화를 피추방자와 전체 독일국민 그리고 외국의 의식 속에 간직하도록 진력해야 할 의무가 있다. 따라서 독일의 많은 연구소들이 공적 및 사적 재정지원을 받아 동부유럽에서 살았던 독일인의 역사와 중동부 유럽에 산재한 독일의 문화유산에 대한 연구를 수행하고 있다. 이 연구소들 대부분은 독일과 폴란드 역사가들 사이의 가교역할도 담당하고 있다.

그밖에도 브라운슈바이그의 게오르그-에케르트연구소20), 다름슈타트의 독일-폴란드연구소21)나 바르샤바의 독일역사연구소22)처럼 독일-폴란드 사이의 문화적 이해를 증진시키려는 목적으로 만들어진 연구소들이 양국 학자들 사이의 교류에 활발하게 기여하고 있다. 이 연구소들의 연구성과는 여론주도층을 통해 확산되어 양국 사이의 문화적 이해를 증진시키는 데도 기여하고 있다. 이 연구소들은 그 시설비나 인건비 등 기본운영비를 연방이나 주가 공동으로 부담하는 경우가 많고 연

---

20) U.A. Becher/R. Riemenschneider eds., Internationale Verständigung. 25 Jahre Georg-Eckert-Institut für internationale Schulbuchforschung in Braunschweig, Hannover 2000(한국교육개발원, 『국제화해. 게오르그-에케르트 국제교과서연구소 25주년 기념논총』, 김승렬/이진모 역, 2002).

21) M. Mack/J. Wierczimok eds., Zwanzig Jahre Deutsches Polen-Institut Darmstadt. Bilanz und Ausblick, Darmstadt 2000.

22) 바르샤바의 독일역사연구소의 활동에 대해서는 이진모 외, 전게서, pp.43~70 참고.

구프로젝트에 대한 지원은 독일연구공동체(DFG)나 다른 사립재단들의 지원을 받아 충당하는 경우가 많다. 또한 이 연구소들은 단기적인 장학금의 혜택을 주어 학문 후속세대의 양성에도 기여하고 있다.[23)]

독일은 그밖에도 여러 종류의 장학금을 통해 폴란드의 역량있는 소장학자들을 초청하여 1개월에서 수년까지의 연구기회를 제공하고 있다. 폴란드에도 외국학자를 위한 장학제도가 있기는 하지만 독일에 비해 수여규모가 훨씬 더 적다. 그러나 폴란드 경제가 빠른 속도로 성장하면서 폴란드정부는 연구활동에 대한 지원을 늘려가고 있으며 사립재단들도 연구지원을 위한 재정규모를 늘려가고 있다.

독일과 폴란드 사이에는 연구소를 통한 접촉이 많이 이루어지지만 한국과 일본 사이에는 학회를 통한 접촉이 많이 이루어지는 편이다. 그러나 이러한 접촉은 지속성이 불투명하고 양국 학자들 사이에 보다 긴밀한 친분관계를 형성하기가 어렵고 공동의 연구작업이 어렵다는 단점이 있는 것으로 보인다. 양국 사이의 민감한 역사적 문제들에 대해서는 일본학자들의 경우 연구성과를 공론화하기를 거리끼리고 있다는 점도 문제점으로 드러나고 있다.

독일은 DAAD·훔볼트재단·정당재단들·폴크스바겐재단이나 로버트보쉬재단 같은 각종 기업재단과 종교재단 등 기타 사립재단들을 통해 독일과 폴란드의 학자들과 학문 후속세대에 대한 지원을 광범위하게 제공하는 데 비해 한·일 사이의 학자들 사이의 교류를 위한 지원규모는 훨씬 더 작다. 독일과 폴란드 사이에는 초빙교수제도나 교수파견제도를 통해서도 학자들 사이의 교류가 이루어지고 있지만 한·일 간에는 이러한 제도도 거의 없는 형편이다. 이렇게 한·일 양국 학자들 사이

23) 독일-폴란드 사이의 학술교류에 대해서는 이진모 외, 전게서, pp.8~14 참고.

의 교류에 대한 재정지원이 불충분하여 학자들이 자비를 들여 공동의 학술행사에 참여하는 경우도 적지 않다. 일본의 역사교과서 왜곡에 공동으로 대처하기 위한 노력에서 양국 역사교사들 사이에 지역단위나 전국적 차원의 협력이 활발히 이루어지고 있으며 학자들 사이에도 여러 개의 학술단체들이 양국 관계사의 껄끄러운 문제나 교과서 문제를 다루기 위해 활발히 교류하고 공동의 학술행사를 전개하고 있는 것은 한·일 학술교류의 또 다른 특징이다.[24]

3-2 청소년 및 지자체 교류

1989/1990년 유럽냉전체제의 종식과 함께 활성화되기 시작한 독일-폴란드 문화교류는 전후 독일이 서방통합과 함께 서유럽 국가들과의 관계를 개선하면서 발전시킨 친선관계로부터 귀중한 교훈을 얻음으로써 많은 시행착오를 줄일 수 있었다. 특히 독일-프랑스 사이의 친선관계로부터 얻은 교훈이 양국의 문화교류에 큰 도움이 되었다. 이미 1989년과 1991년 사이에 양국정부 사이에 문화교류를 위한 중요한 계약들이 체결됨으로써 법적·제도적 기반이 마련되었다. 1991년 6월에 합의하고 양국에 사무소를 두어 1993년 업무를 시작한 독일-폴란드 청소년교류원은 학생교환과 다양한 형태의 청소년 교류에 크게 기여하였다. 이 기구는 독일-프랑스 청소년교류원의 모델에 따라 만든 것이었다. 지난 10여 년간 독일과 폴란드 사이의 청소년 교류가 놀라운 발전을 거둔 것은 이렇게 그동안 축적된 경험과 지식 덕분이었다.

24) 한·일 사이의 역사교류에 대해서는 이진모 외, 전게서, pp.83~92 참고.

2001년까지 87만 명 이상의 청소년들이 독-폴청소년교류원(Deutsch-Polnisches Jugendwerk: DPJW)의 프로그램에 참가하였으며 양측의 1년 예산을 합하면 1백억 원이 넘는다. 프로그램 참가자가 연평균 10만 명 정도로서 2002년 한일공동미래프로젝트에 따라 2003년에 추진된 청소년을 포함하는 민간교류 참가자가 약 1만 명이었다는 사실을 감안하면 두 지역 사이에 청소년 교류의 규모가 얼마나 차이가 있는지를 분명히 말해준다. DPJW의 과제는 청소년들의 실습, 양국의 추모지 방문, 교류실무자들의 회의주선과 연수행사, 청소년들을 위한 교류 파트너 주선, 교류사업을 위한 재정지원, 교류를 위한 내용적 및 기술적 지원, 상대국에 대한 정보제공 등이다. DPJW는 적은 재정과 인원으로 독일과 폴란드 청소년 교류에서 효과적으로 일을 수행하면서 양국 청소년들이 상대방 국가와 문화에 대한 고정관념이나 선입견을 제거하는 데에 많은 기여를 했다.

양국 사이의 청소년 교류에는 사설재단들도 많은 기여를 했다. 그 가운데 로버트-보쉬재단은 1980년대 말부터 독일청소년과 중부 및 동부유럽국가 청소년들과의 교류를 위한 활동을 벌여왔다. 이 재단이 주관한 '유럽을 향한 청소년의 길'이라는 프로그램에는 중동부유럽 10대 청소년 1만 7천 명이 참여하여 더불어 발전하는 유럽의 미래에 대해 함께 토론하고 고민할 기회를 갖게 되었고 이를 통하여 각국의 청소년들 사이에 파트너 관계가 더욱 공고하게 되었다. 독일-폴란드협력재단은 청소년상봉장(Jugendbegegnungsstätte)과 청소년합숙소(Jugendherberge)를 건설하는 데 매년 40여억 원을 지원하여 2000년까지 80개의 청소년 교류를 위한 시설이 건립되었다. 독일청소년문화교육연방총회는 학교 외의 다양한 문화프로그램을 통한 청소년 교류를 재정 및 상담을 통해 지

원하고 있다. 주정부들 역시 청소년 교류를 적극 지원하고 있다.[25)]

독일-폴란드 사이의 청소년 교류와 비교할 때 한·일 청소년 교류는 제도적으로나 재정적으로나 대단히 열악한 형편이다. 프로그램을 개발하고 수행할 전문인력도 절대적으로 부족하며 정치권이나 관료들, 시민사회 모두에서 문화교류 및 청소년 교류의 필요성에 대한 인식도 아직 미약하다. 한·일 청소년 교류행사 중 경비를 행정당국이나 사설재단을 통해서 지원받는 경우는 아주 드물고 대부분 학부모들이 경비를 전담해야 하는 실정이다. 독일-폴란드 청소년 교류의 경우는 DPJW와 여타 사설재단 등으로부터 대부분의 재정을 지원받고 있고, 설사 못 받는다 하더라도 몇만 원의 기차비만 내면 숙식은 홈스테이로 하면 되기 때문에 참가비가 별로 부담이 되지 않는다. 반면에 한·일 사이에는 항공료에서부터 몇십만 원의 경비를 부담해야 하고 공적인 경비지원도 대단히 미약하기 때문에 청소년 교류도 부유한 학생들이 주로 참여하게 되는 엘리트층의 행사에 머무르고 있는 실정이다.

독일-폴란드 사이의 청소년 교류는 양국 청소년들 사이에 지속적인 우정을 발전시켜 나가고, 상호간의 역사적 및 문화적 이해를 돈독히 하고 곧 유럽연합의 중요한 근린국가가 될 양국 청소년들에게 유럽적 정체성을 길러주는 것을 목표로 하고 있으며 그들의 프로그램은 이러한 정신을 실천하고 있다. 반면에 한·일 사이의 청소년 교류사업은 아직 '한국 바로 알리기'나 '일본 바로 알리기' 차원에서의 자국 홍보활동의 성격을 별로 벗어나지 않고 있는 듯하다. 2002년의 「한일문화교류를 위한 제언」(서울선언)이 '새로운 문화공동체 형성'을 캐치프레이즈로 내걸고 있지만 양국의 청소년 교류에서 진정한 문화적 상호이해, 동아시아의

25) 이진모 외, 전게서, pp.14~36 참고.

평화나 동북아 공동의 번영을 위한 협력의 필요성에 대한 인식, 지역적 정체성의 형성을 위한 진지한 노력은 아직 찾아보기 힘들다.

근래에 한국보이스카웃연맹 등 민간단체의 청소년 교류와 자매결연을 맺은 지방자치 단체 사이의 청소년 교류가 많이 이루어지고 있지만 대부분 며칠간의 짧은 기간에 학교수업 참관, 전시회 관람, 사적지 탐방 등의 빠듯한 일정이 바쁘게 치러지고 있다. 따라서 상호 역사적 기억을 둘러싼 갈등이나 평화교육, 동북아 공동의 미래 등에 대한 문제의식을 함께 고민하는 프로그램, 서로의 문화와 삶의 방식의 유사점과 차이를 깊이 있게 이해하고 지속적인 친구관계로 발전시킬 수 있는 계기를 만들어 주는 충실한 프로그램은 아주 드물다.

앞서 지적한 불균등한 이웃관계에서 오는 문제점은 두 지역에서 정도의 차이는 있지만 문화교류에서 앞으로 풀어나가야 할 과제이다. 독일청소년의 관심은 서유럽 국가들로 치우쳐 있으며 폴란드에 대한 관심과 지식은 적고 폴란드인은 가난하고 가톨릭의 사회문화적 영향력이 지나치게 크다는 등의, 부모로부터 물려받은 고정관념이 양국 청소년 교류에 장애요인을 형성하고 있다. 폴란드어를 배우고 폴란드에 유학하려는 독일학생은 독일어를 배우고 독일에서 유학하려는 폴란드 학생보다 현저히 적다. 따라서 폴란드와의 청소년 교류사업에 독일학생을 참여시키기 위해서는 우선 교사들이 그 프로그램의 필요성과 흥미로움에 대해 잘 설득해야 하는 형편이다. 재정지원이나 제도적인 지원체계, 축적된 역량 등에서 독일이 폴란드와의 청소년 교류를 선도하고 있지만 교류사업에 대한 관심도나 참여율에 있어서는 폴란드가 훨씬 더 열성적이다.

이러한 불균등 관계는 한·일 청소년 교류에서도 다소 감지되고 있다. 일본어능력시험에 응시하는 한국인 수는, 한국어능력시험을 응시하는 일본인 수의 10배가 넘고 있다. 일본에 유학중인 한국학생 수는 한국에 유학중인 일본유학생 수의 4배 가량이 된다. 일본은 문부성 국비장학생이나 JET프로그램 외에도 한국보다 더 다양한 프로그램을 마련하여 국제청소년 교류사업에 더 많은 재정과 노력을 기울이고 있다. 일본은 한·일 청소년 교류에 참여하는 학생 외에도 청소년의 한국 수학여행자 수가 연간 4만 명에 이르고 있다. 한국의 경우 청소년 교류에 참여하는 1만여 명 외에 사적으로 일본을 여행하는 학생은 그렇게 많지 않다. 독일-폴란드 사이의 청소년 교류에서는 경제력의 차이, 상호관심과 이해관계의 차이에서 비롯되는 불균등 관계가 큰 장애요인을 형성한다면, 한·일 사이에는 과거청산에 대한 인식의 현격한 차이가 1차적인 갈등요인을 형성하고 있다.

위에서 언급한 여러 차이들에도 불구하고 두 지역의 청소년 교류는 비록 짧은 만남이라도 직접적인 접촉과 대화, 프로그램의 공동참여, 홈스테이의 경험 등을 통해 서로에 대한 편견을 극복하는 데 좋은 계기가 되었다는 사실을 분명히 확인해 주고 있다.

근래에 〈겨울연가〉를 필두로 한국의 드라마와 영화, 그리고 그 주역들이 일본에도 한류열풍을 선풍적으로 불러일으키고 있고 김치 등 한국의 음식문화가 일본에서 인기를 끌면서 일본인의 한국에 대한 이미지 개선에 크게 기여하였다. 대중문화를 매개로 한 두 국민의 자연스러운 접촉은 역사적 기억을 둘러싼 갈등을 풀어가기 위한 전제로서 두 국민 사이의 문화적 편견과 심리적 장벽을 허무는 데 있어서 그 어떤 외교적 노력보다도 크게 기여를 할 수 있을 것으로 여겨진다.

4. 한-일 사회문화적 교류를 위한 제언

① 한국과 일본은 21세기 동북아의 평화와 공동의 번영을 위해 서로 협력하는 진정한 이웃이 되어야 한다. 이제는 과거의 냉전적 대결과 민족국가 사이의 소모적인 경쟁으로부터 벗어나 정치적·경제적·사회-문화적으로 서로 긴밀하게 협력하는 동아시아공동체를 모색하고 실현하기 위하여 노력할 필요가 있다. 두 국민의 사회적 합의와 양국의 국정철학이 보다 평화주의적인 지역통합의 정신을 지향할 때 양국관계는 지금까지의 껄끄러운 관계로부터 한 단계 도약을 성취할 수 있을 것이다.

② 양국 학자들 사이의 교류는 역사적 기억을 둘러싼 갈등을 해소하고 공동의 문화적 뿌리를 탐구하고 동아시아 공동체를 위한 새로운 가치관과 비전을 개발하는 데 함께 지혜를 모아야 할 것이다. 보다 많은 일본학연구소들을 만들어 일본연구자를 양성하고 이 연구소들을 기반으로 양국 학자들 사이의 보다 체계적이고 지속적인 교류와 협력이 이루어져야 한다. 특히 한국은 동경에 한국역사연구소를 세우고 일본은 서울에 일본역사연구소를 세워 소장역사가들을 연구원으로 파견하고 공동관심사와 양국 관계사를 함께 연구하고 논의하는 포럼을 마련할 필요가 있다. 이것은 양국의 역사가들이 상대방의 역사와 문화를 민족주의적 편견없이 인식하는 데 기여함으로써 궁극적으로 교과서 왜곡문제를 서로 시정하는 데서도 중요한 역할을 할 수 있을 것이다.

③ 독일과 폴란드 사이에는 과거사 청산문제가 양국 사이의 문화교류에 더 이상 근본적인 장애요인을 형성하지 않는 데 비해 한·일 사이

에는 그것이 일차적인 심리적 장벽을 형성하고 있다. 현 일본정부의 국수주의적 역사정책으로 인하여 정부차원에서의 해결책 모색이 어려운 만큼 우선 양국의 양심적인 학자들과 시민단체가 교과서협의회를 만들고 쌍무적인 대화를 통해서 역사교과서 왜곡문제를 풀어가는 데 선구적인 역할을 하는 것이 중요하다.

④ 독일-폴란드 사이나 한·일 사이의 사회-문화적 교류의 경험을 통해서 우리는 두 국민 사이의 만남이 서로에 대한 편견과 고정관념, 무관심이나 무시를 극복하는 데 큰 기여를 하고 있다는 것을 확인할 수 있었다. 이렇게 상호 방문과 공동프로젝트의 참여를 통해 서로에 대한 우정이 형성되고 이것은 서로의 역사와 문화에 대한 관심과 이해를 높여주는 계기를 마련하였다. 이것은 한·일 사이의 역사적 기억의 차이를 해소하는 데도 큰 도움이 될 것이다.

⑤ 그러나 한·일 사이의 사회문화적 교류는 양적으로나 질적으로 모두 매우 낙후되어 있어 시급히 개선되어야 한다. 우선 문화교류의 필요성에 대한 인식이 계몽활동을 통해서 확산되어야 한다. 다음으로는 문화교류를 지원하는 제도가 정비되고 확충되어야 하며 재정지원 규모도 대폭 확대되어야 한다. 청소년 교류의 경우 독-폴 청소년 교류원처럼 한·일 청소년 교류를 전담하여 재정지원과 자매결연학교 중개 및 프로그램 안내, 전문가 양성 등을 총괄하는 기구를 설치하는 것이 바람직하다.

⑥ 독일과 프랑스나 폴란드 사이의 청소년 교류의 오랜 경험에서 축적된 다양한 지식들은 시행착오를 피하는 데 큰 도움이 될 것이다. 따라서 이에 대한 면밀한 연구를 통해서 유익한 교훈을 이끌어낼 필요가 있다. 특히 평화교육과 상호 문화이해를 위한 다양한 프로젝트, 그리고

그것을 수행하는 데서 유의해야 할 점 등에 대해 잘 알아둘 필요가 있다. 며칠간의 단기적인 방문은 빠듯한 일정 등으로 인해 깊이 있는 상호이해와 지속적인 우정을 발전시키는 데 한계가 있다. 따라서 보다 긴 시간의 잘 준비된 프로그램 개발과 실행을 보다 많은 재정지원을 통해 장려할 필요가 있다. 충분한 재정지원과 공정한 선발이 따르지 않는 청소년 교류는 교육기회의 불평등을 확인시켜 주는 또 다른 기회로 전락하고 말 것이다. 반면에 한·일 청소년 교류의 성공적 발전은 중국이나 다른 아시아 국가들과 한국 간 청소년 교류의 중요한 모델이 될 것이다.

⑦ 근래에 일본에까지 확산된 한류열풍은 두 국민 사이의 문화적 이해를 증진시키는 데 있어서 대중문화가 얼마나 큰 역할을 할 수 있는지에 대한 인식을 새롭게 하였다. 우리는 이러한 한류가 청소년층까지 확산되고 일시적 유행으로서가 아니라 보다 지속적으로 두 국민 사이의 문화적 가교역할을 담당하고 궁극적으로 역사적 편견을 제거하는 데도 기여할 수 있도록 관심과 지원을 아끼지 말아야 할 것이다.

9.
폴란드-독일 공동역사교과서:
역사화해를 향한 또 하나의 도전

1. 머리말

폴란드-독일은 2011년까지 공동역사교과서를 만들기로 합의했다. 독일연방 외무장관인 프랑크-발터 슈타인마이어(Frank-Walter Steinmeier)는 그의 폴란드 동료인 라도스와프 시코르스키(Radoslaw Sikorski)와 금년 1월에 만나 이것을 건의하여 동의를 받았다. 독일- 폴란드 교과서위원회가 1972년에 만들어져 36년이 지났지만 양국이 공동의 교과서를 개발하기로 한 것은 처음이다. 최근에 1933년부터 1949년까지의 시기를 다루는 역사교육 보조교재가 공동으로 만들어져 독일 작센주와 인접 폴란드 하부실롱스크(Niederschlesien) 지역의 김나지움에서 시범적으로 사용되고 있지만 이것은 보조교재일 뿐이다.

위원회는 1976년에 역사교과서 공동권고안을 만들어내고, 그후 매년 양국 관계사의 주요주제들과 시대들에 관한 공동연구와 교과서 분석을 책으로 출간해오다 1980년대 말 이후 대화의 성과들을 교육시키기 위한 매체를 개발하는 데 힘을 기울이고, 2001년에는 20세기 현대사에 대한 교사용 안내서를 발간하는 성과를 올렸다. 그러나 2000년에 독일피추방자연맹의 수장인 에리카 슈타인바하(Erika Steinbach)가 연맹 주관 하에 강제추방반대센터를 베를린에 건립할 것을 요구하고, 프로이센 신탁협회가 만들어져 피추방자의 재산반환소송을 대변하는 기관으로서 활동을 전개하면서 폴란드인들의 반독일 감정을 자극하였다.[1] 여기에 폴란드의 극우 성향의 카친스키 정부의 민족주의적 역사정책도 폴란드-독일 관계를 껄끄럽게 만들었다. 그러나 작년 여름 선거에서 유럽통합을 적극 지지하는 자유-보수주의적인 '시민토대' 정당이 선거에서 분명한 승리를 거두면서 분위기가 바뀌었다. 폴란드의 새 투스크내각은 독일과의 관계개선에 관심을 가졌다. 이러한 정치적 분위기가 공동교과서 제작에 대한 양국정부의 적극적인 지지를 가능하게 했다.

1970년대의 교과서대화에서처럼 이번에도 독일-프랑스 공동역사교과서 제작이 자극을 주었다. 그러나 독일-폴란드 공동교과서 제작팀은 훨씬 더 어려운 과제 앞에 서 있다. 나치점령기의 대량학살과 강제노동, 안티세미티즘과 홀로코스트, 전후의 대폭적인 영토변경과 독일인 추방 등 훨씬 더 험난한 지뢰지대가 그들 앞에 놓여있다. 독일의 역사교과서는 동부유럽과 폴란드에 대해서 매우 불충분하게만 서술하고 있다. 따라서 교과서 제작을 이끌고 있는 폴란드-독일 공동교과서위원회나 교과서의 컨셉을 준비하는 실무를 맡고 있는 게오르그-에커트 국제교과서연구소 모두 독일-프랑스 공동교과서 제작 때와는 다른 전략을 구사하고 있다.

1945년 이후의 현대사로부터가 아니라 우선 역사적으로 더 공통점을 많이 가지고 있는 중세부터 18세기 말까지의 800년간을 먼저 다루

1) 김용덕, 「2차대전 후 강제 추방된 독일인의 재산 반환 요구에 대한 폴란드의 입장 연구」,

기로 하였다. 그리고 교과서의 사용대상은 고등학생이 아니라 7학년부터 9학년까지의 중학생들이다. 교과서 서술에서는 해석을 달리하는 경우 억지로 중립적인 합의를 모색하기보다 그 차이를 병기하기로 했다. 상대방이 역사를 어떻게 다르게 이해하는가를 아는 것만으로도 역사화해에 긍정적 효과가 있으리라고 그들은 생각한다.

제1권 이후의 플랜에 대해서는 아직 구체적인 시간계획이 세워져 있지 않다. 독일-프랑스 공동교과서 제작시보다 이렇게 기간을 길게 잡고 있는 것은 그만큼 큰 어려움을 이들이 예상하고 있기 때문일 것이다. 가장 큰 차이점은 전자가 서유럽, 특히 독일-프랑스 중심의 시각에서 유럽-세계사를 서술하고 있는 반면, 후자는 중동부와 동부 지역이 유럽사에서 차지하고 있는 비중에 제 몫을 부여하려는 데 있을 것이다. 이러한 어려움을 극복하면서 어떻게 정상적인 역사교과서로 학교에서 널리 보급될 수 있는 교과서를 개발할 것인지 주목된다. 그것은 더 엄청난 산고를 예고하는 동아시아 공동의 교과서를 꿈꾸는 사람들에게는 독일-프랑스의 모델보다 더 현실적인 시사점을 많이 줄 것이기 때문이다.

2. 역사화해를 위한 새로운 역사과목 부교재

2-1 『역사 이해하기-미래 만들기: 1933~1949년 독일-폴란드 관계』

독일 작센주 문화부와 유럽연합의 지원을 받아 바우쩬 교육청이 주관한 독일-폴란드 공동부교재 프로젝트의 목적은 양국의 국경지역인 작센 동부와 하부실롱스크(Niederschlesien)도(Woiwodschaft)에서 사용할 독일어와 폴란드어로 된 역사과목 보조자료를 개발하여 사용하려는 것이었다.[2] 이전 수년간 추방반대센터 설립과 독일의 실향민 단체가 소유권 배상운동을 전개하면서 양국정부나 민간의 갈등이 커졌기 때문에 그만큼 더 국경지역의 이러한 이니셔티브는 주목을 받았다. 이 프로젝트에 참여하여 교과서를 집필한 사람들은 "동유럽 독일인의 문화와 역사를 위한 연방연구소"의 토비아스 베거(Tobias Weger) 박사와 괴를리츠시의 슐레지엔 박물관의 미카엑 파락(Michaek Parak) 박사, 폴란드측에서는 '민족적 추모를 위한 연구소(IPN)'의 카지미에쉬 보이치츠키(Kazimierz Woycicki) 박사, 브레슬라우대학의 '독일과 유럽연구를 위한 빌리-브란트센터'의 크쥐쉬토프 루흐니비치 박사(Dr. Krzysztof Ruchniewicz)였으며, 그 밖에 브레슬라우의 하부실롱스크도 교사연수센터, 라이프치히의 폴란드연구소, 괴를리츠시청·즈고레츠(Zgorzelec)시청이 프로젝트에 관여했다. 1933년부터 1949년까지의 양국 관계에서 가장 문젯거리가 많은 시기를 택하여 문화간 상호 이해를 증진시킬 목적으로 부교재를 만들기로 한 것이다. 2년간의 공동작업 끝에 폴란드에서 먼저 작년 말에, 그리고 독일에서는 올해 초에 드레스덴의 나이쎄출판사에서 출간되었다. 책의 분량은 270쪽이다. 1천 권이 발행되어 작센동부 지역과 하부실롱스크도에서 사용되기 시작했다. 독일에서는 특히 폴란드 학교와 자매결연을 맺은 학교들에서 사용되고 있다고 한다.

폴란드에서는 이 책이 큰 반향을 불러일으켰다. 그것은 독일-폴란드 관계사의 가장 어려운 영역인 나치시대, 전쟁과 피난 및 추방의 문

2) K. Ruchniewicz/T. Weger외 편, *Geschichte verstehen-Zukunft gestalten. Deutsch-polnische Beziehungen 1933-1949*, Dresden: Neisse Verlag 2008.

제를 다루고 있기 때문이다. 특히 폴란드의 보수적인 역사가들은 1933년에서 1949년까지로 시기를 국한한 것에 이의를 제기했다. 그들은 집필자들이 동독이 바르샤바조약기구에 가입한 1954년까지 다뤘어야 한다고 주장한다. 그들은 또한 '이주'를 '추방'이라고 표현한 것에 대해서도 불만을 제기하며 책이 역사를 '왜곡한다'고까지 공격하였다.

이 책의 보다 큰 문제점으로 지적되는 것은 나치즘에 대한 독일의 저항은 비교적 자세히 다루는 반면 독일 점령시기 폴란드의 저항은 간단히 언급하고 지나간다는 것이다. 양국 공동의 집필진은 독일에는 잘 알려지지 않은 폴란드의 지하국가와 그 비밀학교들과 대학에 대해 소개하려는 노력도 하지 않았다. 또한 폴란드에서는 아주 유명한 반나치 레지스땅스 부대인 향군(AK)으로부터 공산당빨치산에 이르기까지의 다양한 무장 지하단체들에 대해서도 기술하지 않고 있다는 것은 커다란 문제점으로 비판하지 않을 수 없다.

1944년 8월 바르샤바의 지하군대인 향군이 일으킨 봉기는 소련이 방조한 가운데 2개월 만에 독일군에 의해 진압되고 그 과정에서 20만 명의 폴란드인이 죽임을 당했다. 그러나 이 봉기마저 서술되지 않고 있다. 폴란드인들에게 이 바르샤바 봉기는 민족적 자부심의 큰 원천을 형성하고 있는데 이것이 독일에서는 흔히 1943년 바르샤바 게토에서의 유대인 봉기와 혼동되고 있어 그들은 불만스러워 하고 있다. 따라서 화해를 위한 교과서라면 당연히 이에 대해 기술했어야 할 것이다.[3)]

이러한 연유로 인하여 IPN의 역사가인 보고스와프 코프카(Boguslaw Kopka)는 "우리는 독일측이 그들의 시각과 용어를 제안하고 폴란드인들

3) 이러한 결함은 2001년에 나온 "20세기 독일-폴란드 관계사 교사용 안내서"에서도 마찬가지였다.

은 독일 출판사의 조건들에 순응해야 했다는 인상을 받는다"고 시니컬하게 평가하였다. 그는 이 책이 스테레오타입을 부추기며 단순화된 해석을 선전한다고 비판하였다. 그는 다음에 나올 공동교과서는 독일측만이 아니라 폴란드도 재정에 함께 참여하여 공평한 공동작업이 될 것을 바랬다.

물론 이 책이 비판만 받은 것은 아니다. 폴란드역사가협회의 부회장인 조피아 코즈워프스카(Zofia Kozlowska)는 매우 긍정적으로 평가하였다. 이 책은 오래 전부터 양국 관계사를 연구해 온 전문가들에 의해 집필되었다는 것이다. 그녀는 특히 이 책의 교수법적인 가치를 높이 평가한다. 폴란드 역사교과서에서는 이렇게 다수의 적절히 선정된 사료가 인용되는 것이 매우 드물다는 것이다. 그녀는 도날드 투스크(Donald Tusk) 정부에서의 우호적인 독일-폴란드 관계 속에서 곧 공동의 역사교과서가 만들어지기를 기대하고 있다. 폴란드 외무장관 시코르스키(Radoslaw Sikorski) 역시 이 프로젝트를 높이 평가하였다. 이 책은 독일-폴란드 역사교과서를 위한 훌륭한 기반이라는 것이다. 이것은 새로이 출범한 공동교과서 제작팀에 좋은 징조가 아닐 수 없을 것이다.

2-2 『폴란드역사와 독일-폴란드 관계: 서술과 역사수업을 위한 자료들』

공동교과서나 부교재는 아니지만 필자가 내용적으로 더 주목하고 싶은 것은 베를린의 저명한 역사교과서 출판사인 코르넬젠에서 작년에 출간된 역사교육용 부교재이다. 독일과 폴란드 간의 문화적 상호이해를 위해 활발히 활동하고 있는 독일-폴란드연구소는 2003년에 이 출판사와 공동으로 "폴란드 문학과 독일-폴란드 문학관계"라는 책을 발행하였다. 폴란드의 유럽연합 가입이 다가옴에 따라 독일어 교육에 있어서 독일과 폴란드 사이의 문학적 연관에 대한 교육의 필요성이 증대하였다.

독일-폴란드연구소는 이러한 배경에서 폴란드 문학에 대한 사전지식이 없는 독일어 과목 교사들이 폴란드 문학과 독일-폴란드 문학작품들을 수업시간에 가르칠 수 있도록 안내하는 교사용 참고서를 개발하였다. 이 책은 14개의 단원에서 독일어 교사들에게 독일의 저명한 문인들이나 작품을 다룰 때 폴란드와의 전기적이거나 내용적인 관련을 시사하도록 하고 볼프강 폰 괴테나 아담 미케비치 등 독일과 폴란드 문인들의 텍스트 비교를 예시하거나 저명한 폴란드 문인들을 수업에서 소개하도록 하였다.

각 단원은 학습목표, 텍스트자료, 저자와 그의 문학적 의미에 대한 정보, 교수법적인 제안, 발표식 수업과 보고서 작성에 대한 제안, 참고문헌 소개 등을 담고 있다. 또한 텍스트의 음성 녹음이 들어있는 CD가 교사의 수업을 돕도록 되어 있다. 이 책은 특히 폴란드와 학생교환프로그램을 갖고 있는 학교의 고등학교 과정(Sekundarstufe II) 교사들을 위한 것이다. 이 프로젝트는 로버트 보쉬 재단, 헤쎈주 문화부, 라인란트-팔츠주 교육, 여성 및 청소년부의 후원을 받아 이루어졌다.

이 책은 예상보다 훨씬 더 큰 호응을 얻었다. 이것은 2004년 5월 폴란드의 유럽연합 가입과 함께 폴란드에 대한 독일인의 관심이 학교에서뿐만 아니라 사회에서도 계속 증가하고 있다는 것을 보여주는 것이다. 이러한 배경에서 독일-폴란드연구소는 역사과목에서도 비슷한 책을 만들기로 결정하고 추진한 결과 작년에 이 책을 발간하게 된 것이다. 이 수업용 자료는 지난 1천 년간의 독일-폴란드관계사 중 중요한 역사적 사건들을 학생들의 흥미를 끌도록 가르치기 위한 것이다.

여기서 특히 현재의 양국관계를 이해하는 데 유용한 사건과 시기들이 다루어졌다. 예컨대 추방반대센터를 둘러싼 양국간의 불협화음은 제2차 세계대전 기간 중 폴란드에서의 독일점령기에 대한 역사적 지식을 배경으로 해서만 바로 이해될 수 있는 것이다. 이 책에서 다루어진 문제들은 대부분의 교과서들에서 언급되고 있지만 그것은 민족사적인 관점에서 주로 그 사건이 자국에 미친 영향에 초점을 맞추어 조명되고 있다. 여기서 이 사건들이 이웃나라 역사의 사건과 발전과 긴밀한 연관 속에 서 있다는 사실은 간과되고 있다. 따라서 이 책은 민족사적인 시각을 넘어 관점의 전환을 가능하게 하려고 한다.

이 책의 구성은 다음과 같다: 각 단원의 서두에 그림이나 캐리커처 등을 통해 단원의 성격을 시각적으로 이해할 수 있게 하며, 모든 기본적인 정보는 2~4쪽의 간략한 소개 텍스트에서 요약 제공되고, 뒤이어 6~9쪽의 분량으로 사료나 그림, 역사가의 해석에서의 발췌가 나오고, 학습과제나 토론주제 등 교수법적 안내, 발표나 보고서를 위한 조언, 참고문헌 과 인터넷 사이트 소개, 관련기관 연락처 안내 등이 1~3쪽에 걸쳐 제공된다.

제2차 세계대전 시기 나치점령 하의 폴란드에 대한 단원은 나치점령정책의 성격을 공동체로서의 폴란드민족을 절멸시키는 것이었으며 오직 히틀러가 전쟁에 패배함으로써 이 목표를 실현할 수 없었다는 것을 분명히 서술하고 있다. 앞의 『역사 이해하기-미래 만들기』와는 달리 이 책은 생명의 위협을 받는 상황 하에서도 폴란드인들의 저항운동은 잘 기능하였던 지하국가를 가능케 했으며 1943년 말까지 무장한 향군

(Armia Krajowa: AK)의 수가 35만까지 증가하였다고 기술하였다. 이 향군이 일으킨 바르샤바 봉기에 대해서도 20만 명의 희생자 수와 함께 잘 기록하고 있다. 또 이와 관련한 독일측 및 폴란드측 사료들과 역사가들의 평가가 9쪽 분량으로 잘 제시되어 있다.

"제2차 세계대전의 결과로서의 피난, 추방 그리고 강제이주(1939~1947)" 단원은 도입부 텍스트에서 이 문제들에 대한 논의의 변천과 최근의 '추방반대센터'를 둘러싼 대립들의 컨텍스트를 간단히 정리하고 이 주제를 학교교육에서 어떻게 다루어야 할지에 대한 다섯 가지 제안을 밝히고 있다:

1. 피난과 추방은 독일인만 겪은 것이 아니라 20세기의 수많은 민족들이 겪은 것이다.
2. 이 주제를 학생들에게 가시적으로 전달하기 위하여 개별적인 운명들이 다루어지는 것은 당연한 것이다. 그러나 이 개별적인 경험들을 역사적으로 컨텍스트화하고 지나친 잘잘못 따지기는 피하는 것이 교과서와 교사의 과제이다.
3. 역사적 콘텍스트화는, 독일-폴란드 예에서, 폴란드 분할 이후의 갈등 많은 독일-폴란드 역사뿐만 아니라 특히 제2차 세계대전의 전체사를 이 주제를 다룰 때 함께 고려하는 것을 의미한다.
4. 추방이라는 전 주제는 사실적으로나 용어적으로 구분되어야 한다: 철수, 피난, 야만적 추방, 조직화된 강제이주, 이주 - 이 모든 과정은 역사적으로 자리매김 되어야 한다. 전사前史 · 동기 · 책임소재가 명시되어야 한다.
5. 수업에서 이 주제를 고려하는 규모나 강도에 관계없이 어떤 경우든 이 주제를 고립시켜 다루지 않는 것이 중요하다. 독일인과 폴란드인 양자에 관계되는 1939년 이후의 강제이주 과정의 연대기 작성과 그 지리적

획정을 만들어내는 것이 첫번째 할 일인 것으로 보인다.

이러한 원칙에 따라 뒤이은 보조자료들은 이 시기 피난과 추방에 대한 균형잡힌 서술이나 시대적 증인들의 기록을 통해 전쟁시의 강제추방의 잔혹성을 고발하고, 스스로 동-폴란드 지역에서 추방되어 오데르-나이쎄 이동지역에 투입되어 아직 남아 있던 독일인이 추방되는 모습을 지켜보았던 폴란드인들의 흥미로운 기록들을 사료로서 제시하고 그런 혼란스러운 상황 속에서도 인간애가 발휘된 사례들이 적지 않았다는 것을 증언케 하고 있다. 한 자료는 최근에 독일-폴란드 역사교과서위원회의 공동의장을 맡은 로버트 트라바(Robert Traba) 교수의 입을 빌려 독일 피추방자 연합의 역사인식의 문제점을 비판하고 있다. 트라바 교수는 그들이 독일인 피-추방자들의 희생만 일방적으로 서술하고 나치에 의한 독일점령 직후의 폴란드인에 대한 강제추방에 대해서는 침묵함으로써 왜곡된 역사상을 세우려 하고 있기 때문에 그들과 대화할 수 없다고 주장한다. 다른 자료는 독일인이 전후에 상실한 영토를 다시 요구할지 모른다는 두려움이 인접국가인 폴란드와 체코에서 증대하고 있다는 사실을 알렌스바하 여론조사를 통해 제시하고 있다. 이에 따르면 61%의 폴란드인, 38%의 체코인들이 독일정부가 과거 독일영토를 다시 요구하리라는 의구심을 표현했다. 한 사진은 그로가우에서 2000년 5월에 세워진 1939~1945년의 독일과 폴란드 희생자를 공동으로 기억하는 기념비를 화해의 상징으로서 보여주고 있다.

이 책은 "폴란드와 유럽"이라는 단원에서는 유럽연합에서의 폴란드의 역할에 대한 양국의 공동관심사를 다루고 있으며, 이어서 독일에 사는 폴란드인들의 삶과 문화를 소개하고 있다. 마지막 단원은 독일인과 폴란드인 사이의 편견과 스테레오타입 곧 정형화된 이미지의 문제점을 다룸으로써 그것을 극복하고 진정한 친구로서 발전하려는 노력을 보여주고 있다. 이렇게 이 부교재는 꼭 공동의 교과서가 아니라도 문화적 상호이해의 정신에서 쓰인 책이 어떻게 이웃나라의 역사를 이해하고 서로에 대한 편견을 극복하여 유럽통합의 과정에서 진정한 동반자로 성장해 갈 수 있는지를 보여주고 있다. 이러한 전례들은 독일-폴란드 공동교과서라는 새로운 도전을 성공시키는 데 밑거름이 될 것이라 믿는다.

3. 독일-폴란드 공동역사교과서

독일연방정부의 외무장관 슈타인마이어(Frank-Walter Steinmeier)는 이미 2006년 10월 26일 독일-폴란드 국경지역인 오데르강 유역의 프랑크푸르트시에 있는 비아드리나대학에서 최근의 불협화음을 해소하고 독일-폴란드 간의 화해와 협력의 복원을 촉구한 매우 주목할 만한 연설에서 독일-폴란드 공동역사교과서를 만들자고 제안했으나 아무런 성과를 거두지 못했다.

> 아주 최근에 독일과 프랑스 양국에서 사용되는 공동의 역사교과서를 출간하는 데 성공을 거두었습니다. 아마도 중기적으로 우리가 서로 더 잘 이해하는 데 도움이 될 독일-폴란드 공동역사교과서를 만들어내는 것도 불가능하지 않으리라 믿습니다. 이 프로젝트를 가지고 우리 독일인들은

우리가 폴란드인들이 역사를 보는 시가에 대해 열려있다는 것을 분명히 할 수 있을 것입니다. 저는 많은 독일인들이 폴란드인들의 시각을 더 잘 알게되고 폴란드 역사를 더 많이 배우는 것을 우리의 지식을 더욱 풍부하게 하는 것으로 생각하리라 확신합니다.

브라운슈바이그의 게오르그-에커트 국제교과서연구소는 최근에 저에게 독일-폴란드교과서위원회의 작업이 일상에서 이미 효과를 내고 있으며, 다른 나라에 대한 불충분한 지식을 보완하는 데 기여하고 있다는 것을 들었습니다.[4]

폴란드의 정권교체가 이루어지고 양국 간의 해빙무드 속에서 그는 금년 1월, 이미 발간되어 독일과 프랑스의 고등학교에서 사용되고 있는 공동역사교과서의 전례를 따라 독일-폴란드 공동역사교과서를 만들자고 제안하였다. 폴란드의 외무장관인 시코르스키와 폴란드 민족교육부장관인 카다쥐나 할(Katarzyna Hall)은 이 제안을 매우 의미있고 지지할 만한 것이라고 환영하였다. 양국정부는 이 이니셔티브를 위한 조정관을 임명하였다. 폴란드 측에서는 민족교육부의 차관인 크쥐쉬토프 스타노프스키(Krzysztof Stanowski), 독일측에서는 브란덴부르그주의 교육, 청소년, 스포츠부장관인 홀거 루프레히트(Holger Ruprecht)가 임명되었다. 프로젝트의 목표는 독일과 폴란드의 학교의 역사 및 사회과 수업에서 사용될 교과서를 만들어 출간하는 것이다. 교과서 제작을 위한 기본컨셉은 준비를 위한 비교연구를 통해서 마련되었으며 5월에 열린 독일-폴란드 교과서위원회의 간부회의 때 발표되었다 한다.

여기서 첫번째 책에서 중세부터 18세기 말까지의 시기를 우선 다루기로 하고 2011년에는 출간하여 학교에서 사용할 수 있게 하자는 데

4) http://www.auswaertiges-amt.de/Infoservice/Presse/Reden

합의하였다. 프로젝트의 기획안을 만들고 실현하는 책임자로서 독일-폴란드교과서위원회의 공동의장인 베를린 소재 폴란드 학술아카데미의 역사연구센터 소장 로버트 트라바 교수[5]와 할레-비텐베르그의 마틴 루터대학의 미카엘 뮐러(Michael G. Müller) 교수가 임명되었다. 그밖에 독일-폴란드 대화에서 오랜 경험을 가진 인물들과 기관들과 조직들이 참여하기로 얘기되었는데, 특히 독일-폴란드교과서위원회와 게오르그-에커트연구소, 그리고 독일-프랑스 공동역사교과서 제작팀이 프로젝트에 참여할 예정이다. 프로젝트를 원활하게 수행하기 위해 양국인사들로 구성된 위원회들, 곧 독일-폴란드조정위원회와 학술자문단이 구성될 것이다. 조정위원회의 과제는 방향을 제시하고 내용과 재정에 관한 결정을 내리고 프로젝트를 평가하는 과제도 수행할 것이다. 조정위원회에는 독일과 폴란드의 외무부와 폴란드 민족교육부 및 독일 브란덴부르그 주 교육-청소년-스포츠부의 대표들, 양측의 관련당국, 곧 폴란드측에서는 예컨대 문화와 민족유산부, 독일측에서는 문화부장관회의가 이에 가담하게 될 것이다. 위원회는 이니셔티브의 두 조정관인 민족교육부의 스타노브스키 차관과 브란덴부르그 교육-청소년-스포츠부 장관인 홀거 루프레히트에게 이를 알려주었다. 전문가위원회는 프로젝트의 실천, 곧 교과서의 편집과 출간을 책임지게 될 것이다. 동위원회는 개별주제들과 단원들을 집필할 양국학자들과, 역사가 및 교사들을 선정할 것이다. 독일-프랑스 공동교과서 제작 때처럼 양국 각각 5명으로 구

5) 트라바교수는 역사가이자 문화학자로서 알렌슈타인의 보루시아 문화공동체 의장으로서 양국 문화협력의 중심인물 중의 하나이다. 그는 독일-폴란드 관계사와 동프로이센 지역사를 전공하고 있다. 2003년에는 저명한 예쥐 기에드로이츠(Jerzy Giedroyc)상을, 2004년에는 독일-폴란드문화상을 수상하였다. 2005년 출간된 그의 『동프로이센 문화』는 '금년의 최고역사저서' 상을 받았다.

성되는 집필진은 공개선발보다는 이미 독일-폴란드 협력과 교과서 저술에 참여한 적이 있는 경험이 많은 전문가들을 위촉하는 형태로 임명이 될 것이라 한다. 제작기간은 3년으로 예정하고 있는데 이것은 독일-폴란드 공동교과서 제3권이 집필진을 구성한 뒤 1년만에 완성이 된 데 비해 매우 긴 기간인데 이것은 아무래도 그만큼 어려움이 클 것이기 때문인 것으로 추측된다. 독일-프랑스 모델과는 달리 첫번째 공동교과서에서 중세부터 18세기까지를 먼저 다루기로 결정하게 된 것은 우선 이 시기가 양국역사에서 가장 유사점이 많은 시기이고, 두번째로는 독일-폴란드교과서위원회가 2001년에 이미 20세기에 관한 교사용 안내서를 만들었기 때문에 선행작업에서 다루어지지 않은 시기를 먼저 다루려는 고려도 작용했다고 한다.

공동교과서를 제작하는 프로젝트에서 중심역할을 하고 있는 독일-폴란드교과서위원회는 36년의 역사에서 아마도 가장 어려운 과제에 도전하고 있는 것으로 보인다. 공동의장인 트라바교수는 공동교과서 편찬 작업을 위원회의 가장 중요한 사업으로 선언하였다. 위원회는 독일-프랑스공동교과서의 모델을 복사하는 것은 의미가 없다고 보았다. 트라바는 프로젝트 팀이 독자적인 길을 걸을 것임을 분명히 하였다. 독일-폴란드 친선관계는 2000년 이후 독일피추방자연맹에 의한 강제추방반대센터 건립운동과 프로이센 신탁협회에 의한 피추방자 재산반환소송의 전개 이후, 특히 카친스키정부 하에서 지난 수년간 크게 손상되었다. 앞에서 소개한 국경문제에 대한 여론조사의 결과는 이러한 상호 이미지 악화를 분명하게 반영한다고 할 수 있다.

이러한 분위기는 독일-폴란드 공동역사교과서 프로젝트에 대한 주민들의 회의적 전망에서도 반영되고 있다. 앞서 소개한 역사수업 보조교재인 『역사 이해하기 - 미래 만들기』와 관련한 한 여론조사에 따르면 새로운 공동교과서에 대해 좋다고 평가한 사람은 25%, 생각은 좋으나 다른 시기가 잘못 선택되었다는 견해가 13%, 생각은 좋으나 두 나라가 공동의 교과서에 결코 합의할 수 없을 것이라고 본 사람이 34%, 그러한 책은 완전히 무의미하다고 거부한 사람도 28%나 되었다.

따라서 위원회는 이러한 분위기를 전환시키고 양국민의 상호이해 증진에 청신호를 가져다 줄 것으로 기대와 관심을 모으고 있다. 그들을 기다리고 있는 장애물들이 만만치 않지만 36년의 교과서대화와 협력의 역사, 2001년의 교사용 안내서와 앞에 소개한 두 권의 교사용 참고서들의 공동제작 경험은 이들이 활용할 수 있는 중요한 자원이 될 것이다. 공동교과서 제작에 참여할 전문가들의 인터뷰를 통해서 우리는 이 교과서가 추구하는 방향을 대강 미루어 짐작할 수 있다. 공동교과서는 무엇보다 독일 역사교과서의 서유럽 편향성을 시정하려고 노력할 것이다. 에커트연구소의 조사에 따르면 독일학생들의 폴란드 역사에 대한 무지가 심각한 정도라고 진단하였다. 이것은 독일학생들이 독일사와 영국·프랑스·미국의 역사를 주로 배우고 동유럽 국가들의 역사에 대해서는 별로 배우지 못했기 때문이라고 할 수 있다. 따라서 공동교과서는 폴란드를 포함한 동유럽의 역사를 훨씬 더 비중있게 다룰 것으로 보인다.

독일의 교과서는 제2차 세계대전에 대해서도 주로 홀로코스트에 집중하여 배우고 폴란드인들의 희생이나 저항운동 등에 대해서는 별로 배우지 않는다. 그러나 프로젝트팀은 폴란드와 관련된 역사를 모르고는 프로이센의 역사나 독일제국의 탄생의 역사에 대해서 제대로 알 수 없다는 데 인식을 같이하고, 독일-폴란드 관계사를 민족사적 시각에서 자기 민족에 미친 영향에 국한해서 서술하지 않고 상대방의 역사에 미친 영향도 함께 서술할 것이다. 공동교과서 제작진은 또한 민족·정치·전쟁사 등을 중시한 데서 벗어나 종교사나 문화사에 대한 서술비중을 늘려 문명사의 관점에서 서술하려는 포부를 밝히고 있다.

이러한 포부를 담은 교과서를 개발하는 데 있어서 폴란드측에서보다 독일측에서 훨씬 더 큰 어려움에 직면할 것으로 보인다. 독일은 각 주마다 교육과정이 요구하는 바가 상이하여 그것을 공통으로 충족시키는 교과서를 집필하기가 쉽지 않으며, 또한 지금까지의 서유럽지향적인 역사과목의 내용과 지면배분을 바꾸는 일은 교육과정(Lehrplan)의 전면적 개혁을 수반하지 않고는 실현하기가 어려울 것이기 때문이다. 독일과 폴란드의 역사교과서의 컨셉이나 구성, 역사교육 문화의 차이는 공동교과서를 집필하는 과정에서 극복해야 할 또 하나의 장애물이다. 유럽연합의 동유럽 국가들로의 대규모 확장은 유럽연합 선도국으로서의 독일의 역사인식의 전환을 요구하고 있다. 이러한 도전에 독일이 어떻게 응전할지 우리는 독일-폴란드 공동역사교과서 프로젝트에서 흥미롭게 가늠해 볼 수 있을 것이다.

4. 맺음말

근래에 일본이 개정 중학교 학습지도요령 해설서에 독도영유권을 명기함으로써 우리의 독도영유권에 심각한 도발을 제기하고 있다. 이에 대해 대다수의 국민이 분노하고 있고 한일간에 다시 외교분쟁과 함께 교과서분쟁이 심화되고 있다. 과거의 간헐적인 도발과는 달리 일본은 조직적이고 계획적이며 지속적으로 독도를 분쟁지역화하려고 있다는 인상을 지울 수 없다. 역사교육에 있어서도 일본 문부성은 애국심 강화라는 미명 하에 국수주의적인 역사관을 공공연히 표방하고 있다. 이렇게 한일간에 영토분쟁과 역사갈등이 심화되어 가고 있는 데 비해 폴란드와 독일은 역사화해를 위한 또 하나의 도전을 감행하고 있어 분명한 대조를 이루고 있다. 유럽에서의 성공적인 역사화해의 경험을 살펴봄으로써 우리는 동아시아의 평화를 위협하는 역사분쟁을 해소하기 위한 교훈을 얻을 수 있을 것이다.

1989년 11월은 독일 통일과정에서 뿐만 아니라 독일-폴란드 관계에 있어서도 획기적인 전환점을 이룬 시기였다. 이후 양국정부와 시민사회는 진정한 화해와 협력을 위해 노력함으로써 오데르강 양안의 근린관계를 획기적으로 발전시켰다. 그러나 2000년대에 들어 피추방자 단체의 추방반대센터 건립운동과 프로이센 신탁협회의 활동은 양국민의 우호적인 관계에 어두운 그림자를 던졌다. 폴란드에 우익 카친스키정부가 들어서고 반독일적 민족주의에 편승하면서 양국관계는 더욱 껄끄러워졌다. 이러한 위기를 극복하고 양국정부는 2011년까지 중학교용 공동역사교과서를 만들기로 합의했다. 그 배경은 1차적으로 폴란드의 정권교체에서 찾을 수 있을 것이다. 그러나 오랜 동안의 교과서협력의 경험과 시민사회의 다양한 차원에서의 사회문화적 교류의 지속, 그리고 이를 바탕으로 화해화 협력의 길을 복원하려는 의지가 국민들 사이에 강하지 않았더라면 이러한 반전이 쉽지는 않았을 것이다.

독일-폴란드교과서위원회가 1972년에 만들어져 36년이 지났지만 양국이 공동의 교과서를 개발하기로 한 것은 처음이다. 위원회는 1976

년에 역사교과서 공동권고안을 만들어내고, 그 뒤 매년 양국관계사의 주요주제들과 시대들에 관한 공동연구와 교과서 분석을 책으로 출간해 오다가 1980년대 말 이후 대화의 성과들을 교육시키기 위한 매체를 개발하는 데 힘을 기울이고, 2001년에는 20세기 현대사에 대한 교사용 안내서를 발간하는 성과를 올렸다.

1970년대의 교과서대화에서처럼 이번에도 독일-프랑스 공동역사교과서 제작이 자극을 주었다. 그러나 독일-폴란드공동교과서 제작팀은 훨씬 더 어려운 과제 앞에 서 있다. 나치점령기의 대량학살과 강제노동, 전쟁에 진 독일이 남한보다 더 큰 영토를 폴란드에게 내주어야 했던 전후의 대폭적인 영토변경과 독일인 추방 등 훨씬 더 험난한 지뢰지대가 그들 앞에 놓여있다. 독일의 역사교과서는 동부유럽과 폴란드에 대해서 매우 불충분하게만 서술하고 있다. 따라서 공동교과서 준비위원회는 독일-프랑스 공동교과서 제작 때와는 다른 전략을 구사하고 있다. 1945년 이후의 현대사로부터가 아니라 우선 역사적으로 더 공통점을 많이 가지고 있는 중세부터 18세기 말까지의 800년간을 먼저 다루기로 하였다. 그리고 교과서의 사용대상은 고등학생이 아니라 7학년부터 9학년까지의 중학생들이다. 교과서 서술에서는 해석을 달리하는 경우 억지로 중립적인 합의를 모색하기보다 그 차이를 병기하기로 했다. 상대방이 역사를 어떻게 다르게 이해하는가를 아는 것만으로도 역사화해에 긍정적 효과가 있으리라고 그들은 생각하는 것이다.

독일-폴란드 사례에 비춰봤을 때 한일간의 역사화해를 어렵게 하는 요인은 무엇인가? 독일과 폴란드의 전후 화해에 있어서 가장 큰 걸림돌은 영토분쟁이었다. 서독의 아데나워정부는 전후의 영토변경을 인정하기를 거부했다. 그러나 빌리 브란트가 오데르-나이세 국경을 인정함으로써 관계정상화가 가능해졌고 이를 기반으로 양국정부의 지원 하에 역사대화가 시작되었다. 또한 독일인은 1960년대를 거치면서 자신의 역사적 과오에 대해 진지하게 반성하기 시작했으며 역사교과서에서 나치의 범죄를 분명하게 비판하였다. 그러나 한일간의 경우 독도에 대한 도발처럼 일본정부가 오히려 양국 간의 역사갈등을 일으키는 진원지로 작용하고 있다. 또한 전시강제동원이나 군위안부 할머니들에 대한 사과와 피해보상 등 과거청산 문제가 양국 사이에 미해결 상태로 남아 있다. 따라서 민족주의적인 감정이 쉽게 동원될 수 있고, 이러한 사회적 환경 속에서는 평화를 위한 교과서 대화가 힘을 받기가 상당히 어렵다.

그러나 그럼에도 불구하고 희망을 갖게 만드는 것은 건전한 시민사회의 양식과 도덕적 파워가 작용하고 있다는 사실이다. 일본의 교사노조와 양심적인 지식인들은 극우교과서의 채택을 두 차례에 걸쳐 막아냈다. 한국의 '아시아평화와역사교육연대'는 열악한 재정에도 불구하고 역사왜곡에 항의하고, 양국학자들과 교사들 그리고 학생들의 대화를 중재하는 일을 해오고 있다. 또 한일 혹은 한중일 역사가들과 역사교육학자들 그리고 교사들 간의 수년간의 협력을 거쳐 근래에 나온 공동 역사부교재들은 동아시아의 평화를 지향하는 양심적인 세력들이 함께 어떠한 성취를 이루어낼 수 있는지를 입증하고 있다. 우리는 인내심을 가지고 이러한 세력들을 키워나가야 한다.

역사인식은 역사교과서를 통해서만 매개되는 것은 아니며 TV나 신문과 방송을 통해서도 크게 영향을 받는다. 우리는 언론매체의 선정적 보도에 의해 우리의 생각만을 옳다고 고집하는 편협한 국수주의적 역사인식이나 다른 쪽의 국민과 문화에 대한 편견과 고정관념을 현해탄 양쪽에서 적대적으로 확대재생산을 하고 있는 것은 아닌지도 경계해야 한다. 이러한 편견과 상대방의 역사와 문화에 대한 무지나 편견을 극복하기 위해서는 서로 만나서 상대방의 사는 모습을 보고 대화를 나누는 경험을 갖는 것이 중요하다. 청소년과 교사들 사이의 교류, 도시 사이의 자매결연, 각종 문화프로그램의 교환을 통해 우리는 서로에 대한 편견을 줄여갈 수 있을 것이며 이것은 결국 공동의 역사이해를 증진시키기 위한 기반이 될 것이다. 학자들의 활발한 학술교류를 통해서 양측의 역사해석의 차이를 좁히는 일도 필요하다. 이러한 시민사회 차원에서의 다양한 만남과 상호 이해를 위한 노력들이 확산될 때 그것은 여론을 바꾸고 정부의 시각을 바꿈으로써 우리도 언젠가 유럽에서처럼 양국간 공동역사교과서의 꿈을 실현할 수도 있을 것이다.

10.
독일의 지리교과서 및 역사교과서의 한국관련 내용분석

1. 머리말

유럽을 여행하다 보면 대도시마다 시내 중심가에 삼성 등 한국 대기업들의 간판들을 보고 거리에서 현대자동차나 기아자동차 등을 흔히 보게 되면서 우리의 경제발전에 대해 새삼 자부심을 느끼게 된다. 그러나 유럽인들과 이야기를 해보면 의외로 한국의 역사와 지리·문화를 너무 모른다는 사실에 당황하게 된다. 이것은 자연스럽게 유럽 각국의 학교교육에서 한국이 얼마나 그리고 어떻게 서술되고 있는지에 대한 궁금증을 불러일으킨다.

유럽국가들 중에서도 독일은 우리와 교역규모가 가장 클 뿐만 아니라 유럽연합의 중심국가이고 또 우리보다 먼저 분단을 극복하고 재통일을 실현한 만큼 독일의 교과서에서 한국의 역사와 지리가 어떻게 서술되어 있는지 우선적으로 살펴볼 필요가 있다. 이러한 교과서 분석은 한국에 대한 서술의 문제점을 파악하고 한국의 정치-경제적 발전상과 문화를 바로 이해할 수 있도록 시정하는 방안을 모색하는 데 필수불가결한 기초작업이 될 것이다.

이 논문의 분석대상이 된 독일의 지리 및 역사교과서들의 목록은 아래와 같다. 기호가 매겨지지 않은 교과서들은 한국관련 서술이 거의 없는 책들이다.

교과서	과정/과목	저자	출판사	발행년도	기호
TERRA Erdkunde SII R ume und Strukturen	고교 지리	Ulrich Brameier 외 6인	Klett-Perthes	2000	A
TERRA Sekundarstufe II Die Wirtschaftsgeographie	고교 지리	Hans-Ulrich Bender외 9인	Klett-Perthes	2000	A1
bsv Overstufen Geographie Der asiatisch-pazifistische Raum	고교 지리	Kerstin Barth외 10인	Bayerischer Schulbuch Verlag	2001	B
Diercke Erdkunde f r Hessen 6	중학교 지리	Claus Caspritz 외 4인	westermann	2003	
bsv-Geographie Band 9/10	중학교 지리	Markus Helf 외 3인	Bayerischer Schulbuch Verlag	2000	
Heimat und Welt / Klasse fr 7/8 Brandenburg	중학교 지리	Matthias Baumann 외	westermann	2002	
Unsere Erde	중학교 지리	Ambros Brucker	Ambros Brucker	2000	
SEYDLITZ Geographie Sekun-darstufe II Gesamtband	고교 지리	Martin B tow 외 6인	Schroedel	2001	
Fundamente Geographisches Grundbuch f r die Sekundarstufe II	고교 지리	Hans-Ulrich Bender외 4인	Klett-Perthes	2001	
Mensch und Raum, Geographie Der asiatisch-pazifische Raum	고교 지리	Dieter B hn	Cornelsen	2001	C
Mensch und Raum Geographie 12/13 Gymnasiale Oberstufe	고교 지리	Mechthild Dielmann외 12인	Cornelsen	2001	D
Geschichte kennen und verstehen B 9	중학교 역사	Hans-Georg Fink외 5인	Oldenbourg	1997	E9

Geschichte kennen und verstehen B 10	중학교 역사	Hans-Georg Fink외 5인	Oldenbourg	1997	E10
Expedition Geschichte 3 Von der Zeit des Imperialismus bis zur Gegenwart	중학교 역사	Manfred Albrecht 외 11인	Verlag Moritz Diesterweg	1999	F
Entdecken und Verstehen Geschichtsbuch f r Realschulen und Gesamtschulen Band 4	직업 학교/ 역사	Thomas Berger 외 7인	Cornelsen	1999	G
Geschichtsbuch Oberstufe Band 2: Das 20. Jahrhundert	고교 역사	Hilke G nther-Arndt외 2인	Cornelsen	1996	H
Wir machen Geschichte Band 3: Vom Absolutismus bis zum Imperialismus	중학교 역사	Ernst Hinrichs 외 2인	Verlag Moritz Diesterweg	1997	J3
Wir machen Geschichte Band 4: Vom Ende des Ersten Weltkrieges bis zur Gegenwart	중학교 역사	Ernst Hinrichs 외 2인	Verlag Moritz Diesterweg	1998	J4
Tempora Grundriss der Geschichte Band 2: Neuzeit seit 1789	고교 역사	Peter Alter외 5인	Ernst Klett Schulbuchverlag	1995	K

우선 교과서를 분석하기에 앞서 교과서를 집필하는 데뿐만 아니라 수업시수와 방향에도 준거가 되는 독일의 지리와 역사교육의 준거안(Lehrplaene)을 살펴볼 필요가 있다.[6] 특히 이 준거안들에서 한국에 관련하여 서술할 여지가 얼마나 있는지에 관심이 두어질 것이다. 다음으로 지리 및 역사교과서에서 각각 다루어진 한국관련 내용을 주제별로 분류하여 살펴보고 그 문제점을 비판적으로 고찰할 것이다. 이어서 마지막으로 독일교과서의 시정을 위한 정책적 제안을 몇 가

6) 역사교육 준거안의 기능에 대해서는 Bernd Schoenemann, "Lehrplaene und Richtlinien", in: H. Guenther-Arndt ed., *Geschichtsdidaktik*, Berlin: Cornelsen, 2003, pp.48~62 ; K. Froehlich, "Richtlinien, Lehrplaene", in: K. Bergmann etc. ed., *Handbuch Geschichtsdidaktik*, Seelze-Velber, 1997, pp.510~520 참고.

지 제기할 것이다.

2. 독일의 지리 및 역사교육체계

독일은 연방제를 채택하고 있기 때문에 교육은 주정부의 소관사항이다. 따라서 지리나 역사과목을 어느 학년에서 가르치고 주당 몇 시간 가르치며 어떤 주제들을 각각 몇 시간씩 가르칠 것인지는 각 주마다 조금씩 다르다. 그 때문에 어떤 출판사가 어떤 과목의 교과서를 개발하더라도 각 주의 문부성이 만든 준거안의 특별한 요구들을 충족시키는 서로 다른 교과서들을 만들어낼 수밖에 없다. 연방제가 가지는 이러한 문제점을 그대로 방치할 경우 교육의 이질화가 심각해질 수밖에 없다. 이것을 막고 연방 차원에서 교육의 어느 정도의 통일성을 유지하기 위하여 만들어진 제도가 문부성장관회의(Kultusministerkonferenz)이다.

2-1 독일의 지리교육체계

바이에른 문부성이 그 기관지에서 1991년 12월 5일 공고한 바이에른주 김나지움을 위한 지리과목 교안[7)]은 독일의 지리교육의 체계와

---

7) Lehrplan für das bayerische Gymnasium Fachlehrplan für Erdkunde, Amtsblatt des Bayerischen Staatsministeriums für Unterricht, Kultus, Wissenschaft und Kunst. Teil I, Sondernummer 10, Jahrgang 1991, S. pp.1325~1379.

바이에른주 지리과목 중학과정(Sekundarstufe 혹은 Mittelstufe) 커리큘럼

학년	주당수업시간	주제	기준 할당시간
5	2	1. 우리의 고향지역 - 안내	8
		2. 바이에른과 독일에서의 지형상의 기본 모델	8
		3. 남부독일의 지표형태의 형성	14
		4. 독일의 농업지역	14
		5. 우리의 도시들과 그 주변지역	12
		계	56
6	2	1. 독일의 공업	30
		2. 중부유럽의 휴양지들	12
		3. 독일의 해안지역	14
		계	56
7	1	1. 유럽대륙 - 개관	5
		2. 유럽의 남부(이태리 등)	5
		3. 유럽의 서부(프랑스 등)	5
		4. 유럽의 북부(노르웨이 등)	5
		5. 동중부 유럽(폴란드 등)과 동남부 유럽	5
		6. 유럽의 변화	3
		계	28
8	2	1. 열대와 아열대 - 자연환경 개관	10
		2. 개발도상국의 예로서의 인도	8
		3. 중국과 동남아, 라틴아메리카, 검은 아프리카, 및 중동의 각각 한 사례에서의 문화영역과 공간특수적인 문제들 *동남아에 관한 소주제들 중의 하나로 "한 문지방 국가를 예로 본 현대적 경제발전 - 예로서 싱가포르나 태국: 국제적 노동분업의 일목요연한 서술; 강화된 산업화의 기회와 위험들에 대한 토론	32

		4. 시사적인 사례를 통해 본 '남북갈등' *여기서 남북갈등은 빈국과 부국 사이의 경제적 갈등을 의미함	6
		계	56
9	1	1. 일본 - 현대적인 공업국가	5
		2. 미국 - 소련/후속국가들: 정치적으로 상이하게 각인된 영역들에서의 발전	16
		3. 오스트레일리아 - 태평양 지역에서의 의미와 위치	4
		4. 경제영역으로서의 세계	3
		계	28

*이 도표는 바이에른 주 문부성의 교안을 참고하여 필자가 만든 것이다.

교수내용의 대강을 명료하게 보여준다. 5학년과 6학년 그리고 8학년에는 주당 2시간씩 연간 총 56시간씩을 배우며 7학년과 9학년에는 주당 1시간씩 각각 28시간씩을 배운다. 그리하여 독일학생들은 중학교 과정에서 총 224시간의 지리수업을 받는다. 그러나 중학과정에 대한 이 바이에른 주의 교안을 보면 매 단원마다 해당지역을 명시하고 있는데 한국을 다루는 항목은 없다.

독일에서 가장 인구가 많은 노르트라인-베스트팔렌주는 5학년과 7·8·9학년에 각각 1주일에 2시간씩 지리를 배우도록 되어 있다. 결국 4년만 지리과목을 배우지만 총 시간수는 5년간 배우는 바이에른 주와 같다. 노르트라인-베스트팔렌 주의 교안을 보면 7/8학년을 위한 커리큘럼에서 주제분야 II('공간의 가치전환') 중 주제a "지하자원이 항상 산업화의 전제조건인 것은 아니다"라는 사실을 입증하는 사례로서 남한을 다룰 가능성을 열어놓고 있다. 이 교안의 7/8학년 주제영역 VII은 '정치적 결정이 공간에 미치는 영향'인데 그 주제a는 정치적 국경이 갈등을 불러

<table>
<tr><td rowspan="3">의도:
변화된 욕구수준이 지리적 잠재력을 강하게 이용하는 결과를 낳는다는 경험과 그것이 경제공간의 발전을 위해 갖는 의미를 평가한다.</td><td>주제분야 II
공간의 가치전환[8]</td><td>연관지역:
비유럽 지역</td></tr>
<tr><td>주제a
지하자원이 항상 산업화의 전제조건인 것은 아니다.
주제상의 중점:
-풍부한 자원, 기간시설, 경제적 목표들을 기반으로 한 공간발전
-자원의 빈곤에도 불구한 산업화</td><td rowspan="2">지역사례:
페르시아만 지역/호주/베네수엘라/일본/남한/알래스카/시베리아/브라질
…</td></tr>
<tr><td>주제b
과학과 기술을 개발하고 농업공간을 변화시킨다….</td></tr>
</table>

일으킬 수 있는 사례들 중의 하나로서 한국을 언급하고 있다.[9]

동독지역의 신연방주인 작센 주의 지리과 교안을 보면 5·6·7·8학년과 10학년에서 매년 각각 60시간씩 이수하도록 되어 있다. 따라서 중학과정에서 총 3백 시간으로서 이는 다른 주들에서보다 76시간이나 더 많은 셈이다. 아시아에 대한 수업은 7학년에 제공되는데 북아시아 및 중앙아시아에 8시간, 동아시아에 10시간, 남아시아 및 동남아에 8시간이 안배되어 있다. 그러나 동아시아에 안배된 10시간은 모두 중국과 일본에만 할애되어 있고 한국에 대한 언급은 없다.[10]

베를린시는 7학년부터 10학년까지 4년간 지리를 가르치도록 규정

8) *출처: Ministerium für Schule, Wissenschaft und Forschung des Landes Nordrhein-Westfalen ed., Richtlinien und Lehrpläne für das Gymnasium-Sekundarstufe I-in Nordrhein-Westfalen. Erdkunde, Dusseldorf 1993, p.73.

9) 같은 책, p.78.

10) Freistaat Sachsen. Sächsisches Staatsministerium für Kultus, *Lehrplan Gymnasium. Gewichtete Fassung. Geografie. Klassen-und Jahrgangsstufen 5~12*, Juni 2001, pp.15~16, 29~30.

하고 있다. 그 교안은 9학년의 학습목표를 개발도상국과 문지방국가들의 지구적 관계를 이해하는 것으로 설정하고 있다. 아시아에 관한 장에서는 인도와 중국, 그리고 문지방 국가들을 다루도록 구성되어 있다. 후자와 관련해서는 문지방 국가들의 상승과 그것이 세계경제에서 갖는 의미를 학습내용으로 삼고 있으며 문지방 국가·저임금 국가와 작은 호랑이들을 다루어야 할 주요개념으로서 제시하고 있다.[11]

이렇게 중학교 과정의 지리교육을 위한 교안을 보면 한국관련 서술의 여지에서 주마다 차이가 드러난다. 바이에른 주와 작센 주의 경우엔 한국관련 서술이 등장할 자리가 거의 없는 반면 베를린과 노르트라인-베스트팔렌 주의 경우 특별한 지하자원이 없이도 산업화에 성공한 문지방 국가로서 한국에 대한 서술의 가능성을 열어놓았다. 그런데 본 연구에서 조사한 4종의 독일 지리과목 중학교 교과서에서 한국에 관한 기술은 하나도 발견되지 않았다.

바이에른 주 지리과목 교안에 따르면 11학년에서 학생들은 주당 2시간씩의 지리수업을 받으며 독일지리를 1년간(총 56시간) 배운다. 12학년에 올라가면 주당 2시간씩 지리수업을 받는 기본과정과 주당 6시간씩 지리수업을 받는 성취과정으로 나뉜다. 12학년 1학기에는 유럽을, 2학기에는 미국 / 캐나다, 소련 / 후속국가들과 중국을 배운다. 기본과정을 선택한 학생은 1년 총 56시간의 지리수업을 받으며 성취과정을 선택한 학생은 무려 168시간이나 배운다. 13학년에서는 기본과정에 대한 대안으로서 지학을 선택할 수도 있다. 13학년에는 기본과정에서 제3세계에 대해 28시간, 아시아-태평양 지역에 대해서 16시간을 배운다.

11) Senatsverwaltung für Schule, Jugend und Sport, *Vorläufiger Rahmenplan für Unterricht und Erziehung in der Berliner Schule. Klassen 7~10. Fach Erdkunde*, Berlin, 1995.

교안은 이 가운데 아시아-태평양 지역의 자연환경적 기초들에 3시간, 일본의 산업발전에 5시간, '아시아-태평양 지역의 또 다른 발전경로들'이라는 제목으로 중국, 그리고 한국과 같은 대표적인 문지방 국가를 합하여 6시간을 할애하고 있다. 따라서 한국에 대해서는 약 2시간 정도 할애될 것으로 보인다. 성취과정에서는 제3세계에 84시간, 행성지구의 미래에 48시간 총 132시간의 수업이 제공된다. 기본과정을 선택한 학생들이 11학년에서 13학년까지 고등학교 과정 3년간 받는 지리수업 시간은 총 156시간, 성취과정을 선택한 학생은 무려 356시간이나 된다. 아이러니컬하게도 13학년에 3배나 더 되는 시간의 수업을 받는 성취과정보다 기본과정에서 한국에 대한 더 자세한 소개를 접할 수 있다.

바이에른 주 지리과목 고등학교과정(Sekundarstufe II 혹은 Oberstufe) 커리큘럼

학년	종류	주당 시간수	주 제	주제별 시간
11		2	1. 독일 1.1. 지형, 정치적 구분(2) 1.2. 독일의 자연영역들(14) 1.3. 부설: 지리학적 이론형성(10) 1.4. 독일의 경제 및 사회영역(14) 1.5. 유럽 속의 독일(2)	42
			2. 고향지역의 구조분석	12
			3. 부설: 현지에서의 학습과 적용	2
			계	56
12	기본과정	2	1. 유럽 1.1. 유럽개관(6) 1.2. 유럽 지중해국가들의 공간이용과 공간구조들(6) 1.3. 유럽의 관광지역과 통과지역으로서의 알프스지방(6)	28

			1.4. 서유럽의 경제영역적 구조들과 유착(5) 1.5. 동중부 유럽 및 동남부 유럽의 변화(5)	
			2. 미국/캐나다 - 소련/후속국가들: 대지역들 비교 2.1. 대지역들의 자연환경(8) 2.2. 대지역들의 개발과 이용; 지리생태학적 문제들(14) 2.3. 도시구조들/도시화, 유동성, 소수민족들(6)	28
			계	56
	성취 과정	6	1. 유럽의 변화 1.1. 자연공간(10) 1.2. 문화공간: 공간적, 정치적, 경제적 다양성(12) 1.3. 유럽국가들의 경제역역에서의 구조들과 구조변동(32) 1.4. 인구, 공간적 차이, 도시와 공간계획(20) 1.5. 유럽에서의 협력(10)	84
			2. 미국/캐나다, 소련/후속국가들, 중국 2.1. 역사적 지역개발의 단계들(15) 2.2. 지역개발을 위한 자연조건의 의미(15) 2.3. 경제정책적으로 상이하게 각인된 체제에서의 공간이용(20) 2.4. 개발갈등과 지리생태학적 문제들(15) 2.5. 인구학적 문제들, 유동성, 도시와 도시화(15) 2.6. 권력요소로서의 공간잠재력(4)	84
			계	168
13	기본 과정	2	1. '제3세계' 1.1. 열대와 건조한 아열대의 자연 잠재력(6) 1.2. 사회경제적 요소들의 작용(5) 1.3. 경제적 이용의 형태들과 그 지리경제적인 문제들(5) 1.4. 지역적 차이들, 발전단초들(6) 1.5. 국제적 국가체제 속에서의 개발도상국의 위치와 연루: 남북대립, 발전전략들과 원조조치들, 세계경제 질서(6)	28
			2. 아시아-태평양지역: 발전 조건들과 발전경로들 2.1. 아시아-태평양지역의 자연환경적 기초들(3) 2.2. 일본의 산업 발전(5)	16

<table>
<tr><td></td><td></td><td></td><td>2.3. 아시아-태평양지역의 또 다른 발전경로들(6)
중국과 아시아-태평양지역의 한 문지방국가의 에에서 학생들은 상이한 발전경로에 대한 통찰을 얻는다.… 한 문지방국가의 예에서 본 수출지향적 산업화
-사회경제적 출발조건들
-내부경제적 변화
-세계경제로의 통합
예: 한국; 앞의 소주제 1.2.와 1.5.와의 연관 설정; 노동력의 질과 국가의 내정적 및 외정적 상황의의미에 대한 고찰
2.4. 아시아-태평양지역의 발전이 독일 혹은 유럽에 미친 영향(2)</td><td></td></tr>
<tr><td></td><td></td><td></td><td>계</td><td>44</td></tr>
<tr><td></td><td rowspan="6">기본 과정 대안: 지학</td><td rowspan="6">2</td><td>1. 지학입문</td><td>6</td></tr>
<tr><td></td><td>2. 기본적 지학역동적 과정</td><td>10</td></tr>
<tr><td></td><td>3. 산맥형성의 과정</td><td>12</td></tr>
<tr><td></td><td>4. 지형발전과 지형생태학</td><td>12</td></tr>
<tr><td></td><td>5. 부설: 현장에서의 학습과 적용</td><td>4</td></tr>
<tr><td></td><td>계</td><td>44</td></tr>
<tr><td></td><td rowspan="3">성취 과정</td><td rowspan="3">6</td><td>1. '제3세계'
1.1. 개발도상국들: 일반적 기초들(16)
1.2. 열대와 아열대의 자연 잠재력(16)
1.3. 저발전을 위한 사회경제적 요소들의 의미(30)
1.4. 개발도상국의 전통적 및 현대적 경제영역들 에서의 발전과 발전가능성들(12)
1.5. 남북 대립: 공업국들과 개발도상국들의 관계(10)</td><td>84</td></tr>
<tr><td></td><td>2. 행성 지구의 미래 -지리학 과제로서의 연구·확보·계획
2.1. 지구적 연관 속에서의 물, 토지, 공기(18)
2.2. 행성 지구에서의 삶의 기반의 위협·안전·계획(30)</td><td>48</td></tr>
<tr><td></td><td>계</td><td>132</td></tr>
</table>

*이 도표는 바이에른주 문부성 교안을 참고로 필자가 만든 것임.

노르트라인-베스트팔렌 주의 고등학교 지리교안은 12학년 1학기에 한국을 다룰 수 있게 짜여 있다. 13개의 수업단위 중 하나로서 '고용과 발전을 위한 기회로서의 산업'이라는 주제영역이 있는데 그 사례들로서 대만·중국·인도·포르투갈과 함께 남한이 들어있다.12) 작센주의 지리교안은 11학년에서 지리수업에 60시간, 12학년의 기본과정에 55시간을 배당했다. 작센 주는 고등학교 과정(Oberstufe)이 2년으로 단축되어 있으며 성취과정이 따로 없다. 12학년 2학기의 커리큘럼에 '다양한 문화영역의 개발도상국들'에 25시간이 할당되어 있는데 문지방국가 일반이나 남한에 대한 어떤 명시적 언급도 없다.13)

베를린 시의 지리교안은 13학년의 2학기에 다룰 주제로서 '세계경제지리[아시아-태평양지역을 중심으로]'를 선정하였다. 그 6번째 항목은 아시아-태평양지역 문지방 국가들이 세계경제에서 차지하는 의미의 예로서 남한과 대만을 명기하고 있다.14)

이렇게 교과서 서술방침을 제시한 주정부의 지리교안들을 보면 중학교 과정에서는 한국에 대해 다룰 여지가 별로 없는데 반해 고등학교 과정에서는 아시아-태평양 지역의 신흥공업국의 성공사례 중의 하나로서 남한을 다룰 것을 명시적으로 언급한 경우가 많다. 이러한 상황은 교과서에 대한 조사분석에서 그대로 확인되고 있다. 고무적인 사실은

---

12) Ministerium für Schule und Weiterbildung, Wissenschaft und Forschung ed., *Richtlinien und Lehrpläne für die Sekundarstufe II - Gymnasium/Gesamtschule in Nordrhein-Westfalen. Erdkunde*, Frechen 1999, p.63.

13) Freistaat Sachsen. Sächsisches Staatsministerium für Kultus, *Lehrplan Gymna- sium. Gewichtete Fassung. Geografie. Klassen- und Jahrgangsstufen 5~12*, Juni 2001, pp.45~46.

14) Senatsverwaltung für Schule, Berufsbildung und Sport, *Vorläufiger Rahmenplan für Unterricht und Erziehung in der Berliner Schule. Gymnasiale Oberstufe. Gesell- schaftswissenschaftliches Aufgabenfeld. Fach Erdkunde*, Berlin 1995, pp.41~46.

1980년대까지만 해도 독일의 대부분의 고등학교 교과서들에서 한국을 거의 다루지 않았는데 1990년대에 들어서면서 다수가 6~8쪽의 분량으로 남한의 경제도약에 대해 비교적 자세히 소개하고 있다는 것이다. 아시아-태평양 지역을 별도로 다루는 보조교과서에서 특히 그렇지만 종합교과서에서도 남한경제에 대해 비교적 상세히 다루고 있다.[15]

2-2 독일의 역사교육체계

독일의 역사교육은 주에 따라 큰 편차를 보이고 있다. 이것은 아래 제시된 바이에른과 작센 주의 교안을 비교하면 확연히 드러난다. 작센 주는 초등학교부터 고등학교까지의 과정을 12년으로 단축한 데 비해 바이에른 주는 종래의 13년을 지키고 있다. 작센 주는 5학년부터 10학년까지 6년간 매주 2시간씩, 매년 56~60시간, 총 318시간의 역사수업을 이수하도록 되어 있다. 바이에른 주는 6학년부터 10학년까지 5년간 매주 2시간씩(10학년에는 1.5시간), 매년 56시간(10학년에는 42시간), 총 266시간을 이수해야 한다. 바이에른은 이 기간에 고대사부터 현대사까지 섭렵하는 반면 작센에서는 10학년 1학기까지 이 과정을 마치고 2학기에는 고등학교 과정에 적응하는 수업형태로 전환한다.

바이에른 주의 고등학교 역사수업은 11학년에서는 공통으로 주당 2시간씩 기본과정을 이수한다. 12학년과 13학년에는 주당 2시간씩의 기본과정과 6시간씩의 성취과정 중 하나를 선택할 수 있다. 기본과정에서

15) 예컨대 *Mensch und Raum. Geographie 12/13*.(Cornelsen 2001)은 총 432쪽의 지면 중 6쪽을 남한의 경제발전에 할애하고 있다.

는 고대부터 현대까지의 주요주제들을 선별적으로 다룬다. 성취과정에서는 보다 포괄적인 주제를 보다 심도있게 다룬다. 기본과정을 선택한 학생은 2년간 98시간, 성취과정은 294시간의 역사수업을 받는다. 11학년의 공통 기본과정을 더하면 바이에른 주 고등학교의 역사수업 시간은 154시간이나 350시간이 된다.

작센 주의 학생들은 중학과정에서는 바이에른 주보다 더 많은 역사수업을 받는 반면 고등학교에서는 역사수업 시간이 훨씬 더 적다. 고등학교 과정이 2년으로 더 짧기 때문이다. 11학년부터 기본과정과 성취과정으로 나뉘는데 2년간 기본과정은 주당 2시간, 총 114시간, 성취과정은 주당 5시간, 총 275시간의 수업을 받는다. 기본과정은 학습내용이 독일사 중심으로 짜여 있다.[16]

그러면 두 주의 교안에서 한국에 대해 다룰 가능성을 포함하고 있는가? 바이에른 주의 역사교안을 보면 9학년에서 두번째 주제영역으로 제국주의 시대와 제1차 세계대전을 12시간에 다루도록 되어 있다. 그러나 학습내용에 대한 지시에서 일본 제국주의에 대해서는 아무 언급이 없다. 제10학년의 두번째 주제영역은 '동서관계의 변화'이며 9시간이 배정되어 있다. 여기서 "초강대국들의 '냉전"이라는 소주제에 대한 내용설명에서 한국이 예로서 거론된다. 13학년 성취과정의 첫번째 주제영역은 '유럽적 세력균형정책으로부터 세계정책으로-19·20세기의 국제정치'이며 84시간이 할당되어 있다. 그 첫번째 주제는 "집단적 평화보장정책, 유럽권력체계에서의 변화와 제1차대전까지의 제국주의적

16) Amtsblatt des bayerischen Staatsministeriums für Unterricht, Kultus, Wissen- schaft und Kunst. Teil I: Lehrplan für das bayerische Gymnasium. Fachlehrplan für Geschichte, 1992, pp.373~424: Freistaat Sachsen. Sächsisches Staatsministerium für Kultus, Lehrplan Gymnasium. Gewichtete Fassung. Geschichte. Klassen-und Jahrgangsstufen 5~12, Juni 2001.

바이에른주 역사과목 중학과정(Sekundarstufe I 혹은 Mittelstufe) 커리큘럼

학년	주당수업시간	주제	주제별 할당시간
6	2	1. 선사시대의 인간	7
		2. 초기의 고대문명	9
		3. 유럽문화의 기초로서의 그리스 세계	14
		4. 로마인의 세계제국	14
		5. 지중해세계의 변화	12
		계	56
7	2	1. 프랑크왕국에서 유럽 중세 지배형태 및 생활형태의 초석	7
		2. 중세의 세속적 권력 및 정신적 권력	11
		3. 중세성기(盛期)의 초창기 생활형태들과 사회적 발전	16
		4. 근대로 가는 길목의 유럽	22
		계	56
8	2	1. 유럽의 절대주의와 계몽사상	16
		2. 미합중국	6
		3. 프랑스혁명과 나폴레옹	12
		4. 복고와 혁명	10
		5. 산업화와 사회문제	12
		계	56
9	2	1. 독일제국	12
		2. 제국주의 시대와 제1차대전	12
		3. 바이마르공화국과 1920년대의 국제적 발전	16
		4. 민족주의	16
		계	56
10	1.5	1. 유럽 및 국제정치의 문제로서의 독일(1945~1949)	7

		2. 동서관계의 변화	9
		3. 독일 두 국가의 발전과 1949년 이후의 독일문제	12
		4. 탈식민지화, 제3세계, 동아시아의 열강들	8
		5. 유럽과 유럽 통합의 발전	6
		계	42

바이에른 주 역사과목 고등학교과정(Sekundarstufe II 혹은 Oberstufe) 커리큘럼

학년	선택	주당 시간	주제	시간
11		2	1. 페리클레스 시대 아테네의 폴리스	함께
			2. 제정시대의 로마	14
			3. 스타우펜 시대의 제국과 제국사상	10
			4. 절대주의	12
			5. 계몽사상과 혁명의 시대	20
			계	56
12	기본과정	2	1. 바이에른의 근대국가로의 발전	6
			2. 제국건설과 그 유럽적 의미. 독일제국	17
			3. 유럽의 신질서와 바이마르공화국	16
			4. 유럽에서 전체주의와 권위주의 체계의 형성	6
			5. 나치하의 독일	11
			계	56
	성취과정	6	1. 제2차 세계대전 말까지 독일에서 민족국가적 및 자유민주주의 적 질서관과의 대립 -19세기 자유주의, 민족주의, 민주주의 운동들의 협력 -민족문제의 소독일적 해결: 권위주의적 입헌국가 1871~1918 -독일 최초의 의회민주주의로서의 바이마르공화국 -나치독일에서 민족국가적 가치관과 민주주의적 가치관의 전도와 오용	84
			2. 산업화 - 국가와 사회에서 조건들과 결과들	84

			-영국: 최초의 산업국가 -독일: 낙후성의 만회 -바이에른: 발전 장애와 근대화 추진력 -19세기와 20세기 사회문제와 사회정책 -19세기 후반부터 20세기 초까지의 사회적 쇄신과 문화적 격변	
			계	168
13	기본과정	2	1. 국제정치와 세계대전	9
			2. 제1차대전 후 새출발의 조건과 문제들	10
			3. 1950년대 이후의 독일	14
			4. 유럽통합과 새로운 세계정치적 상황들	9
			계	42
	성취과정	6	1. 유럽의 세력균형정책으로부터 세계정책으로 - 19세기와 20세기의 국제정치 -집단적 평화보장정책, 유럽 권력체계에서의 변화와 제1차 대전까지의 제국주의적 권력요구 -세계에서 유럽적 지배의 조건들 -대립과 협력 사이의 전후시대의 세계정책 -유럽 통합	84
			2. 1945년 이후의 독일 -4강행정으로부터 독일의 분단과 진영통합으로 -양 독일국가에서의 정치, 경제, 사회문화적 발전들 -내독관계와 독일문제의 발전; 그 유럽적 및 세계정치적 의미	42
			계	126

* reistaat Sachsen Sächsisches Staatsministerium für Kultus, Lehrplan Gymnasium. Gewi- tete Fassung. Geschichte, Dresden, Juli 2001, pp.12~15.

작센 주의 역사교육 커리큘럼

학년	주제	시간
5	1. 작센 역사의 흔적을 찾아	6
	2. 석기시대 및 금속시대의 생활형태의 변화	10
	3. 이집트: 고대문명의 예	14
	계	30

학년		단원	시간
6		1. 유럽문화의 기초로서의 그리스인의 세계 2. 로마인의 세계제국 3. 중세세계의 형성	20 20 18
		계	58
7		1. 중세제국에서 왕권과 교황권 2. 중세제국 3. 중세도시 4. 동방정주와 작센의 선제후로의 길 5. 중세로부터 근대로: 르네상스·인본주의·종교개혁·종교개혁 6. 유럽의 권력투쟁과 종교투쟁	12 8 8 6 16 8
		계	58
8		1. 유럽의 절대주의와 계몽사상 2. 프랑스혁명과 나폴레옹 3. 독일연방으로부터 독일제국으로(1815~1871) 4. 산업화와 사회문제 5. 독일제국(1871~1890): 국내정치와 외교정치	15 15 12 8 6
		계	56
9		1. 제국주의 열강들의 협주곡에서 독일제국 2. 제1차대전이 독일과 유럽에 남긴 결과 3. 바이마르공화국 4. 나치즘(1933~1945)	12 8 16 20
		계	56
10	1학기	1. 점령법 하의 독일(1945~1949) 2. 지구적 긴장을 배경으로 독일 양국의 발전: 동서대립으로부터 접근으로(1949~1990)	10 20
		계	30
	2학기	상반된 사회모델들: 민주주의와 독재 1. 민주주의의 형성과 그 실현 형태들 2. 사회주의적 지배체제의 기초와 형성 3. 체제의 비교	 14 14 2
		계	30

기본 과정 11	1학기	19세기 독일의 국가, 사회, 경제의 발전 1. 19세기의 기본 사상들 2. 독일 민족국가의 형성과 형태 3. 19세기 독일의 산업화 4. 제국주의와 제1차대전	
		계	30
	2학기	최초의 독일 민주주의. 바이마르공화국(1919~1933)	
		계	30
기본 과정 12	1학기	나치즘을 통한 민주주의의 파괴와 그 결과들 1. 나치독재 2. 팽창적인 외교정책과 그 결과들	
		계	30
	2학기	국제적 긴장영역에서의 독일문제와 독일통일의 달성 1. 국제적 틀 속에서의 독일문제(1948~1990) 2. 20세기 국제적 발전과 대립들	
		계	24
성취 과정 11	1학기	프랑스혁명으로부터 제1차대전까지의 독일과 국제적 열강체제 속에서 국가적 및 민족적 발전 1. 프랑스혁명 2. 19세기 민족주의, 자유주의, 보수주의 운동들 3. 독일 민족국가의 형태와 정치적 실제(1871~1918) 4. 지방사: 19세기 작센	
		계	75
	2학기	1. 유럽(19세기)에서의 산업화와 사회문제 2. 1871년 이후 독일에서의 사회적 변동과 문화적 발전	
		계	75
성취 과정 12	1학기	독일의 민주주의와 독재 그리고 국제정치(1918~1945) 1. 유럽의 신질서 2. 바이마르공화국: 부담, 자기유지, 몰락 3. 나치즘을 통한 민주주의의 파괴 4. 외정적 팽창과 국제 국가세계의 반응	

		5. 나치즘과 독일역사	
		계	75
	2학기	1945년 후 독일이 발전과 그 유럽정치적 및 세계정치적 의미 1. 1945년 이후 독일의 발전과 국제적 배경조건 2. 서독에서의 정치, 경제, 사회문화적 발전 3. 구동독에서의 정치, 경제, 사회문화적 발전 4. 독일 재통일과정(1989/91)	
		계	50

권력요구'인데 그 부분 주제로서 '제1차 세계대전까지의 제국주의적 권력요구'에 대한 내용설명에서 제국주의의 사례로서 미국과 일본도 포함시키고 있다. 따라서 여기서 일본의 제국주의적 팽창과 한국의 식민지화에 대해 서술할 가능성을 열어놓고 있다. 세번째 주제인 '대립과 협력 사이의 전후시대의 세계정책'은 학습내용으로서 '진영형성과 냉전'을 포함하고 있지만 한국전쟁이 구체적 사례로서 언급되지는 않았다.

작센 주의 역사교안에는 10학년 1학기의 두번째 학습영역으로서 '지구적 긴장을 배경으로 독일 양국의 발전: 동서대립으로부터 접근으로(1949~1990)'를 다루는 데 20시간을 할당하고 있다. 여기서 그 소주제로서 냉전과 그 결과로서 나토의 창설과 한국전쟁이 언급되고 있다.[17) 12학년 2학기에 다룰 첫번째 학습영역은 '1945년 이후 독일의 발전과 국제적 배경조건'이다. 여기서 교안은 '진영형성'이라는 소주제와 관련하여 한국전쟁을 평가하도록 요구하고 있다.[18)]

이렇게 독일 역사교과서에서의 한국관련 서술은 한국전쟁에 주로 국한되어 있기 때문에 이것을 극복하고 전후 한국의 경제발전과 민주

17) Lehrplan. Geschichte(Sachsen), p.39.

18) ibid., pp.66~67.

주의 발전, 남북관계의 진전에 대해 더 소개할 수 있도록 설득할 논리를 개발하는 것이 중요하다.

3. 독일 지리교과서의 한국관련 내용주제별 서술경향 분석

3-1 동아시아 신흥공업국의 교훈

독일의 고등학교 지리교과서는 1990년대 초부터 동아시아의 신흥공업국들에 큰 관심을 표명하기 시작했다. 1960년대 중반 이후의 지속적으로 고도의 성장률을 유지하여 온 이들 작은 호랑이들이 세계 공산품 시장에서 차지하는 높은 지위는 독일의 교과서로 하여금 더 이상 이들의 성취에 대해 침묵할 수 없게 만들었다. 남한을 포함한 동아시아 신흥공업국들의 성공사례가 주는 메시지는 다음의 서술에서 분명하게 들어난다: "'4 작은 호랑이들'인 싱가포르·홍콩·대만과 남한의 성공이야기는 개발도상국들도 원료기반과 대규모 내수시장이 없이도 경제성장을 성취할 수 있다는 것을 보여준다." 이들 국가들의 "1인당 국민총생산의 연평균 성장률은 1960년대 중반 이래 지속적으로 세계최고에 속한다."(B,88)

3-2 경제도약의 비결

독일의 고등학교 지리교과서들은 동아시아 신흥공업국들을 자세히 다룰 때 서두에서 출발조건들과 경제적 도약을 위한 공통의 요인들을 분석한다. 교과서A는 동아시아 및 동남아의 '문지방국가들'의 비약적인 경제발전의 원인을 국가에 의한 수출지향적 산업화전략, "'근면·지식·순종·경외심 및 충성과 같은' 유교적 윤리, 저임금과 장시간 노동, 노동조합의 탄압, 기반시설의 정지작업과 세제혜택 등 외국기업들의 투자유치를 위한 노력, 높은 관세장벽과 권위주의적 지배를 통한 정치적 안정"이라고 보았다.(A,325) 교과서B는 그밖에도 높은 교육열과 저축열, 교육제도와 기술교육에서의 개선, '일관된 시장경제원칙의 천명과 생산수단에 대한 사적 소유의 선호', 토지를 소농들에게 재분배한 '해방 후의 단호한 농업개혁', '식민지 시대 일본인들을 통한 기간설비의 사전구축'(대만과 한국의 경우) 등 다양한 요소들을 성공요인으로 열거하였다. 마지막 요소는 식민지근대화론을 통해서 이미 우리에게도 잘 알려진 주장이라서 흥미롭다.(B,89)

공통의 문화적 요인이 항상 관심을 끄는데 '4 작은 호랑이들'의 공통적인 가치관으로서 "새로운 생산양식의 수용으로 이끄는 진보에 대한 신념, 노동을 자기실현의 핵심으로 간주하는 매우 높은 노동윤리, 추상적이고 논리적인 숙고에 대해 열려있는 매우 합리적인 사고방식"이 지적되기도 하였다.(C,106) 한국과 관련해서도 "배움과 교양이 전통적으로 갖는 높은 가치서열과 강한 교육열은 의욕있고 정신적으로 탄력 있는 노동력이 수입된 기술들을 빨리 수용하고 더욱 발전시키기 위한 전제조건들을 형성했다"고 평가되었다.

한국의 산업화를 뒷받침한 '내면화된 전통적인 유교적 미덕들'로서 "연장자·상급자와 성공한 사람들에 대한 존경, 가족적 유대, 공동체 정신, 사회적 조화욕구, 가족·상급자와 지배자에 대한 충성, 자기규율·

의무감 및 사회적 인정욕구"가 나열되었다.(D,58)

이러한 정신적 토양 위에서 본격적인 산업화가 실현되는 데는 국가의 역할이 무엇보다 중요했다. 국가는 모든 정치영역을 경제성장에 집중하였으며, 정부비판적인 정치활동들에 대해서 가차없이 탄압했고, 민주적 자유들을 제한하였다. 국가는 또한 세금감면, 보조금 지급, 높은 관세장벽, 저임금과 장시간 노동의 유지와 노조활동 억압, 정부와 연구 / 계획과 수출경제 사이의 긴밀한 협력 등을 통해 수출산업을 대대적으로 육성하였다.

1962년 시작된 경제개발 계획들과 국영기업 활동을 통한 명확하고 유연한 국가적 선도는 빠듯한 자본 · 노동력 · 노하우 · 수입원료들의 계획적 투입을 가능하게 했다. 수출역량과 실적은 성공의 기준이 되었다.(B,94; D,58) 산업노동자를 값싼 기초식품들로 부양하기 위해 농업생산물에 대한 국가 수매가격은 인위적으로 낮게 유지되었다.(D,58) 정부는 또한 정치적 안정, 기반시설 제공, 세제혜택 등을 통해 외국기업의 투자에 유리한 환경을 제공해 주었다.

3-3 경제발전의 단계들에 대한 분석

국가주도의 수출지향적 산업화는 보통 5단계(D,59) 혹은 7단계(C,110) 등 단계별로 나누어 고찰되었다. 남한의 본격적 산업화는 1962년부터 시작되며 첫 단계에서는 경공업에서의 수입대체로부터 수출지향으로의 발전이 이루어졌다. 이렇게 1960년대는 섬유 · 전기제품 · 플라스틱제품 등 소비재의 노동집약적 생산을 통해 특징지어졌다. 1973년부터는 중공업 중간재의 수입대체로부터 수출지향으로의 발전이 성취되었다. 이에 따라 철강·조선·화학·시멘트공업 등 중공업이 크게 발전하였다. 1982년부터는 기계·자동차·전자·광학·정보기술 등 투자재의 산업화 및 '기술 및 인간자본 집중적인 산업분야들로의 전환'이 진척되었다. 이러한 한국 산업화의 구조변동은 "노동집약적인 산업화로부터 자본 및 기술집약적인 산업화로의 생산구조의 질적 고도화'와 '산업영역의 확장과 다변화'로 특징지어졌다. 교과서 B에는 남한의 산업발전단계들이 일목요연하게 도표로서 정리되어 있다.(B,94)

1980년대의 경제정책의 수정에 대해서는 다음과 같이 서술되었다:

> 국가의 직접적인 경제개입이 적어지고 자유화 과정이 도입되었다. 이는 노동자 수입의 분명한 증가를 가져왔다. 원유가격 하락, 미 달러화 약세, 낮은 금리와 같은 유리한 세계경제의 조건들 덕분에 새로운 전략은 성공을 거두게 되었다. 자체의 고도 기술의 개발과 새로운 산업분야의 건설〔컴퓨터·반도체·산업로봇·텔레커뮤니케이션·항공산업·유전공학과 환경공학〕과 함께 남한은 하이테크 산업국으로 계속 발전하였다.(B,95)

1990년대에 한국의 기업들은 지구적 차원에서 활약하고 있으며('global players') 한국은 '선진공업국'의 수준에 도달한 것으로 평가되고 있다.(D,59; C,110; B,89)

3-4 세계경제 속의 한국의 위치에 대한 평가

독일의 고등학교 지리교과서에는 남한의 경제발전에 대해 아주 잘 소개되어 있다. 교과서B는 세계경제에서 남한의 지위를 도표를 가지고 설명하고 있다. 여기서 반도체는 1위, 텔레비전과 조선은 2위, 인조섬유는 4위, 세탁기·냉장고·자동차·시멘트는 5위, 강철은 6위로 나와 있다.(B,95) 컴퓨터 칩의 세계시장 점유율을 나타내는 도표에서는 삼성전자와 현대전자와 럭키금성이 각각 1·2위와 5위를 기록하고 있다.(B,97) 아시아의 4 호랑이국가들은 모두 세계 5대 컨테이너 항구에 속하는데 부산은 환적량 410만 TEU로써 5위에 속한다.(B,90) 교과서C는 그밖에도 플라스틱 6위, 섬유 5위를 덧붙였다.(C,112) 교과서D의 조선업에 대한 서술은 세계시장에서 남한 조선업의 위협적인 약진과 덤핑판매에 대한 세계 조선업계의 불안과 불만을 잘 표현하고 있다.

이 책은 2000년 말 세계조선업계의 수주에 대한 통계를 소개하고 있는데 여기서 한국은 총 1,542만 CGT를 수주하여 일본을 크게 앞지르고 있다.(D,63) 교과서B는 특히 아시아의 신흥공업국들을 소개하는 단원의 서두에서 한국경제의 약동하는 모습을 감각적으로 형상화한 고은의 시를 수록함으로써 깊은 인상을 남기고 있다.(B,86)

3-5 경제기적의 음지들

교과서A는 동아시아 신흥공업국들의 경제성장을 다루면서 특히 '경제기적의 음지들'에 초점을 맞추고 있다:

이 국가들에서의 성장은 대규모 외국의 차관과 높은 채무를 기반으로 하고 있다.… 성장은 세계 최장의 노동시간과 작업장에서 최고의 사고율,

> 저임금, 사회복지의 결여, 노동조합의 방해, 민주적 권리의 제한들의 대가로 얻어진 결과이다. 산업화와 성장률은 인간과 환경의 희생과 병행했으며 심각한 공간적 및 사회적 불균등을 초래했다.(A,327)

그러나 한국의 경우 임금과 관련해서는 분명한 개선이 있었다는 것이 인정되었다. 이 책의 한 도표는 한국의 노동자 임금이 1990년대에 분명히 증가했으며 홍콩과 대만을 능가하게 되었다는 것을 보여준다.(A,324; B,98) 교과서C는 한국의 소득분배가 다른 제3세계 국가들에서보다 더 균형적으로 이루어지고 있으며 한국의 경제성장이 결국 노동자들에게도 도움이 된다고 매우 긍정적으로 평가하기도 하였다.(C,112) 교과서B는 오히려 임금이 생산성보다 빨리 증가해서 기업들이 저임금 국가로 공장을 이전하게 만든다는 사실을 문제점으로 지적했다.(B,91)

3-6 아시아의 경제위기와 한국

1 위기의 원인

독일의 교과서는 1997년 아시아 금융 및 경제위기의 주요원인을 재벌-국가-은행 사이의 유착관계에서 찾았다. 교과서B에 따르면 아시아 경제 위기의 공통원인은 "많은 기업들의 높은 채무, 면밀한 심사보다 개인적 관계에 따른 흔히 검증되지 않은 신용지급(금융특혜)이었다. 은행에 대한 감독과 경리 및 회계조사의 통제는 국제수준에 미치지 못하였다.(일본에서와 같은) 정치·국가관료·경제 사이의 인적 착종은 건설기에는 대단히 유리한 것으로 입증되었으나 이제는 함께 위기를 낳았다"는 것이다.(B, 91) 이러한 진단은 한국에도 그대로 적용되었다. 한국 경제위기의 원인은 특히 "너무나 과도한 부채를 가진 기업, 불충분한 은행감독, 불투명한 금융시스템이었다. 이러한 것들은 은행·재벌·정부 사이의 너무 긴밀한 망상결합에 그 원인이 있었다. 그 때까지 성공적이었던 이런 연합은 지구화하고 있는 금융시장에서 투자와 환율파동을 재정지원하기 위해 과도한 외채를 도입하는 것이 가져오는 위험성을 너무 오랫동안 과소평가 하였다"는 것이다.(B,99) 1996년 수출품 가격의 하락(반도체의 경우 70%까지)과 다른 아시아 국가들과의 경쟁, 유럽의 불황으로 인한 수출부진, 재벌들의 문어발식 확장을 위한 단기신용의 무분별한 도입도 원인으로 지적되었다.(D,60)

한국은 "환율을 안정시키고 자금유출을 막기 위한 고금리, 금융시스템의 근본적 개혁, 부정부패 척결, 광범위한 분야에서 구조적 경제개혁 단행한다"는 조건으로 IMF로부터 570억 달러의 재정지원을 받게 되었다.(B,99) "1999년 초 실업률이 8.7%라는 최고수준에 빨리 올라간 것은 익숙지 않은 경험이었다. 180만 실업자의 거의 70%가 40세 이하였다." 대량해고는 주로 중소기업에서 일어난 것으로 서술되고 있다. 대기업에서는 노조의 저항 때문에 대량해고를 단행하는 데 실패했다는 것이다.(D, 61) 금모으기운동에서 나타난 한국인의 애국심에 대한 기사를 수록한 책도 있다.(D,60)

흥미롭게도 교과서A는 아시아의 경이로운 경제성장과 갑작스런 경제위기에 대한 유럽인의 속내를 드러내기도 했다:

이 지역에서의 환율하락·주가붕괴·스트라이크들·소요들에 대한 보도가 빈번해지면서 많은 관찰자들이 의문을 제기한다: 아시아의 경제기적은 끝장난 것인가? 서방의 많은 노동자들과 기업가들은 아시아에서 오는 나쁜 소식들을 통해서 안도감을 느낀다. 그들은 이 지역의 급속한 경제성장으로 인해 자신들의 일자리와 임금 혹은 경쟁력이 위협을 받고 있다고 느꼈던 것이다.(A.322)

② 위기의 회복

같은 출판사에서 나온 교과서이지만 교과서A는 아시아의 경제위기로부터의 회복에 대한 언급이 없는 반면 교과서A1은 한국을 비롯한 아시아 국가들이 경제위기를 빨리 극복했다는 것을 소개하고 있다.(A1,267) 한국의 경우 "생산·투자·수출·수입·구매력은 다시 높은 증가율을 보이고 있으며" 실업률도 낮아지는(1999.10: 4.6%) 등 분명한 경제회복은 "개혁이 효과를 보이고 있다는 것을 반영한다"고 평가되었다.(B,97) 그러나 '만용은 금물'이라는 고언도 잊지 않았다. "은행감독의 개선이나 기업 그물망의 정리와 같은 필수적인 구조개혁들은 이제 첫 발을 내디뎠을 뿐"이라는 것이다.(A1,267)

3-7 한국경제의 문제점들과 전망

김대중정부는 IMF관리 하에서 재벌개혁에 착수했지만 이것은 실패한 것으로 평가되었다. "현재도 상위 10대 재벌이 한국에서 생산된 모든 상품들의 약 30%와 전체 수출품의 약 60%를 생산한다. 전체 신용의 40%가 이들에게 집중되고 있다"는 것이다.(D,62) 교과서C는 재벌과 국가와의 유착관계를 다음과 같이 설명하였다: 수출지향 산업화 과정에서 국가는 기반시설의 건설, 외국의 경쟁으로부터의 보호와 '노동평화'의 확보, 연구지원, 대규모 융자 등을 통해 재벌을 집중적으로 지원해 줌으로써 재벌은 국가에 크게 의존하게 되었다. 따라서 "시장이 아니라 국가에 대한 충성도와 중요한 관리들에 대한 개인적 관계들이 시장에서의 성공을 위해 결정적인 요소가 되었다"는 것이다.(C,114~115)

교과서B는 한국경제가 현재 당면하고 있는 중요한 문제들을 예리하게 분석하고 있다: 지역적·사회적 불평등, 수도권 등의 환경오염, 농산물 시장개방과 보호정책 철폐로 인한 농민층의 타격, 아시아의 저임금 국가들로부터의 경쟁압력, 미국과 EU의 반덤핑 조치들, 선진국들의 기술이전 거부, 첨단기술 개발의 취약성, 역량있는 중소기업에 대한 국가적 지원의 결여 및 하청업체에 대한 대기업의 횡포 등의 문제들이 잘 지적되었다. 많은 한국기업들이 연구개발에 소홀히 하였던 분야에서 경쟁력을 상실할 위험성이 커졌으며 외국자본에 대한 높은 의존도는 한국기업들을 경제적으로 타격받기 쉽게 만들었다는 점도 지적되었다.(B,97~98)

3-8 한국경제에 대한 제언

독일의 교과서는 한국경제에 대한 조언도 잊지 않았는데 특히 기초연구와 기술개발에 많은 지원이 있어야 한다는 점을 강조했다. "남한의 산업에 주요단점으로서 기존의 기술만 이용되고 있다는 것이 입증된다. 유럽과 미국에서 오래 전부터 일상화되었고 일본에서도 점점더 장려되는 기초연구가 별로 없다"는 것이다.(C,115) 교과서B는 "교육·연구・개발에 높은 투자를" 요구했다.(B,91) "경제는 개인의 근면뿐만 아니라 창의성도 촉진해야 한다"는 지적도 있었으며 재벌과 국가 사이의 유착을 종식시키고 금융지원을 엄격히 통제해야 한다는 조언도 있었다.(C,115) 지식집약적인 산업들로 전환할 필요성이 제기되기도 했다: "2000년부터 조선・자동차와 섬유 같은 전통적인 경제 분야들로부터 고부가가치를 가진 지식집약적인 산업들, 즉 생물공학・우주항공기술 및 미디어경제로의 구조변동이 시작되어야 한다."(D,59) "현재 남한은 세계경제에서의 그 지위에 영향을 미칠 구조변동을 겪고 있다. 전문가들은 경제력이 더 강해질 것을 기대한다"는 낙관적인 전망도 있었다.(C,111)

3-9 한국의 정치 및 분단상황에 대한 평가

독일의 지리교과서들은 한국의 경제발전에 대해서는 상세히 보고하지만 정치발전에 대해서는 별로 다루지 않고, 다룬다하더라도 너무 간략히 언급하고 지나친다. 교과서C는 "선거를 통해서 개별정당들 사이에 정권이 교체되는 서방적 모델에 따른 민주주의는 남한과 대만에서만 발전했는데 여기서도 20세기의 1990년대에 비로소 그러했다"(C,106)고 서술하였다. 이 책의 다른 곳에서는 한국에서 "1988년에야 올림픽경기를 앞두고 광범위한 민주화가 수행되었다"고 쓰여 있다.(C,113)

교과서B는 "동아시아의 인권을 위한 평생의 노력과 북한에의 접근이라는 그의 햇볕정책으로 김대중은 2000년에 노벨평화상을 수상하였다"는 것을 소개하였다.(B,99) 그러나 남북정상회담과 그후 남북화해협력관계의 발전에 대해서 구체적으로 소개하지 않아 아쉽다. 이 책은 또한 북한의 갑작스런 붕괴가 남한경제에 미칠 부담에 대해 남한에서 우려하고 있다는 점을 밝히고 있다. 이어서 아마도 독일통일의 경험으로부터 유추하여 북한의 갑작스런 붕괴에 의한 통일이 "남한 자체의 발전을 뒷걸음치게 만들 것이며 경제적 상승의 성과를 앗아갈 것"(B,99)이라 진단한 한 신문기사가 인용되고 있다. 이 기사는 "북한의 산업생산을 남한의 70%로만 올리기 위해서 다음 10년간 매년 1천억 달러가 투자되어야 할 것"이라는 서울에서의 '실용주의적' 계산을 소개하였다.

한국의 통일문제는 통일비용이라는 측면에서만 접근해서는 안된다. 남북경협의 활성화, 그 전제조건으로서 북한의 기간설비를 개선하기 위한 남한의 대북지원 등은 남북 사이의 화해와 협력관계를 발전시키고 그것을 토대로 통일을 서서히 준비하는 데도 큰 도움이 될 것이다.

4. 독일 지리교과서의 한국관련 내용에 대한 종합적 비판

독일의 고등학교용 지리교과서 7종을 분석했는데 그 가운데 2종은 한국관련 서술을 포함하지 않고 있다. 나머지 5종 중 A와 A1은 한국을 별도의 소장으로 다루지 않고 6쪽에 걸쳐 아시아-태평양 지역의 문지방 국가들을 다루면서 그 일부로 소개하고 있다. 교과서A와 D는 둘 다 고등학교용 주교과서이며 A는 총 504쪽, D는 총 432쪽의 분량을 가지고 있다. D는 동아시아 신흥공업국의 하나로서가 아니라 자원이 빈곤한데도 불구하고 노동력을 자원화하여 산업화에 성공한 사례로서 한국에 6쪽을 할당하고 있다.

고등학교용 보조교과서로서 아시아-태평양 지역을 다루는 B와 C는 흔히 '작은 호랑이들'이라 불리는 동아시아 4 신흥공업국의 대표적인 국가로서 한국에 비교적 많은 지면을 할애하고 있다. B는 중국에 40쪽, 일본에 26쪽, 신흥공업국에는 22쪽을 할애한다. 그 가운데 4국 공통의 특징을 분석하는 데 4쪽, 한국에 10쪽(시와 그림 포함), 홍콩에 8쪽이 배당되어 있다. C는 중국에 32쪽, 일본에 28쪽, 작은 호랑이들에 18쪽이 할애되었다. 그 가운데 다시 공통의 특징을 설명하는 데 4쪽, 한국에 8쪽, 홍콩과 싱가포르와 대만에 각각 2쪽씩이 할당되었다. 교과서 B・C・D는 부분적인 문제점에도 불구하고 한국의 산업화에 대해 매우 객관적인 분석과 소개를 하고 있다. 1990년대 들어서야 비로소 이러한 교과서들이 등장하였으며 이것은 매우 고무적인 일이다. 이러한 서술이 한국에 대해 전혀 다루지 않았거나 너무 소홀히 다룬 교과서들에도 확산되도록 노력할 필요가 있다.

4-1 용어사용의 문제점:
한국은 문지방국가인가 선진공업국인가?

한국・대만・홍콩・싱가포르와 관련하여 독일에서 흔히 문지방 국가(Schwellenländer)라고 일컫는데 이것이 정확한 표현인지 한번 검토해 볼 필요가 있다. 교과서C는 문지방국가라는 개념을 "농업사회로부터 산업사회로 들어가는 문지방에 서 있는 국가. 여기서 경제-기술적 발전은(현대적 기술, 세계무역에서의 경쟁력) 흔히 사회적 발전을 앞지르게 된다(예컨대 민주화)"(C. 142)고 정의하였다. 이것은 경제적 측면에서 아직 공업국으로 완전히 발전하지는 않았다는 뉘앙스를 주며 따라서 경제적 지표들에서 유럽의 공업국들에 결코 뒤지지 않는 이들 국가들의 경제발전 수준을 설명하는 데 적합하지 않은 것으로 보인다. 교과서B는 동아시아 신흥 공업국 "4개국의 전체 상품수출의 규모는 현재 공업국가들의 수준에 도달했다. 그것은 예컨대 오스트리아나 스웨덴에서보다 분명히 더 높다"고 밝혔으며 "노동집약적 산업화 단계로부터 자본집약적 산업화를 거쳐 인간자본과 기술집약적인 산업화로의 대단히 성공적인 이행"을 수행했다는 것을 인정했다. 이 책은 또한 한 도표에서 4개국의 수출액이 1천억 달러를 넘으며, 그 가운데 공산품의 비율이 싱가포르를 제외하곤 92%를 넘고, 그 공산품 중 다시 기계와 전자제품과 자동차가 차지하는 비율이 남한에서 43%, 대만에서 50%, 싱가포르에서는 55%에 이른다.(B.89)

교과서C도 '지구적으로 활동하는 산업국'으로서의 "남한은 1990년대에 선진 공업국의 수준에 도달했다. 이것은 1996년 OECD 가입을 통해서 확실시 되었다.… 규모로 볼 때 남한은 세계의 지도적인 무역강국들 중의 하나이다(1997년 현재, 즉 경제위기 전에: 11번째 순위)"라고 밝혔다(C. 110) 한국은 민주화에 있어서도 1980년대 말 이후 많은 진전을 이룩했기 때문에 문지방국가라는 표현보다는 '신흥공업국'(그러나 newly industrializing country가 아니라 newly industrialized country) 혹은 '선진공업국'이라는 표현이 더 정확하리라 생각된다.

4-2 사실관계에 있어서의 오류

교과서D는 1996년에야 노동법이 바뀌었으며 그후 '노동조합적 다원

주의' 곧 국가의 조종을 받지 않는 독립노조들의 활동이 시작되었다고 서술했는데 이것은 분명한 오류이다.(D.59) 교과서C는 "나이가 더 적은 사람들이 연장자들에게 종속되는 것이 유교적 전통으로 전수되며 이것이 혁신을 어렵게 만든다. 왜냐하면 변경을 위한 제안이 비판으로 이해될 수 있기 때문이다. 따라서 기업 내의 제안제도는 거의 없다"고 주장했다. 그러나 이 서술은 한국에서 경제위기와 함께 능력과 업적에 따라 결정되는 연봉제의 도입으로 적지 않은 기업들에서 연공서열제가 깨지고 있으며 인센티브가 덧붙여진 사내의 건의제도를 통해서 경영합리화 방안이 강구되고 있다는 것을 간과하고 있다. 재벌들이 자기 은행을 이용하여 값싼 융자를 제공받았다고 기술한 것 역시 사실과 다르다.(C.114)

교과서D는 "대기업에서의 광범위한 인원감축은 노조의 호전적 태도에 대한 두려움 때문에 실패했다"(D.61)고 했는데 현대자동차 하나의 예를 가지고 대기업의 인원감축이 실패했다고 단정짓는 것은 잘못이다. 재벌들 사이의 업종 주고받기(이른바 'big deal')와 금융기관의 통폐합에 의한 구조조정을 통해서 대량의 해고가 일어났다는 사실이 감안되어야 한다. 이 책은 또한 한국현대사에 대한 간략한 서술에서 두 가지 실수를 범하고 있다: 1905년 을사보호조약 5년 뒤에 한일합방이 있었는데 이것을 '4년 뒤'로 기술하였다. 또한 한국전쟁이 끝난 뒤 남북분단이(새로운 휴전선으로가 아니라) "위도 38도선을 따라 확정되었다"고 오해했다.(D.59)

오자도 몇 군데 눈에 뜨인다. Kim-Il-Sung이 Kim-Ji-Sung으로(C.140), 군산이 Kusan으로 잘못 표기되었다.(D.58) "남한에서 가장 높은 산은 소백산맥의 지리산으로 1,915m"라고 서술했는데(C.93) 이것은 제주도의 한라산을 제외하고 계산한 것이다. "1960년까지도 남한은 성인 1인당 국내총생산 79달러로 가나나 수단과 같은 지구상 가장 가난한 나라 중 하나였다"라는 서술은(C.92) 진위를 확인할 필요가 있다.

4-3 남북관계 서술에서 근본적인 개선이 이루어져야 한다.

대부분의 지리교과서들이 북한에 대해서는 거의 관심을 보이지 않는다. 그런데 교과서C는 예외적으로 분단상황이나 1990년대 북한의 경제위기를 다룰 만큼 특별한 관심을 보여주었다. 그러나 이 책도 2000년의 남북정상회담 이후의 남북관계 진전에 대한 정보를 갖지 않고 교과서를 서술하였다. 따라서 "한국은, 북한과의 건설적 협력이 지금까지 아무런 성공을 가져오지 못했기 때문에 위험지역으로 남아있다." "북한이 어떤 개방도 거부하기 때문에, 남한은 〔북한의〕 군사적 침략을 두려워한다"는 잘못된 판단을 내리고 있다.(B.106과 109) 이것은 독일의 학생들에게 남북한 사이의 갈등이 심각하며 한국은 위험한 지역이라는 왜곡된 인식을 심어줄 수 있는 심각한 문제이다. 따라서 2000년 6·15남북정상회담 이후의 남북대화와 경제협력의 발전 및 발전 가능성에 대한 내용이 독일교과서에 반영되도록 적극적인 조치가 필요하다.

4-4 지리적 명칭의 문제점

독일의 지리교과서나 역사교과서 모두 동해를 항상 일본해로 표기하고 있다.(예: D.58, 388) '일본해'라는 표기는 왜 잘못된 것인지 어떻게 고쳐야 하는지 설득력있는 국제적 근거를 제시하고 권위 있는 지도가 바르게 표기하고 있는 예를 제시해야 한다. 최근의 한 연구는 유럽의 구지도 대부분이 'eastern sea'로 표기했다는 것을 밝힌 바 있다. 이러한 구체적인 증거들을 가지고 일본해라는 표기의 문제점을 설득하고 그 대안에 대한 근거를 제시해야 한다. 만약 지난 100년간 서양의 지도들에서 일본해라고 표시한 것이 지배적이라면 이것을 고치게 하는 것은 매우 어려운 일일 것이다. 우리의 일방적인 시정요구로 해결할 수는 없으며 독일의 역사교과서 저자들·지리학자들·교과서 편수 관련 교육행정가들과의 협의를 통해서 그들의 의견을 들어보고 그에 대한 우리의 대책을 모색해야 할 것이다.

5. 독일 역사교과서의 한국관련 내용주제별 분석과 그 평가

5-1 일본의 제국주의적 팽창과 한국

독일의 일부 역사교과서에서는 일본의 제국주의적 팽창을 다루면서 청일전쟁 및 러일전쟁과 함께 일본에 의한 한국의 합방이 서술되고 있다. 교과서E9는 러일전쟁의 결과 일본이 "한국에 대한 보호통치를 획득"했고 1910년 최종적으로 점령했다고 서술하였다. 이것은 "식민지 소유를 위한 경쟁이 거의 불가피하게 서로 적대적인 강대국들 사이에 분쟁을 야기했다는 사실"을 반영하는 사례로서 역사적 의미가 부여되었다.(E9, 103) 교과서F는 "1894/95년 청일전쟁에서 일본이 한국을 점령하였다"하여 그후 일본군이 한국에 계속 주둔한 것처럼 오해를 불러일으킬 여지가 있다. 이 책은 1904년 러일전쟁에서 일본승리의 의미를 "처음으로 유럽의 강대국이 비유럽 국가로부터 패전을 당하였다"는 데서 찾았다.(F, 12: J3, 261: K, 212) 교과서J3은 여기에 덧붙여 "그 지배영역을 아시아 대륙과 태평양 제도로 확장하는 데 있어서 결정적인 첫 걸음을 일본은 1910년 한국을 합병함으로써 수행했다"고 평가하였다.(J3, 261) 교과서F에 수록된 지도는 한국을 '1895년까지 중국, 1905/1910년부터 일본'으로 표기하여 한국이 1895년까지 중국의 속국인 것처럼 서술하였다.(F, 12) 교과서J4는 "한국은 그동안 여러 번 중국·일본, 그리고 러시아의 영향 하에 있었고 1910년부터는 일본의 총독체제 하에 점령되어 있었다"(J4, 160)고 씀으로써 한국이 독립국가로서 존재해 왔던 것이 아니라 항상 인접국가들의 속국이었다는 인상을 불러일으키고 있다.

5-2 한국전쟁

거의 대부분의 교과서들이 동서냉전과 관련한 장에서 그것이 열전으로 발전한 대표적인 사례로서 한국전쟁을 다루는 반면 직업학교를 위한 교과서인 G는 미국사를 다루면서 그것과의 연관 속에서 다루었다.(G, 129) 한국전쟁의 원인을 명시적으로 분석한 교과서는 없으며 친미적인 남한과 친소적인 공산주의 북한정권으로의 분단과 잦은 국경충돌 등 남북 사이의 대립, 세계 냉전체제의 심화, 미군과 소련군의 철수 등에서 간접적으로 전쟁원인이 암시되고 있을 따름이다. 오스트리아의 교과서처럼 한국전쟁을 '대리전'이라고 규정한 교과서는 없었다. 다만

교과서K가 북한의 전쟁목적을 다음과 같이 명시적으로 언급하였다:

> 1950년 6월 25일 -아마도 크렘린 지도부의 허락 하에- 북한군은 그곳의 '꼭두각시정권'을 몰아내고 나라를 다시 통일하려는 목적을 가지고 남한을 침범하였다.(K, 345)

교과서 E10(68)・F(178)・G(129)는 한국전쟁의 경과를 지도와 함께 비교적 자세하게 설명하고 있다. 독일의 교과서들은 흔히 전쟁이 끝나고 다시 이전의 38도선을 경계로 분단이 고착화된 것처럼 오해하고 있다.(E10, 68: G, 129: H, 464: J4, 160: K, 346) 남한을 돕기 위해 유엔군이 파견되고 전세가 역전된 후 북한을 돕기 위해 중국군이 개입한 사실이 대부분의 교과서에 서술되고 있다.(E10, 68, 70: J4, 160: K, 346) 일부 교과서는 중국군의 개입을 막기 위해 중국에 핵폭탄의 투입을 요구하는 연합군 사령관 맥아더와 트루먼 대통령 사이의 갈등을 소개하고 있다. 교과서 E10과 K는 맥아더의 '무책임한' 요구를 비난하고 트루먼의 결정을 옹호했다:

> 트루먼 대통령은 제한적인 분쟁을 세계적인 전쟁으로 확전하는 것을 감행하려 하지 않았으며 그의 이러한 입장은 유럽정부들로부터 강한 지원을 받았다.(E10, 70: K, 346)

교과서F는 맥아더 해임사유를 밝히는 트루먼의 사료를 덧붙이고 있다.(F,178)

교과서E10은 한국전쟁을 통해 "5만 4천 명 이상의 미국인과 52만 2천 명의 한국인이 전쟁동안 죽었다"고 평가하였다. 그러나 한국전쟁 중 사망자 수는 남한의 경우 군인과 민간인을 합하여, 한・미 측의 통계에 의한 최소치를 기준으로 하더라도, 최소한 60만 이상이며 북한의 경우 군인과 민간인의 사망자 수는 2백만을 넘는 것으로 추정되고 있다.[19] 따라서 이 통계는 전체 사망자 수를 지나치게 과소평가하고 있는 것이다.

교과서F는 파블로 피카소의 그림 '한국의 집단학살'을 수록하고 그 밑의 학습과제에서 그림분석을 통해 "피카소의 비난이 어디에 있는지 설명하라"고 요구하고 있다.(F, 176) 피카소의 그림은 한국전쟁 중 북한으로의 진격 이후 그곳에서 벌어진 양민학살에 대한 분노의 표현이었다.[20] 이 책은 한국전쟁에 대한 독일교과서의 서술 중 유일하게 전쟁 중의 양민학살을 주제화하고 있다는 점에서 대단히 흥미를 끈다. 이 책에서는 또한 "한국전쟁에서의 민간인의 희생이 이전의 어떤 전쟁들에서보다 컸다"는 점을 지적하고 있다.

미국정부는 한국전쟁을 어떻게 평가하였나? 그들은 "북한의 진군을 모스크바에 의하여 조종된, 냉전을 열전으로 바꾸려는 시도라고 보았다."(K, 346) 그들은 또한 "한국전쟁의 발발로부터 그들의 핵무기 보유가 어떤 적이든지 핵이라는 문지방 아래서 겁을 먹고 전쟁을 못하게 막기에 충분하지 않다는 결론을 끌어냈다. 따라서 그들은 재래식 군사력과 핵 군사력의 제고를 통해, 즉 군비강화와 기존의 군사동맹의 강화 및 확장을 통해 특히 유럽의 '철의 장막'을 따라서 정치적 안전을 보장하고자 했다."(H, 242) 이것은 또한 서독의 재무장화를 가져왔으며 유럽에서 군비경쟁이 강화되었다. "미국은 소련의 세력영역을 둘러싸고 그로부터 소련에 핵공격을 가할 수 있는 일련의 군사기지를 구축

19) 와다 하루끼, 『한국전쟁』, 창작과 비평사, 1999, pp.325~332.

20) 이에 대해서는 브루스 커밍스, 『한국현대사』, 창작과비평사, 2001, pp.394~396 참고.

했다. 1955년 미국은 43개국과 군사조약을 가지고 있었다." 여기서 세계도처의 미군기지 건설을 냉전과 한국전쟁의 여파로 해석하는 것이 흥미롭다. 미국은 일본에 대해서도 "엄격한 탈군사화정책을 포기하였다".(F.179: K.346) "미국인들은 일본을 동맹국으로서 필요로 하였던" 것이다. 한국전쟁은 일본의 경제재건에 큰 도움이 되었다: "한국전쟁(1950~1953)이 지역에서 모든 종류의 재화들에 대한 엄청난 수요를 제공하여 주었기" 때문이다.(E10, 133)

냉전체제 하에서 미국은 아시아에서 도미노이론이 현실화되는 것을 막기 위해 한편으로는 남한 등 친미적인 정권에 대규모 경제지원을 제공하였고, 다른 한편으로는 "자국과 아시아 국가들 사이에 일련의 군사동맹을 체결하였다".(E10, 69) 교과서H는 냉전체제 하에서 미국의 개발원조정책과 공산주의봉쇄정책(containment-policy) 사이의 밀접한 관계를 예리하게 분석하였다. "개발원조는 처음부터 냉전 속의 특별한 기능을 얻었다. 봉쇄전략은 서방으로 하여금 민주주의와 인권이라는 자신의 목표에도 불구하고 제3세계의 새로운 국가들 속에서 옛 사회구조들을 안정화시키고 반동적인 독재자들까지도 지원하도록 오도하였다. 냉전은 결국 신생국가들이 다시금 강대국들 사이의 경쟁의 대상이 되게 만들었다. 강대국은 경제원조 및 군사원조를 가지고 신생국을 자기편으로 끌어들였으며 그로써 많은 제3세계 국가들을 오늘날까지 부담지우는 새로운 종속관계가 일어나게 했다"는 것이다.(H.369) 이렇게 제3세계의 국가수립운동을 동서냉전에 연결시키는 것은 매우 참신한 해석이며 냉전기 미국의 봉쇄전략의 그늘진 측면을 잘 폭로하고 있다.

5-3 신흥공업국으로의 경제적 도약과 민주화

독일의 역사교과서는 지금까지 한국의 정치발전은 물론 1960년대 이후의 놀라운 경제성장에 대해서도 거의 침묵을 지켜왔다. 교과서E10이 단지 "'아시아의 호랑이들'인 홍콩·싱가포르·남한과 대만이 개발도상국의 모든 공산품 수출 중 62%를 차지한다"고 짧게 언급하고 있을 뿐이다.(E10, 250) 그런데 교과서H는 예외적으로 아시아의 신흥공업국들에 대해 소개하고 있다. 이 책은 제7장에서 '탈식민화와 제3세계'의 문제들을 아주 탁월한 문제의식을 가지고 접근하고 있다. 우선 서두에서 '제3세계'라는 개념의 문제점을 정확하게 지적한다.(H, 364) 이어서 '제3세계의 산파로서의 동서대립'을 참신한 시각으로 조명한 뒤(H, 369) '작은 호랑이들과 다른 문지방국가들'이라는 제목 하에서 아시아의 신흥공업국들을 다루고 있다. 여기서 OECD와 국제통화기금(IMF)이 세계적인 공업생산과 공업완성품의 세계수출에서 차지하는 몫의 증가라는 기준을 근거로, 브라질 외에 동아시아의 '작은 호랑이들'인 남한·대만·홍콩과 싱가포르, 그리고 제2세대의 '작은 호랑이들'인 태국·말레이시아·인도네시아를 신흥공업국 집단으로 분류했다.

이 책은 '작은 호랑이들'을 여타 제3세계에 대한 모델로서 보는 견해를 비판한다. 이들의 정치·사회·문화적 전제들은 여타의 아시아나 아프리카에 간단히 전이될 수 없다는 것이다. 이 책은 또한 단지 통계적 수치의 크기에 따라 신흥공업국 브라질을 아시아의 싱가포르와 같은 문지방국가로 부류하는 것의 맹점을 지적한다: "문화영역들을 찢어발기고 나라들을 빈곤, 풍부한 석유 매장량, 거대한 인구, 혹은 완성품이 수출에서 차지하는 비율 외에는 별로 공통점이 없는 하나의 집단으로 몰아넣는 것이 통계적 자료의 조화"라는 것이다.(H, 374) 그런데 아이러니컬하게도 이 책 363쪽에 수록된 세계지도(1993)는 개발도상국을 문지방국가·산유국·중간적 발전국가·극빈국으로 분류하고 있는데, 남한과 북한, 중국과 몽고·그리스·유고슬라비아·터키·포르투갈·브라질·칠레·아르헨티나·남아공화국을 함께 문지방국가로 분류한 반면 대만은 일본과 함께 시장경제적 공업국으로 분류함으로써 텍스트에서 주장한 것과 혼선을 빚고 있다. 북한과 몽고를 문지방국가로 표시한 것은 명백한 실수로 보이며 제2세대 '작은 호랑이들'이라 평가된 태국·말레이시아·인도네시아도 여전히 중간적 발전국가로 분류하고 있다.(H, 363)

앞에서 제기한 서술상의 분명한 오류들 외에도 동해를 일본해로 표기한 문제점은 역사교과서에서도 여전하다.

5-4 독일 역사교과서 한국관련 서술의 바람직한 개선방향

지금까지 독일의 역사교과서는 일본의 제국주의적 팽창과 관련하여 한국을 약간 언급한 외에는 한국전쟁에 관련하여만 반쪽 혹은 한 쪽을 할애하고 있다. 한국의 민주주의 발전에 대해서는 아무런 언급도 없고, 남북관계에 대해서는 교과서E10에서 "1972년부터 두 부분 사이에 재삼재사 협상이 개최되는데 그 목표는 두 국가들을 다시 통일하는 것이다"(E10, 70)라고 언급한 것이 전부이다.

무엇보다도 한국전쟁 이후 한국의 3가지 발전이 독일교과서에 반영되도록 노력할 필요가 있다. 그것은 남한이 1960년대 이후 급속하고 지속적인 경제발전을 통해서 이제 명실공히 선진공업국과 같은 수준에 도달했다는 사실, 오랜 동안의 민주화투쟁을 통하여 군부독재를 청산하고 1980년대 후반 이후 정치·경제·사회·문화 전반적으로 민주주의를 발전시켜 나가고 있다는 사실, 김대중정부 이후 햇볕정책을 통해 남북 화해협력 관계에 획기적인 발전을 가져왔다는 사실이다.

그러나 이러한 사실들을 독일의 역사교과서에 반영해 주기를 요청하고 기대하는 것은 쉬운 일이 아니다. 무엇보다 양국 사이의 교과서회의 등 대화를 위한 제도적 틀을 마련하고 독일측을 설득하고자 노력해야 한다. 그러기 위해서는 왜 이 3가지 사실들을 독일교과서에 실을 필요가 있는지에 대한 설득력있는 논리를 개발하는 것이 중요하다. 우선 한국은 자원이 빈곤한 주변부 국가로부터 선진공업국과 비슷한 수준의 신흥공업국으로 발전함으로써 다른 제3세계 국가들의 모범이 되고 있다. 한국의 도약적인 경제성장에 대해서는 지리교과서들에 잘 요약되어 소개되고 있다.

다음으로 한국은 수십 년간의 민주화운동을 통해서 민주주의로의 이행에 성공하였으며 지난 97년에는 평화적 정권교체에도 성공하였다. 이것은 독일의 많은 역사가들과 사회과학자들이 선호하는 이론인 근대화론(Modernisierungstheorie)을 뒷받침하는 사례로서도 의미가 있다. 한국의 급속한 산업화는 시민사회의 활성화와 민주주의에 대한 요구를 강화하여 결국 민주주의 사회로의 이행에 성공하게 되었다는 것이다. 마지막으로 한국의 햇볕정책은 '접근을 통한 변화'라는 빌리 브란트의 신동방정책으로부터 시사를 받은 바가 컸다. 동서독 사이의 긴밀한 협력관계를 통해서 평화적 통일을 경험했던 독일인은 2000년 남북정상회담 이후 남북관계의 발전에 적지 않은 관심을 가질 것으로 믿는다.

북한 핵문제를 평화적으로 해결하고 남북 사이의 화해와 협력관계를 발전시키는 것은 동북아의 긴장을 완화하는 중요한 의미가 있다. 또한 남북 사이의 철도를 연결하고 이것을 TCR 및 TSR과 연결하여 유럽과 극동을 연결하는 수송로를 건설하는 것은 유럽에서 한국의 가장 큰 교역대상국인 독일의 경제적 이해관계에도 큰 의미를 가질 것이다.

6. 요약 및 정책적 제언

독일은 우리의 중요한 우방국가들 중의 하나이며 유럽국가들 중 우리와 가장 교역량이 큰 국가이다. 동서독 사이의 오랜 화해·협력 관계를 바탕으로 통일을 달성한 독일의 경험은 우리의 남북관계를 평화적으로 풀어가는 데도 많은 시사점을 줄 수 있을 것이다. 독일의 학생들에게 우리의 역사와 문화, 정치·경제의 현실을 바로 알리는 것은 따라서 중요한 의미를 갖는다. 독일의 역사교과서에서는 오랫동안 단지 한국전쟁에 관련해서만 한국이 다루어졌다.

지리교과서에서는 1980년대 말까지만 해도 한국에 대한 서술은 거의 찾아보기 힘들었다. 그러나 1990년대에 여러 지리교과서들에서 아시아의 '작은 호랑이들' 혹은 '문지방국가'의 대표적인 사례로서 한국의 경제발전에 6~10쪽이나 지면이 할애되는 획기적인 진전이 있었다. 거기에 비해 역사교과서에서는 예외적인 경우에만 아시아의 다른 신흥공업국들과 함께 한국의 '경제기적'에 대해 소개하고 있다.

지리교과서에서는 유교적 가치관·교육열 등 문화적 요인과 국가의 주도적 역할에 따른 수출지향적 산업화 전략을 동아시아 신흥공업국들의 경제기적의 공통의 요인으로서 잘 분석하고 있다. 한국의 경제도약 과정은 5단계 혹은 7단계로 나누어 각 단계마다 발전전략과 특징이 잘 분석되어 있다. 여러 데이터들을 통해 한국경제가 반도체·조선·가전제품·철강·자동차 등에서 세계수위를 차지하고 있다는 것을 잘 보여주고 있어 우리로 하여금 자부심을 느끼게 한다. 독일의 교과서는 저임금·장시간 노동, 노동운동에 대한 탄압, 권위주의적 통치, 환경파괴 등 성장과정에서 나타나는 '경제기적의 음지들'에 대해서도 예리하게 지적하고 있다. 한국 등 아시아 경제위기의 원인과 경과에 대해서도 잘 서술되어 있다. 재벌중심의 경제구조, 재벌과 국가와 은행의 유착관계, 외국자본에 대한 높은 의존도, 기술개발의 소홀 등이 한국경제의 취약점으로 지적되었다.

독일의 지리교과서들은 한국의 경제발전에 대해서는 상세히 보고하지만 정치발전에 대해서는 별로 다루지 않고, 다룬다하더라도 너무 간략히 언급하고 지나친다. 남북관계에 대해서는 대부분의 교과서들이 다루고 있지 않으며 예외적으로 관심을 크게 보인 교과서의 경우도 2000년의 정상회담과 그 이후의 남북화해와 협력관계의 발전에 대해서는 다루고 있지 않다. 그래서 한반도를 여전히 위험지역으로 평가하는 경우도 있었다.

지금까지 독일의 역사교과서는 일본의 제국주의적 팽창과 관련하여 한국을 약간 언급한 외에는 한국전쟁에 관련하여만 반쪽 혹은 한 쪽 정도를 할애하고 있다. 거의 대부분의 교과서들이 동서냉전과 관련한 장에서 그것이 열전으로 발전한 대표적인 사례로서 한국전쟁을 다루었다. 한 교과서는 피카소의 그림 '한국의 집단학살'을 수록하고 전쟁 중의 양민학살을 주제화 하였다. 미국의 개발원조와 봉쇄정책 사이의 밀접한 연관성을 설정하거나, 세계도처의 미군기지 건설을 냉전과 한국전쟁의 여파로 해석한 교과서도 있었다. 일부 역사교과서만이 동아시아 신흥공업국들의 경제도약을 다루고 있다. 반면에 한국의 민주주의와 남북관계의 발전에 대해서는 아무런 언급을 찾을 수 없다.

독일의 지리교과서와 역사교과서는 사실관계에서 다소의 오류를 포함하고 있다. 한국이 19세기 말까지 중국의 속국과 비슷했다고 보는 시각, 한국전쟁 후에 남북 사이의 분계선이 원래대로 돌아갔다는 기술, 지도에서 동해를 일본해로 표기한 것 등이 그러한 오류의 일부이다. 일본해 표기를 수정하는 문제는 매우 어려운 일일 것이며 차후 독일과의 교과서 회의에서 충분한 전거와 논리를 준비하여 문제를 제기하고 독일측을 설득해야 할 것이다.

독일의 지리교과서 여러 종류가 1990년대 들어 한국의 경제도약에 대해 많은 지면을 할애하게 되었다는 사실은 매우 고무적인 일이다. 이러한 변화를 다른 교과서들에도 확산시키려는 적극적인 노력이 필요하다. 더 나아가서 한국관련 서술 중 아쉬운 부분을 보강하도록 설득할 필요가 있다.

무엇보다도 한국전쟁 이후 한국의 3가지 발전이 독일교과서에 반영되도록 노력해야 한다. 그것은 첫째로 남한이 1960년대 이후 급속하고 지속적인 경제발전을 통해서 이제 명실공히 선진공업국과 같은 수준에 도달했다는 사실, 둘째로 오랜 동안의 민주화투쟁을 통하여 군부독재를 청산하고 1980년대 후반 이후 정치·경제·사회·문화 전반적으로 민주주의를 발전시켜 나가고 있다는 사실, 셋째로 김대중정부 이후 햇

별정책을 통해 남북 화해협력 관계에 획기적인 발전을 가져왔다는 사실이다. 이것이 독일의 역사교과서에 반영되도록 하기 위해서는 무엇보다 양국 사이의 교과서 회의를 개최하여 독일측을 설득하고자 노력해야 한다. 그러기 위해서는 앞에서 시도한 것처럼 왜 이 3가지 사실들을 독일교과서에 실을 필요가 있는지에 대한 설득력 있는 논리를 개발하는 것이 중요하다.

독일의 역사 및 지리교과서의 한국관련 서술을 시정하고 개선하기 위해서는 무엇보다 다음의 노력들이 필요하다.

1) 한국을 바로 알리기 위한 인터넷 사이트 개발이 시급하고 절실히 필요하다. 각국의 지리교육 및 역사교육 전문가들과 교과서 집필자들에게 한국의 경제지리와 역사에 대한 최신의 정보와 통계를 지속적으로 제공해 주는 인터넷 사이트를 개발하는 것이 시급하고 절실히 필요함. 여기에 한국정부의 공식 통계자료뿐만 아니라 세계적으로 권위있는 연구소나 통계기관의 한국관련 각종 통계자료를 제공해야 될 것이며, 그밖에도 한국의 경제지리와 역사를 분석한 단행본이나 학술잡지 · 시사잡지 · 국제적인 신문에 실린 한국관련 주요기사들을 자료로서 올려놓을 필요가 있다. 또한 한국을 이해하는 데 도움이 되는 사이트들의 주소도 소개해야 할 것이다. 이러한 '한국바로알리기' 사이트는 외국의 교사들과 학생들이 직접 접속하여 한국에 대한 이해의 폭을 넓히는 데도 지대한 역할을 할 것이다. 유럽에서는 학생들의 세미나식 발제가 고등학교 수업의 주요내용을 구성하고 있기 때문에 이러한 인터넷 자료는 수업을 구성하는 데 중요한 보조역할을 수행하고 있다.
2) 독일교과서가 참고하는 한국관련 통계자료와 문헌들에 대한 검토가 필요하다. 독일교과서에서 인용한 통계자료가 정확한지, 그곳에 소개된 인터넷 사이트나 참고문헌이 한국관련 내용을 정확하게 다루고 있는지

면밀히 검토할 필요가 있다. 지리교과서 저자들과 교사들에게 자주 이용되는 통계자료를 정기적으로 발간하는 경제연구소와 연감발행 출판사를 조사하고 그곳에 정기적으로 한국에 관한 경제뿐만 아니라 정치발전, 남북관계의 진전 등에 대한 정확한 information을 보내줄 필요가 있다. 한국정부가 발간하는 홍보자료뿐만 아니라 한국의 변화를 잘 소개하고 있는 국제적인 학술지에 실린 논문이나 권위 있는 신문이나 시사잡지의 기사를 수집하여 교과서 저자들이 참고할 수 있도록 보내주어야 할 것이다.

3) 한·독 양국의 교과서 관련 전문가들이 교과서회의를 개최하여 상호 공동권고안을 마련하는 것이 바람직하다. 지난 20여 년간 한국교육개발원을 통해 추진된 한국관 시정사업은 주로 외국교과서에서 한국을 어떻게 다루었는지를 분석하고 시정안을 마련하여 외교적 루트를 통해 전달하여 때로는 정중하게 때로는 강력한 항의와 함께 시정을 요구하는 것이었다. 그러나 이러한 방법은 그 효과도 의심스러우며 근본적인 해결책이 될 수 없다. 지난 100년간 유럽 교과서 협력의 역사는 교과서 문제를 둘러싼 갈등은 일방적 요구가 아니라 쌍무적 대화를 통해서만 원만하게 해결될 수 있다는 것을 보여주었다. 우리는 그 대표적인 예를 독일과 폴란드 사이의 교과서 협력에서 살펴볼 수 있다.[21] 양국의 역사가들과 역사교과서 전문가들, 지리학자들과 지리교과서 전문가들은 1970년대에 교과서협의회를 만들고 공동의 교과서권고안을 완성하여 교과서 수정을 위한 전거로 삼고, 그것을 바탕으로 상호 교과서를 개선해나가고, 권고안에서 미진하게 다룬 문제들을 공동으로 연구해 나가고, 공동의 교사안내서를 작성하기까지 교과서협력의 모범적인 발전방향을 보여주었다.

한국은 그 동안 독일의 게오르그-에커트국제교과서연구소[22]와 긴

21) 한국교육개발원 연구보고 CR 2002~32, 『독일-폴란드 교과서 협의 사례연구』 참고.

22) Georg-Eckert-Institut fuer internationale Schulbuchforschung. website는 www. gei.de이다.

밀한 협력관계를 발전시켜 온 만큼 이제는 본격적으로 양국의 교과서를 상호 검토하고 드러난 문제점을 개선하기 위한 방안을 마련하기 위한 교과서 회의를 개최할 필요가 있다. 여기서는 물론 역사교과서와 지리교과서가 함께 검토되어야 할 것이다. 교과서 회의를 통해서 우리는 독일측에 우리의 입장을 효율적으로 전달할 수 있으며, 독일의 사회과 교육의 체계를 이해하고 교과서 개선의 가능성과 대처방안을 모색하는 데 큰 도움을 얻을 것이다. 공동의 권고안이 마련될 경우 이것은 독일의 교과서 집필자들이 한국관련 사항을 서술할 때 무시할 수 없는 필수적인 참고자료가 될 것이다. 일부 주의 권고안에서 한국을 사례로서 다룰 가능성을 열어놓았는데도 불구하고 독일의 중학교 지리교과서에서는 지금까지 한국에 대해 전혀 서술하지 않았는데 이 한독교과서회의에서 그것을 시정할 방안도 독일측 전문가들과 논의할 필요가 있다.

4) 한국의 역사와 정치·경제·문화 발전을 독일교사들에게 알려주어 학생들을 가르치는 데 참고로 삼을 수 있도록 충실한 책을 만들어 독일에서 연방정치교육센터 등을 통해 보급할 필요가 있다.[23] 이 책에서는 한·중·일 사이의 역사분쟁과 영토분쟁, 그 평화적 해결방향에 대해서도 다룰 필요가 있을 것이다. 이것은 이러한 문제들에 대한 독일에서의 소개가 주로 일본 학자들을 통해서 이루어진 데서 오는 다소의 편향성을 극복하는 데에도 기여할 수 있을 것이다.

23) 필자는 지난 2월 에커트연구소와 이러한 책자 제작의 필요성에 대해서 협의한 바가 있으며 머지않아 이를 준비하는 공동위원회가 마련되어 구체적인 작업이 시작될 수 있기를 기대한다.

□ 부록: 독일 지리교과서에 인용되거나 소개된 참고문헌 중 한국관련 자료로서 우리가 주목해야 할 것들

Anders, C., Korea. München: Prestel 1988.

B. Kelly and M. London, The Four Little Dragons, New York 1989.

Bartz, P.M., South Korea. Oxford: Clarendon Press 1972.

Bundesstelle für Außenhandelsinformationen, Republik Korea - Wirtschaftsdaten aktuell, Köln 1997.

Bundesstelle für Außenhandelsinformationen: Länderreport Korea - Wirtschaftstrends zum Jahreswechsel 1996/97, Köln 1996.

Christoph Stillemunkes, "Die Schulbuchzulassung-Qualitätssicherung und Serviceleistung", GWU, vol. 49(1998), pp.165~174.

Dege, E., Die Industrialisierung Südkoreas. Ein Beispiel nachholender Entwicklung, Geographische Rundschau 1986, Heft 10, S. 522~531.

Dege, E., Ein neues Hongkong für Nordostasien? Das Tumenriver Area Development Programme, in: geographie heute 16(1995), H. 133, S. 38ff.

Dege, E., Entwicklungsdisparitäten der Agrarregionen Südkoreas(Kieler Geographische Schriften), Bd. 55, Kiel 1982.

Dege, E., Seoul / Von der Metropole zur Metropolregion. Geographische Rundschau 2000, Heft 7/8, S. 4~10.

Dege, E., The Korean Peninsula - A Geographical Introduction. In: International Geographical Union: Bulletin 49(1999), H.2, S. 131ff.

Dege, E., Zentrum und Peripherie. Wirtschaftliches Szenarion für ein wiedervereinigtes Korea, in: Köllner, P.(Hrsg.), Korea 1998. Politik, Wirtschaft, Gesellschaft, Hamburg 1998, S. 57ff.

Der Fischer Weltalmanach 2001, Frankfurt a.M. 2001.

Der Spiegel, Nr. 2(1997).

Deutsches Allgemienes Sonntagsblatt, Nr. 53(31. 12.1993).

Draguhn/Homeier/Schönborn(Hrsg.), Politisches Lexikon Asien, Australien, Pazifik, München 1989.

Engelhard, K., Südkoreas Aufstieg vom Entwicklungs- zum Industrieland., Geographische Rundschau, Jg. 48/1996, Heft 12, S. 696~701.

Engelhard, K./Otto, K.-H, Das Wunder am Han - Südkoreas Aufstieg vom Entwicklungsland zum modernen Industrieland, in: geographie heute, 16(1995), H. 133, S. 22ff.

Engelhard, K./Park, J.-H., Südkorea. Wasser, Lebensnerv für die wirtschaftliche Entwicklung, in: Geographische Rundschau 42(1990), H. 11.

Financial Times Deutschland. vom 10. 5/13. 6. 2000

Florian Hanig, Erst reich werden, dann aufräumen? in: Zeitpunkte Nr. 4, 1995.

Gälli, A., Die vier kleinen Drachen an der Schwelle der neunziger Jahre, in: ifo-Schnelldienst(1990), H. 10-11, S. 32ff.

Gälli, A./Kögel, P., Die vier kleinen Drachen: Das Netz ihrer Beziehungen wird immer dichter, in: ifo-Schnelldienst(1990), H. 4, S. 32ff.

Government of the Republic of Korea ed., The Third Comprehensive National Development Plan, Seoul 1992.

Heuser, U., Die Teiger werden erwachsen, in: Die Zeit, Nr. 3(1997).

Hyundai Business Group 1998.

Joachim Rohlfes, "Politische und didaktische Tugendwächter", GWU, vol.49(1998), pp.157~164.

Joachim Rohlfes, Geschichte und ihre Didaktik, Göttingen, 1986.

Jürgen Bertram: Vorwort zu dem Artikel Dynamik und Destruktion, in: Sabine Stahl und Ulrich Mihr ed., Die Krallen der Tiger.

Karl-Ernst Jeismann, "Begutachtung und Zulassung von Schulbüchern. Ein kritischer Brief", GWU, 1987, pp.105~107.

Kindermann, G.-K., Der Aufstieg Koreas in der Weltpolitik, München: Olzog 1994.

Klaus Bergmann u.a. ed., Handbuch der Geschichtsdidaktik, 5. überarbeitete Auflage, Kallmeyer, 1997.

Köllner, P.(Hrsg.), Korea 1998. Politik, Wirtschaft, Gesellschaft, Hamburg 1998.

Korea Newsreview.(1995~1999년의 여러 호).

Korean Overseas Information Service, Korea, seine Geschichte und Kultur, Seoul 1996.

Korean Overseas Information Service, Tatsachen über Korea, Seoul 1997.

Kreft, H., Das "asiatische Wunder" in der Krise, in: Aus Politik und Zeitgeschichte(1998), H. 48/49, S. 3ff.

Länderbericht Korea, Republik 1995. Hrsg. vom Statistischen Bundesamt Wiesbaden, Stuttgart: Metzler/Poeschel 1995.

Lee, K. S. et al., Korea. Geographical Perspectives, Seoul 1988.

Lernmittelfreiheit im Schuljahr 2002/2003 an allgemein bildenden, beruflichen Schulen und Schulen für Erwachsene. Amtsblatt-Sondernummer des Hessischen Kultusministe- riums.

Maull, H. W./Maull J. M., Korea(Beck'sche Reihe 812: Länder), München: C. H. Beck 1987.

Michael Sauer, "Zwischen Negativkontrolle und staatlichem Monopol: Zur Geschichte von Schulbuchzulassung und -einführung", GWU, vol. 49(1998), pp.144~156.

Michael Weißenborn: Ist das Wirtschaftswunder zu Ende?, in: Stuttgarter Zeitung vom 10. 9. 1997.

Ministerium für Schule, Wissenschaft und Forschung des Landes Nordrhein-Westfalen ed., Lernmittelfreiheitsgesetz Verzeichnis der genehmigten Lernmittel 2002/2003, Düsseldorf, 2002.

Opitz, P. J(Hrsg.), Auf den Spuren der Tiger, Bayerische Landeszentrale für politische Bildungsarbeit, Band A102, München 1997.

Pascha, W., Korea. Eine Wirtschaft zwischen Aufbruch und Umbruch(Meyers Forum 37), Mannheim 1996.

Peer Frieß, "Das bazerische Zulassungsverfahren für Schulbücher im Fach Geschichte", Geschichte in Wissenschaft und Unterricht(GWU), vol. 49(1998), pp.180~186.

Rainer Bendick, "Staatlich kontrollierte Schulbuchzulassung -ein Beitrag zur 'Qualitätssicherung' der Lehrwerke oder ein Reflex auf spezifisch deutsche Erfahrungen?", GWU, vol. 49(1998), pp.754~760.

Sabine Stahl und Ulrich Mihr ed., Die Krallen der Tiger und Drachen, München: Droemer Knaur, 1995.

Sakong, J., Korea in the World Economy, Washington: Institute for International Economics, 1993.

Schrader, M., Die "Vier kleinen Tiger" - Dynamische Wachstumsländer im Wandel, in: geographie heute 16(1995), H. 12, S. 688ff.

Song, B. N., The Rise of the Korean Economy, Hongkong, Oxford, New York 1990.

Soon, Ch., The Dynamics of Korean Economic Development, Washington: Institute for International Economics 1993.

Weltbank ed., Weltentwicklungsberichte, Washington, Bonn: UNO-Verlag(여러 호에 한국 관련 보고 포함)

Wessel, K., Raumstrukturelle Veränderungen im Entwicklungsprozess Südkoreas(Hannoversche Geographische Arbeiten, Bd. 46), Hannover 1991.

Wessel, K., Wirtschaftsdynamik und Integration in Ost/Südostasien, in: Zeitschrift für Wirtschaftsgeographie 42(1998), H. 3-4, S. 155ff.

World Bank ed., The East Asian Miracle: economic growth and public policy, World bank policy research reports, New York 1993.

인터넷 주소의 목록:

Ott, T. und P. Tiedemann: Internet für Geographien. Eine praxisorientierte Einführung. Darstadt 1999.(일반적 및 지리에 관한 일반적 안내. 지역지리에 대한 정보는 적음)

Aktuell 2001(등): 매년 발간되는 연감(대부분의 국가들에서 인터넷 주소를 소개. 대부분

정부의 공식 홈페이지에 이르지만 거기서 다른 인터넷 주소에 연결할 수 있다)

가장 좋은 방법은 검색엔진을 이용하는 것이다. 여기서 예컨대 국가이름을 기입하고 두번째 개념으로서 statistics를 처넣으면 된다.

인터넷 주소:

http://www.uni-kiel.de:8080/ewf/geographie/forum/forum.htm(매우 좋은 문헌조사 주소, 특히 잡지를 찾는 데 좋음)
http://www.uni-karlsruhe.de/Outerspace/VirtualLibrary/91.de.html(지리학 연구소에 대한 안내, 문헌에 대한 소개도 있음)
http://geography.miningco.com/library/maps/blindex.html(많은 다른 인터넷 연결주소를 가짐)
http://www.sub.uni-goettingen.de/ssgfi/geo/index.html(아시아-태평양 지역에 대한 문헌들)
http://www.uni-wuerzburg.de/geographie/kommentierte_links/geol.html(수많은 다른 연결 주소들을 가짐)
http://www.odci.gov/cia/pulications/factbook/index.html(모든 국가들에 대한 수많은 자료들)
http://www.korea.go.kr; http://www.cciw.ca/gems/summary99/KOREA.html(남한의 통계)
www.hyundai.com
www.klimadiagramme.de/Asien/suedkorea.html
www.dongguk.edu/default.asp
www.korea.go.kr/
www.worldbank.org/
www.vsm.de/
www.hyundai.com
www.mocie.go.kr/work
www.vsm.de
www.ftd.de(Financial Times Deutschland)
http://www.lsw.nrw.de/
http://www.help.bildung.hessen.de/
http://www.stmuk.bayern.de/
http://www.kmk.org/doc/gg-ausz.htm
http://www.kmk.org/aufg-org/faltbl.htm

□ 게재된 글의 출처

1. 「독일의 나치 과거 청산(1945-2000): 한계와 성과」, 『민주사회와 정책연구』, 2005, 159-190.

2. 「구동독의 독재에 대한 사법적 청산」, 『전남사학』제22집(2004, 6), 363-398.

   □ 2002년도 한국학술진흥재단의 지원에 의해 연구되었음.(KRF-2002-072-AL2010) [2002년 학술진흥재단의 기초학문육성 지원과제로서 서울대학교 인문학연구원이 수행한 「역사와 기억: 과거청산과 문화정체성에 대한 국가별 사례연구」라는 공동연구프로젝트의 일부로서 수행했다]

3. 「대결과 공존을 거쳐 통일로」, 김승렬/신주백 편, 『분단의 두 얼굴: 테마로 읽는 독일과 한반도 비교사』, 역사비평사, 2005, 41-70.

4. 「동독과 북한 당 지도부의 민족정책」, 『전남사학』 제24집(2005, 6), 313-347.

   □ 2003년도 학술진흥재단의 지원을 받아 연구하였음(KRF-2003-A00018).

5. 「서독 좌파들의 평화운동과 중립화통일론」, 『민주주의, 평화, 통일과 시민사회』, 전남대학교 5·18연구소가 2006년 5월 23-24일 주최한 학술회의 자료집.

6. 「북한과 동독역사학의 민족사 인식의 변화 비교」, 『독일연구』, vol.14, 2006년 12월.

7. 「1970년대와 1980년대 구동독 역사교육에서의 민족문제와 민족사」, 『歷史教育』, 제106집(2008, 6), 45-81.

   □ 2006년도 한국학술진흥재단의 지원을 받아 연구함(KRF-2006- A00312).

8. 「폴란드/독일, 한국/일본 간의 사회문화적 교류의 비교」, 『독일연구』 제8호(2004, 12), 99-119.

   □ 독일사학회의 추천을 받아 한국정신문화연구원에 제출한 2003년 연구프로젝트 보고서 "폴란드-독일과 한국-일본 사이의 사회·문화적 교류와 협력관계의 비교" 중 필자가 쓴 서론과 결론을 다소 수정한 것이다. 이 프로젝트의 공동연구자는 이진모(한남대)·박규정(경희대)·서민교(고려대)이며 이 논문은 이 공동연구자들의 연구성과에 크게 의존하고 있지만 미흡한 점은 전적으로 필자의 책임임을 밝혀두는 바이다.

9. 폴란드-독일 공동 역사교과서: 역사화해를 향한 또 하나의 도전

10. 「독일의 지리 및 역사교과서의 한국 관련 기술의 문제점과 개선방안 모색」, 『歷史教育』, 제100집(2006년 12월), 161-194.